大学语文

（职业版）

王新青 饶德金 主编

清华大学出版社

北京

内 容 简 介

本书内容丰富,主要分为四篇:第一篇传统文化与古典哲学,介绍书法与绘画、戏曲与茶艺、中国古典哲学;第二篇语言,介绍现代汉语、古代汉语;第三篇文学,介绍中国古代文学、中国现当代文学、外国文学;第四篇应用文写作,介绍公文写作、法律合同与事务文书写作、申论作文写作、毕业论文写作。

本书既可作为高等院校学生学习的教材,也可以作为其他读者提高语文水平和文学修养的参考书。

本书封面贴有清华大学出版社防伪标签,无标签者不得销售。
版权所有,侵权必究。举报:010-62782989,beiqinquan@tup.tsinghua.edu.cn。

图书在版编目(CIP)数据

大学语文:职业版/王新青,饶德金主编.—北京:清华大学出版社,2024.3
ISBN 978-7-302-65619-7

Ⅰ.①大… Ⅱ.①王… ②饶… Ⅲ.①大学语文课-高等职业教育-教材 Ⅳ.①H193.9

中国国家版本馆 CIP 数据核字(2024)第 045738 号

责任编辑:聂军来
封面设计:刘 键
责任校对:刘 静
责任印制:宋 林

出版发行:清华大学出版社
网　　址:https://www.tup.com.cn,https://www.wqxuetang.com
地　　址:北京清华大学学研大厦A座　　邮　编:100084
社 总 机:010-83470000　　邮　购:010-62786544
投稿与读者服务:010-62776969,c-service@tup.tsinghua.edu.cn
质量反馈:010-62772015,zhiliang@tup.tsinghua.edu.cn
课件下载:https://www.tup.com.cn,010-83470410

印 装 者:三河市铭诚印务有限公司
经　　销:全国新华书店
开　　本:185mm×260mm　　印　张:16.75　　字　数:421 千字
版　　次:2024 年 5 月第 1 版　　印　次:2024 年 5 月第 1 次印刷
定　　价:59.00 元

产品编号:101440-01

本书编委会

主　编　王新青　饶德全

副主编　秦刚强　刘保进　孙　宁　刘　琦　朱宇菲　汪思成
　　　　　严　川　葛艳丽

编　委　李海峰　史雪飞　张玉刚　陈　飞　袁林芳　周　枫
　　　　　卢翠莲　李雨童　周　玲　吴海顺　王　玲

主　审　杨晓培

序一

"大学语文"最初被称为"大一国文",大约在 20 世纪末改成了现在这个名字。长期以来,"大学语文"这门课程只对大学一年级学生,特别是对理工科的学生开设,目的是加深学生的人文素养,同时提高其写作能力,为将来撰写论文打下基础。课文选自古今中外著名作家的著名作品,虽然伴有简单的注解,但对其中涉及的文化知识却没有安排系统讲授,全凭教师在课堂上的即兴发挥。现在《大学语文(职业版)》这本教材突破了传统的教材框架,设置了专门章节介绍书法、绘画、戏曲、茶艺的鉴赏,以及诗词、公文、论文的写作,可谓一项大胆的创新。

在当前的教育背景下,这样的创新值得赞许。老一辈科学家从小接受的教育从未超过中国传统文化范围,有些教材虽然在今天看来可能已经相当陈旧,但是早年培养的文献阅读理解能力使得学理工的他们处处表现出深厚的文化素养。对他们来说,无论是口头表述还是格律诗词写作都不是太难的事情。不能否认,这些科学家取得的辉煌成就与他们的人文底蕴息息相关。然而,近半个世纪以来,中国的教育局面已和当年大不相同。应该承认的是,许多中学纯粹为了应付高等院校的入学考试而专门设置所谓"理科班",实在让人难以接受,这等同于把本该在中学甚至小学就接受的人文教育推给了大学。古今中外,无数事实证明,脱离了人文底蕴、缺乏思想深度的研究者终其一生也很难做出成绩。现在的教师和家长经常抱怨学生学无所成,显然这是其中的缘故之一。

教育只关注对人的塑造,与受教育者将来选择什么职业并没有直接关系。然而,对于职业院校来说,学生将来的择业却是不得不考虑的问题。这自然成为对职业院校教材编写的一项新要求,也就是说,学生必须尽可能全面地打好基础,即使不够深入,但也不能留下某一知识领域和某项常用技能的明显空白,防止学生不能适应多种工作岗位的需要。《大学语文(职业版)》向这个目标做出了探索,使得这本教材在同类教材中独具特色。当然,教材最终成功与否有待多年的课堂教学实践来检验,但无论如何可以相信,编写者在此付出的努力必将得到丰厚的回报,也必将为职业大学教育带来一些新气象。

聂鸿音

2023 年 12 月

　　"大学语文"作为大学阶段的基础课程,可使大学生领略祖国语言文字魅力,树立语言规范意识,更好地表情达意、交流思想,其所蕴含的中国文学的精髓和中华文化的底蕴,及其在高校教育中的重要性是其他课程无法替代与比拟的。"大学语文"不仅能培养和锻炼学生的阅读和表达能力,还能对其进行行为规范、思想引导、人格塑造和心灵浸润。最重要的是,"大学语文"有助于大学生树立正确的价值观与人生观,提高自身的文化修养和道德情操。知识技能虽是大学生的立身之本,但培养大学生人际交往、为人处世、责任担当、内心向善、持续学习的人文素养也同样重要。

　　当我收到这本《大学语文(职业版)》时,就被其独特性所吸引,一口气阅读完毕。本人认为,该教材在内容安排、题材选取、结构设置等方面与众不同,独具特点。

1. 具有面向职业教育综合性应用型的特点

　　长期以来,"大学语文"选取的题材大多以文学作品解析为主,突出文学性。而《大学语文(职业版)》从传统文化与古典哲学、语言、文学、应用文写作四个维度排列章节,突出了语文教育的文化性、职业性与应用性。其中,应用文写作篇涉猎广泛,选材多样,公文写作、法律合同与事务文书写作、申论作文写作、毕业论文写作等具有很强的实用性,而且格式规范,语言简约,有助于提高大学生的应用文写作能力;在传统文化与古典哲学篇则选取书法与绘画、戏曲与茶艺,有助于提高大学生的艺术鉴赏能力、审美品鉴能力和职业实操能力;在语言篇的章节中,本书注重古诗词中古音韵的导读、分析与训练,有助于培养大学生对中华优秀传统文化的学习兴趣,增强大学生对中华优秀传统文化的自信心,适应当代社会人文科学与自然科学日益交叉渗透的发展趋势和需要,为我国的社会主义现代化建设培育践行社会主义核心价值观的高素质、高技能和高质量人才。

2. 具有人文性与应用性相融合的特点

　　随着社会经济快速发展,我国的教育理念早已从原来的应试教育模式转变为多元化教育模式,特别强调学生综合素质培养的重要性。高职院校须重视学生语文素质的培育,充分展现语文学科的育人价值,以文化人,以文育人。《大学语文(职业版)》融传统文化与古典哲学、语言、文学、应用文写作于一体,具有人文性与应用性相融合的特点,既注重学生人文素养的培养,也注重学生应用能力的培养,在提高大学生的语文应用能力和职业能力,充分发挥"大学语文"作为基础课、公共必修课在职业教育培养教学中的独特功用方面,进行了人文性与应用性的融合研究。

3. 具有增强就业竞争优势的特点

　　中国传统文化最为显著的一个特征就是具有兼容并蓄、海纳百川、博采众长的文化品格,本书既有古典文学名篇精粹,又有现当代文学作品;既重视优秀中华文化,又吸收外来文化精华。对于外来文化具有一定的包容性,理解并尊重多元文化,合理把握文化的碰撞与交流。《大学语文(职业版)》契合高职院校学生特点和培养目标,旨在为大学生成长成才做好服务工作,增强大学生人文知识的积淀,提高大学生语言文字表达能力和社交能力,促进大学生养成尊重人格、关爱他人、自强不息、自力更生、艰苦奋斗、顽强坚韧的拼搏精神,并使之成为大学生就业竞争的优势。

  中华民族传统文化源远流长,有着极为深厚的文化底蕴。在全球化背景下,我国传统文化的传承与发展工作建设要与时俱进,紧跟时代前进的步伐。《大学语文(职业版)》在编写方面符合新时代教育改革发展的要求,但一些高等职业院校对"大学语文"等公共课的职业化教学改革重视不够,只改革专业课,不改革公共课;有的院校把"大学语文"的课程性质从必修课改为选修课,课程只有1学期,周学时仅为2学时。《大学语文(职业版)》的内容和题材丰富多样,笔者认为将"大学语文"设置为全校必修课,且分上、下两学期授课比较好。只有这样,才可以收到良好的教学效果,为社会主义现代化建设培养出能适应社会实际需要的高素质人才。

彭嬿

2023 年 12 月

前言

随着素质教育战略的实施,"大学语文"的作用越来越明显,它是一门重要的人文素质课,也是提高大学生综合文化素养的核心课之一。处于人生重要成长阶段的大学生离不开健康情感的滋润、美感的陶冶、人文精神的培养,这让"大学语文"的重要价值更加凸显。

1. 编写目的

"大学语文"承担着培育人文精神和人文情怀、弘扬优秀传统文化、陶冶情操、砥砺人格修养的重要作用。

(1) 提升学生人文素养

"大学语文"作为传承中华民族优秀文化的重要途径,本身融合了国家、民族需要传承的人文素养与人文精神。从当前所采用的大学语文教材来看,其中的许多文学作品都蕴含着丰富的人文思想,充分彰显了语言魅力和人性魅力,同时也有针对大千世界的形形色色的描述,为我们呈现了丰富多彩的生活经历、人世百态等。学生通过对"大学语文"的学习,能够进一步强化自身对生活的认知与构建,有效提升自我的人文素养。这种人文素养教育方面的优势是其他课程所不能取代的。与此同时,从"大学语文"的特征进行分析,其在培养学生的听、说、读、写能力的同时,还可以进一步强化学生运用语言文字进行沟通协调的能力,使得人文素养能够与职业素质进行有效的结合,促进学生品德修养的全面提升。此外,"大学语文"所具备的深厚文化底蕴能够帮助学生树立正确的价值观念,引导学生以健康、积极的心态融入社会。从人文素养的层面来看,"大学语文"所具有的价值、意义明显已经超出课程教学的范畴。

(2) 培养学生独立思考能力

迫于高考压力,许多学生在高中学习语文时并未进行深入的独立思考。而在"大学语文"教学中,教师可以鼓励学生根据自己的想法,积极利用当前发达的互联网及图书馆优势资源去学习和挖掘更深层次的东西,改变只追求标准答案的思维惯性。与此同时,大部分学生当前过于依赖互联网获取知识,且多半是并没有形成体系的碎片化知识,学生很难突破原有的思维定式对知识进行独立思考和判断。鉴于此,本书在编写过程中既注重语文的系统性与知识性、历史性与发展性,同时又注重选材的文学性与职业性、理论性与实操性等,从而力求打破学生的思维惯性,引导其通过独立思考、个人解读的方式来进行系统的语文学习。高校开设"大学语文"既是政策的要求,也是为了顺应时代发展的需要。"大学语文"既是对高中、高职语文的突破,也是对语文层次的深化。高校要结合实际,明确"大学语文"教学的目标任务和实施路径,突出开设"大学语文"课程的必要性,确保实现职业教育高质量育人育才的目标。

(3) 提高写作能力

很多学生踏入社会之后都发现自己的写作能力不高,究其原因,就是其在初中阶段、高中阶段对语文知识的学习与写作能力的培养重视不够。要想提高写作能力,还得从学习语文开始。针对上述普遍现象,本书增加了应用文写作篇,该篇既有对理论知识与写作方法的介绍,又有例文导读与实操训练。通过对本书的学习,学生可以积累语文知识,提高人文素养,进行应用文写作的训练。只有这样,学生的写作能力才会在每一天的学习中得到逐步提高,并实现新的飞跃与突破。

2. 编写经过与任务分工

2022年3月初,由王新青教授召集本校人文学院汉语教研室全体教师进行初步的讨论,成立了《大学语文(职业版)》编写组,确定了本书的名称为《大学语文(职业版)》,在以往的"大学语文"教材的基础上,突出其文化性、职业性特点。

(1)编写经过

2022年3月中旬,由王新青教授再次召集会议,讨论并确定本书编写的总体框架、编写原则、材料选取、思考练习、格式要求等。2022年3月底,按照拟定的框架与章节,根据教师的专业与研究方向划分任务,进行明确的分工。编者严格按照规定的交稿时间节点提交编写任务。初稿于2022年5月上旬完成,2022年9月上旬完成第二次修订,同时做了必要的增补与调整。2022年10月上旬完成第三次修订,2022年11月上旬完成整体的统编工作。

(2)任务分工

本书由四篇组成,共12章,每章又分为若干个小节。每一篇由2~5名教师负责编写。传统文化与古典哲学篇包括书法与绘画、戏曲与茶艺、中国古典哲学,主要编写者为饶德金、邱轶、刘琦、周枫等老师。语言篇包括古代汉语和现代汉语,主要编写者为孙宁、严川等老师。文学篇包括中国古代文学、中国现当代文学、外国文学,主要编写者为彭飞、刘保进、陈飞、王玲、朱宇菲等老师。应用文写作篇包括公文写作、法律合同与事务文书写作、申论作文写作和毕业论文写作,主要编写者为袁林芳、卢翠莲、杨晓培、李雨童、吴海顺、秦刚强、汪思成、王新青、李海峰等老师。本书前言部分的撰写者为史雪飞老师和张玉刚老师。需要说明的是,本书为校企合编教材,北京博导前程信息技术股份有限公司的负责人秦刚强老师为本书的编写提供了许多素材,并参与了部分章节的编写。

3. 本书的作用

本书内容丰富,包括四篇:传统文化与古典哲学、语言、文学、应用文写作。开设"大学语文"课程,既能满足大学生学习职业技能的要求,又能使学生具备较高的人文素养和较强的综合素质,充分发挥"大学语文"作为基础课、公共课在本科职业院校教学过程中的独特作用,培养学生的人文精神,提升学生的文字运用、语言表达、职业技能、知识迁移、综合运用等多方面的技能,为本科职业高校"大学语文"教学改革指明了方向。同时对扩大本科职业院校办学影响力,塑造具有人文性和应用性的高素质复合型职业人才,服务区域经济与社会发展,助力中文国际教育及我国职业教育国际化发展,实现中华民族伟大复兴的中国梦有着重要的现实意义。

由于编者水平有限,书中难免存在疏漏和不足之处,恳请读者提出批评建议,以使本书不断充实完善。

编 者

2023 年 12 月

本书勘误及更新

目录

第一篇 传统文化与古典哲学

第一章 书法与绘画 ………………………………………………………… 2
- 第一节 书法简述 ………………………………………………………… 2
- 第二节 中国书法赏析与书写方法 ……………………………………… 4
- 第三节 中国画简述 ……………………………………………………… 7
- 第四节 作品赏析与绘画技巧 …………………………………………… 9

第二章 戏曲与茶艺 ……………………………………………………… 16
- 第一节 中国戏曲简述 …………………………………………………… 16
- 第二节 京剧赏析 ………………………………………………………… 18
- 第三节 茶艺简述 ………………………………………………………… 20
- 第四节 茶艺欣赏与技巧 ………………………………………………… 22

第三章 中国古典哲学 …………………………………………………… 24
- 第一节 中国古典哲学简述 ……………………………………………… 24
- 第二节 《道德经》五章 ………………………………………………… 24
- 第三节 《庄子》三章 …………………………………………………… 25
- 第四节 《论语》九则 …………………………………………………… 27
- 第五节 《孟子》五则 …………………………………………………… 28
- 第六节 《墨子》两篇 …………………………………………………… 29
- 第七节 《易经》 ………………………………………………………… 30

第二篇 语 言

第四章 现代汉语 ………………………………………………………… 38
- 第一节 现代汉语综述 …………………………………………………… 38
- 第二节 现代汉语语音 …………………………………………………… 38
- 第三节 现代汉语语汇 …………………………………………………… 48
- 第四节 现代汉语语法 …………………………………………………… 55

第五章 古代汉语 ………………………………………………………… 66
- 第一节 汉字形体演变与汉字艺术设计 ………………………………… 66

第二节　音韵学及其应用 ··· 73
　　第三节　诗词格律与写作实践 ··· 79

第三篇　文　　学

第六章　中国古代文学 ··· 94
　　第一节　中国古代文学简述 ·· 94
　　第二节　风骚探源 ·· 96
　　第三节　古文观止 ·· 98
　　第四节　诗词赏鉴 ·· 103
第七章　中国现当代文学 ··· 111
　　第一节　中国现当代文学简述 ·· 111
　　第二节　中国现代文学 ·· 111
　　第三节　中国当代文学 ·· 137
第八章　外国文学 ··· 145
　　第一节　外国文学简述 ·· 145
　　第二节　外国文学作品选读 ·· 151

第四篇　应用文写作

第九章　公文写作 ··· 182
　　第一节　公文概述 ·· 182
　　第二节　公文格式 ·· 186
　　第三节　通知 ·· 189
　　第四节　通报 ·· 196
　　第五节　报告 ·· 204
　　第六节　请示 ·· 209
　　第七节　函 ·· 212
第十章　法律合同与事务文书写作 ··· 216
　　第一节　法律合同概述 ·· 216
　　第二节　事务文书概述 ·· 220
　　第三节　计划与总结 ·· 221
　　第四节　简报与会议记录 ·· 226
第十一章　申论作文写作 ··· 230
　　第一节　申论作文写作概述 ·· 230
　　第二节　申论写作演示 ·· 232
　　第三节　申论作文案例与评析 ·· 234
　　第四节　申论作文写作训练 ·· 235
第十二章　毕业论文写作 ··· 239
　　第一节　毕业论文概述 ·· 239

	第二节 选题与文献综述	241
	第三节 开题报告	246
	第四节 毕业论文结构	247

参考文献 ········· 250
后记 ········· 252

第一篇 传统文化与古典哲学

第一章 书法与绘画

第一节 书法简述

书法,即汉字的书写艺术。狭义上,书法是指用毛笔书写汉字的方法和规律。汉字的起源是象形文字,有其独特的方块形体,因此自汉字发展初期就讲究笔画、字的架构和字与字之间的疏密排列,可以说,自从汉字出现就有了中国书法。随着书写工具及社会需要的变化,汉字经历了甲骨文(图 1-1)、金文(图 1-2)、大篆(图 1-3)、小篆(图 1-4)、隶书(图 1-5)、楷书(图 1-6、图 1-7)、行书(图 1-8、图 1-9)、草书(图 1-10)的形体变化,从最初的以实用为主的书写形式,逐渐演化成具备审美价值的书写艺术。至今,中国书法已成为既有艺术价值又有成套理论研究成果的独特艺术形式,是中国传统文化的瑰宝,散发着别具一格的艺术芬芳,也成为广大民众提升艺术品位、陶冶性情、传承中华文明的最普遍活动之一。中国书法的发展主要分为两个阶段,从甲骨文到金文、篆书,主要表现为字形的变化,这个阶段因为书写工具的不同,导致字体出现较大的变化;到小篆出现时,汉字开始注重横平竖直,初步出现了方块字的形态;到隶书出现时,汉字从甲骨文、金文和大篆的象形特点过渡为方块字的抽象形态,书写笔画有了轻重、粗细等方面的变化,为后代的楷书、行书、草书的出现打下了基础。从隶书开始,毛笔、纸张的使用,使中国书法具备了字体变化的条件,为书写者表现各自的书写风格打开了新的天地。

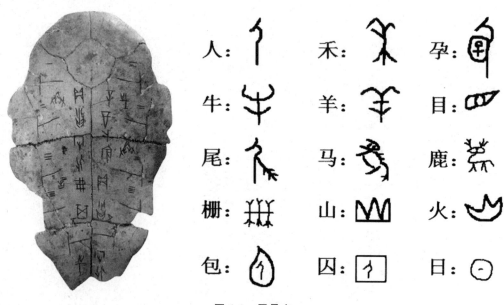

图 1-1 甲骨文

图1-2 金文

图1-3 大篆

图1-4 小篆

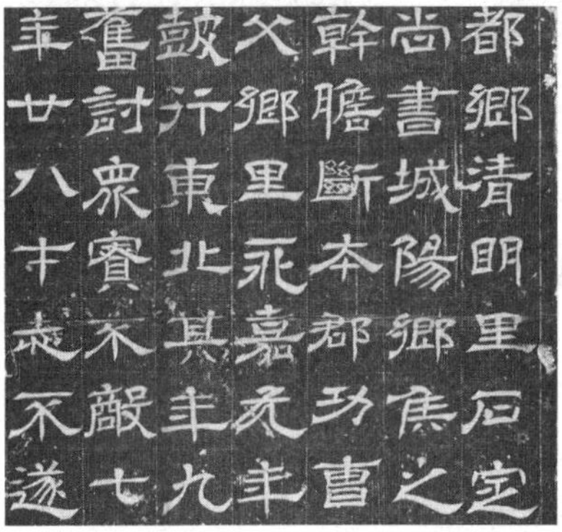

图1-5 隶书

图1-6 楷书(柳公权)

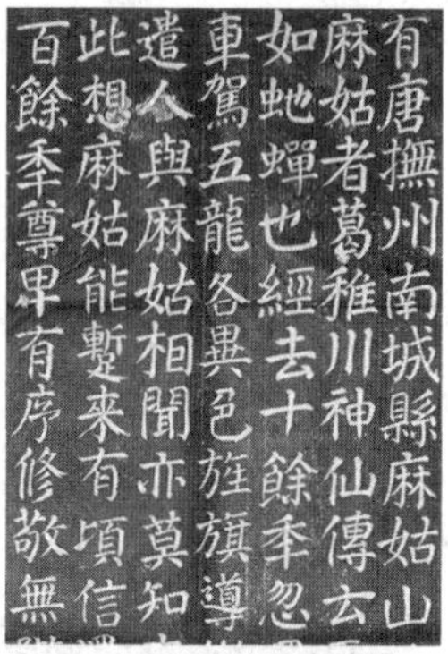

图1-7 楷书(颜真卿)

图1-8 行书(王羲之)　　图1-9 行书(米芾)　　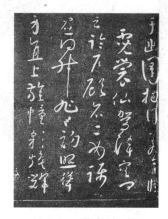
图1-10 草书(怀素)

中国书法所使用的工具,主要有毛笔、墨汁、宣纸和砚台,合称"文房四宝",它们既是书法创作的工具,同时在各自的制作方法的历史演变中也逐渐具备了独特的艺术观赏价值,成为中国传统文化的一部分。

(1)毛笔:以制作笔头的材料为标准,毛笔大致分为软毫、硬毫和兼毫三类。软毫又叫羊毫,以羊毛为制作笔头的材料;硬毫又叫狼毫,以黄鼠狼毛为制作笔头的材料;兼毫兼有羊毫和狼毫的成分,软硬程度介于前两者之间。以笔头长短为标准,毛笔又分为短锋、中锋和长锋。书写者根据字的大小选用不同粗细、长短、软硬程度的毛笔,如图1-11所示。

(2)墨汁:传统的墨汁是用墨条配合砚台加水现场研磨而成,现代有不少现成的墨汁在市面上出售。在书写过程中,书写者可根据创作效果的需要和笔的软硬、纸张的材质决定墨汁的浓淡,如图1-12、图1-13所示。

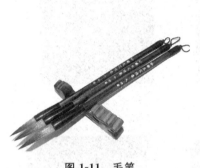
图1-11 毛笔

图1-12 墨条

图1-13 墨汁

(3)纸:中国传统书法用纸,以安徽宣州出产的纸为代表,通称"宣纸";以沾墨的洇染程度划分可分为熟宣和生宣。前者墨汁不易洇开,适合写小楷和画中国画;后者沾墨会洇开少许,宜写大字,如图1-14所示。

(4)砚台:用于盛装墨汁、蘸墨和抿笔。砚台材质以石头为主,因其制作造型的特点,兼有石刻艺术的观赏价值,如图1-15所示。

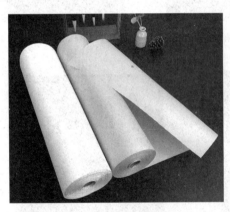
图1-14 宣纸

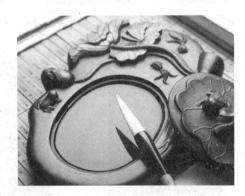
图1-15 砚台

第二节 中国书法赏析与书写方法

一、笔画

汉字结构的基础是笔画。练习与鉴赏书法作品以笔画为起点。汉字笔画主要有点、横、竖、撇、捺、折、钩这几种基本形态,从书法作品的笔画写法中可以看出书写者的功底。

永字八法(图 1-16):按书法家的归纳,"永"字的笔画中包含了书法笔画的八种形态及其写法,即点、横、竖、撇、捺、提、折、钩。因此,学习书法的人需要了解这八种笔画的基本书写知识和技能。

(1) 点的写法:书写时笔锋落纸后向右下移动,慢慢加重力道向下压按,再慢慢上收转向。

(2) 横的写法:笔锋触纸向右下按压,再横画,到笔画末尾慢慢收住。书写时笔画两头按压稍重,中间稍提笔。

图 1-16 "永"

(3) 竖的写法:用欲竖先横的入笔方法,然后以中锋向下行笔到末端后笔锋向左,然后向下,最后再向右上侧提笔收锋。竖画的中部略细。

(4) 提的写法:笔锋触纸向右压,再转右上斜画并慢慢提笔。

(5) 撇的写法:以侧锋起笔,不可太重,然后轻抬笔毫向左下行笔,再稍按笔加重写出腹部,收笔时缓慢抬笔写出锋芒。

(6) 捺的写法:写时虚势向左逆锋落笔,着纸折锋翻笔,有控制地尽力铺毫向右下行,等到长度合适时提笔捺出。

(7) 折的写法:折是横和竖的结合,分横折与竖折,横折先起横笔,起笔轻顿,向右写横,然后向右下略顿,向下写竖。竖折先写竖画,然后轻顿,向右写横。

(8) 钩的写法:起笔时先写竖,行笔到一定位置后向右下稍稍转一下,快速逆锋向左,边提笔边写出。

二、架构(结体)

在写好笔画的基础上,要注意字内部的笔画排列、疏密、呼应。隶书、楷书、行书和草书的书写对笔画的安排各有不同,例如,隶书、楷书偏严谨,行书、草书重呼应,但中心原则还是讲究重心的稳定,从稳定与呼应中产生的搭配与变化,带给人美感,如图 1-17、图 1-18 所示。

"王"字三横,在楷书和隶书中,基本保持方向平行;楷书三横间距基本相等,左右位置也基本保持相对平衡;隶书上两横靠近,因此把第三横加长、加粗来弥补第二横、第三横之间的空隙,中间的竖居中,起到了稳定重心的作用;在行书和草书中,出现了连笔,使笔画尤其是中间的竖出现了位置、形状的变化,因此需要依靠其他笔画的位置、形态变化来弥补、呼应,使"王"字的重心仍然保持稳定,如图 1-19、图 1-20 所示。

图 1-17 "王"楷书(王羲之)

图 1-18 "王"隶书(赵孟頫)

图 1-19 "王"行书(王羲之)

图 1-20 "王"草书(王羲之)

三、篇章

篇章是指一幅完整的书法作品在一张纸上的整体布局,字与字之间、行列与行列之间,疏密、排列方式都需要遵循一定的要求。相对来说,隶书、楷书的字体大小、形状变化不大,因此作品整体以整齐为主,字与字、行列与行列之间以均衡排列为基本要求。行书、草书每个字的大小、形体变化比较大，因此，字间、行列间如何排列、如何呼应，甚至笔画粗细、墨汁浓淡都需要考虑到，不然会影响整幅作品的疏密、布局。

图1-21为王羲之《兰亭集序》部分篇章，第一列"大"字与上一字"之"相比，起笔一横偏左，因此第二笔撇起笔后不向左下而向右下行笔，再回转向左下，并把第三笔捺稍加长，使"大"的重心稍向右移，纠正与上面"之"字的垂直对位。同一列最下面的"盛"字，多数笔画形成的重心也偏左，因此把右斜钩加长向右下延伸，使全字重心也向右移动，与上面"之"字的重心基本垂直对应。同样，第三列"也"字、"人"字和第五列"外"字为了解决重心偏左的问题，"也"字末笔勾画、"人"字末笔捺画、"外"字末笔点画也稍作延长，让整字的重心向右稍移，使整列字上下排列的重心保持稳定。

图1-21 王羲之《兰亭集序》（局部）

四、书法练习方法简介

书法练习需要的是持之以恒，不经历长时间的潜心研习，书法水平是得不到提高的。当然，在坚持刻苦练习的过程中，如果采用的方法得当，则会促进书法水平的有效提高。书法练习的方法因人而异，下列方法则适用于大多数人。

1. 描红

图1-22 描红

描红适用于初学者，可以帮助初学者初步了解毛笔的使用和汉字笔画的运笔方法。用描红方法练习书法时，要把注意力放在描红线框中的运笔线条方向提示上，而不要完全被红色线框的笔画轮廓吸引。中国书法讲究运笔，把运笔功夫练好了，笔画的外形就打下了良好基础，因此不要只注意用笔去填涂出汉字笔画的外形，否则就会捡了芝麻丢了西瓜。图1-22为常见的描红纸。

市面上有很多描红练习纸，可根据自己的需要选购，最好选择带有运笔提示线条的，如果是零起点的练习者，推荐从偏旁部首笔画练起，从起点上就给汉字书写打下坚实基础。

2. 临帖

这是学习书法最常见、最重要的方法。具备了初步书写能力的练习者，可以通过临摹历代书法家的作品，学到书法名家的运笔技巧、结体风格和篇章布局。

布局经验上，临摹时要细心揣摩书法家的运笔方式、字体结构习惯，而不必在开始时就强求把笔画外形模仿得很像。另外，可以根据自己的喜好选择容易练习的字帖，并且，不要随意转换练习别的书法家的作品，以免不同的书写习惯引起冲突，等到把一个书法家的书写习惯、书写风格练得熟练了，就可以触类旁通、举一反三。同时，关于从哪种字体开始练习的问题，一般是从隶书、楷书等比较规整的字体练起，等打下了坚实的运笔基础，再逐步过渡到行楷、行书和草书，过渡时选用的行书字帖范本也最好选用与已练的楷书书写风格、运笔习惯较为接近的行书字帖，这样可以巩固已有的运笔技能，而不至于出现"邯郸学步"的困扰。

字帖的选择上，可以选择当代书法名家的字帖，也可以选择历代书法家的字帖拓印本，前者印刷、字迹都比较清晰，便于临习。

3. 读帖

这种方法可以在手边没有纸、笔的情况下，帮助练习者充分利用空余时间加深对名家作品的理解，把书法作品的精华随时吸收进脑海中，使提笔时胸有成竹。

五、硬笔书法

硬笔书法是近几十年出现的一种书法形式。相对于数千年的中国毛笔书法,硬笔书法还显得很年轻,可以说,硬笔书法是从毛笔书法中演化出来的一种书写技能;它借鉴了毛笔书法中的运笔、结体等理论和技巧,但由于硬笔(包括钢笔、圆珠笔和铅笔等笔芯坚硬的书写工具)材质本身的限制,硬笔书法难以像毛笔书法那样表现出更明显的笔画变化,因此它的实用性多于观赏性,更多的是满足人们在生活节奏越来越快的今天既快捷又美观的书写要求。

同时,从一般情况来看,练好了硬笔书法的人不一定能写出相应美观的毛笔字,而练好毛笔字,则无疑会给硬笔书法带来巨大的促进作用,这是由毛笔与钢笔等硬笔本身的材质区别所决定的。另外,毛笔书法最大的特色是可以悬腕书写,在书写过程中手臂悬空运笔,更能帮助书写者平心静气,起到修身养性的作用,这种效果是硬笔书法不容易达到的。

在练习硬笔书法时,主要注重的是揣摩字体的结构和笔画之间的疏密搭配。

六、春联

中国书法作品中,有一类作品叫对联,如图1-23所示。或工整或飘逸的对联书法作品在中国名胜古迹、道观庙宇等处比比皆是,在居民人家也很常见,挂在大门两旁、客厅或书房墙壁,营造出高雅的情调,既能让居住者得到美的熏陶,又能让来访者得到雅致的享受,提升艺术品位。对联中有一种大众喜爱的种类,即春联。春联因其使用场合与阅读对象的特殊性,在书写方面有一些特殊的要求。

图1-23 对联

(1)字体:春联的读者主要是大众,因此字体以楷书、隶书或行书为主,很少用草书、篆书书写,并且,考虑到大众的文化水平,春联尽量不用繁体字。

(2)笔画:为了烘托春节的喜庆气氛,一般使用粗壮、丰满的笔画,不使用枯瘦细长的笔画。

(3)书写用纸:只用红色纸,忌用白色、蓝色纸张。

第三节　中国画简述

一、文化审美与绘画艺术

"审美"是人在进行文化创制过程中和创制的成果形式上所反映在主体意识中的情感良性反应。审美文化学涉及多种人文学科和社会科学。中国审美文化涉及文学、音乐、书法、绘画、舞蹈等各种形态或门类,众多的艺术门类构成了一个庞大的审美文化体系。"琴""棋""书""画"被誉为中国的四大古典艺术,将琴、棋、书、画四大类相提并论者,最早见于唐代画家张彦远的《法书要录》。中国古代艺术并没有被古代学者作为一个整体来看待,因为各艺术门类不像在西方那样具有同等的地位,而是等级高低不一。在中国古代,诗文等级最高,其次是绘画与书法,再次是建筑、雕塑等。"诗词为魂,书法为骨"在中国画中的重要性,是创造意境的关键所在,强调了诗词和书法在中国画中的核心地位。中国的各艺术门类既发挥自身的特殊功能,又按照中国文化的总体要求,展示各自的风采,达到了辉煌的高度。在李泽厚《美的历程》中对艺术的形成也有相对统一论述,艺术是由再现(模拟)到表现(抽象化),由写实到符号化,由内容到形式的积淀过程,也正是美作为"有意味的形式"的原始形成过程。

二、中国画简史、类别流派和十大名画

中国的绘画经历了上古钟鼓、鼎彝、旗常、衣裳之五彩,汉代帝王、圣贤孝子、烈士、庖厨之风俗,六朝佛教、道教之信仰,魏晋南北朝帝王将相、神兽鹅鹄之善画,隋朝山水人物之完备;中古唐宋元五代建筑宫殿楼阁之绮丽灿然。经历这些历史发展,名家辈出,近代明清精微精博之派系成熟,清代山水画派别水墨青绿各有奥妙,清代花卉画派别钩染没骨各有精巧。而后,中国画根据题材的不同,可以分为人物画、山水画、花鸟画三大类,且有其各自的代表人物。人物画有东晋顾恺之《女史箴图》、唐代吴道子《送子天王图》、南唐顾闳中《韩熙载夜宴图》、宋代张择端《清明上河图》等代表作品。山水画有隋代展子虔《游春图》、五代北宋"董巨荆关"四大山水画家作品、元四家之冠黄公望《富春山居图》、明末清初石涛《云山图》等。花鸟画有北宋皇帝赵佶《柳鸦芦雁图》、清代八大山人和吴昌硕、近代有"南张北齐"的张大千《月下荷影》和齐白石《花鸟册页》等。

中国古代十大名画:东晋顾恺之《洛神赋图》,唐阎立本《步辇图》,唐张萱、周昉的《唐宫仕女图》,唐韩滉《五牛图》,五代顾闳中《韩熙载夜宴图》,北宋王希孟《千里江山图》,北宋张择端《清明上河图》,元黄公望《富春山居图》,明仇英《汉宫春晓图》,清郎世宁《百骏图》。

三、日常绘画与东西差异

中国画是中国文化的重要组成部分,植根于民族文化土壤之中。它不单纯拘泥于外表形似而强调神似。日常生活中比较常见的绘画有两大类,一类是必须以传统毛笔和铅笔作为媒介才能使用颜料的彩色绘画,如油画、水粉、水彩、丙烯、蛋彩、炭精、国画。另一类是直接使用颜料的绘画,如色粉、油画棒、彩铅、马克笔和蜡笔。油画、水粉、水彩、彩铅可用于广告设计,丙烯可用于纺织和工艺装饰。远观山水以意境胜,近视之则以笔墨为质。国画作为中国的传统绘画形式,以笔墨纸为主要创作材料,建构了独特的透视理论,具有高度的概括力和想象力,这种出色的技巧与手段,不仅使中国传统绘画独具艺术魅力,而且日益为世界现代艺术所借鉴吸收。从技法和内容上讲,中国画体现了古人对自然、社会及与之相关联的政治、哲学、宗教、道德、文艺等方面的认知,渗透着人们的社会意识,又起到教育、熏陶作用。

国画重神韵,西洋画重形似,比较而言有四点不同。第一,国画多用线条,以线条描形、分界和表现纹理,西洋画不以线条勾边。第二,国画注重意境,西洋画注重透视。第三,国画中人物画不注重解剖学,西洋人物画很注重解剖学,讲究人体的实际比例。第四,国画不重背景重构思,西洋画重写实描背景。

民族文化传统决定了民族色彩的浓烈象征意义和民族性格表征,总的来说,中国红成为中国最有代表性的色彩,沿用至今。部分少数民族有一定的色彩禁忌,如蒙古族忌黑色和白色,维吾尔族忌黄色,苗族忌白色、黄色和朱红色,满族忌白色。在亚洲的一些国家也有由不同的政治、经济和民俗反映的不同心理状态,如韩国忌黑、灰色,印度忌黑、白、灰色,日本忌黑灰、黑白相间色,马来西亚和泰国忌黑色,巴基斯坦忌黑色,伊拉克忌粉、红、紫、黄色,埃及忌紫色,摩洛哥忌白色,尼日利亚忌红色黑色。

第四节 作品赏析与绘画技巧

一、东晋顾恺之洛神赋图卷（宋摹）

在《洛神赋图》（图 1-24）中，顾恺之充分发挥了艺术想象力，通过巧妙的构图、传神的笔墨，描绘出曹植在洛水之畔与洛水之神相会的情景。画中的洛神端庄美丽，时而徜徉于水面，时而飘忽遨游于云端，含情脉脉，仪态万千，很好地传达了文学作品的思想。

图 1-24 《洛神赋图》（局部）

顾恺之以线描作为造型的手段，以浓色微加点缀来敷染人物容貌，不求晕饰，构图笔迹周密，线条流畅，如春云游空，流水行云，皆出自然，画面中的人物呼之欲出。

二、唐阎立本《步辇图》

《步辇图》（图 1-25）是一幅历史画作，它反映了唐代初年一个重大的历史事件。公元 7 世纪，地处我国西南的吐蕃（今西藏地区）开始强大兴盛，其三十二世赞普松赞干布是个"骁勇多英略"的领袖。贞观八年（634 年），他遣使臣到长安（今陕西西安），向唐王朝求婚联姻，唐太宗李世民答应了他的请求，决定将宗室女文成公主许配给松赞干布。贞观十五年（641 年）春天，松赞干布派相国禄东赞到长安来迎接文成公主，唐太宗李世民则派礼部尚书、江夏王宗室李道宗陪同文成公主进吐蕃。文成公主除带去很多中原地区的文化典籍外，随行的还有许多各种行业的工匠，这次联姻对于促进吐蕃经济、文化的发展起到了重要的作用。此后很长一段时间里，唐王朝和吐蕃之间关系融洽，和睦相处。

图 1-25 《步辇图》（局部）

阎立本以此为题，绘制了这幅歌颂古代汉、藏民族友好交往的作品。画幅描绘的是唐太宗李世民在宫内接见松赞干布派来的吐蕃使臣禄东赞的情景。李世民端坐在由六名宫女抬着的坐榻（又称步辇，图画即以此为名）上，另有三个宫女分别在前后掌扇和持华盖。唐太宗面前站立三人：最右者身穿大红袍，是这次仪式的引见官员；中间是吐蕃的使臣禄东赞，拱手而立，发型和服饰与中原地区不同；最左为一穿白袍的内官。按照画家阎立本当时的地位和身份，他完全可能是这次历史性会见的目击者，所以他笔下的人物非常真实、生动。唐太宗李世民的威严，使臣禄东赞的干练、谦和，引见官员和内侍的恭谨，年轻宫女的天真活泼，都各具特点，跃然绢上，禄东赞和唐太宗等人在民族气质上的差别也有所表现。

全画以细劲的线条塑造人物形象，线条纯熟，富有变化和表现力，设色浓重、鲜艳，是一幅出色的工笔重彩人物画作品。图中的李世民、禄东赞等人带有肖像画特征。

三、唐张萱、周昉的《唐宫仕女图》

本幅画（图1-26）后宫女眷十余人，围坐在一张长方形大桌的四周，有人在饮茶，有人在行酒令；上方的四人则是吹奏乐器，为这一场宴饮的人助兴。她们所持用的乐器，自右而左，分别为胡筋、琵琶、古筝与笙。站立的两名侍女中，还有一人手拿拍板，敲打着节奏。虽然全画描写的是奏乐与饮茶、喝酒的场面，但每个人脸上漠然的神情，却又道尽了宫中日月漫长的无奈。画中仕女作元和（806—819年）"时式妆"的打扮，充分显示受杨贵妃影响，以丰腴为尚的审美观。她们体态浑圆，脸如满月，双眉作细细的八字形，开脸留"三白"，宽袖上衣，披帛斜倚，长裙

图1-26　《唐宫仕女图》（局部）

高及胸部。前面四人和侧弹琵琶的一人梳的发型最是奇特，称为"堕马髻"。左方中央的一人则头戴花冠，应是地位最高的一位。不过，无论宫嫔或侍女，每个人头顶都戴着各式梳子，温庭筠曾有"小山重叠金明灭，鬓云欲度香腮雪"的诗句，形容的正是妇女头上的华丽饰物。画幅的格局短窄，原本很可能是一幅小型屏风画，后来才被改装成今日所见的挂轴形式。画上并没有作者的签名，推测应出自受张萱、周昉风格影响的画家之手。

四、唐韩滉《五牛图》

《五牛图》（图1-27）是目前所见最早作于纸上的绘画，纸质为具有唐代纸张特点的麻料。图画五牛，形象不一，姿态各异，或行或立，或俯首，或昂头，动态十足。其中一牛完全画成正面，视角独特，显示出作者高超的造型能力。作者以简洁的线条勾勒出牛的骨骼转折，筋肉缠裹，笔法老练流畅，线条富有力度和精确的艺术表现力。牛头部与口鼻处的根根细毛更是笔笔入微，每头牛皆目光炯炯。作者通过对眼神的着力刻画，将牛既温顺又倔强的性格表现得极为传神。作品完全以牛为表现对象，无背景衬托，造型准确生动，设色清淡古朴，浓淡渲染有别，画面层次丰富，达到了形神兼备之境界。以牛入画是中国古代绘画的传统题材之一，体现了农业古国以农为本的主导思想。韩滉任职宰相期间注重农业发展，此图可能含有鼓励农耕的意义。《五牛图》是韩滉作品的传世孤本，也是为数不多的几件唐代纸绢绘画真迹之一，因此不论是艺术成就还是历史价值，这幅画都备受世人关注。

图 1-27 《五牛图》(局部)

五、五代顾闳中《韩熙载夜宴图》

《韩熙载夜宴图》(图 1-28)如实地再现了五代时期南唐大臣韩熙载夜宴宾客的历史情景,细致地描绘了宴会上弹丝吹竹、清歌艳舞、主客杂糅、调笑欢乐的热闹场面,又深入地刻画了主人公超脱不羁、沉郁寡欢的复杂性格。画家塑造的韩熙载不仅形象逼真,具有肖像画特征,而且对其内心挖掘深刻,使其性格立体化,可以说真实再现了这位历史人物的原貌。

图 1-28 《韩熙载夜宴图》(局部)

作品的艺术水平也相当高超。作品造型准确精微,线条工细流畅,色彩绚丽清雅。不同物象的笔墨运用又富有变化,尤其敷色更见丰富、和谐,仕女的素妆艳服与男宾的青黑色衣衫形成鲜明对照。几案、坐榻等深黑色家具沉厚古雅,仕女裙衫、帘幕、帐幔、枕席上的图案又绚烂多彩。不同色彩对比参差,交相辉映,使整体色调艳而不俗,绚中出素,呈现出高雅、素馨的格调。

六、北宋王希孟《千里江山图》

《千里江山图》(图 1-29)是北宋画家王希孟唯一的传世作品。此图描绘了祖国的锦绣河山。画面上峰峦起伏绵延,江河烟波浩渺,气象万千,壮丽恢宏;山间高崖飞瀑,曲径通幽,房舍屋宇点缀其间,绿柳红花,长松修竹,景色秀丽;山水间野渡渔村、水榭楼台、茅屋草舍、水磨长桥各依地势、环境而设,与山川湖泊相辉映。此卷以概括精练的手法、绚丽的色彩和工细的笔触表现出祖国山河的雄伟壮观,被视为宋代青绿山水中的巨制杰作。

图 1-29 《千里江山图》(局部)

画家在构图上充分利用传统长卷形式所具有的多点透视之特点,在十余米的巨幅长卷中将景物大致分为六个部分,每部分均以山体为主要表现对象,各部分之间或以长桥相连,或以流水沟通,使各段山水既相对独立,又相互关联,巧妙地连成一体,达到了步移景异的艺术效果。高远、深远、平远的构图方式穿插使用,使画面跌宕起伏,富有强烈的韵律感,引人入胜。

《千里江山图》在设色和用笔上继承了传统的"青绿法",即以石青、石绿等矿物质为主要颜料,敷色夸张,具有一定的装饰性,这种表现手法被称为"青绿山水"。此种表现方法是我国山水画技法中发展较早的一种,在隋唐时期如展子虔、李思训、李昭道等许多画家均擅长青绿山水画。纵观宋代画坛,虽然也有一些画家用此法创作,但从目前存世作品看,尚无一件可以超越《千里江山图》。王希孟在继承前法的基础上表现出更趋细腻的画风,体现了北宋院体画工整严谨的时代风格。此图用笔精当,一点一画均无败笔。人物虽细小如豆,却动态鲜明;微波水纹均一笔笔画出,渔舟游船荡弋其间,使画面平添动感。综观全幅又不失雄阔的境界和恢宏的气势,远观近睹均令人折服。在用色上,画家从单调的蓝绿色中寻求变化,虽然以青绿为主色调,但在施色时注重手法的变化,色彩或浑厚,或轻盈,间以赭色为衬,使画面层次分明,色如宝石,光彩夺目。元代著名书法家溥光对此卷推崇备至,在卷后题跋中赞道:"在古今丹青小景中,自可独步千载,殆众星之孤月耳。"

七、北宋张择端《清明上河图》

《清明上河图》(图 1-30)描绘的是清明时节北宋都城汴京(今河南开封)东角子门内外和汴河两岸的繁华热闹景象。全画可分为以下三段。

图 1-30 《清明上河图》(局部)

首段写市郊景色,茅檐低伏,阡陌纵横,其间人物往来。

中段以"上土桥"为中心,描绘汴河及两岸风光。中间那座规模宏敞、状如飞虹的木结构桥梁,概称"虹桥",正名"上土桥",为水陆交通的汇合点。桥上车马来往如梭,商贩密集,行人熙攘。桥下一艘漕船正放倒桅杆欲穿过桥孔,艄公们的紧张工作吸引了群众围观。

后段描写的是市区街道,城内商店鳞次栉比,大店门首还扎结着彩楼欢门,小店铺只是一个敞棚。此外还有公廨、寺观等。街上行人摩肩接踵,车马轿驼络绎不绝。行人中有绅士、官吏、仆役、贩夫、走卒、车轿夫、作坊工人、说书艺人、理发匠、郎中、看相算命者、贵家妇女、行脚僧人、顽皮儿童,甚至还有乞丐。他们身份不同,衣冠各异,同在街上而忙闲不一,苦乐不均。城中交通运载工具有轿子、驼队、牛、马、驴车、人力车等。车辆有串车、太平车、平头车等,再现了汴京城街市的繁荣景象。高大的城门楼名东角子门,位于汴京内城东南。

全卷画面内容丰富生动,集中概括地再现了12世纪北宋全盛时期都城汴京的生活面貌。此画用笔兼工带写,设色淡雅,不同一般的界画,即所谓"别成家数"。构图采用鸟瞰式全景法,真实而又集中概括地描绘了当时汴京东南城角这一典型的区域。作者用传统的手卷形式,采取"散点透视法"组织画面。画面长而不冗,繁而不乱,严密紧凑,一气呵成。画中所摄取的景物,大至寂静的原野、浩瀚的河流、高耸的城郭;小到舟车里的人物、摊贩上的陈设货物、市招上的文字,丝毫不失。在多达500余人物的画面中穿插着各种情节,组织得有条不紊,同时又具有情趣。

八、元黄公望《富春山居图》

此幅《富春山居图》(图1-31)因元代没有在画作上题字的习惯,仅有"大臣梁诗正奉敕敬书乾隆御识"文字,保留了画作的原貌,故本画品质非常高,值得大家细细欣赏,品鉴。

图1-31 《富春山居图》

《富春山居图》作者黄公望晚年在富春江一带居住多年,此画从起稿到完成前后约三四年(一说为七八年)。为了画好这幅画,作者终日奔波于富春江两岸,观察烟云变幻之奇,领略江山钓滩之胜,并身带纸笔,遇到好景,随时写生。深入的观察、真切的体验、丰富的素材,使《富春山居图》的创作有了扎实的生活基础,再加上作者炉火纯青的笔墨技法,因此落笔从容。

《富春山居图》从构图与章法上来说,是一幅长卷。长卷的优势在于可以展现无限的风光,这又恰似游记散文中的移步换景的描写手法。

《富春山居图》以清秀淡雅的笔墨描绘出初秋时节浙江富春江一带的山川景色,作者采用一种即兴、自由的方式流露出感情,显然画上山水不是实景的再现,而是画家心灵与自然合一的形态,意在表达一种超然脱俗的精神。这幅山水画长卷的布局由平面向纵深展开,空间显得极其自然,使人感到真实和亲切,整幅画简洁明快,虚实相生,具有"清水出芙蓉,天然去雕饰"之感,因此被后世誉为"画中兰亭"。

九、明仇英《汉宫春晓图》

《汉宫春晓图》(图1-32)绘后宫女子约百人,穿着考究,形态各异,或逗趣,或忙碌,或赏景,虽被禁锢宫中,却在日常生活中自得其乐。全卷设色华丽,人物恬静淡雅,此画也是重彩仕女画中的精品之作,也被誉为中国"重彩仕女第一长卷"。中国台北故宫博物院藏有两卷相同内容的《汉宫春晓图》,图1-32是第一卷,无题跋,另一卷卷尾有王守、吴奕、李阳东诸人题跋。

图1-32 《汉宫春晓图》(局部)

《汉宫春晓图》是仇英重彩仕女画的杰出代表。此图采用长卷的形式描绘初春时节宫中的日常琐事:戏婴、饲养、浇灌、折枝、装扮、歌舞、弹唱、围炉、插花、下棋、读书、对镜、观画、画像、送食、挥扇等,画后妃、宫娥、皇子、太监、画师共115人,个个衣着鲜亮,悠闲自在,姿态各异,既无所事事又忙忙碌碌,显示了画家过人的观察能力与精湛的写实功底。

十、清郎世宁《百骏图》

《百骏图》(图1-33),此卷近一米高,绘百匹骏马游牧在湖光山色之中,境界悠远,古树斑驳,赏之使人身临其境。此画是郎世宁以国画材质,运用西洋画法创作的成功典范。

图1-33 《百骏图》(局部)

郎世宁生于意大利米兰,清康熙五十四年(1715年)作为天主教耶稣会的修道士来到中国传教,随即被康熙皇帝召入宫中至离世,郎世宁一生中有三分之二的时间都是在中国度过的。作为外籍宫廷画家,郎世宁尤擅画马,深得皇家青睐。

郎世宁的作品大多以西洋画法入绢纸,略参中法,以写实为工,专注形似,既讲究西方绘画中的立体效果(透视和明暗),又重视写实和结构准确的合理性。由于他画技精湛并精通建筑学,因此,曾参加圆明园西洋楼的设计工作。他将欧洲的绘画种类和方法传授给中国的宫廷画家,为中西文化艺术的交流做出了积极贡献。

中国画艺术的发展与书法有着千丝万缕的联系,唐代张彦远在其著作《历代名画记》中谈到过,中国画的创作,有善书者,不一定善画,但善画者,往往善书,这是一种比较独特的艺术现象。

在中国画艺术思想的理论研究中,较早论述中国书法和中国绘画联系有"书画同源"说。在中国传统书画起源时期,从现在很多地方发现的中华民族原始社会时期创作的岩画,就可以看出文字以象形的具象形式出现,字画一体,随着汉字创造越来越抽象化,书、画发展开始逐步走上各具特色的发展轨道,但纵观两者的发展历程,我们可以看到,中国书法与中国绘画仍保持着很大的联系。

首先,中国书法和中国绘画用于创作的材料和工具都是相同的;其次,在创作思想和意象意境上二者也都是互相影响的;最后,中国书法和中国绘画的创作方法与技巧也往往是互相影响、互相借鉴的。中国书法在笔画的书写过程中,意在笔先,对意象和意境的创造,通过对笔墨注入个人的情趣和意味,形成包含文人人格和情怀的笔墨精神;中国绘画以形写神,强调骨法用笔,用对意象和意境的创造,表现创作主体的人格和情怀。宋代米友仁《题新昌戏笔图》:"子云以字为心画,非穷理者,其语不能至是。画之为说,亦心画也。"唐代张彦远《历代名画记》:"夫象物必在于形似,形似须全其骨气,骨气、形似皆本于立意,而归乎用笔,故工画者多善书。"元代赵孟頫《秀石疏林图》:"石如飞白木如籀,写竹还应八法通。若也有人能会此,须知书画本来同。"明代李日华《紫桃轩杂缀》:"余尝泛论学画必在能书,方知用笔。"清代戴熙《习苦斋画絮》:"作书如作画者得墨法,作画如作书者得笔法。"这些论述,就说出了中国书法与中国绘画在笔墨技法运用中反映笔墨独立的审美价值、展现创作主体的笔墨精神等方面都是相通的;还有,历代画家往往在画面上书写题款、中国画创作思想观点、诗文等,甚至是创作作品画面利用题写诗文等,这些文字成为中国画构图的组成部分,形成中国画的民族特色,如图 1-34 所示(中国画家潘天寿作品)。

图 1-34 潘天寿作品

练习与思考

一、名词解释。
1. 文房四宝
2. 永字八法

二、问答题。
1. 你认为毛笔书法对人们有哪些好处?
2. 毛笔书法与硬笔书法,你觉得练习哪一种更好?
3. 笔画和字的结构,你认为练习哪方面更重要?

三、简答题。
1. 试取十大名画中一例,根据其表现形式,简要分析作者表达内容的本质。
2. 以一幅中国绘画为例,说说中国书法与中国画的关系。
3. 为什么说美是"有意味的形式"?
4. 结合自己的见闻,简述中国绘画如何体现了中国文化。

第二章 戏曲与茶艺

第一节 中国戏曲简述

中国戏曲有 800 余年历史,全国各地先后出现了 300 余种地方戏,是中国传统艺术的重要组成部分。中国戏曲有史记载是从唐代传奇开始的,后有金元杂剧、明清传奇,其中,发源于江苏昆山的昆曲和发源于江西弋阳的弋阳腔逐渐繁荣,到四大徽班(安徽籍艺人为主)进京,博采众长,奠定了京剧的基础,到清代,京剧成为"国粹",中国戏曲走进黄金时代。

一、京剧的起源及发展

清乾隆五十五年(1790 年),为庆祝乾隆八十大寿,安徽演员高朗亭等率"三庆"戏班进京参加贺寿演出,演毕立足京城。此后许多徽班相继来京,其中四喜、春台、和春最负盛名,与三庆合称"四大徽班",在长期演出创作实践中,不断从秦腔、汉调、昆曲、京腔等剧种中汲取营养,经数十年演变,形成京剧。

京剧经过 200 多年的发展,涌现了程长庚、谭鑫培、杨小楼、梅兰芳、马连良等一代又一代表演艺术大师。以富连成为代表的众多戏曲科班培养了数以千计的优秀演员,使京剧艺术一步一步走向辉煌。星罗棋布的戏楼剧场提供了京剧繁荣的舞台,精良独特的器乐、道具、戏装行业为京剧演出增色生辉。

京剧作为中国传统艺术形式,从历代经典文学作品、传奇故事、民间传说中取材,创作出大量剧目,通过大量艺术作品,塑造了包拯、诸葛亮、关云长、杨家将、鲁智深等一大批脍炙人口的人物形象,传承了中华几千年传统思想中的爱国、忠义、机智、守信、诚实等优良品德,是中华优秀传统文化的瑰宝。

二、京剧的主要表演形式

京剧的主要表演形式是唱、念、做、打。唱即歌唱,念指念白,做是表演,打为武功,这是戏剧演员的四门基本功。

三、京剧的唱腔种类

唱腔即曲调,是由演员歌唱出来的旋律。京剧的主要唱腔有两种,一种是"西皮",另一种是"二黄"。两者最明显的不同在于音律,其中,"西皮"的曲调比较明快亮丽,而"二黄"的曲调则比较低沉悲婉。

西皮:猛听得金鼓响画角声震,
　　　唤起我破天门壮志凌云……(《穆桂英挂帅》)
二黄:老程婴提笔泪难忍,
　　　千头万绪涌在心……(《赵氏孤儿》)

在一部戏中,这两种唱腔随着剧情与人物情绪的变化和唱词内容的不同,可随时转换、选用、调整。

四、京剧的角色种类

京剧的角色按人物年龄、性别、性格及品德分为生、旦、净、末、丑五类,也叫"行""行当"。

(1) 生行:京剧中的生行是扮演男性角色的行当,在京剧中的地位非常重要。生行包括老生(其中戴胡须者叫须生,胡须称为"髯口",如图2-1所示)、小生(图2-2)、武生、红生、娃娃生等几个门类。除红生和勾脸武生外,生行一般都是素脸,化妆着色不是很浓,内行术语称为"俊扮",即扮相都是洁净俊美的。

(2) 旦行:京剧旦行扮演各种不同年龄、性格、身份的女性角色,如图2-3所示。旦行又分为正旦、花旦、花衫、刀马旦、武旦、老旦等专行。

图2-1 老生

图2-2 小生

图2-3 旦

(3) 净行:又称"花脸""花面",如图2-4至图2-6所示。主要扮演在性格、品质或相貌等方面具有突出特点的男性人物。面部化妆勾画脸谱,演唱时运用宽音和假音,表演动作幅度大,以突出其性格、气度和声势。净行分为正净、副净和武净三类。

图2-4 正净——包拯

图2-5 副净——曹操

图2-6 武净——关羽

(4) 末行:简称"末"。该行当多为中年以上的男性。在一部戏中,末行经常担任引戏职能,如打头出场者,反其意而称为"末"。因末行是男性的次要角色,现已逐渐归入生行。

(5) 丑行:都是在鼻梁眼窝之间用白粉涂一个粉块。与大花脸对比,俗称小花脸。这白粉块也有几种不同的形状,有的是方的,有的是元宝形或是倒元宝形,叫作腰子形,还有的是枣核形,根据不同的人物,画不同形状和大小的白粉块。丑行分为文丑和武丑,丑角一般扮演滑稽的角色,如图2-7、图2-8所示。

图 2-7　丑角(1)

图 2-8　丑角(2)

五、京剧的伴奏乐器

根据剧情、人物情绪和表演等的需要,京剧使用不同的乐器进行伴奏或烘托气氛。这些乐器主要分为文场乐器和武场乐器两类。文场乐器主要有京胡(图 2-9)、京二胡(图 2-10)和月琴(图 2-11),武场乐器主要有锣(图 2-12 和图 2-13)、铙钹(图 2-14)、鼓和板(图 2-15)。

图 2-9　京胡

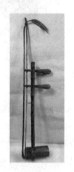
图 2-10　京二胡

图 2-11　月琴

图 2-12　大锣

图 2-13　小锣

图 2-14　铙钹

图 2-15　鼓、板

第二节　京剧赏析

一、《甘露寺》

1. 剧情简介

赤壁之战后,刘备占据荆州,迟迟不肯归还东吴。因此,周瑜和孙权定下美人计,企图用孙权的妹妹孙尚香作为诱饵把刘备骗到东吴,寻机夺取荆州。刘备按诸葛亮的安排,将计就计,到东吴招亲。吴国太设宴在甘露寺面相刘备,旁有孙权和贾化暗中作梗,幸得国老乔玄从中周旋,为刘备说好话,使得吴国太将孙尚香许配给了刘备。

2. 欣赏要点

本唱段是乔国老劝说吴国太的内容,唱腔采用西皮。唱段开头是西皮原板,节奏稍慢,到开始介绍刘备身边的英雄好汉时,转为西皮流水,节奏变快,历数关羽、张飞、赵云的勇猛和诸葛亮的机智,快捷流畅的唱腔里透露出乔国老对刘备的赞许。

二、《赤桑镇》

1. 剧情简介

包拯年幼失去父母,由大嫂吴妙贞抚养成人。吴妙贞的儿子包勉任萧山县令,贪赃枉法,包拯秉公执法,将包勉铡死。吴妙贞赶到赤桑镇,哭闹不休,责备包拯忘恩负义,包拯晓以大义,婉言相劝,吴妙贞感悟,叔嫂和睦如初。

2. 欣赏要点

本唱段是包拯劝导大嫂以国法为重,表明了自己为官清正、公正无私的心迹,同时考虑到大嫂的儿子刚死,心里难过,所以采用节奏缓慢的二黄唱腔,传递出庄重、诚恳的情绪。

三、京剧流派及代表性演员

京剧形成以来,涌现出大量的优秀演员,他们对京剧的唱腔、表演,以及剧目和人物造型等方面的革新、发展做出了很大贡献,涌现出了一大批各具特色、有鲜明艺术风格的优秀演员,并形成了许多影响很大的流派。

京剧的流派习惯上以创始人的姓来命名,公认的主要流派大致如下。

（1）老生：谭派—谭鑫培、汪派—汪桂芬、孙派—孙菊仙、汪派—汪笑侬、王派—王鸿寿、刘派—刘鸿声、余派—余叔岩、言派—言菊朋、高派—高庆奎、马派—马连良、麒派—周信芳、新谭派—谭富英、杨派—杨宝森、奚派—奚啸伯、唐派—唐韵笙。

（2）武生：俞派—俞菊笙、李派—李春来、黄派—黄月山、杨派—杨小楼、盖派—盖叫天。

（3）小生：程派—程继先、德派—德珺如、姜派—姜妙香、叶派—叶盛兰、俞派—俞振飞。

（4）旦角：陈派—陈德霖、王派—王瑶卿、梅派—梅兰芳、程派—程砚秋、荀派—荀慧生、尚派—尚小云、筱派—筱翠花、黄派—黄桂秋、张派—张君秋、龚派—龚云甫、李派—李多奎、孙派—孙甫亭。

（5）花脸：何派—何桂山、金派—金秀山、裘派—裘桂仙、金派—金少山、郝派—郝寿臣、侯派—侯喜瑞、裘派—裘盛戎。

（6）丑角：萧派—萧长华、傅派—傅小山、叶派—叶盛章。

四、代表性作品

须生：《借东风》（马连良）、《定军山》（谭富英）、《卧龙吊孝》（言菊朋）、《搜孤救孤》（余叔岩）、《逍遥津》（高庆奎）、《空城计》（杨宝森）、《白帝城》（奚啸伯）。

四大名旦：《贵妃醉酒》（梅兰芳）、《双阳公主》（尚小云）、《锁麟囊》（程砚秋）、《红娘》（荀慧生）。

花脸：《赤桑镇》（裘盛戎）。

小生：《群英会》(叶盛兰)。

老旦：《钓金龟》(李多奎)。

五、其他地方戏

中国戏曲百花齐放,历久弥新。据不完全统计,我国各民族、地区有戏曲剧种超过360种。代表性剧种和剧目如下。

(1) 昆曲：被誉为"百戏之祖",是中国传统文化艺术中的珍品。代表剧目：《窦娥冤》《牡丹亭》《鸣凤记》。

(2) 评剧：广大人民喜闻乐见的剧种之一,又称"唐山落子"。代表剧目：《花为媒》《杨三姐告状》。

(3) 越剧：中国五大剧种之一,发源于浙江,繁荣于全国,流传于世界。代表剧目：《梁山伯与祝英台》《红楼梦》。

(4) 黄梅戏：唱腔淳朴流畅,表演质朴细致,以真实活泼见长。代表剧目：《天仙配》《女驸马》。

(5) 豫剧：唱腔铿锵大气,抑扬有度。代表剧目：《花木兰》《穆桂英挂帅》。

(6) 粤剧：又称"广东大戏",在岭南地区非常流行。代表剧目：《紫钗记》《帝女花》。

(7) 淮剧：一种古老的戏曲剧种,流行于江苏、上海和安徽等地。代表剧目：《孔雀东南飞》《莲花庵》。

(8) 川剧：流行于云贵川地区,川剧脸谱是中国传统艺术瑰宝。代表剧目：《白蛇传》《旧正楼》。

(9) 秦腔：流行于中国的西北地区,又叫"梆子腔",风格苍凉古朴。代表剧目：《三回头》《八义图》。

(10) 晋剧：又称"山西梆子",具有浓厚的乡土气息。代表剧目：《打金枝》《临潼山》。

(11) 汉剧：又称楚调、汉调,民国时期定名为汉剧。代表剧目：《大赐福》《草场会》。

(12) 桂剧：用桂林方言演唱的剧种,风格细腻,生动活泼。代表剧目：《梁红玉》《打金枝》。

(13) 潮剧：广东三大地方剧种之一,被誉为"南国鲜花"。代表剧目：《琵琶记》《荔镜记》。

(14) 越调：河南的戏曲剧种之一。代表剧目：《狮子头》《秦琼卖马》。

(15) 湘剧：湖南戏曲剧种之一,富有湖南民间地方特色。代表剧目：《琵琶记》《白兔记》。

(16) 河北梆子：流行于河北、天津、北京等地区。代表剧目：《秦香莲》《蝴蝶杯》。

(17) 河南坠子：源于河南。代表剧目：《梁祝下山》《偷石榴》。

第三节　茶艺简述

一、茶文化与茶艺

中国是最早发现和利用茶树的国家,被称为"茶的祖国"。文字记载表明,我们祖先早在3000多年前就已经开始栽培和利用茶树。中国西南地区,包括云南、贵州、川东、鄂西,是茶树原产地的中心。随着地质变迁及人为栽培,茶树开始普及全国,并逐渐传播至世界各地。茶叶作为药用,最早记载于《神农本草经》。"茶"字最早于公元806—820年出现在《百声大师碑》和《怀晖碑》中。茶叶作为饮料，从唐代开始，流传到我国西北各个少数民族地区，成为当地人民生活的必需品，也有了专门的茶馆。唐代茶圣陆羽所著的《茶经》是世界上第一部茶书，成书于8世纪60—70年代，距今1200余年，为历代茶人所推崇。

茶文化是中国传统文化的重要组成部分，茶文化的涉及面很广，内容也很丰富。它包括茶道、茶艺、茶诗、茶词、茶歌、茶舞、茶画、茶戏、茶著作等，这里面既有精神文明的体现，又有意识形态的延伸。茶文化活动中，最能广泛吸引不同性别、不同年龄，以及不同文化背景人群的普及形式就是茶艺。茶艺是茶文化主要的外在表现形式之一，它有文化、美学等多种内涵。2019年11月22日，中国工程院正式公布，湖南茶界领军人物、国家植物功能成分利用工程技术研究中心主任刘仲华当选为中国工程院院士。他是全国茶界的第二位院士，此前全国茶界仅有陈宗懋院士一位。茶界进入和发展了"院士时代"，可见我国对茶文化的高度重视。

茶通六艺，和合之茶几乎成为中国和谐文化的代名词。茶艺是茶文化承载、表现、传播的主要形式，茶道是茶文化的精髓和主旨，"精行俭德，清静礼和"的茶道精神是茶艺的主题和灵魂。茶文化是茶自然科学、茶社会科学及茶艺、茶道等一切茶事活动的文化结晶的总称。茶艺是茶艺师与品茶者由物质层面上升到精神层面的活动过程的总称。它包括选茶、择水、配具、冲泡、品饮、感悟几个部分。

二、四大茶区、六大茶类和十大名茶

中国目前的茶产区可分为四大区：华南茶区，包括福建东南部、广东中南部、广西南部、云南南部、海南和台湾地区，为热带、亚热带地区，属于茶树生态最适宜区，以乌龙茶和红茶为主，代表性茶叶为铁观音、英德红茶；西南茶区，包括云南中北部、广西北部、贵州、四川、重庆及西藏东南部，西南茶区属于高原茶区，代表性茶叶有滇红、都匀毛尖、竹叶青、普洱茶；江南茶区，包括广东北部、广西北部、湖北南部、安徽南部、江苏南部、福建大部、湖南、江西、浙江，是茶树生态适宜区，茶叶产量约占全国总产量的三分之二，产品丰富，制茶技术发达，代表性茶叶有西湖龙井、君山银针、恩施玉露、太平猴魁、大红袍等；江北茶区，包括甘肃南部、陕西南部、河南南部、山东东南部和湖北北部、安徽北部、江苏北部，年降雨量相对较少，主要产抗寒性较强的中小叶种，代表性茶叶有信阳毛尖、午子绿茶等。

茶按发酵程度可分为六大茶类：以西湖龙井、碧螺春为代表的绿茶，以白毫银针、白牡丹为代表的白茶，以君山银针、霍山黄芽为代表的黄茶，以铁观音、大红袍、八仙、冻顶乌龙为代表的青茶，以祁门红茶、正山小种为代表的红茶和以六堡茶、茯砖为代表的黑茶。

中国的"十大名茶"是产自浙江杭州西湖的龙井茶、江苏苏州的碧螺春、安徽黄山的黄山毛峰、湖南君山的君山银针、安徽祁门县的祁门红茶、安徽六安的六安瓜片、河南信阳的信阳毛尖、贵州都匀的都匀毛尖、福建武夷山的武夷岩茶、福建安溪县的铁观音。

三、茶品鉴

茶艺师在冲泡过程中，应当具备"神形兼美、心正意诚、技精艺巧"之特质，在冲泡过程中充分传达神、美、质、匀、巧五种不同境界的美。

神乃茶艺之生命，美乃茶艺之核心，质乃茶艺之根本，匀乃茶艺之功力，巧乃茶艺之精深。泡茶技艺是通过泡茶者的努力，引导并便于人们充分享受茶所带来的种种美的享受，包括境美、水美、器美、茶美和艺美，重点是艺美。茶的沏泡艺术之美表现为仪表的美与心灵的美。仪表是指沏泡者的外表，包括容貌、姿态、风度等；心灵是指沏泡者的内心、精神、思想等，通过沏泡者的茶席设计、动作和眼神表达出来。

　　茶具主要有茶壶、茶船、茶盅、品茗杯、闻香杯、杯托、盖置、茶碗、盖碗、大茶杯、同心杯、冲泡盅等,辅助用品有桌布、泡茶巾、茶盘、茶巾、茶巾盘、奉茶盘、茶匙、茶荷、茶针、茶箸、渣匙、箸匙筒、茶拂、计时器、茶食盘、茶叉、餐巾纸、消毒柜。备水器具主要有净水器、贮水缸、煮水器、保温瓶、水方、水注、水盂。

　　冲泡程序一般为:备具、配点、备水、布具、赏茶、温壶温杯、置茶、温润泡、冲泡、温杯、筛茶、分茶、奉茶、品饮、二泡三泡、净具。

　　品茶四要素:观茶色、闻茶香、品茶味、悟茶韵。这四个要素分别从茶汤的色、香、味、韵中得到审美的愉悦,将其作为一种精神上的享受,更视为一种艺术追求。不同的茶类会形成不同的颜色、香气、味道及茶韵,从不同的角度给人以美感。绿茶茶汤龙井"炒米黄",毛峰清澈浅绿;普洱茶汤红中透着紫黑,均匀明亮有鲜活感;工夫茶茶汤浓而不红,淡而不黄,橙红和橙黄之间鲜亮。干茶新茶色泽清新悦目,嫩绿或墨绿;名优绿茶加工考究,芽叶成朵,碧绿茶汤中亭亭玉立,令人赏心悦目;乌龙茶"绿叶红镶边",很有工笔勾边的美感。闻茶香有三个方面,干闻、热闻和冷闻。不同的茶叶有不同的香气:清香、板栗香、果香、花香、陈香等,每种香型又分为馥郁、清高、鲜灵、幽雅、纯正、清淡、平和等。品茶五感为眼品、鼻品、耳品、口品、心品。绿茶、白茶和黄茶都具有极高的欣赏价值,品饮适用无花纹的透明玻璃杯,观赏茶芽在杯中上下浮动,再闻香观色。"试作小诗君勿笑,从来佳茗似佳人",茶是世间仙草,茶是灵秀隽永的诗篇,带着感情去品饮,才能真正领略好茶的"清、鲜、甘、活、香"等特点,感受西湖龙井的雅韵、岩茶的岩韵、普洱的陈韵、午子的幽韵、黄山毛峰的冷韵、铁观音的音韵。

　　"七分茶,八分酒"是我国的一句民间俗语,茶斟七分,便于饮茶者端握。

第四节　茶艺欣赏与技巧

一、洗碗

(1) 将烧沸腾的泉水注入空碗(图 2-16)。
(2) 将茶杯放入空碗,用茶夹夹住茶杯,在碗中旋转(图 2-17)。
(3) 将空碗中的水倒入盖碗(图 2-18),晃动几次,再倒入公道杯中晃动几次(图 2-19),最后倒掉。

图 2-16　洗碗(1)

图 2-17　洗碗(2)

图 2-18　洗碗(3)

图 2-19　洗碗(4)

二、泡茶

(1) 在盖碗中放入茶叶,一般放 8 克。
(2) 将开水注入盖碗,注意壶要放高。

（3）晃动几次盖碗，快速将水倒入公道杯中，速度一定要快。
（4）将茶水从公道杯倒入茶杯再倒入废水钵。
（5）向盖碗中再次倒入开水，用盖拂去泡沫，盖上盖子，放置15秒左右。

三、分茶

（1）将盖碗中的茶水倒入公道杯，再用公道杯分茶。
（2）先给客人倒茶，最后给自己倒茶。客人全部品过后，主人才可品茶。

练习与思考

一、名词解释。

1．四大徽班

2．脸谱

3．文场、武场

二、简答题。

1．四大徽班进京的意义。

2．京剧为什么被称为"国粹"？

三、问答题。

1．六大茶类的代表性茶叶分别是哪些？选取其中四个简述其特征。

2．掌握至少一种茶类代表性茶叶的冲泡技巧。

第三章 中国古典哲学

第一节 中国古典哲学简述

中国古典哲学的诞生基于春秋战国时期诸子百家产生的历史背景。经济上，井田制逐步瓦解，土地私有制逐步确立。政治上，分封制、宗法制、礼乐制逐步瓦解，不能再很好地维持统治，中央集权的原则逐渐确立。文化上，社会经济、政治的大变革带来了文化的繁荣。上古哲学思想指奴隶社会的哲学思想。中国奴隶社会的哲学思想，从商代后期起，经历了殷商及西周、春秋、战国三个阶段。商周之际是古代哲学思想的起源时期；西周则学在官府；周室东迁前后，官学崩溃，这是古代哲学思想发展的第一阶段。周室东迁以后的思想，至春秋邹鲁缙绅先生的《诗》《书》传授之学，是古代哲学思想发展的第二阶段。孔墨显学，战国百家并鸣之学，周秦之际的思想，是古代哲学思想发展的第三阶段。《庄子·天下篇》对古代哲学思想的这三个阶段曾有所论述。春秋时代王室衰微，诸侯争霸，学者们便周游列国，为诸侯出谋划策，到战国时代便形成了"百家争鸣"的局面。诸子百家是对春秋战国时期各种学术派别的总称，诸子百家之流传中最为广泛的是儒家、道家、阴阳家、法家、名家、墨家、杂家、农家、小说家、纵横家等。

第二节 《道德经》五章

一、课程导入

老子，中国古代伟大的思想家，相传生活于春秋时期，是道家学派的创始人，著有《道德经》。道家将老子视为宗师，与儒家的孔子地位相似。道教兴起以后，老子又被奉为道教的开山鼻祖，尊称为太上老君。《道德经》，又名《老子》，是道家学派的经典著作，也是道教的重要经典。学界多认为成书于春秋末期、战国初期，至战国中期已被广泛引用。今本《老子》全书共5000余言，故又称《老子五千文》。

二、原文

天下皆知美之为美，斯恶已；皆知善之为善，斯不善已。故有无相生，难易相成，长短相形，高下相倾，音声相和，前后相随。是以圣人处无为之事，行不言之教，万物作焉而不辞，生而不有，为而不恃，功成而弗居。夫唯弗居，是以不去。（第二章）

三十辐共一毂，当其无，有车之用。埏埴以为器，当其无，有器之用。凿户牖以为室，当其无，有室之用。故有之以为利，无之以为用。（第十一章）

曲则全，枉则正；洼则盈，敝则新；少则得，多则惑。是以圣人抱一为天下式。不自见，故明；不自是，故彰；不自伐，故有功；不自矜，故长。夫唯不争，故天下莫能与之争。古之所谓"曲则全"者，岂虚言哉？诚全而归之。（第二十二章）

知人者智，自知者明；胜人者有力，自胜者强；知足者富，强行者有志；不失其所者久，死而不亡者寿。（第三十三章）

天之道，其犹张弓与？高者抑之，下者举之；有余者损之，不足者补之。天之道，损有余而补不足；人之道则不然，损不足以奉有余。孰能有余以奉天下？唯有道者。是以圣人为而不恃，功成而不处，其不欲见贤邪？（第七十七章）

注释

第三节 《庄子》三章

一、课程导入

庄子，姓庄，名周，字子休（一说子沐），后人称为"南华真人"，战国时期宋国蒙（今河南省商丘市东北民权县境内，又说今安徽蒙城县）人，著名的思想家、哲学家、文学家，是道家学派的代表人物，老子哲学思想的继承者和发展者，先秦庄子学派的创始人。后世将他与老子并称为"老庄"，他们的哲学为"老庄哲学"。他的主要思想是"天道无为"，认为一切事物都在变化。主张"无为"，幻想一种"天地与我并生，万物与我为一"的主观精神境界。庄周和他的门人以及后学者著有《庄子》（被道教奉为《南华经》），道家经典之一。《汉书·艺文志》著录《庄子》五十二篇，但留下来的只有三十三篇。其中内篇七篇，一般定为庄子著；外篇十五篇、杂篇十一篇可能掺杂有他的门人和后来道家的作品。

二、原文

昔者庄周梦为胡蝶，栩栩然胡蝶也。自喻适志与，不知周也。俄然觉，则蘧蘧然周也。不知周之梦为胡蝶与，胡蝶之梦为周与？周与胡蝶，则必有分矣。此之谓物化。（《庄子·齐物论》）

庄子妻死，惠子吊之，庄子则方箕踞鼓盆而歌。惠子曰："与人居，长子、老、身死，不哭，亦足矣，又鼓盆而歌，不亦甚乎！"

庄子曰："不然。是其始死也，我独何能无概然！察其始而本无生，非徒无生也而本无形，非徒无形也而本无气。杂乎芒芴之间，变而有气，气变而有形，形变而有生，今又变而之死，是相与为春秋冬夏四时行也。人且偃然寝于巨室，而我噭噭然随而哭之，自以为不通乎命，故止也。"（《庄子·至乐》）

将为胠箧、探囊、发匮之盗而为守备，则必摄缄滕，固扃鐍，此世俗之所谓知也。然而巨盗至，则负匮、揭箧、担囊而趋，唯恐缄滕扃鐍之不固也。然则乡之所谓知者，不乃为大盗积者也？

故尝试论之，世俗之所谓知者，有不为大盗积者乎？所谓圣者，有不为大盗守者乎？何以知其然邪？昔者齐国，邻邑相望，鸡狗之音相闻，罔罟之所布，耒耨之所刺，方二千余里。阖四竟之内，所以立宗庙社稷，治邑屋州闾乡曲者，曷尝不法圣人哉？然而田成子一旦杀齐君而盗其国，所盗者，岂独其国邪？并与其圣知之法而盗之。故田成子有乎盗贼之名，而身处尧舜之安，小国不敢非，大国不敢诛，十二世有齐国。则是不乃窃齐国并与其圣知之法，以守其盗贼之身乎？

尝试论之，世俗之所谓至知者，有不为大盗积者乎？所谓至圣者，有不为大盗守者乎？何以知其然邪？昔者龙逢斩，比干剖，苌弘胣，子胥靡，故四子之贤，而身不免乎戮。故跖之徒问于跖曰："盗亦有道乎？"跖曰："何适而无有道邪？夫妄意室中之藏，圣也；入先，勇也；出后，义也；知可否，知也；分均，仁也。五者不备，而能成大盗者，天下未之有也。"由是观之，善人不得圣人之道不立，跖不得圣人之道不行；天下之善人少而不善人多，则圣人之利天下也少而害天下也多。

故曰：唇竭则齿寒，鲁酒薄而邯郸围，圣人生而大盗起。掊击圣人，纵舍盗贼，而天下始治矣！夫川竭而谷虚，丘夷而渊实；圣人已死，则大盗不起，天下平而无故矣！圣人不死，大盗不止。虽重圣人而治天下，则是重利盗跖也。为之斗斛以量之，则并与斗斛而窃之；为之权衡以称之，则并与权衡而窃之；为之符玺以信之，则并与符玺而窃之；为之仁义以矫之，则并与仁义而窃之。何以知其然邪？彼窃钩者诛，窃国者为诸侯，诸侯之门而仁义存焉。则是非窃仁义圣知邪？故逐于大盗，揭诸侯，窃仁义并斗斛权衡符玺之利者，虽有轩冕之赏弗能劝，斧钺之威弗能禁。此重利盗跖而使不可禁者，是乃圣人之过也。

故曰："鱼不可脱于渊，国之利器不可以示人。"彼圣人者，天下之利器也，非所以明天下也。故绝圣弃知，大盗乃止；擿玉毁珠，小盗不起；焚符破玺，而民朴鄙；掊斗折衡，而民不争；殚残天下之圣法，而民始可与论议；擢乱六律，铄绝竽瑟，塞瞽旷之耳，而天下始人含其聪矣；灭文章，散五采，胶离朱之目，而天下始人含其明矣。毁绝钩绳，而弃规矩，攦工倕之指，而天下始人有其巧矣。故曰："大巧若拙。"削曾、史之行，钳杨、墨之口，攘弃仁义，而天下之德始玄同矣。彼人含其明，则天下不铄矣；人含其聪，则天下不累矣；人含其知，则天下不惑矣；人含其德，则天下不僻矣。彼曾、史、杨、墨、师旷、工倕、离朱，皆外立其德而以爚乱天下者也，法之所无用也。

子独不知至德之世乎？昔者容成氏、大庭氏、伯皇氏、中央氏、栗陆氏、骊畜氏、轩辕氏、赫胥氏、尊卢氏、祝融氏、伏牺氏、神农氏，当是时也，民结绳而用之，甘其食，美其服，乐其俗，安其居，邻国相望，鸡狗之音相闻，民至老死而不相往来。若此之时，则至治已。今遂至使民延颈举踵，曰"某所有贤者"，赢粮而趣之，则内弃其亲而外弃其主之事，足迹接乎诸侯之境，车轨结乎千里之外，则是上好知之过也。

上诚好知而无道，则天下大乱矣。何以知其然邪？夫弓弩、毕弋、机变之知多，则鸟乱于上矣；钩饵、罔罟、罾笱之知多，则鱼乱于水矣；削格、罗落、罝罘之知多，则兽乱于泽矣；知诈渐毒、颉滑坚白、解垢同异之变多，则俗惑于辩矣。故天下每每大乱，罪在于好知。故天下皆知求其所不知，而莫知求其所已知者；皆知非其所不善，而莫知非其所已善者，是以大乱。故上悖日月之明，下烁山川之精，中堕四时之施，惴耎之虫，肖翘之物，莫不失其性。甚矣，夫好知之乱天下也！自三代以下者是已。舍夫种种之民，而悦夫役役之佞，释夫恬淡无为而悦夫啍啍之意，啍啍已乱天下矣。（《庄子·胠箧》）

注释

第四节 《论语》九则

一、课程导入

孔子,名丘,字仲尼,春秋末年鲁国陬邑人,思想家、政治家、教育家,儒家的创始人。生有异质,学无常师。尝问礼于老子,学乐于苌弘,学琴于师襄。生于周灵王二十一年(公元前551年),卒于敬王四十一年(公元前479年)。

"论语者,孔子应答弟子、时人及弟子相与言而接闻于夫子之语也。当时弟子各有所记,夫子既卒,门人相与辑而论纂,故谓之论语。"(《汉书·艺文志》)《论语》是早期语录体散文,记载孔子及其弟子的言行,由孔子弟子及再传弟子纂录而成。大约成于战国初年。共分《学而》《为政》等二十篇。涉及哲学、政治、经济、教育、文艺等诸多方面,内容非常丰富,是儒学最主要的经典("四书"之一)。在表达上,《论语》语言精练、形象生动,是语录体散文的典范。在编排上,《论语》没有严格的编纂体例,每一条就是一章,集章为篇,篇章之间并无紧密联系,只是大致归类,并有重复章节出现。

二、原文

子绝四:毋意,毋必,毋固,毋我。(《子罕篇》)

子曰:"三军可夺帅也,匹夫不可夺志也。"(《子罕篇》)

子曰:"士志于道,而耻恶衣恶食者,未足与议也。"(《里仁篇》)

子曰:"父母在,不远游,游必有方。"(《里仁篇》)

或曰:"以德报怨,何如?"子曰:"何以报德? 以直报怨,以德报德。"(《宪问篇》)

子贡问为仁。子曰:"工欲善其事,必先利其器。居是邦也,事其大夫之贤者,友其士之仁者。"(《卫灵公篇》)

孔子曰:"君子有三戒:少之时,血气未定,戒之在色;及其壮也,血气方刚,戒之在斗;及其老也,血气既衰,戒之在得。"(《季氏篇》)

孔子曰:"益者三友,损者三友。友直,友谅,友多闻,益矣。友便辟,友善柔,友便佞,损矣。"(《季氏篇》)

子曰:"由也! 女闻六言六蔽矣乎?"对曰:"未也。"
"居! 吾语女。好仁不好学,其蔽也愚。好知不好学,其蔽也荡。好信不好学,其蔽也贼。好直不好学,其蔽也绞。好勇不好学,其蔽也乱。好刚不好学,其蔽也狂。"(《阳货篇》)

注释

第五节 《孟子》五则

一、课程导入

孟子,名轲,字子舆,邹国(今山东省邹城市)人,战国时期伟大的思想家,儒家的主要代表之一,是儒家的理想主义流派。孟子在政治上主张法先王、行仁政;在学说上推崇孔子。孟子著有《孟子》一书,属语录体散文集。孟子幼年丧父,家庭贫困,曾就学于子思(孔子的孙子孔伋)的门人。学成以后,游历于齐、宋、滕、魏、鲁等诸国,希望推行自己的政治主张,前后历时20多年。但孟子的仁政学说被认为是"迂远而阔于情",因而没有得到实行的机会。最后他退居讲学,和他的学生一起,"序《诗》《书》,述仲尼之意,作《孟子》七篇"。

二、原文

孟子曰:"求也为季氏宰,无能改于其德,而赋粟倍他日。孔子曰:'求非我徒也,小子鸣鼓而攻之可也。'由此观之,君不行仁政而富之,皆弃于孔子者也,况于为之强战?争地以战,杀人盈野;争城以战,杀人盈城,此所谓率土地而食人肉,罪不容于死。故善战者服上刑,连诸侯者次之,辟草莱、任土地者次之。"(《孟子·离娄上》)

公孙丑曰:"君子之不教子,何也?"
孟子曰:"势不行也。教者必以正,以正不行,继之以怒。继之以怒,则反夷矣。'夫子教我以正,夫子未出于正也。'则是父子相夷也。父子相夷,则恶矣。古者易子而教之,父子之间不责善。责善则离,离则不祥莫大焉。"(《孟子·离娄上》)

齐宣王问曰:"交邻国有道乎?"
孟子对曰:"有。惟仁者为能以大事小,是故汤事葛,文王事混夷。惟智者为能以小事大,故大王事獯鬻,句践事吴。以大事小者,乐天者也。以小事大者,畏天者也。乐天者保天下,畏天者保其国。《诗》云:'畏天之威,于时保之。'"
王曰:"大哉言矣!寡人有疾,寡人好勇。"
对曰:"王请无好小勇。夫抚剑疾视,曰:'彼恶敢当我哉!'此匹夫之勇,敌一人者也。王请大之。《诗》云:'王赫斯怒,爰整其旅。以遏徂莒,以笃周祜,以对于天下。'此文王之勇也。文王一怒而安天下之民。《书》曰:'天降下民,作之君,作之师。惟曰其助上帝,宠之四方。有罪无罪,惟我在,天下曷敢有越厥志?一人衡行于天下,武王耻之。此武王之勇也。而武王亦一怒而安天下之民。今王亦一怒而安天下之民,民惟恐王之不好勇也。"(《孟子·梁惠王下》)

曰:"使之主祭而百神享之,是天受之;使之主事而事治,百姓安之,是民受之也。天与之,人与之,故曰:天子不能以天下与人。舜相尧二十有八载,非人之所能为也,天也。尧崩,三年之丧毕,舜避尧之子于南河之南。天下诸侯朝觐者,不之尧之子而之舜;讼狱者,不之尧之子而舜；讴歌者，不讴歌尧之子而讴歌舜，故曰天也。夫然后之中国，践天子位焉。而居尧之宫，逼尧之子，是篡也，非天与也。《泰誓》曰：'天视自我民视，天听自我民听。'此之谓也。"(《孟子·万章上》)

孟子谓齐宣王，曰："所谓故国者，非谓有乔木之谓也，有世臣之谓也。王无亲臣矣，昔者所进，今日不知其亡也。"

王曰："吾何以识其不才而舍之？"

曰："国君进贤，如不得已，将使卑逾尊，疏逾戚，可不慎与？左右皆曰贤，未可也。诸大夫皆曰贤，未可也。国人皆曰贤，然后察之；见贤焉，然后用之。左右皆曰不可，勿听。诸大夫皆曰不可，勿听。国人皆曰不可，然后察之；见不可焉，然后去之。左右皆曰可杀，勿听。诸大夫皆曰可杀，勿听。国人皆曰可杀，然后察之，见可杀焉，然后杀之。故曰国人杀之也。如此，然后可以为民父母。"(《孟子·梁惠王下》)

注释

第六节 《墨子》两篇

一、课程导入

墨子，名翟，春秋末期战国初期宋国人。宋国贵族目夷的后裔，曾担任宋国大夫。中国古代思想家、教育家、科学家、军事家，墨家学派创始人和主要代表人物。墨子是墨家学说的创立者，提出了"兼爱""非攻""尚贤""尚同""天志""明鬼""非命""非乐""节葬""节用"等观点，以兼爱为核心，以节用、尚贤为支点，创立了以几何学、物理学、光学为突出成就的一整套科学理论。墨家在先秦时期影响很大，与儒家并称"显学"。战国时期的百家争鸣，有"非儒即墨"之称。

墨子死后，墨家分为相里氏之墨、相夫氏之墨、邓陵氏之墨三个学派。墨子弟子根据墨子生平事迹的史料，收集其语录，编成了《墨子》一书。

二、原文

圣人以治天下为事者也，必知乱之所自起，焉能治之；不知乱之所自起，则不能治。譬之如医之攻人之疾者然，必知疾之所自起，焉能攻之；不知疾之所自起，则弗能攻。治乱者何独不然？必知乱之所自起，焉能治之；不知乱之所自起，则弗能治。

圣人以治天下为事者也，不可不察乱之所自起。当察乱何自起？起不相爱。臣子之不孝君父，所谓乱也。子自爱不爱父，故亏父而自利；弟自爱不爱兄，故亏兄而自利；臣自爱不爱君，故亏君而自利，此所谓乱也。虽父之不慈子，兄之不慈弟，君之不慈臣，此亦天下之所谓乱也。父自爱也不爱子，故亏子而自利；兄自爱也不爱弟，故亏弟而自利；君自爱也不爱臣，故亏臣而自利。是何也？皆起不相爱。虽至天下之为盗贼者，亦然。盗爱其室不爱其异室，故窃异室以利其室；贼爱其身不爱人，故贼人以利其身。此何也？皆起不相爱。虽至大夫之相乱家、诸侯之相攻国者，亦然。大夫各爱其家，不爱异家，故乱异家以利其家；诸侯各爱其国，不爱异国，故攻异国以利其国，天下之乱物具此而已矣。察此何自起？皆起不相爱。

若使天下兼相爱,爱人若爱其身,犹有不孝者乎?视父兄与君若其身,恶施不孝?犹有不慈者乎?视弟子与臣若其身,恶施不慈?故不孝不慈亡有。犹有盗贼乎?故视人之室若其室,谁窃?视人身若其身,谁贼?故盗贼亡有。犹有大夫之相乱家、诸侯之相攻国者乎?视人家若其家,谁乱?视人国若其国,谁攻?故大夫之相乱家、诸侯之相攻国者亡有。若使天下兼相爱,国与国不相攻,家与家不相乱,盗贼无有,君臣父子皆能孝慈,若此则天下治。故圣人以治天下为事者,恶得不禁恶而劝爱?故天下兼相爱则治,交相恶则乱。故子墨子曰:不可以不劝爱人者,此也。(《墨子·兼爱上》)

今有一人,入人园圃,窃其桃李,众闻则非之,上为政者得则罚之。此何也?以亏人自利也。至攘人犬豕鸡豚者,其不义又甚入人园圃窃桃李。是何故也?以亏人愈多,其不仁滋甚,罪益厚。至入人栏厩,取人马牛者,其不仁义又甚攘人犬豕鸡豚。此何故也?以其亏人愈多。苟亏人愈多,其不仁滋甚,罪益厚。至杀不辜人也,拖其衣裘,取戈剑者,其不义又甚入人栏厩取人马牛。此何故也?以其亏人愈多。苟亏人愈多,其不仁滋甚矣,罪益厚。当此,天下之君子皆知而非之,谓之不义。今至大为攻国,则弗知非,从而誉之,谓之义。此可谓知义与不义之别乎?

杀一人谓之不义,必有一死罪矣。若以此说往,杀十人十重不义,必有十死罪矣;杀百人百重不义,必有百死罪矣。当此,天下之君子皆知而非之,谓之不义。今至大为不义攻国,则弗知非,从而誉之,谓之义,情不知其不义也,故书其言以遗后世。若知其不义也,夫奚说书其不义以遗后世哉?

今有人于此,少见黑曰黑,多见黑曰白,则必以此人为不知白黑之辩矣;少尝苦曰苦,多尝苦曰甘,则必以此人为不知甘苦之辩矣。今小为非,则知而非之;大为非攻国,则不知非,从而誉之,谓之义。此可谓知义与不义之辩乎?是以知天下之君子也,辩义与不义之乱也!(《墨子·非攻上》)

注释

第七节 《易经》

一、课程导入

英国的历史学家阿诺尔德·J.汤因比(Arnold Joseph Toynbee,1889年4月14日—1975年10月22日)在其著作《历史研究》中列出了地球上最显著的21种文明,并认为一种文明只有一度的生命。兴盛衰亡,四个字就概括了人类的文明史,但谈到中国文明,他认为中国是特别的,当他看到西晋末年,山河破碎,就以为这段文明即将尘埋,但迎来的却是盛唐风流,九天阊阖开宫殿,万国衣冠拜冕旒。中国文明之所以能有松柏之茂,历久弥新,绝不是因为人口众多,地大物博,而是源于先民对人世间所有变化的把握。打开《易经》一看,第11卦泰卦,第12卦否卦,泰极否来。物事发展过于顺利,必然有所阻碍。《易经》永远可以让文明向前多看一步,生于忧患,而死于安乐。

二、《易经》的由来

古者包牺氏之王天下也,仰则观象于天,俯则观法于地,观鸟兽之文与地之宜,近取诸身,远取诸物,于是始作八卦,以通神明之德,以类万物之情。

关于《易经》的起源,系辞下传中有明确的背景记载。包牺氏就是伏羲氏,羲代表一般的野兽,伏代表降服,伏羲氏降服众多野兽之后,百姓们就拥护伏羲氏成为统治者。统治者不仅需要超人的武力,还需要卓越的智慧。伏羲氏就抬头观察天体的现象,低头观察大地的规则,观察鸟兽的花纹和大地的情况,就近根据自己的生活经验来考察,远的话就根据万物的情况加以研究,结合以上种种,开始制作八卦,用以汇通神明的德行,用以象征万物的实际情况。

虽然八卦是《易经》中的基本符号,可以象征宇宙间十几种具体的情况,却并不足以包罗万象,涵盖宇宙。于是两两配合形成一个完整的六爻卦,六爻卦有六十四种变化,称为六十四卦。

或许是因为在远古社会,知识主要以口头传承的方式传播,所以六十四卦一直没有详细的书面解释,这种情况一直持续到商末周初。司马迁在《报任安书》中就说,西伯拘而演周易,周文王被商纣幽禁在羑里,就开始对《易经》进行详细的研究,六十四卦每一卦用一句卦辞来形容说明,三百八十四爻每一爻用一句爻辞来形容解释。但是实际上卦辞和爻辞可能不是文王一人所作,比如,既济卦九三的爻辞说"高宗伐鬼方",鬼方原名猃狁,西周初年才改名鬼方;又如,离卦上九中说"王用出征有嘉折首",折首是斩首之意,也是西周早期常用之词,所以具体的卦辞、爻辞可能是周文王、周公及一群卜官们的共同创作,由于古代没有版权观念,于是就归功于文王一人。

虽然《易经》有了具体的卦辞和爻辞,但是对一般读书人而言,仍是佶屈聱牙,不易理解,所以后代的《易传》就应运而生,号称"十翼",就像十个翅膀一样辅助读者来解读《易经》。

从汉代开始,相传《易传》为孔子所作,直至宋代,始生怀疑。比如,内容方面,《易传》中多次出现"子曰",子是对老师的尊称,不是自称(关于孔子的自称,《论语》中有明确记载,"左丘明耻之,丘亦耻之",孔子自称"丘",不称"子");外在事证方面,战国中期的魏襄王的墓穴在西晋太康年间被发掘,墓中出土大量古籍,其中《易经》的部分根本没有《易传》配合,可见《易传》并非孔子所作。但《易传》中有大量的儒家思想,所以大约可以理解为孔子及其后世儒家弟子长期写作完成。

三、何谓《易经》

《易经》又称《周易》,所谓"周",大多数学者认为是指时代,即周王朝的代称。《周礼》的记载中曾提及"三易",所谓"三易",一曰《连山》,二曰《归藏》,三曰《周易》。有学者考证《连山》为夏王朝的易法,而《归藏》是殷商王朝的易法,但都已失传,现今市面上能够找到的《连山》《归藏》版本,其真伪都具有较大争议。

《易经》分为《易经》和《易传》两个部分,《易经》的内容较少,只有六十四卦和爻辞的部分,分上、下两经。从乾卦到离卦,一共三十卦,称为上经。从咸卦到未济卦,一共三十四卦称为下经。有歌曰:

乾坤屯蒙需讼师,比小畜兮履泰否,
同人大有谦豫随,蛊临观兮噬嗑贲,
剥复无妄大畜颐,大过坎离三十备。

咸恒遁兮及大壮，晋与明夷家人睽，
蹇解损益夬姤萃，升困井革鼎震继，
艮渐归妹丰旅巽，兑涣节兮中孚至，
小过既济兼未济，是为下经三十四。

《易传》的部分包括《彖传》(上、下)、《象传》(上、下)、《系辞传》(上、下)、《文言传》《说卦传》《序卦传》《杂卦传》。《易传》中之所以也分上下是为了对应六十四卦的上、下经。《彖传》用来论断六十四卦名及卦辞的具体内涵。《象传》用来解释爻辞，并通过爻辞勾连具体生活的实际情况。篇幅最长的是《系辞传》，因为内容太多，所以分为上、下两个部分，其中有很多孔子教导弟子的记录，以及孔子本人对卦辞的讲解。《文言传》并不是指用文言文写作的文章，文代表文字，言代表解说，《文言传》通篇只谈"乾坤"二卦，因为乾卦至大至刚，坤卦至柔至阴，其他六十二卦的所有变化都不离乾坤。《说卦传》像一本小词典，解释八卦所对应象征的各类事物。《序卦传》是说明六十四卦的排列顺序。《杂卦传》的内容最少，用以说明一些意义相对或相关的两卦。

四、《易经》的价值

《易经》本是用蓍草排列分合占算吉凶的筮法记录手册，而筮法中一草之微即影响到每一爻、每一卦，从而影响到未来吉凶祸福的判定。生、老、病、死，喜、怒、哀、乐八个字就概括了人的一生。人活在世界上，绝不是因循苟且，而是要呈现价值，故太史公言："人固有一死，死或重于泰山，或轻于鸿毛。"

那么什么是价值？价值代表被选择，因为被选择价值才得以呈现。所以在犹太民族的传统里就会思考一个问题，信仰和金牛到底该如何抉择？黄金铸造的金牛代表数之不尽的财富，是人之所欲也，但只有抛弃世俗的富贵选择信仰，信仰的价值才得以呈现，是故，"生，亦我所欲也；义，亦我所欲也。二者不可得兼，舍生而取义者也"。

关于《易经》的价值，这里将通过内生性价值和外缘性价值加以阐述。所谓内生性价值，是指《易经》有圣人之道。

1. 以言者尚其辞

学习《易经》，可以修饰言辞。金庸先生在《天龙八部》中描写少室山一战时，谈到群雄汇聚，刀剑毕至，风云惨淡之际，燕云十八骑，人似虎，马如龙，突入其中，萧峰连拍三掌，皆用降龙十八掌中的一式——亢龙有悔。《易经》的乾卦六爻皆阳，象征无限主动的刚健力量，而上九又是乾卦的极点，其爻辞曰亢龙有悔。

2. 以动者尚其变

人活在世界上，发现世界一切都在发生变化。日月运行而不殆，四时更替而不逆，寒来暑往，风雨雷电。人类的世界也有生老病死，一切都在变化。唯一不变的就是变化本身。

3. 以制器者尚其象

《易经》第五十卦，火风鼎(鼎卦，图3-1)。象曰：木上有火，鼎。

所以古代在制作鼎(图3-2)这种器物时，就参考鼎卦。鼎卦的初六代表鼎的底部，用三条或者四条腿来支撑，中间三个阳爻，代表鼎有一个大大的肚子，六五的阴爻代表鼎的"耳朵"用来搬运，最后一个上九的阳爻代表鼎的盖子。

图 3-1　鼎卦　　　　　图 3-2　鼎

4. 以卜筮者尚其占

时至今日,河南省的安阳县就出土了十余万片的甲骨碎片,碎片上皆载文字,称甲骨文。甲骨是中国人的先民对未来进行预测的一种手段,其操作手法大致如下:先找到一块龟的背甲或一块牛骨,在其上刻下自己的问题,然后放在火上炙烤,一直等到裂纹出现,通过甲骨上的裂纹判断上苍神明的谕示。因此,一批学者认为甲骨文的大量出土代表了先民在生产力非常落后的情况下高度崇拜鬼神的迷信状态。

但是事情远比我们想象的复杂,甲骨非但不是迷信的证据,而是中国先民高度人文精神的体现。《尚书》是我国第一部上古历史文件和部分追述古代事迹著作的汇编。《尚书》的《洪范九畴》中有一篇称稽疑,就是说当帝王遇到一个重大的决策,感到困惑时所采取的四种办法。第一是谋及乃心,身为帝王,站的位置最高,看得最远,所以第一件事情就是自己想清楚。第二是谋及卿士,向相关专家咨询,一个人由于能力有限,不可能对所有物事的知识都有所把握,所以要向相关专家请教。第三是谋及庶人,古代的社会相对小国寡民,所以可以对一部分民众进行民意调查,了解民心如何。此以上三点,皆是人事部分的努力,但是要最后得出一个正确的决策,要做的还并不止如此,用一句话来概括:人算不如天算。所以就要采用第四种方法,谋及卜、筮。所谓卜,是指龟卜,就是通过甲骨来预测未来,但是这种方法有很大弊端,因为刻字的时间和用力程度的大小会导致裂纹的变化,人为可操作性强。古往今来,古今中外但凡对未来要进行预测都有一个特点——不能人为操作。仰观星象的占星术,天象可以控制吗?如果人可以人为操作就不需要问天,谋及自己就够了。所谓筮,是指占筮的方法,用五十根蓍草进行占算,这种筮草非常特别,每一根草的经络粗细都相同,特点是完全不能人为操作。在不能人为操作的情况下得出一个偶然的信息,这样的信息可能对未来有某种预示,天下没有偶然的事情,只有没有发现意义的偶然。所以当我们再次回望殷墟的十余万片甲骨时,不难想象,先民殚精竭虑的人事努力,中国上古的人文精神之光,岂不信哉?关于《易经》的外缘性价值,在史学方面,由于《易经》成书很早,所涉及史事、地名、物名纵然十分简略,亦有可观之处,是珍贵的古代史料。如"明夷卦"中的"箕子之明夷"的记载,又如"归妹卦"中"帝乙归妹"的记载,都有助于学者研究古史。哲学方面,《易经》中蕴含物极必反、居中守贞等中国的思想精要,六十四卦始于乾、坤二卦而终于既济、未济,则表现出宇宙生灭、流转复始的深刻哲思。从学术的眼光来看,《易传》的学术价值部分远高于卦、爻辞部分。《易传》巧妙地将老庄的阴阳气化宇宙论贯通于孔孟的仁义性善论中,使儒道汇通合流,构建儒家德行一元新宇宙论,把儒家所谓"天人合德"的思想推到精善的程度,蔚然大观。

五、《易经》导读

以阴(--)阳(—)两种符号三叠而成的三画卦形称为八卦。八种卦形分别是:乾(☰)、坤(☷)、震(☳)、艮(☶)、离(☲)、坎(☵)、兑(☱)、巽(☴)。例如,乾卦:乾为天,上乾下乾。乾:

元,亨,利,贞。《象》曰:天行健,君子以自强不息。乾卦六爻如图3-3所示。

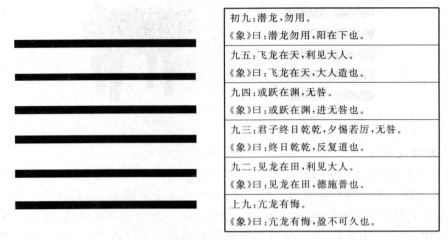

图3-3 乾卦六爻

《文言曰》"元"者,善之长也;"亨"者,嘉之会也;"利"者,义之和也;"贞"者,事之干也。君子体仁足以长人;嘉会足以合礼;利物足以和义;贞固足以干事。君子行此四德者,故曰:"乾、元、亨、利、贞。"

初九曰:"潜龙勿用",何谓也?子曰:"龙,德而隐者也。不易乎世,不成乎名,遁世无闷,不见是而无闷。乐则行之,忧则违之,确乎其不可拔,'潜龙'也。"九二曰:"见龙在田,利见大人",何谓也?子曰:"龙德而正中者也。庸言之信,庸行之谨,闲邪存其诚,善世而不伐,德博而化。《易》曰:'见龙在田,利见大人',君德也。"九三曰:"君子终日乾乾,夕惕若厉,无咎。"何谓也?子曰:"君子进德修业。忠信,所以进德也。修辞立其诚,所以居业也。知至至之,可与言几也。知终终之,可与存义也。是故居上位而不骄,在下位而不忧,故乾乾因其时而惕,虽危无咎矣。"九四曰:"或跃在渊,无咎",何谓也?子曰:"上下无常,非为邪也。进退无恒,非离群也。君子进德修业,欲及时也,故无咎。"九五曰:"飞龙在天,利见大人",何谓也?子曰:"同声相应,同气相求。水流湿,火就燥。云从龙,风从虎;圣人作而万物睹;本乎天者亲上,本乎地者亲下,则各从其类也。"上九曰:"亢龙有悔",何谓也?子曰:"贵而无位,高而无民,贤人在下位而无辅,是以动而有悔也。"

"潜龙勿用",下也;"见龙在田",时舍也;"终日乾乾",行事也;"或跃在渊",自试也;"飞龙在天",上治也;"亢龙有悔",穷之灾也;乾元"用九",天下治也。

"潜龙勿用",阳气潜藏;"见龙在田",天下文明;"终日乾乾",与时偕行;"或跃在渊",乾道乃革;"飞龙在天",乃位乎天德;"亢龙有悔",与时偕极;乾元"用九",乃见天则。

《乾》"元"者,始而亨者也。"利贞"者,性情也。乾始能以美利利天下,不言所利,大矣哉,大哉乾乎,刚健中正,纯粹精也。六爻发挥,旁通情也。"时乘六龙",以御天也。"云行雨施",天下平也。

君子以成德为行,日可见之行也。"潜"之为言也,隐而未见,行而未成,是以君子"弗用"也。君子学以聚之,问以辩之,宽以居之,仁以行之。《易》曰:"见龙在田,利见大人",君德也。九三重刚而不中,上不在天,下不在田,故乾乾因其时而惕,虽危无咎矣。九四重刚而不中,上不在天,下不在田,中不在人,故"或"之,"或"之者,疑之也,故"无咎"。夫"大人"者,与天地合其德,与日月合其明,与四时合其序,与鬼神合其吉凶。先天而天弗违,后天而奉天时。天且弗违,而况于人乎？况于鬼神乎？"亢"之为言也，知进而不知退，知存而不知亡，知得而不知丧。其唯圣人乎！知进退存亡而不失其正者，其唯圣人乎！

练习与思考

简答题。

1.《道德经》五章。

（1）说说课文中哪些句子引起了你的思考，对你有何教益？

（2）你还学过老子的哪些哲学思想，请和同学们一起分享。

（3）孔子主张积极入仕，老子主张积极出仕，两者看似矛盾，为何能一起在中国大地长存千年而不息？

2.《庄子》三章。

（1）这三篇选文分别体现了庄子什么样的思想内涵？

（2）道家老庄思想有何异同？庄子作为老子之后道家的集大成者，其思想对道家乃至道教有何深远影响？

3.《论语》九则。

（1）学了这篇课文，你认为哪些内容对你收获最大？谈谈你的感想。

（2）与课文自相对照，谈谈自己在哪些方面做得好些，在哪些方面还有欠缺？应怎样改进？

（3）"孔子门下弟子三千，七十二贤却抵不上柏拉图教出来的一个亚里士多德。"你认同这个说法吗？为什么？

4.《孟子》五则。

（1）孟子提出了哪些思想主张？

（2）这些思想主张对我们的人生有什么启发？

（3）孟子为孔子的徒孙，其思想在孔子思想的基础上继承与发展，孟子是如何继承孔子的思想的呢？

5.《墨子》两篇。

（1）说说课文中哪些句子引起了你的思考，对你有何教益？

（2）墨子还有哪些哲学思想，请和同学们一起分享。

第二篇
语　　言

第四章 现代汉语

第一节 现代汉语综述

　　现代汉语是现代汉民族使用的语言,是现代汉民族最重要的交际工具。广义的现代汉语包括现代汉民族共同语和现代汉语方言。现代汉民族共同语是以北京语音为标准音、以北方方言为基础方言、以典范的现代白话文著作为语法规范的普通话。现代汉语方言主要是指通行于某一特定地域的地方话,是现代汉语的地域分支,我国大致可分为七大方言区:北方方言区(官话区)、吴方言区、湘方言区、赣方言区、客家方言区、粤方言区、闽方言区等。

　　《中华人民共和国宪法》规定:"国家推广全国通用的普通话。"这是我国一个很重要的语言政策。但是推广普通话并不意味着要禁止说方言,更不是要消灭方言。"少小离家老大回,乡音无改鬓毛衰。"乡音就是地方方言,是亲切的家乡话,是联结个体与故乡的情感纽带,更是传承风土民俗的文化载体。普通话和方言之间是相依共存、互补分用的关系,推广普通话的总体要求是在正式场合和公共交际场合讲普通话,这有利于消除方言带来的隔阂,促进社会交往和国际交流。因此,说好标准的普通话,并积极推广普通话,是我们捍卫祖国语言、传承中华文化的使命担当。

　　本章主要围绕语言三要素——语音、语汇、语法,介绍现代汉语的基础知识,在此基础上结合普通话实训内容,强化普通话的实际运用。

第二节 现代汉语语音

一、现代汉语语音概述

(一)语音的定义及其性质

　　语音是语言的物质外壳,是指人类通过发音器官发出的具有一定表义作用的声音。它不同于一般自然界中的风声、雨声、鸟叫声、虫鸣声等(这些声音不是由人的发音器官发出的);也不同于人类口腔发出的哭笑声、咳嗽声、呼噜声等(这些声音无法传达具体的意义),语音可以起到一定的社会交际的目的。

　　人类的语言始于有声语言,必须以语音的形式而存在。一个社会可以没有文字,但不能没有语言。当今世界上仍然存在没有文字的语言,但所有的语言都一定具有某种语音形式。

　　语音具有三种基本属性:物理属性、生理属性、社会属性。其中,社会属性是语音的本质属性。

1. 语音的物理属性

　　语音同自然界的其他声音一样,都是由物体的振动产生的,具有物理属性。这种物理属性具有音高、音强、音长、音色四种要素,称为语音四要素。

1)音高

音高指声音的高低,它主要取决于发音体在单位时间内振动次数的多少(即频率)。同一时间内,振动的次数多,频率高,声音就高;反之,振动的次数少,频率低,声音就低。

语音的高低和人的发音体(即声带)有关,小、细、薄、短的声带发出的声音高,大、粗、厚、长的声带发出的声音低。一般而言,小孩声音高、老人声音低;成年女子声音高、成年男子声音低。同一个人能够通过喉部肌肉运动控制声带的松紧形成声音的高低变化,声带松,声音就低;声带紧,声音就高。

音高在现代汉语普通话中的作用主要体现在字音的声调和句子的语调上。例如,普通话的"ma"这个声韵组合,有"妈""麻""马""骂"四种不同的声调形式。又如,普通话"你去吗?"这句话,有"你去吗?↗""你去吗?↘"两种不同的句调形式。

2)音强

音强指声音的强弱,它主要取决于发音体振动幅度的大小(即振幅)。振幅大,声音强;振幅小,声音弱。语音的强弱同发音时用力的程度和呼出的气流量有关。发音时用力大,气流强,声音就强;反之则弱。

音强在现代汉语普通话中的作用主要体现在轻重音上。例如,"东西"这个词,当"西"字重读时,指"东和西两个方向";当"西"字轻读时,指"各种具体的或抽象的事物"。

3)音长

音长指声音的长短,它主要取决于发音体振动持续时间的久暂。振动时间长,声音就长;振动时间短,声音就短。语音的长短与发音速度的快慢有关。一般而言,年长者说话较慢,字音拖得长;年轻人说话较快,字音发得短。

音长在现代汉语普通话中的作用并不显著,常作为发音中的一个伴随性特征。例如,普通话中的词语"东西",指"东和西两个方向"时,"西"字重读且发音较长;指"各种具体的或抽象的事物"时,"西"字轻读且发音较短。

4)音色

音色又叫音质,指声音的个性、特色,它主要取决于音波振动的形式。音色是声音与声音之间相互区别的根本属性,受发音体、发音方法和共鸣器形状三个因素的制约。

人类发出语音时,可以通过任意控制声带的振动、气流的强弱、唇形的圆展、口腔共鸣器的形状等音色形成的重要条件来发出不同的语音。

音色是现代汉语普通话中用以区别意义的一个最重要的要素。普通话语音系统内部元音和辅音的划分、不同元音的划分、不同辅音的划分,都是由其本身音色的差异所致。例如,元音[o]和辅音[p]的音色不同,元音[o]和元音[i]的音色不同,辅音[p]和辅音[pʰ]的音色不同。

2. 语音的生理属性

语音是由人的发音器官发出的声音,不可避免地带有一定的生理属性。人类的发音器官包括三大部分(图4-1)。

1)动力器官:肺和气管

肺和气管为人们的发音提供动力。发音时,从肺部呼出的气流通过气管到达喉头,使声带振动,产生音波,

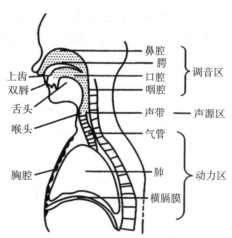

图4-1 发音器官示意图

再经过咽腔、口腔、鼻腔等共鸣体的扩大和其他发音器官的调节,发出各种各样的语音。

2）发声器官：喉头和声带

人类语音的发音体是长在喉头里的声带。声带位于喉头的中间,是两片富有弹性的薄膜。两片声带之间的空隙叫声门。发音时,声带合拢,呼出气流通过声门,使声带振动发声。人能控制声带的松紧,发出高低不同的声音。

3）调音器官：口腔和鼻腔

口腔和鼻腔是人类发音的主要共鸣器。由声带振动产生的音波经过口腔和鼻腔的扩大和口腔内各器官的调节,形成多种多样的语音。

口腔分上腭和下腭。上腭从外到内可分为上唇、上齿、上齿龈、硬腭、软腭和小舌;下腭从外到内可分为下唇、下齿、下齿龈和舌头。舌头分舌尖、舌面和舌根三个部分,是人类最灵活的发音器官,发音时起很大的作用。

鼻腔位于口腔上面,是一个固定的共鸣腔体。

通过口腔共鸣发出的音叫口音,如普通话的辅音声母 l。通过鼻腔共鸣发出的音叫鼻音,如普通话的辅音声母 n。同时从口腔和鼻腔共鸣发出的音叫口鼻音,也叫鼻化音,如普通话"(帮)忙儿"máng→mǎr。

3. 语音的社会属性

不同于一般自然界的声音,语音具有明显的社会属性,这种特性主要表现在以下三个方面。

（1）声音与意义之间不存在必然的联系,两者的联系是社会约定俗成的。一个声音表示什么意义,或者一个意义用什么声音来表示,是由使用这种语言的全体社会成员共同约定的。同样的声音可以表达不同的意义,例如,普通话中"bǐ shì"这两个音节,可以用来表示"笔试""鄙视""比试"等多个意义。同样的意义也可以用不同的声音来表示,比如"土豆 tǔ dòu"和"马铃薯 mǎ líng shǔ",是同一事物的两个不同的名称。

（2）语音有一定的民族特征和地域特征。甲语言或方言中所具有的某些音,在乙语言或方言中可能并不具有。例如,汉语普通话中的塞音有送气和不送气的对立,而英语没有,如果把 sport [spɔːt] 念成 [spʰɔːt],听者只会感觉发音不太标准,但并不会觉得意义有什么变化,而若把普通话中的 bà [pA⁵¹] 读成 pà [pʰA⁵¹],听者则会把对应的语音"爸"理解为"怕",引起误解。

（3）语音具有系统性。在甲语言或方言中是不同的音,在乙语言或方言中可能被认为是相同的音。例如,在汉语普通话中严格区分 n 和 l,而在说湘方言、闽方言,以及西南官话、江淮官话等地区,则不分 n 和 l,说这些方言的人会把"旅客"说成"女客","水牛"说成"水流"。

（二）语音单位

1. 音节

音节是语音的基本单位,是人们听感上最容易分辨出来的语音单位。比如当我们听到"大学语文"这段语音时,能够自然感知到它由四个语音片段(大、学、语、文)构成,这个语音片段就是音节。

在汉语中,一般用一个汉字对应一个音节。如"我们学习大学语文"包含了 8 个音节。只有儿化音例外,如"花儿"(huār)是两个汉字读成一个音节。

2. 音素

音素是从音色的角度对音节进行切分所得到的最小的语音单位。例如"大"(dà)这个音节可以划分出 d、a 两个音素;"花"(huā)这个音节可以划分出 h、u、a 三个音素。

根据音素的发音特征，可将音素分为元音和辅音两大类。

元音是指发音时气流振动声带，在口腔中不受阻碍而形成的响亮的音素。普通话中有10个元音，如 a、o、e 等。

辅音是指发音时气流在口腔中受到阻碍，需要克服阻碍而形成的音素。大多数辅音发音时声带不振动，所以声音不响亮。普通话中有22个辅音，如 b、d、n、ng 等。

3. 声母、韵母、声调

我国传统音韵学把汉语音节分为声母、韵母和声调三个部分。

（1）声母是一个音节开头的辅音。没有辅音的音节叫零声母音节，如爱（ài）、衣（yī）、娃（wá）等。普通话共有22个声母，其中21个为辅音声母，1个为零声母。

（2）韵母是一个音节中声母后面的部分。一般由元音构成，也可以由元音带辅音构成。普通话共有39个韵母。

（3）声调是一个音节中具有区别意义作用的声音的高低、升降的变化。普通话共有4个声调。

（三）注音方法

汉字不是拼音文字，不能直接表征字的读音，需要借助一定的工具来标记汉字的读音。目前常用的给汉字注音的方法有两种：《汉语拼音方案》和国际音标。

1.《汉语拼音方案》

《汉语拼音方案》于1958年2月经由第一届全国人民代表大会第五次会议批准并正式颁行，是我国法定的拼音方案，专门用于给汉字注音和拼写现代汉语普通话。它采用国际通行的拉丁字母，根据现代汉语语音系统的特点进行调整，较准确地反映了现代汉语普通话的语音面貌，便于人民群众学习和进行国际交流。整套方案包括五个部分：字母表、声母表、韵母表、声调符号和隔音符号。

2. 国际音标

国际音标（IPA）是国际语音学会于1888年制定并公布的一套注音符号，已经过多次修订补充，并沿用至今。它主要采用拉丁字母小写印刷体及其各种变体形式作为符号，遵循"一音一符"的注音原则，即一个音素只用一个符号表示，一个符号只代表一个音素。国际音标通行范围广，适用于标注世界上各种语言的语音。在标记现代汉语方言、少数民族语言及细致记录普通话语音上，国际音标都能发挥极大的作用。下面是汉语拼音字母与国际音标的对照表（表4-1）。

表4-1　汉语拼音字母与国际音标的对照表

语音单位	拼音字母	国际音标	拼音字母	语音单位	国际音标	拼音字母	国际音标
声母	b	[p]	l	声母	[l]	z	[ts]
	p	[pʰ]	g		[k]	c	[tsʰ]
	m	[m]	k		[kʰ]	s	[s]
	f	[f]	h		[x]	zh	[tʂ]
	d	[t]	j		[tɕ]	ch	[tʂʰ]
	t	[tʰ]	q		[tɕʰ]	sh	[ʂ]
	n	[n]	x		[ɕ]	r	[ʐ]

语音单位	拼音字母	国际音标	拼音字母	语音单位	国际音标	拼音字母	国际音标
韵母	a	[A]	ou	韵母	[ou]	ün	[yn]
	o	[o]	ia		[iA]	ian	[iɛn]
	e	[ɤ]	ie		[iɛ]	uan	[uan]
	ê	[ɛ]	ua		[uA]	uen	[uən]
	i	[i]	uo		[uo]	üan	[yan]
	-i(前)	[ɿ]	üe		[yɛ]	ang	[aŋ]
	-i(后)	[ʅ]	iao		[iau]	eng	[əŋ]
	u	[u]	iou		[iou]	ing	[iŋ]
	ü	[y]	uai		[uai]	iong	[yŋ]
	er	[ɚ]	uei		[uei]	ong	[uŋ]
	ai	[ai]	an		[an]	iang	[iaŋ]
	ei	[ei]	en		[ən]	uang	[uaŋ]
	ao	[au]	in		[in]	ueng	[uəŋ]

二、普通话语音系统

(一) 声母系统

声母是一个音节开头的辅音。普通话共有 22 个声母,其中 21 个为辅音声母,1 个为零声母。

辅音的性质由发音部位和发音方法两方面所决定,据此可以给普通话 21 个辅音声母进行分类。

1. 按发音部位分类

发音部位是指发音时气流受到阻碍的部位。普通话辅音声母按发音部位的不同,可分为 7 类:双唇音(上唇和下唇成阻)b、p、m;唇齿音(下唇和上齿成阻)f;舌尖前音(舌尖和上齿背成阻)z、c、s;舌尖中音(舌尖和上齿龈成阻)d、t、n、l;舌尖后音(舌尖和硬腭前)zh、ch、sh、r;舌面音(舌面前和硬腭前成阻)j、q、x;舌根音(舌根和软腭成阻)g、k、h。

2. 按发音方法分类

发音方法是指发音时气流受到阻碍的方式。具体包括以下三个方面。

(1) 根据形成阻碍和克服阻碍的方式,可以把普通话 21 个辅音声母分为:塞音 b、p、d、t、g、k;擦音 f、s、sh、r、x、h;塞擦音 z、c、zh、ch、j、q;鼻音 m、n;边音 l。

(2) 根据发音时声带是否振动,可以把普通话 21 个辅音声母分为:浊音 m、n、l、r;清音 b、p、f、z、c、s、d、t、zh、ch、sh、j、q、x、g、k、h。

(3) 根据发音时呼出气流的强弱,可以把普通话辅音声母中的 6 个塞音和 6 个塞擦音分为:送气音 p、t、k、c、ch、q;不送气音 b、d、g、z、zh、j。

(二) 韵母系统

韵母是一个音节中声母后面的部分。普通话共有 39 个韵母,可以按照不同的标准进行分类。

(1) 按韵母内部的结构特点,可以把普通话 39 个韵母分为单韵母、复韵母、鼻韵母三类。

① 单元音韵母是由一个元音构成的韵母,简称单韵母。发音时,声带振动,舌位、唇形始终不变。普通话中有 10 个单韵母,其中 a、o、e、ê、i、u、ü 7 个是舌面单韵母,-i 前、-i 后是舌尖单韵母,er 是卷舌单韵母。

② 复元音韵母是由两个或三个元音组合而成的韵母,简称复韵母。发音时有明显的动程,从一个元音滑动到另一个元音,舌位、唇形都有变化。普通话中有 13 个复韵母,其中,前响复韵母 ai、ei、ao、ou 共 4 个,中响复韵母 iao、iou、uai、uei 共 4 个,后响复韵母 ia、ie、ua、uo、üe 共 5 个。

③ 带鼻音韵母是由一个元音或两个元音带上作韵尾的鼻辅音组合而成的韵母,简称鼻韵母。发音时也有动程,由元音的"口音"状态滑向鼻辅音的"鼻音"状态。普通话中共有 16 个鼻韵母,其中,以鼻辅音 n 结尾的鼻韵母共 8 个:an、en、in、ün、ian、uan、üan、uen,称为前鼻音韵母;以鼻辅音 ng 结尾的鼻韵母共 8 个:ang、eng、ing、ong、iong、iang、uang、ueng,称为后鼻音韵母。

(2) 按韵母开头元音的发音特点,可以把普通话 39 个韵母分为开口呼、齐齿呼、合口呼、撮口呼四类,简称"四呼"。

① 开口呼指实际发音不是 i、u、ü 起头的韵母,包括 a、o、e、ê、-i 前、-i 后、er、ai、ei、ao、ou、an、en、ang、eng 等。

② 齐齿呼指实际发音是 i 或以 i 起头的韵母,包括 i、ia、ie、in、iao、iou、ian、ing、iang 等。

③ 合口呼指实际发音是 u 或以 u 起头的韵母,包括 u、ua、uo、uai、uei、uan、uen、uang、ueng、ong 等。

(3) 撮口呼指实际发音是 ü 或以 ü 起头的韵母,包括 ü、üe、ün、üan、iong 等。

(三) 声调系统

声调是一个音节中具有区别意义作用的音高的高低升降的变化。普通话共有 4 个声调。

1. 声调的作用

汉语是有声调的语言,通过声调区别声韵组合相同的音节的意义。例如,"妈""麻""马""骂"对应的音节都是由声母 m 和韵母 a 组合构成,但它们的意义不同,这就是由声调的不同造成的。又如"鄙视""笔试"对应的两个音节的声母和韵母都相同,语义却不同,这也是因声调不同所致的。

2. 调值和调类

声调可以从调值和调类两个方面加以分析。

1) 调值

调值指声调的实际读音,表现为一个音节高低、升降的变化形式。调值跟相对音高有关,儿童和成年女性的声带都较细、较短、较薄,发音频率比成年男性高,但发第四个声调时,音高的变化幅度和形式是相同的,所以调值是相同的。

调值通常采用赵元任先生创制的"五度标调法"来记录,即画一条竖线,由低到高分成五度,依次标记数字 1~5,分别表示声调的相对音高为低、半低、中、半高、高,再用线条画出声调的高低、升降变化,标记声调的具体调值。

2) 调类

调类指声调的种类,是将一种语言或方言中调值相同的音节归纳在一起所建立的类别。一种语言或方言有几种调值,就有几种调类。汉语方言的声调非常复杂,调类数目相差很大,一般是四到六个,最多的有十多个,调值更是五花八门。

普通话共有四个声调,如图4-2所示,即阴平(俗称第一声,调值为55)、阳平(俗称第二声,调值为35)、上声(俗称第三声,调值为214)、去声(俗称第四声,调值为51)。

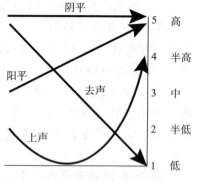

图 4-2　普通话调值示意图

三、普通话实训中的语音学习

普通话水平测试的第一个测试项是读单音节字词,共100个音节,限时3.5分钟,需要应试者读准每一个字音的声、韵、调,尤其是方言区的人要避免方音对普通话的影响。第二个测试项是读多音节词语,共100个音节,限时2.5分钟,除考查字音本身的声、韵、调的准确程度外,还要考查应试者对汉语语流音变的掌握情况。

（一）普通话字音常见的发音纠误

1. 声母常见的发音纠误

方言区的人学习普通话声母时,需要掌握辅音声母的发音部位和发音方法,细心体会方音与普通话相异的声母,纠正自己的方音,读准普通话各声母。

1) 分辨鼻音 n 和边音 l

(1) 发准语音。普通话里严格区分鼻音 n 和边音 l,而有些方言则 n 和 l 不分,把"龙"说成"农","牛"说成"流","旅客"说成"女客","河南"说成"荷兰",等等。这两个声母都是声带振动,舌尖抵住上齿龈发出的音,区别主要在于 n 是鼻音,发音时软腭下降,呼出气流是通过鼻腔发出来的;l 是边音,发音时软腭上升,堵住鼻腔通道,呼出气流是从舌头两边通过口腔发出来的。我们可以采用捏住鼻孔的办法来检验自己发的是不是鼻音 n,如"牛""农""脑""女""娘"等字,如果捏住鼻孔感到发音困难,发的就是鼻音 n;反之,发的就是边音 l。

(2) 记住字音。在弄清和找准这两个声母发音的异同的基础上,还要记住字音。辨音有以下几种方法。

① 利用汉字形声字的声旁类推。例如,以"尼"为声旁的字大都读鼻音(妮、泥、呢、昵等);以"仑"为声旁的字大都读边音(轮、沦、伦、论等)。

② 利用普通话声韵的拼合规律类推。例如,ia、ou、uen 不与 n 相拼,"俩""楼""论"等字都读 l;en 不与 l 相拼,"嫩"读 nen。

③ 记少不记多。普通话常用字中的边音远多于鼻音,因此可以重点记忆鼻音的字。例如,nü 只有"女"字,其他"吕""绿""律""虑""滤"等字可放心读 lü;nin 只有"您"字,其他"林""霖""拎""临""邻"等字可放心读 lin。

2) 分辨舌尖前音 z、c、s 和舌尖后音 zh、ch、sh

(1) 发准语音。普通话里有舌尖前音 z、c、s 和舌尖后音 zh、ch、sh 这两组声母。而许多方言没有舌尖后音,所以常常将它们发成舌尖前音,像西南方言、吴方言、粤方言、闽方言等。这两组声母的区别主要在于发音部位的不同。z、c、s 是舌尖前音,发音时舌尖不翘,整个舌头基本平放,舌尖抵住上齿背,因此也叫平舌音;zh、ch、sh 是舌尖后音,发音时舌尖上翘,整个舌头是抬起来的,舌尖抵住或靠近硬腭前部,因此也叫翘舌音。

（2）记住字音。在弄清和找准这两组声母发音异同的基础上，还要记住字音。掌握和牢记普通话中哪些字发平舌音，哪些字发翘舌音，并通过大量的语音练习来加强与巩固。辨别字音有以下几种方法。

① 利用汉字形声字的声旁类推。例如，以"次"为声旁的字都读平舌音（瓷、茨、咨、姿、资、恣等）；以"主"为声旁的字都读翘舌音（拄、注、住、柱、驻、蛀等）。

② 利用普通话声韵的拼合规律类推。例如，sh 和 ong 不相拼，"松""耸""颂""宋"等字都读 song；z、c、s 不与 ua、uai、uang 相拼，"爪""拽""摔""霜""创"等字只能读翘舌音。

③ 记少不记多。普通话常用字中的翘舌音远多于平舌音，因此可以重点记忆平舌音的字。例如，zen 只有"怎"字，其他"针""真""珍""诊""赈""镇"等字可放心读 zhen；sen 只有"森"字，其他"深""身""神""沈""甚""肾"等字可放心读 shen。

3）分辨唇齿音 f 和舌根音 h

（1）发准语音。普通话里，唇齿音 f 和舌根音 h 分得很清楚，而像湘方言、粤方言、闽方言、客家方言等方言区的人则存在 f 与 h 相混的情况，例如，把"分"说成"昏"，"飞"说成"灰"，"湖南"说成"服南"，等等。

这两个声母的发音部位不同，发 f 音时，上齿要与下唇相接触；发 h 音时，一定不要让上齿与下唇接触，而要将舌面后部抬高，与硬腭后部靠近。

（2）记住字音。弄清两个音的发音部位后，重点应放在记忆常用字上面，明白哪些字的声母是 f，哪些字的声母是 h。辨别字音有以下几种方法。

① 利用汉字形声字的声旁类推。例如，以"方"为声旁的字大多读 f 音（芳、房、防、纺、访、放等）；以"奂"为声旁的字大多读 h 音（涣、唤、换、痪等）。

② 利用普通话声韵的拼合规律类推。例如，f 与 o 相拼的字只有"佛"字，"活""火""或""获"等字都读 huo；f 不与 ai 相拼，"坏""怀""淮""槐"等字都读 huai。

2. 韵母常见的发音纠误

与声母一样，方言与普通话在韵母上也存在不同差异。受方言影响，普通话的发音会有失误。普通话韵母常见的发音纠误如下。

1）分辨 o 和 e

普通话里，单韵母 o 和 e 分得很清楚，但不少方言区存在相混的情况。例如，把"菠菜"读成"bēcài"，"模范"说成"méfàn"，"破坏"说成"pèhuài"，等等。

分辨这两个韵母首先要分析它们的发音要领，o 和 e 都是单韵母，两者的区别在于：发 o 时，双唇必须拢圆；发 e 时，嘴角略向两边展开，唇形不是圆的。如果发 o 时少了圆唇的动作，就会与 e 相混。

另外还要注意的是，普通话中的单韵母 o 只和声母 b、p、m、f 相拼，不和其他声母相拼；而韵母 e 却相反，不能和这四个声母相拼（"么"字除外），因此"菠""播""伯""破""婆""佛"等字的韵母一定是 o，"歌""鸽""课""渴""何""喝""乐"等字的韵母一定是 e。

2）分辨 ong 和 eng

普通话里，鼻韵母 ong 和 eng 不同，区别在于：发音的起点不同，发 ong 音时嘴唇要拢圆；发 eng 音时不能圆唇。

有些方言会将"蹦""碰""梦""风"等字分别读成 bòng、pòng、mòng、fōng，在说普通话时就需要辨音，牢记普通话中的声母 b、p、m、f 不与 ong 相拼，可以与 eng 相拼。注意与前面介绍的单韵母 o 和 e 的组合规律相区别。

3) 分辨前鼻韵母 an、en、in 和后鼻韵母 ang、eng、ing

普通话里的前鼻韵母和后鼻韵母分得很清楚,但像西南方言、湘方言、赣方言、吴方言、客家方言等方言区却存在着分不清的情况,前后鼻音韵母相混的问题比较突出。例如,把"程先生"读成"陈先生","北京"读成"北金","英语"读成"音语",等等。

要分清前、后鼻音韵母,首先要发准 n 和 ng 这两个鼻音。两者的区别在于:发 n 音时,舌尖前伸,轻轻抵住上齿龈;发 ng 音时,舌身后缩,舌根隆起,轻轻抵住软腭。

除区分前、后鼻音之外,还应该记住普通话中哪些字是前鼻音韵母,哪些字是后鼻音韵母。记住字音有以下几种方法。

(1) 利用汉字形声字的声旁类推。例如,以"申""今""分""真""林"等为声旁的字大都读前鼻音韵母;以"争、正、令、生"等为声旁的字大都读后鼻音韵母。

(2) 利用普通话声韵的拼合规律类推。例如,声母 d、t 不与 in 相拼,只与 ing 相拼,例如,"丁""定""听""停""挺"等都是后鼻音;声母 d、t、n、l 不与 en 相拼("扽""嫩"字除外),只与 eng 相拼,如"灯""疼""能""冷""愣"等都是后鼻音。

(二) 语流音变

人们说话或朗读时,并不是孤立地把音节一个一个发出来,而是将一连串的音节连续说出,形成语流。在语流中,由于相连音节的相互影响,有些音节的语音会发生程度不同的变化,这种语音现象就是语流音变。

语流音变是语言中普遍存在的自然现象,它使我们的语音面貌自然流畅,只不过说话人平时不易察觉。读者可以读一读这句话"那小姑娘像花儿一样,真好看啊!",有没有发现其中加点的字的发音与其原本的语音相比,都发生了改变。

普通话中常见的语流音变有四种:轻声、变调、儿化和语气助词"啊"的音变。

1. 轻声

普通话的语流中有些音节会改变其原有的声调,读得又短又轻,这种音变现象就是轻声。读轻声的音节称为轻声音节。例如,"姑娘""明白""我们""故事",第二个音节都读得又短又轻,它们都是轻声音节,在汉语拼音中不标调,例词分别写作 gūniang、míngbai、wǒmen、gùshi。

轻声并不是单纯的语音现象,普通话里大多数轻声词都同词汇、语法上的意义有密切的关系,而且有很强的规律性。

(1) "吧""吗""呢""啦""呀""哇"等语气词,常读成轻声。如"走吧!""去吗?""说呀!""好哇!"。

(2) "的""地""得""着""了""过""们"等助词,常读成轻声。如"好得很""轻轻地走""想着""我们"。

(3) "子""头"等名词的后缀,常读成轻声。如"样子""孩子""前头""木头"。

(4) 名词、代词后表示方位的词,常读成轻声。如"桌上""屋里""树下""那边"。

(5) 动词后表示趋向的动词,常读成轻声。如"上来""出去""站起来""带回去"。

(6) 叠音名词的第二个音节,常读成轻声。如"妈妈""哥哥""娃娃""伯伯"。

(7) 动词重叠式的第二个音节,常读成轻声。如"看看""说说""走走""问问"。

(8) 还有一些口语中常用的双音节词,按习惯要读成轻声。这类词比较麻烦,没有规律可循,主要靠平时的积累去把握正确的读音,需要单独记忆。如"萝卜""窗户""凉快""精神"。

2. 变调

在语流中,为使语流顺畅,相邻音节声调的调值发生变化的音变现象就是变调。普通话中的变调主要有两种：一是上声的变调；二是"一"和"不"的变调。

1) 上声的变调

只有当上声单独出现或在词语、句子的末尾出现时，不变调，仍然读完整的214调值。如"笔""词典""他现在特别烦恼"。其他情况则会产生变调。

(1) 上非相连。当上声音节和非上声音节（阴平、阳平、去声）相连时，要读成21调值。

① 上声＋阴平。如"老师""北京""美观"。

② 上声＋阳平。如"语言""朗读""祖国"。

③ 上声＋去声。如"伟大""土地""美丽"。

(2) 上上相连。当两个上声音节相连时，前一个上声要读成35调值。如"水果""粉笔""友好"。

(3) 三个上声相连。当三个上声音节连读时，需要根据词义划分词语内部的结构层次。包括以下两种形式。

① 单双格（单音节＋双音节），即后两个音节的语义更紧密。读的时候，第一个音节变为21调值，第二个音节变为35调值。如"很美好""小老虎""党小组"。

② 双单格（双音节＋单音节），即前两个音节的语义更紧密。读的时候，前两个音节都读为35调值。如"展览馆""古典舞""演讲稿"。

当三个以上的上声音节连读时，同样先根据语义紧密度划分词语内部的结构，再结合双音节或三音节上声连读的变调规律去读。例如，我想/给祖母/买表。

2) "一""不"的变调

(1) "一"的变调。"一"的原调是阴平55。当它单念或在序数词中、在年月日中、在词句末尾出现的时候，都读原调。如"一""第一届""二〇一五年一月十一日""统一"。在下列情况中，"一"要变调。

① "一"在去声音节前，要读成阳平35。如"一个""一概""一样"。

② "一"在非去声音节前，要读成去声51。如"一天""一年""一晚"。

③ "一"夹在重叠词的中间时，都要读成轻声。如"说一说""走一走""看一看"。

(2) "不"的变调。"不"的原调是去声51。当它单念或出现在词句末尾的时候，都读原调。如"不""要不""我就是不！"。在非去声音节（阴平、阳平、上声）前，"不"也读原调，如"不听""不服""不紧"。"不"在以下两种情况下需要变调。

① "不"在去声音节前，要读成阳平35。如"不要""不必""不过"。

② "不"在两字之间或肯定否定连用时，要读成轻声。如"说不清""很不错""来不来""行不行"。

3. 儿化

儿化又称儿化韵，是普通话发音的一个特色。即后缀"儿"不自成音节，而是同前一个音节结合，使前一音节的韵母成为卷舌韵母，这种音变现象就是儿化。例如，"玩儿"这个词，要发成一个音节，写作 wánr，后面的字母 r 不单独发音，只是卷舌动作的符号，表示儿化。

儿化音变有其特定的规律，与音节末尾的发音有直接关系。可以归纳为以下几种情况。

(1) 音节末尾是 a、o、e、ê、u，儿化时直接在原韵母之后加上卷舌动作。如"号码儿 hàomǎr""大伙儿 dàhuǒr"。

(2) 韵尾是 i、n 的韵母，儿化时去掉韵尾，把韵腹加上卷舌动作。如"小孩儿 xiǎohá(i)r""没劲儿 méijì(n)r"。

(3) 韵母是 i、ü 的，儿化时在原韵母后直接加 er。如"小鸡儿 xiǎojier""毛驴儿 máolüer"。

(4) 韵母是 -i（前）、-i（后）的，儿化时完全去掉韵母，声母直接与 er 相拼。如"棋子儿 qíz(ǐ)er""没事儿 méish(ì)er"。

(5) 韵尾是后鼻音 ng 的，儿化时去掉韵尾，发音时口腔、鼻腔要同时共鸣，即鼻化音，并加上卷舌动作。如"帮忙儿 bāngmǎ(ng)r""电影儿 diànyǐ(ng)r"。

4. 语气助词"啊"的音变

"啊"作为语气助词，用于句末强调语气时，因为受前一音节收尾音素的影响，会发生种种音变现象。变化规律如下。

(1) 前一音节的末尾音素是 a、o、e、ê、i、ü 时，"啊"要读 ya，汉字写作"呀"。例如：
原来是他呀！
你说什么呀？
好大的雨呀！

(2) 前一音节的末尾音素是 u 或 ao、iao 的 o 时，"啊"要读 wa，汉字写作"哇"。例如：
以前的日子多苦哇！
真是笑一笑，十年少哇！
这房子有点儿小哇！

(3) 前一音节的末尾音素是前鼻音韵尾 n 时，"啊"要读 na，汉字写作"哪"。例如：
大家加油干哪！
你快看哪！
今天的作业好难哪！

(4) 前一音节的末尾音素是后鼻音韵尾 ng 时，"啊"要读 nga，汉字仍写作"啊"。例如：
你怎么还不讲啊？
这首歌大家一起唱啊！
图书馆真安静啊！

(5) 前一音节的末尾音素是 -i（前）时，"啊"要读成 za，汉字仍写作"啊"。例如：
你这人真自私啊！
这是谁家的孩子啊？

(6) 前一音节的末尾音素是 -i（后）或卷舌元音 er 时，"啊"要读 ra，汉字仍写作"啊"。例如：
他是我们学院的老同志啊！
快递来得真及时啊！
张大爷今年七十二啊！

第三节　现代汉语语汇

一、现代汉语语汇概述

(一) 语汇和语汇单位

语汇，也叫词汇，是语言的"建筑材料"。没有砖瓦这样的建筑材料就无法起高楼，同理，没有语汇就无法造出句子，"语言"这座大厦将无从建起。

语汇所指范围有大有小，可以是一种语言系统中的全部词语，如"汉语语汇""英语语汇""俄语语汇"等；也可以是一种语言或方言中某个历史时期或局部范围词语的总和，如"古代汉语语汇""现代汉语语汇"或"北京话语汇""南昌话语汇"等；还可以指某个人、某部著作、某个学科或某种性质的词语的聚合体，如"莫言的语汇""《张爱玲全集》的语汇""医学语汇""文言语汇"等。

一种语言的语汇是这种语言里所有的语汇成分的总汇。语汇成分包括语素、词和固定短语，它们是处在不同层级的语汇单位。语汇是一个集合概念，单个的语素或词或固定短语都不能称作语汇。

1．语素

语素是指最小的音和义相结合的语言单位。它是语汇的基础层级，是构成词的材料。例如，"口"这个语言单位，读作 kǒu，表示人类用来发声和进食的器官，其语音和语义紧密结合成一个整体，内部不能再切分出更小的音和义相结合的单位，本身就是最小的音义结合体，因此"口"是一个语素。

现代汉语的语素大多数是单音节的，如"天""手""书""人""学""口"，具有极强的构词能力。例如，"口"可以和其他语素组合成词，如"口腔""口语""开口"等词。也有两个音节的语素，如"蜻蜓""朦胧""沙发""咖啡""扑哧""皑皑"。还有三个或三个以上音节的语素，如"巧克力""马克思""奥林匹克""喜马拉雅""布尔什维克"。语素的主要功能是构成词。

（1）根据语素的构词能力，语素可分为成词语素和不成词语素。成词语素指能够直接单独构成词的语素，如"人""山""天""跑""打""蜻蜓""巧克力"；不成词语素指不能单独成词，必须和其他语素组合成词的语素，如"习""民""目""聪""阿""子""皑皑"。

（2）根据语素在构词时的位置，语素可分为定位语素和不定位语素。定位语素指在构成词时位置固定的语素，如"老""阿""子""皑皑""乎乎"；不定位语素指在构成词时位置不固定的语素，如"人""山""习""民""目"。

（3）根据语素在词中表义是否实在，是否起到承担词义的作用，语素可分为词根语素和词缀语素。词根语素指具有实在意义，能体现词义主要意思的语素，如"人民"中的"人"和"民"；词缀语素指意义不实在，只表示某种附加意义的语素，如"老虎""桌子"中的"老"和"子"。

2．词

词是指语言中最小的可以独立运用的音义结合的语言单位。它是语汇的主体层级，数量最多。所谓"独立运用"，是指能够"单说"（单独回答问题）或"单用"（单独充当句子成分或者单独起语法作用）。例如，"我很爱校园的操场。"其中，"我、爱、校园、操场"能单说、单独回答问题，它们都是词。余下的"很"虽不能单独回答问题，但能单独充当句子成分，如在"很爱""很远"中充当状语；"的"既不能单独回答问题，也不能充当句子成分，但能单独起语法作用，"校园的操场"表示定语和中心语之间的结构关系，因此"很""的"也是词。

3．固定短语

词和词按照一定的规则组合成词组，又叫短语。固定短语是短语的一支，指因习惯而定型的短语，由词和词固定组合，一般不能随意更改、增减其构成成分。与之相对的是自由短语，由词和词临时组合而成，如"看电影""看论文""拍摄电影""撰写论文"，这些短语的构成成分可根据表意的需要按照一定语法规则自由地组配，其数目不可估量，因此自由短语不属于语汇而是语法的研究对象。固定短语可分为专名和熟语两类。

（1）专名是指用于专门名称的固定短语，包括各种国家机关、企事业单位等的名称，以及会议名称、书文报刊名、影视作品名等。如"中华人民共和国""联合国世界卫生组织""南昌职业大学""全国人民代表大会"以及《狂人日记》《甄嬛传》等。

为了称说简便,专名通常都有缩略形式,也叫简称。如"联合国世界卫生组织"简称"世卫组织","南昌职业大学"简称"南职大"。

（2）熟语是指久经沿用而基本定型的固定短语,包括成语、惯用语、歇后语、谚语等。如"刻舟求剑""老油条""瞎子点灯——白费蜡""背靠大树好乘凉"等。

（二）语汇的构成

语汇可以分为基本语汇和一般语汇。

1. 基本语汇

基本语汇是整个语汇系统中最主要、最稳定的部分,是基本词的总和,它为全民所共同理解,使用频率高、传承时间长、构词能力强。

（1）表示自然现象和事物的,如"天""云""月""雨""雷""山""水""树"。

（2）表示生产和生活资料的,如"米""布""灯""车""船""刀""衣服""房屋"。

（3）表示人体各部位的,如"眼""耳""心""胃""手""脚""牙"。

（4）表示亲属关系的,如"爷爷""父亲""母亲""丈夫""女儿""兄弟""姐妹"。

（5）表示基本动作行为和性状的,如"吃""跑""想""学习""高""黄""冷""快乐"。

（6）表示指代和数量的,如"我""你们""这""什么""十""寸""次""回"。

（7）表示时令和方位的,如"春""夏""上""前""左""外""东""南"。

（8）表示程度、范围、关联、语气的,如"很""最""都""就""因为""吗""了"。

2. 一般语汇

语言的语汇系统除去基本语汇就是一般语汇,它数量多、变化快、构词能力弱、缺乏全民性。现代汉语一般语汇包括古语语汇、方言语汇、外来语汇、行业语汇和新造语汇。

1）古语语汇

古语语汇是源自古代汉语而现代汉语中较少使用的语汇。它主要记录和反映古代社会的人物、事物和现象,包括历史语汇和文言语汇。

历史语汇所记录和反映的人物、事物和现象在现代社会生活中已经不复存在了,一般只在谈及历史时才会用到。如"宦官""驸马""尚书""宰相""戟""钺""笏""科举"。

文言语汇所表示的事物和现象在现代社会生活中仍然存在,但由于这些词已为现代汉语中意思对应的词语所代替,一般口语中不大使用,但如果运用得当,往往能产生简洁、庄重、典雅的表达效果。如"之""其""甚""乃""亦""拜谒""瞻仰""安谧""矍铄"。

2）方言语汇

方言语汇是源自各地方言并为现代汉语普通话所吸收的语汇。因带有鲜明的地方色彩和丰富的口语表现力,有不少方言语汇通过文学作品或电视、电影、短视频等媒介传播,逐渐为全民所理解和接受,并纳入普通话语汇里。如"垃圾""溜号""尴尬""把戏""名堂""买单""炒鱿鱼"。在正式场合或公文、科技著作等书面文书中,基本不使用方言语汇。即使是文学创作,也应尽量不用或少用还没有被人们普遍理解和接受的方言语汇,以免造成理解障碍,降低作品的表达效果。

3）外来语汇

外来语汇是汉语从外族语言中翻译或借用的语汇,也叫借词或外来词。一般而言,外来语汇的语音形式和意义都保留了外族语言的一些特点。如"咖啡（coffee）""迪斯科（disco）""迷你裙(miniskirt)""新西兰(New Zealand)""啤酒(beer)""WTO(World Trade Organization)"。如果词所表达的事物或概念是外来的,但是语音形式与外族语言没有任何关系,则一般认为不属于外来语汇:一种是"意译词",指完全用汉语的语素和构词规则构造的词,如"电话(telephone)""民主(democracy)""发动机(motor)";还有一种是"仿译词",指用汉语语素将外族语原词的构词成分和结构形式一一对应进行翻译的词,如"蜜月(honeymoon)""足球(football)""黑板(blackboard)""热狗(hotdog)"。

4) 行业语汇

行业语汇是在某个行业或某门学科内通用的语汇。它主要由本行业或本专业的人使用,用以说明该行业的专业性、技术性的问题。例如,金融业的"看空""套现""头寸",医疗业的"处方""胸透""脱水",数学界的"函数""抛物线""微积分",哲学界的"唯物""超验""能动",等等。随着科技知识的日益普及,有些行业语汇逐渐为一般人熟悉和使用,从而成为通用语,如"细胞""传染""渗透""效应""亮相""下课"。

5) 新造语汇

新造语汇是为了适应社会发展和交际的需要创造出来,用于反映新事物、新概念的语汇。如"光缆""菜鸟""剩女""给力""方便面""试管婴儿"。新造语汇的产生和社会生活有着密切的关系,社会的变迁、经济的发展、科技的进步等因素都会在语汇上得到快速反映。

二、词的结构和意义

(一) 词的结构

根据内部构成语素的数量,词可以分为单纯词和合成词。

1. 单纯词

单纯词是指由一个语素构成的词。按音节的数量,单纯词可以分为单音节单纯词和多音节单纯词。

1) 单音节单纯词

单音节单纯词是由一个单音节语素构成的词。汉语语素以单音节为主,因此单纯词大多也是单音节的。如"人""笔""吃""说""香""红""很""不""和"。

2) 多音节单纯词

多音节单纯词是由一个多音节语素构成的词,主要有以下四类。

(1) 联绵词,指两个不同的音节连缀成一个语素构成的词。多从古代传承而来。如"澎湃""伶俐""窈窕""蜻蜓""牡丹""珊瑚"。

(2) 叠音词,指两个相同的音节连缀成一个语素构成的词。如"姥姥""皑皑""潺潺""猩猩""谆谆"。

(3) 拟声词,指模拟自然的声音而构成的词。如"嗡嗡""轰隆""扑哧""哗啦啦""叽叽喳喳"。

(4) 音译词,指用发音相似的汉字直接翻译外族语言而构成的词。如"克隆""拷贝""巧克力""高尔夫""奥林匹克""柴可夫斯基"。

2. 合成词

合成词是指由两个或两个以上的语素按照一定方式组合而构成的词。按构成语素的性质,合成词可以分为复合词和派生词。

1) 复合词

复合词是由两个或两个以上的词根语素组合而构成的词。根据构成语素间的结构规则和语义关系,复合词可以分为以下六种。

(1) 联合式复合词,指语素间具有平等并列关系的复合词。词根语素间的意义,有的相同或相近,如"海洋""追逐""宽阔";有的相对或相反,如"早晚""横竖""开关";有的相关,但结合产生一个新的词义,如"领袖""骨肉""江湖";有的相关或相反,但词义偏向其中一个语素起作用,如"国家""动静""忘记"。

(2) 主谓式复合词,指语素间具有陈述和被陈述关系的复合词。如"国营""地震""眼花""肉麻""年轻""心虚"。

(3) 动宾式复合词,指语素间具有支配和被支配关系的复合词。如"动员""失业""放心""缺德""管家""理事"。

(4) 偏正式复合词,指语素间具有修饰和被修饰关系的复合词。如"鹅毛""四季""铁路""微笑""卧铺""热爱"。

(5) 补充式复合词,指语素间具有补充和被补充关系的复合词。一类是前一语素表示动作,后一语素补充说明动作的结果,如"推翻""压缩""削弱";另一类是前一语素表示事物,后一语素表示这种事物的计量单位,如"花束""书本""马匹"。

(6) 重叠式复合词,指两个完全相同的词根语素重叠构成的复合词。如"姐姐""星星""刚刚""偏偏"。注意区分这类词和叠音词,两者都有重叠。不同的是,叠音词重叠的只是音节,有音无义,两个音节必须合起来才有意义,是一个语素构成的单纯词;重叠式合成词重叠的是语素,是两个语素构成的合成词,单个语素也可以独立使用。

2) 派生词

派生词是由词根和词缀组合而构成的词,也叫附加式合成词。根据词缀在合成词中所处的位置,派生词可以分为前加式派生词和后加式派生词。

(1) 前加式派生词,是指由词缀(前缀)加词根构成的派生词。现代汉语中常用的前缀有"老""第""阿""小"等。如"老鹰""老鼠""第二""第九""阿姨""阿嫂""小姐""小张"。

(2) 后加式派生词,是指由词根加词缀(后缀)构成的派生词。现代汉语中常用的后缀有"头""子""儿"等。如"念头""石头""桌子""胖子""花儿""个儿"。

汉语中还有一些在构词上起到词缀作用,构词时的位置较为固定,词汇意义有所虚化,但尚未达到像真正的词缀那样完全虚化,表示一种类化含义的语素,这种语素称为"类词缀"。现代汉语中的类词缀有很多,由类词缀构成的新词语呈增长趋势。例如:

可:可信、可笑、可恨、可控、可口、可取、可持续、可再生、可循环。

手:高手、新手、能手、扒手、枪手、坦克手、狙击手、操盘手、二把手。

家:作家、画家、冤家、专家、店家、银行家、企业家、教育家、政治家。

者:编者、患者、笔者、使者、长者、劳动者、朗读者、告密者、伪装者。

员:会员、委员、官员、学员、职员、飞行员、饲养员、售票员、公务员。

化:淡化、净化、腐化、丑化、僵化、自动化、全球化、老龄化、智能化。

性:弹性、党性、慢性、奴性、调性、创造性、重要性、积极性、计划性。

然:淡然、坦然、黯然、盎然、哗然、断然、欣欣然、茫茫然、飘飘然。

整体来看,古代汉语以单纯词为主,现代汉语以合成词为主。由单纯词向合成词发展,这是汉语语汇发展的一大特点。

(二) 词的意义

词的意义是指词的语音形式所承载的信息内容。词义是对客观事物、现象的反映,包含了人们对客观世界的认识及其主观评价。根据词义所表达的内容,一般可分为概念义和色彩义。

1. 概念义

概念义是指词义中跟概念相联系的核心意义,是客观事物的本质属性在人脑中的概括反映,也叫"理性义""指称义"。词典对词目的释义主要就是概念义。如以下词语(释义均出自《现代汉语词典(第7版)》,商务印书馆)。

雨 yǔ:从云层中降向地面的水。云里的小水滴体积增大到不能悬浮在空气中时,就落下成为雨。

刨 páo:使用镐、锄头等向下向里用力。

温柔 wēnróu:温和柔顺(多形容女性)。

2. 色彩义

色彩义指依附于词的概念义之上,着重反映人们主观认识的意义,也叫"附加义"。主要有三类。

(1)感情色彩,是由词体现出来的反映人们对所指对象的主观态度或感受的意义。凡是表明人们对所指对象的积极、赞许等感情态度的词,都称作"褒义词",如"慷慨""勇敢""团结""忠诚""崇敬"等;凡是表明人们对所指对象的消极、贬斥等感情态度的词,称作"贬义词",如"勾结""虚伪""狡猾""猥琐""煽动"等;汉语中更多的词不带明显的感情色彩,就是"中性词",如"书""梦""深""走""结果""飞机""比赛"等。

(2)形象色彩,是由造词理据反映出来的人们对所指对象的主观联想的意义。词语本身往往给人一种具体可感的形象感。有根据形态的,如"云海""马尾松""龟山";有根据动态的,如"垂柳""捧腹""牵牛花";有根据颜色的,如"彩带""碧空""映山红";有根据声音的,如"叮当""布谷鸟""乒乓球";有根据气味的,如"香喷喷""臭烘烘""酸溜溜"等。

(3)语体色彩,是指词具有的适用于某种特定场合所形成的意义。有的适用于口语,具有明显的口语色彩,如"瞧""溜达""害臊""脑袋"等;有的适用于书面语,具有明显的书面语色彩,如"悼念""熟稔""徜徉""欺凌"等。

需要注意的是,"词的概念义与色彩义往往是作为一个整体加以应用的。只有认真准确领会词义的内涵特性,用起来才能表达得准确、鲜明、生动。人们往往十分重视词语的锤炼,就是这个道理"(黄伯荣、廖序东《现代汉语》)。

三、普通话实训中的语汇学习

(一)词语的轻重格式

普通话水平测试的第三个测试项是朗读一篇短文,400个音节,限时4分钟。在处理第二个测试项和第三个测试项两个测试项时,除注意字音本身的标准性外,也要注意双音节词和多音节词的轻重格式,各音节的轻重分量、强弱程度不尽相同,往往有一个音节的读音较重,这就是词重音音节。

词重音是双音节词或多音节词的基本轻重格式,可以大致分为重音、中音(次重音)、轻音等三个等级。普通话词的轻重格式有以下几种类型。

1. 双音节词的轻重格式

双音节词绝大多数读"中·重"格式,即前一个音节读中音,后一个音节读重音。如"芭蕉""帮忙""流行""合并""伟大""把关""地球""继续"。

带有轻声的双音节词按"重·轻"格式读,即前一个音节读重音,后一个音节读轻音。如"家伙""巴结""明白""实在""马虎""姥姥""意思""相声"。

2. 三音节词的轻重格式

三音节词绝大多数读"中·轻·重"格式，即第一个音节读中音，中间音节读轻音，最后一个音节读重音。如"西红柿""博物馆""巧克力""电视机"。

带有轻声的三音节词有两种轻重格式。

（1）三音节为"单字＋轻声词"时，按"中·重·轻"读，如"山核桃""胡萝卜""老太太""为什么"。

（2）三音节为"轻声词＋词缀"时，按"重·轻·轻"读，如"姑娘家""朋友们""耳朵里""落下来"。

3. 四音节词的轻重格式

四音节词包括四字成语在内的绝大多数四音节词都是按"中·轻·中·重"格式读，即第一和第三个音节读中音，第二个音节读轻音，最后一个音节读重音。如"花好月圆""年富力强""百花齐放""社会主义"。

少数读"中·轻·重·轻"格式，即第二和第四个音节读轻音，第一个音节读中音，第三个音节读重音。如"鸡毛掸子""知识分子""外甥媳妇"。

读多音节词语或朗读作品时，若是把"中·重"格式的词语读成"重·轻"格式，或是把"重·轻"格式的词语读成"中·重"格式，就是错误的，会造成听感上的生硬或词义表达上的偏差，因此在普通话水平测试中一定要注意。

（二）普通话语汇的规范

普通话水平测试的第四个测试项是命题说话，根据选定的话题连续说一段话，限时3分钟，测查应试人在无文字凭借的情况下使用普通话的水平，这一个测试要求应试者语汇运用规范。普通话语汇的规范需要注意以下三个方面。

1. 方言词的规范

普通话的语汇标准是"以北方方言为基础方言"，但是普通话语汇比北方方言语汇更具有普遍性和通行性，因为北方方言分布地域广，使用人口多，各地仍有差异，北方方言中的土话、俚语等不能纳入普通话语汇，否则会让其他地区的人听不懂。比如普通话中的"晚上"，北京话说成"晚半晌儿"，四川话说成"晚黑"，陕西话说成"黑咧"等，这些方言词不能夹杂在普通话中使用。

除北方方言中普遍通行的语汇外，普通话语汇也会吸收其他方言中富有表现力，并为人们所理解和接纳的方言词。例如，"尴尬""垃圾""货色"来自吴方言，"买单""发廊""炒鱿鱼"来自粤方言等，现已在普通话中广泛运用。但是方言词不可滥用、乱用，那些使用不普遍、表意不明确的方言词不能进入普通话语汇系统。

2. 外来词的规范

汉语中有很多从其他外族语言中吸收的外来词，这些词丰富了现代汉语的语汇系统。例如，"博客、丁克、粉丝、脱口秀"等源于英语，"寿司、榻榻米、手账"等源于日语。在使用外来词时，切忌乱用、滥用，更不能生搬硬套，以免引起误解。另外，也要避免在汉语中夹杂外族语，如"我平时特别喜欢参加party。""做自己，不要care别人的话。"等类似的中英混杂的表达都是不规范的。

3. 网络词的规范

随着互联网的普及和发展，网络词语在言语交际中得到了广泛使用，其中符合交际需要和语汇发展规律的词语必然会被普通话语汇所吸收,例如,2016年出版的《现代汉语词典(第7版)》增录了"刷屏""拉黑""二维码""互联网+"等网络热词。但目前普通话水平测试对网络词语的容纳和规范还有待进一步探索,因此应试者在测试命题说话时,为了避免失分,建议应试者慎用网络词语,尤其应尽量避免使用太新、太潮的网络词。

第四节 现代汉语语法

一、现代汉语语法概述

(一)语法的定义

我们日常所说的"语法"其实有两个含义。例如:"老舍先生没有学过语法,但他的著作中的句子都合乎语法。"这句话中两个"语法"的含义不同:第一个"语法"是指语法学,是研究语法结构规则的科学;第二个"语法"是指语言的结构规则,是语言三要素之一。每种语言都有其自身客观存在的结构规律,而学习语法就是为了更好地去描写和揭示这种客观规律,帮助人们更准确地使用语言。

作为语言的结构规则,语法对人们的言语交际行为具有显著的规约性和指示性。从话语表达上看,语法制约着人们说话、写文章都必须遵循语法规则,否则就会妨碍他人理解。如"我""吃""饭"三个词,可以组合成"我吃饭",部分条件下组合成"饭我吃"(饭我吃,药我不喝)、"我饭吃"(我饭吃,药不喝)、"吃我饭"(吃我饭,喝我汤,你真过分),但不能组合成"饭吃我""吃饭我"等。另外,从话语理解上看,语法也指示着人们依靠语法规则和手段正确领会句子的意义。试比较"人类需要动物"和"动物需要人类",两句话所用的语汇材料完全一样,但词语的语序不同,对句义的整体理解也就不同。

(二)语法单位和句子成分

1. 语法单位

语法单位是语法研究中所使用的语言单位,是语言中不同层级的音义结合体。汉语的语法单位主要有以下四种。

1)语素

语素是语言中最小的音义结合体,也是最小的语法单位,其基本作用是构成词。

2)词

词是语言中最小的可以独立运用的音义结合体,其基本作用是构成短语和句子。语素和词的内容详见本章"第三节 现代汉语语汇",在此不再赘述。

3)短语

短语也叫词组,是语言中由两个或两个以上的词按照一定的规则组成的、没有句调的音义结合体,其基本作用是构成句子或充当短语的结构成分。

现代汉语短语的基本类型有五种:一是主谓短语,结构成分之间具有陈述和被陈述的关系,如"哥哥上学""阳光灿烂""他是南昌人""明天国庆节"等;二是动宾短语,结构成分之间具有支配和被支配的关系,如"喝酒""想妈妈""看电影""买三碗"等;三是偏正短语,结构成分之间具有修饰和被修饰的关系,如"语文老师""美丽的校园""很高兴""匆匆地离开"等;四是正补短语,结构成分之间具有补充和被补充的关系,如"洗得干净""追究下去""好极了""跑三圈"等;五是联合短语,结构成分之间具有平等的联合关系,如"爸爸妈妈""吹拉弹唱""聪明或愚笨"等。

除上述五种基本短语外,现代汉语还有其他丰富的短语类型。列举如下:同位短语,如"首都北京""雷锋同志""小张这个人"等;方位短语,如"教室前面""两天内""考试中"等;介词短语,如"被老师""用钢笔""于去年""由于难过"等;量词短语,如"三碗""五次""这本""那回"等;"的"字短语,如"矮的""买书的""装药的"等;比况短语,如"木头似的""像花儿一样"等;连动短语,如"出去买菜""去医院看病"等;兼语短语,如"派小王去北京""请他进来"等。

4) 句子

句子是语言中由词或短语按照一定的规则组成的、具有句调的音义结合体,其基本作用是表达一个相对完整的意思,如陈述一件事情或一个道理,提出问题,表示请求或制止,抒发某种情感或感叹等。从结构来看,句子包括单句和复句两种句型。

(1) 单句。单句是由短语或单个的词构成的、具有特定的句调、能单独表达特定意旨的句子。单句中,由主谓短语构成的句子最为常见,称为"主谓句",其他结构类型的单句称为"非主谓句"。例如:

① 他只休息了一天。(主谓句)
② 她的脸红得像苹果。(主谓句)
③ 明天中秋节。(主谓句)
④ 马后炮!(非主谓句)
⑤ 太精彩了!(非主谓句)
⑥ 哎哟!(非主谓句)

(2) 复句。复句是由两个或两个以上意义相关、结构互不作句子成分的分句组成的句子。根据分句之间的逻辑语义关系,现代汉语的复句可分为并列、连贯、选择、递进、转折、因果、假设、条件等类型。例如:

① 我们一边走,一边高兴地聊着天。(并列关系复句)
② 她先缓缓地站起来,然后快速地向门外跑去。(连贯关系复句)
③ 这周末我们是去图书馆呢,还是博物馆?(选择关系复句)
④ 他不认识我,甚至连我的名字都不知道。(递进关系复句)
⑤ 虽然他身材矮小,但是力气可大着呢!(转折关系复句)
⑥ 我对他很恭敬,因为他为人正直、学识渊博。(因果关系复句)
⑦ 如果没有丰富的知识,就不可能有丰富的联想。(假设关系复句)
⑧ 只有付出超人的代价,才能取得超人的成绩。(条件关系复句)

2. 句子成分

句子成分是句法结构的组成成分,是对句子进行分析的结果。现代汉语的句子成分主要有八种,即主语、谓语、述语、宾语、定语、状语、补语和中心语。下面以"所有同学都做完了语法作业。"为例,简单展示这八种句子成分。

1) 主语和谓语

主语和谓语相对,两者之间是陈述和被陈述的关系。主语表示陈述的对象,能回答"谁"或"什么"等问题,用双横线"═"表示;谓语对主语进行陈述,能回答"怎么样"或"是什么"等问题,用单横线"——"表示。主谓之间用双竖线"‖"隔开。例如：

所有同学‖都做完了语法作业。

2) 述语和宾语

述语和宾语相对，两者之间是支配和被支配关涉、关涉和被关涉的关系。述语表示谓语里支配或关涉某一事物的动词性成分，用实心点"."表示；宾语是动语后边表示人物或事件的成分，能回答"谁"或"什么"等问题，用波浪线"～"表示。述宾之间可以用单竖线"│"隔开。例如：

所有同学‖都做完了│语法作业。

3) 定语、状语、补语和中心语

定语与定语的中心语相对，状语与状语的中心语相对，定语或状语与其中心语之间是修饰和被修饰的关系。定语是名词性词语前边起修饰作用的成分，能回答"谁（的）"或"什么样（的）"等问题，用圆括号"（）"表示，定语常带结构助词"的"；状语是动词性和形容词性词语前边起修饰作用的成分，能回答"怎么样（地）"或"多么地"等问题，用方括号"[ ]"表示，状语常带结构助词"地"。

补语与补语的中心语相对，两者之间是说明和被说明和补充和被补充的关系。补语是动词性和形容词性词语后边起补述作用的成分，能回答"怎么样"或"多久"等问题，用尖括号"〈〉"表示，补语常带结构助词"得"。

中心语分别跟定语、状语和补语相对，用实心点"."表示。例如：

（所有）同学[都]做〈完〉了（语法）作业。

其中，定语"所有"修饰中心语"同学"；定语"语法"修饰中心语"作业"；状语"都"修饰中心语"做"；补语"完"补充中心语"做"。

二、词类

语法上所说的"词类"特指"词的语法分类"，主要依据词的语法特征对词进行分类。词的语法特征主要表现为三个方面：词的造句功能、词的组合功能、词的形态变化。由于汉语不是形态发达的语言，在划分词类上主要依据前两个语法特征，尤其以组合功能为主。

根据词的语法特征，可以把汉语的词分为实词和虚词两大类。

(一) 实词的词类

实词是具有实在意义，可以单独充当句子成分的词。汉语中的实词包括名词、动词、形容词、数词、量词、代词、副词、拟音词八类。

1. 名词

1) 意义

表示人、事物、时间、处所等。

2) 语法特征

(1) 组合功能：①能与表示物量的数量短语组合。如"三块面包"。②能与介词组合成介词短语。如于昨晚(出生)。③不能直接与副词组合。如"都老师"。

(2) 造句功能：在句子中主要作主语、宾语。如"妈妈喜欢玫瑰花"。

2. 动词

1) 意义

表示动作、行为、心理活动、存在、判断、趋向、意愿等。

2）语法特征

（1）组合功能：①多数能与宾语组合。如"热爱祖国"。②能与副词组合。如"不出去"。

（2）造句功能：在句子中主要作谓语或谓语中心。如"宝宝醒了"。

（3）形态：①多数能带动态助词"着""了""过"。如"吃着饭"。②多数能重叠。如"到处看看"。

3．形容词

1）意义

表示性质、状态等。

2）语法特征

（1）组合功能：多数能与副词组合，且不能带宾语。如"很漂亮"。

（2）造句功能：在句子中主要作定语、谓语中心。如"红彤彤的大苹果熟了"。

（3）形态：部分能重叠。如"小小的手掌"。

4．数词

1）意义

表示数目、次序。

2）语法特征

（1）组合功能：一般与量词组合成数量短语。如"两个""五次"。

（2）造句功能：一般不单独作句子成分，与量词组合后常常作定语、补语。如"三台计算机""读两遍"。

5．量词

1）意义

表示计量单位。

2）语法特征

（1）组合功能：一般与数词组合成数量短语。如"两个""五次"。

（2）造句功能：一般不单独作句子成分，与数词组合后常常作定语、补语。如"两张桌子""住三天"。

（3）形态：单音节量词大多可以重叠。如"条条大路通罗马"。

6．代词

1）意义

代替或指示某种对象。

2）语法特征

（1）组合功能：代词没有固定的组合。

（2）造句功能：代词与其所代替或所指示的语言单位的句法功能大体一致，即代指的是什么词语，这个代词就能作该词的句子成分。如"他喜欢什么？""你去哪里？"中的代词"他""你"指代人，"什么"指代事物，"哪里"指代地方，代指的都是名词，因此这些代词在句中行使名词的句法功能，作主语或宾语。

7．副词

1）意义

表示动作行为或性质的程度、范围、时间、频率等。

2）语法特征

（1）组合功能：经常与动词、形容词组合。如"刚回来""很伟大"。

（2）造句功能：绝大多数副词只能作状语。如"不走""的确细心"。

8．拟音词

1）意义

模拟各种声音。

2）语法特征

（1）组合功能：①经常独立使用。如"哎哟！疼死我了。"②也可以与名词、动词组合。如"轰隆隆的雷声""咕咚咕咚地喝"。

（2）造句功能：修饰名词、动词时，常作定语、状语。如"叽叽喳喳的鸟叫声""哗哗地流淌"。

（二）虚词的词类

虚词是不具有实在意义，不能单独充当句子成分的词。汉语中的虚词包括介词、连词、助词三类。

1．介词

1）意义

在句法结构中主要起介引作用。

2）语法特征

（1）组合功能：介词通常用在名词前，与名词组合成介词短语。如"用筷子""为人民""被老师""在北京"。

（2）造句功能：介词不能单独作句子成分，组成介词短语常常作状语。如"用毛巾擦脸""为百姓服务""被老板批评""在图书馆写论文"。

2．连词

1）意义

在句法结构中主要起连接作用。

2）语法特征

（1）组合功能：连词没有固定的组合，一般要求连接的语言单位的性质相同，可以连接词与词、短语与短语、分句与分句等。

（2）造句功能：连词不能单独作句子成分，只起连接作用，组成短语后可以作句子成分，具体以连接项的性质而定。例如，"教师和学生都要参与并讨论这项工作"中连词"和""并"组成短语后，整体作句子成分，其中，"教师和学生"作主语，"参与并讨论"作述语。

3．助词

1）意义

在句法结构中主要起辅助作用。

2）语法特征

（1）组合功能：助词具有很强的附着性，一般附着在词或短语的前面或后面，表示某种附加意义。如"吃着""悄悄地""是吧""花儿似的""所说"。

（2）造句功能：助词不能单独作句子成分，有的组成短语后可以作句子成分。例如，"修煤气的去哪儿了？"中助词"的"附着在"修煤气"后面组成的字短语，在句中整体作主语。又如，"我不喜欢木头一样的男人。"中助词"一样"附着在"木头"后面组成比况短语，在句中整体作定语。

三、汉语常用句式

（一）"把"字句

"把"字句是指以"把"字构成的介词短语作状语的句子。在书面语中，有时用"将"字替代"把"字。例如：

① 请把这封信寄出去。
② 把那个杯子递给我。
③ 我不小心把杯子打破了。
④ 弟弟终于把作业做完了。
⑤ 他早已将生死置之度外了。

（二）被字句

"被"字句是指谓语用"被"字表示被动的句子。口语中也常用"叫""让""给"等字替代"被"字。例如：

① 红烧肉被哥哥吃光了。
② 庄稼被洪水淹没了。
③ 这句话可能被别人误解。
④ 我们被刘胡兰的动人事迹深深感动了。
⑤ 钱包让爸爸弄丢了。

（三）连动句

连动句是指由连动短语充当谓语的句子，或者由连动短语直接构成的句子。例如：

① 摸着石头过河。
② 他去商店买肥皂。
③ 弟弟端起碗来喝茶。
④ 小朋友唱着歌儿往前走。
⑤ 他们有能力完成这项艰巨的任务。

（四）兼语句

兼语句是指由兼语短语充当谓语的句子，或者由兼语短语直接构成的句子。例如：

① 有人来了！
② 大家恳请他唱一段京剧。
③ 老师派我打扫教室卫生。
④ 班长让小王参加校运动会。
⑤ 她吩咐儿子明天中午到奶奶家。

（五）双宾句

双宾句是指一个动词性成分后面连用两个宾语的句子。例如：

① 我送给邻居两筐苹果。
② 公司捐给希望小学一万册图书。
③ 老板扣了小李一个月的奖金。
④ 那伙人骗了我三千元。

⑤ 张老师教过我们英语。

(六) 存现句

存现句是指表示某处存在、出现或消失某人或某物的句子。例如：

① 墙上挂着一幅油画。
② 酒店门口有一对石狮子。
③ 屋顶上飘着一面红旗。
④ 花丛中飞来了一只小蜜蜂。
⑤ 书架上少了一本书。
⑥ 村子里突然死了两头牛。

四、普通话实训中的语法学习

(一) 语句重音

普通话水平测试的朗读短文测试不仅测查词语重音，还涉及语句重音。句重音指的是一句话中需要着重读出的词或短语，可以分为语法重音和逻辑重音。

1. 语法重音

语法重音是根据句子语法结构的特点，把句子的某些部分着重读出的音。这种重音往往是自然读成的，没有什么特殊含义，其位置比较固定，常见的一般规律如下。

(1) 就句子中的基本成分（主谓、动宾）而言，主谓相比，谓语要重读；动宾相比，宾语要重读。例如：

① 东风来了，春天的脚步近了。
② 风停了，雨住了，太阳出来了。
③ 我爱月夜，但我也爱星天。
④ 她的名字叫翁香玉。

(2) 句子中的附加成分（定语、状语、补语）与其中心语相比，习惯上要重读。例如：

① 古井像一位温情的母亲。
② 五星红旗高高地飘扬。
③ 大块小块的新绿随意地铺着。
④ 大家都乐得前俯后仰。
⑤ 今晚的演出精彩极了。

(3) 句子中表示疑问和指示的代词常常重读。例如：

① 谁是最可爱的人呢？
② 什么是永远不会回来呢？
③ 这就是白杨树。
④ 那儿来了一个人。

2. 逻辑重音

逻辑重音是为了突出、强调句子中的某些语义或表达某种感情而着重读出的音。这种重音的位置往往不固定，主要根据句子表达的目的来确定哪些词语需要重读。同一句话，重音的位置不同，表达的意思也就不同。例如：

① 他去过南昌。（强调谁去过南昌）

② 他去过南昌。（强调他去没去过南昌）
③ 他去过南昌。（强调他去过哪里）

三种重音的位置不同，强调的侧重点不一样，表达的意思和效果也不一样。

需要注意的是，语法重音是语句自然状态下的重音，与逻辑重音经常是重合的。但是当一句话里的语法重音与逻辑重音产生矛盾时，则以逻辑重音为主。例如：

是啊，我们有自己的祖国，小鸟也有它的归宿。

这句话的语意更加突出对比项。因此重音落在主语"小鸟"上，而非宾语"它的归宿"。

（二）常见的语法错误

普通话水平测试的命题说话需要应试者围绕话题自己组织语言，侧面测查应试者现代汉语语法的规范程度。这就要求我们掌握句子结构的规律，避免说出有语病的句子。常见的汉语语法错误有以下几类。

1. 搭配不当

（1）主语和谓语搭配不当。例如，"秋天的北京是一年中最美丽的季节。""北京"不能"是季节"，要么把主语改为"北京的秋天"，要么把谓语改为"是一年中最美丽的"。

（2）动语和宾语搭配不当。例如，"我要不断发挥优点，改掉缺点。""优点"不能"发挥"，可以改为"发扬"；"缺点"不能"改进"，可以改为"改正"。

（3）定语、状语、补语和中心语搭配不当。例如，"我们有一双聪明能干的手，什么造不出来？"定语"聪明"不能修饰中心语"手"，可以直接去掉。"他渐渐地爬起来，吃力地走着。"状语"渐渐"不能修饰中心语"爬"，可以改为"慢慢"。"申花队员射门射得很正确，命中率高。"补语"很正确"和中心语"射"搭配不当，可以改为"很准"。

（4）关联词语搭配不当。例如，"只有恪守学术道德，就会消除学术腐败，净化学术界。"关联词语一般都有固定的搭配。这里"只有"不能与"就"搭配，应把"就"改为"才"。

2. 语序不当

（1）定语和状语的位置错放。例如，"渔民们满怀丰收的喜悦，一筐一筐地抬着鲜鱼，走回村子。"这里错把定语放在了状语的位置上。应把"一筐一筐"放在"鲜鱼"前，作定语，同时状语标记"地"改为定语标记"的"。"这是一个无疑的英明决策。"这里错把状语放在了定语的位置上。应把"无疑"放在"是"前，作状语。

（2）多项定语语序不当。例如，"许多附近的妇女、老人和孩子都跑来看他们。"当一个中心语的前面带有多个定语时，从最外层起排列的语序：表示领属关系的词语，表示时间、处所的词语，数量短语，动词性词语，形容词性词语，名词性词语等。上句中的"许多"和"附近"都充当定语，修饰中心语"妇女、老人和孩子"，但两项定语的位置不当，"许多"表示数量，"附近"表示处所。根据上述多项定语的排列顺序，应把"许多"移到"附近"的后面。

（3）多项状语语序不当。例如，"即将离任的××总统及政府要员在办公室昨天都同××热情地交谈。"当一个中心语的前面带有多个状语时，从最外层起排列的语序：表示目的或原因的短语，表示时间、处所的词语，表示范围或频率的副词，表示情态的形容词或动词，表示对象的介词短语等。上句中的"许多"和"附近"都充当定语，修饰中心语"妇女、老人和孩子"，但两项定语的位置不当，"许多"表示数量，"附近"表示处所，根据上述多项定语的排列顺序，应把"许多"移到"附近"的后面。上句有多项状语，"在白宫办公室"表示处所，"昨天"表示时间，"都"表示范围，"同奥巴马"表示对象，"热情地"表示情态，它们都充当状语，修饰中心语"交谈"，但语序混乱。根据上述多项状语的排列顺序,应调整为"即将离任的布什总统及政府要员昨天在白宫办公室都热情地同奥巴马交谈"。

(4)虚词位置不当。例如,"这次活动搞得很成功,同学们不但积极参加,而且老师也临场指导。"关联词语"不但"应放在主语"同学们"之前。

3. 句子成分残缺和多余

(1)句子成分残缺。例如,"在老师和同学们的热心帮助下,使他的学习成绩迅速提高。"从句法结构上看,介词短语"在老师和同学们的热心帮助下"作句首状语,"使他的学习成绩迅速提高"充当谓语,因此整个句子缺少主语。结合语意,有两种改法:一是把"在"和"下"删去,让"老师和同学们的热心帮助"充当主语,与谓语"使他的学习成绩迅速提高"相对;二是把"使"字删去,让"他的学习成绩"充当主语,与谓语"迅速提高"相对。"这种创作思想,造成了我们的文艺作品千人一面,千部一腔。"此句缺少与"造成"相搭配的宾语中心语,可以在句末加上"的局面"或"的现象"。

(2)句子成分多余。例如,"全国人民决心以实际行动热烈庆祝中华人民共和国成立五十周年国庆节的到来。"此句宾语多余,应去掉"的到来"。"读完这篇文章,读者就会被主题所感染,使读者感到余味无穷,不忍释手。"此句的谓语部分"使读者感到余味无穷,不忍释手"承前省略了主语"读者",显然其中"使读者"是多余成分,应删去。

4. 句式杂糅

如果把几种结构或几种意思混杂在一个句子里,就会使句子结构混乱、表意不明,这种语病称为句式杂糅。例如,"要大面积提高产量,必须采用强有力的措施不可。"此句中"必须采取……措施"和"非采取……措施不可"这两种格式只能选择一种,不可混杂在一起使用。"为了防止这类事故不再发生,我们加强了交通安全教育。"此句中"为了防止……发生"和"为了使……不再发生"这两种格式只能选择一种,不可混杂在一起使用。

练习与思考

一、读下面的单音节字词,并标注汉语拼音。

枕( )	次( )	日( )	值( )	冯( )	卤( )	耳( )
抓( )	方( )	昂( )	屯( )	雪( )	乃( )	舌( )
歪( )	甩( )	欧( )	迟( )	三( )	娘( )	怎( )
波( )	曰( )	朽( )	窄( )	骚( )	搓( )	寡( )
沁( )	倦( )	怯( )	睁( )	辖( )	停( )	遣( )
兜( )	伶( )	蹲( )	蕊( )	灼( )	桑( )	驴( )
蔫( )	政( )	踹( )	疼( )	顷( )	奉( )	您( )
速( )	熊( )	鳗( )	二( )	廊( )	捏( )	蒿( )
黯( )	伊( )	贮( )	皱( )	狼( )	苦( )	汝( )
惨( )	总( )	揩( )	勉( )	昧( )	座( )	愣( )
卵( )	润( )	怕( )	刷( )	恩( )		

二、听读下面的词语,并标注汉语拼音。

| 篱笆( )—泥巴( ) | 工会( )—工费( ) | 知识( )—姿势( ) |
| 浓重( )—隆重( ) | 春装( )—村庄( ) | 诗人( )—私人( ) |

陈腐(　　)—城府(　　)　生动(　　)—深洞(　　)　分身(　　)—风声(　　)
人民(　　)—人名(　　)　银河(　　)—迎合(　　)　弹琴(　　)—谈情(　　)
扳手(　　)—帮手(　　)　反问(　　)—访问(　　)　赏光(　　)—闪光(　　)
奔腾(　　)—本能(　　)　真诚(　　)—承认(　　)　利润(　　)—立论(　　)
必然(　　)—碧蓝(　　)　仓促(　　)—长处(　　)　渔民(　　)—移民(　　)
弧度(　　)—幅度(　　)　风气(　　)—风趣(　　)　客机(　　)—客居(　　)
入口(　　)—路口(　　)

三、朗读下面的绕口令,注意体会难点音节的发音及语流音变。

1. 胡家有个胡伏虎,傅家有个傅虎夫,胡伏虎问傅虎夫,你真是虎夫?傅虎夫说胡伏虎,你岂敢伏虎!

2. 蓝教练是女教练,吕教练是男教练,蓝教练不是男教练,吕教练不是女教练。蓝南是男篮主力,吕楠是女篮主力,吕教练在男篮训练蓝南,蓝教练在女篮训练吕楠。

3. 知之为知之,不知为不知,不以不知为知之,不以知之为不知,唯此才能求真知。

4. 詹丹帮张康,办了一个厂,张康当董事,詹丹当厂长。张康看中詹丹,詹丹看重张康。

5. 半盆冰棒半盆瓶,冰棒碰盆盆碰瓶。盆碰冰棒盆不怕,冰棒碰瓶瓶必崩。

6. 同姓不能说成通信,通信不能说成同姓。同姓可以互相通信,通信并不一定是同姓。

7. 买白菜,搭海带,不买海带就别买大白菜。买卖该,不搭卖,不买海带也能买到大白菜。

8. 严眼圆和袁圆眼,遇到就要比比眼。严眼圆说他的眼比袁圆眼的眼圆,袁圆眼说他的眼比严眼圆的眼圆。比来比去,也不知他俩谁比谁的眼圆。

9. 老罗拉了一车梨,老李拉了一车栗。老罗人称大力罗,老李人称大力李。老罗拉梨做梨酒,老李拉栗去换梨。

10. 屋子里有箱子,箱子里有匣子,匣子里有盒子,盒子里有镯子。镯子外面有盒子,盒子外面有匣子,匣子外面有箱子,箱子外面有屋子。

11. 不怕不会,就怕不学,一回学不会再来一回,一直到学会,我就不信学不会。

12. 有个小孩儿叫小兰儿,口袋里装着几个小钱儿,又打醋,又买盐儿,还买了一个小饭碗儿。小饭碗儿,真好玩儿,红花儿绿叶儿镶金边儿,中间儿还有个小红点儿。

13. 啪!啪!啪!谁呀?张果老啊!怎么不进来啊?怕狗咬啊!衣兜里装的什么啊?大酸枣啊!怎么不吃啊?怕牙倒啊!胳肢窝里夹着什么啊?破棉袄啊!怎么不穿上啊?怕虱子咬啊!怎么不叫你老伴儿给拿啊?老伴儿死得早啊!你怎么不哭啊?盆儿啊,罐儿啊,我的老伴儿啊!

四、判断下面句子中加点的词分别是什么词。

1. 我们要端正自己的学习态度。

2. 那哀痛的日子,断断续续地持续了很久。

3. 水是一种良好的溶剂。

4. 小鸟忽然张开翅膀,朝屋顶飞去。

5. 妹妹背靠着我,伤心地呜呜大哭起来。

6. 森林慢慢地吸收大气中的二氧化碳。

7. 我跟领导反映过你和他的意见。

8. 家乡的桥啊,我梦中的桥!

9. 我感到自己的无知,也感到了丑石的伟大。

10. 蜕变的桥,传递了家乡进步的消息,透露了家乡富裕的声音。

五、判断下面的句子分别属于什么句式。

1. 递给他三本书。
2. 海上突然刮起了大风。
3. 请教老师一个问题。
4. 被大黄蜂蛰了一下。
5. 把教室给打扫干净。
6. 山上开满了映山红。
7. 大家听了这个消息很高兴。
8. 屋子让他们给弄得乱七八糟。
9. 大家一致选王爱国当班长。
10. 他脱下大衣坐在炕上。

六、朗读下列句子，注意其中的语句重音。

1. 那哀痛的日子，断断续续地持续了很久，爸爸妈妈也不知道如何安慰我。
2. 夜色在笑语中渐渐沉落，朋友起身告辞，没有挽留，没有送别，甚至也没有问归期。
3. 它是那么大，那么亮，整个广漠的天幕上只有它在那里放射着令人注目的光辉，活像一盏悬挂在高空的明灯。
4. 一切都像刚睡醒的样子，欣欣然张开了眼。山朗润起来了，水涨起来了，太阳的脸红起来了。
5. 世界杯怎么会有如此巨大的吸引力？除去足球本身的魅力之外，还有什么超乎其上而更伟大的东西？

七、修改下面的病句。

1. 北京博物馆展出了二百万年前新出土的黄河象化石。
2. 美国有十五个州禁止黑人与白人在娱乐场所享有平等的地位。
3. 居里夫人艰辛地在简陋的工作室里经过漫长的研究，后来在那里发现了镭。
4. 批评和自我批评是有效的改正错误提高思想水平的方法。
5. 广大农民表现出无比的拥护农村政策的热情。
6. 高老大看到了儿子的亲笔信，才使他放下心来。
7. 尽管天塌下来，我也能顶得住。
8. 因为篇幅有限，我们不得不对您的稿件略加删改一些。
9. 这些蔬菜长得这么好，是由于社员们精心管理的结果。
10. 对于"三农"问题，已经引起了中央领导的高度重视。

第五章 古代汉语

知今宜鉴古,无古不成今。我国数千年来积淀的丰厚、优秀的文化遗产凭借着古代文献,用古代汉语、古代汉字记载传承下来,要发扬光大这批文化遗产,必须掌握一定的古代汉语知识。而古汉语涉及的对象和内容是非常广泛的,从时间上看,在五四运动以前的悠久的历史时期内,汉民族所使用的语言都可以称为古代汉语,即以有文字记载的历史来算,古代汉语的历史有3000多年。在漫长的时间长河里,我们选择了文字、音韵、诗词格律这三个视角去了解古汉语的文字体系、语音体系,以及与古汉语有关的独特而优美的文学形式——诗词。同时,我们结合职业本科课程实践性和应用性的特点,在每个小节的理论内容之外增加了顺应当下社会发展的应用与实践的内容。例如,文字部分将汉字与艺术设计相结合,在了解汉字的历史文化知识之后,可运用汉字进行艺术创作活动,像音乐、舞蹈、文创产品等的设计都可以融入汉字元素,这样既能为艺术创作打开一片新的天地,也能让有着悠久历史的汉字在当代重新焕发新的生命力。

本章即将带领大家穿越古今,领略古汉语的前世今生。希望通过本章的学习,学生能够掌握古代汉语这把打开中华文明宝藏的钥匙,了解汉语历史,阅读古代文献,批判地继承我国古代的优秀文化遗产,将我国优秀的传统文化知识真正地应用到社会实践当中去,为中华民族的伟大复兴增添新的力量。

第一节 汉字形体演变与汉字艺术设计

汉字是记录汉语的书写符号。如果从殷商甲骨文时期开始算,汉字已经有3400多年的历史,它书写了中华民族的历史,载负了光辉灿烂的中华文化;它具有超越方言分歧的能量,长期承担着数亿人用书面语交流思想的任务;它生发出篆刻、书法等世界第一流的艺术;在当代它又因独特而优美的形体成为各种艺术形式创作的源泉。汉字艺术内容丰富、涉及广泛,从象形符号到现代设计,从传统书写到当代表现,从音乐舞蹈到光影动画,汉字的应用形式多样,风格迥异。

让我们一起走进汉字的文化世界,聚焦汉字独特的文化属性,探究如何利用汉字来表达中国智慧、阐释华夏文明、传播中华文化吧。

中国人对文字的研究早在公元前几个世纪就已经开始了,现在知道的最早的字书应该是《尔雅》和《史籀篇》。此外,在《周礼》《左传》等书里,已经有讨论文字的风气了。到了汉代,由于研究《仓颉篇》便产生了所谓"小学",刘歆《七略》把"小学"放在《六艺略》里面,一直到近代,研究"小学"和研究经学的地位几乎是相等的,而"文字"又是"小学"研究之首,具有重要的价值。

一、仓颉作书——汉字起源的传说和猜想

先秦时代有"仓颉作书"的传说,许慎《说文解字·叙》:"黄帝之史仓颉,见鸟兽蹄迒之迹,知分理之可别异也,初造书契,百工以乂,万品以察。"《荀子·解蔽》《吕氏春秋·君守》《韩非

子·五蠹》等先秦典籍均有记载。仓颉像如图 5-1 所示。

先秦对汉字起源的猜想，还朦胧地与"八卦""结绳"联系在一起，《周易·系辞》记载：

古者包牺氏之王天下也，仰则观象于天，俯则观法于地，观鸟兽之文，与地之宜，近取诸身，远取诸物，于是始作八卦，以通神明之德，以类万物之情。

又载：

上古结绳而治，后世圣人易之书契，百官以治，万民以察。

图 5-1　仓颉像

这些记载并未将文字的起源直接归于"八卦"和"结绳"，不过《系辞》对"八卦"的解说与象形文字的构形来源确实相通。"八卦"作为一种推演世界空间、时间和各类事物关系的工具，乃是从原始记事符号中抽象出来的，而"结绳"记事则盛行于世界很多原始部落。"八卦""结绳"不能直接作为文字发生的近源，但是，先秦时人们已隐约感觉到，就其"记事"性质而言，二者与文字有着某种一致性，文字体现人类文明进入一个新阶段，是人类记事手段高度发展的结果。

二、汉字的形体演变

（一）甲骨文

汉字的历史，我们可以上溯到 6000 年前的半坡文化时期。然而，作为一种完整的文字体系，根据目前已经掌握的资料，最早的汉字是 3000 多年前的甲骨文字。

甲骨文（图 5-2）是指刻在龟甲、兽骨上的古汉字，又叫甲骨卜辞或殷墟书契。图 5-3 是甲骨文拓片。甲骨文于 1899 年在河南安阳小屯村发现（图 5-4，图 5-5）。至今共发掘甲骨总数在 15 万片以上，整理单字约 4500 个，可以认读的约 1700 个。甲骨文的研究不仅属于文字本身的问题，而且与殷商的历史和文化密切相关，现在已发展成为一门体系完整的学科。

图 5-2　甲骨文

图 5-3　甲骨文拓片

图 5-4　甲骨文发现地

图 5-5　甲骨窖穴

(二) 金文

金文有广义和狭义之分。广义的金文包括殷商、西周、春秋、战国、秦汉时期的铜器铭文，狭义的金文仅指西周时期的铜器铭文。由于金文多数出现在钟鼎彝器上，铸造钟鼎彝器的材料是吉金（上好的金属叫吉金，主要指青铜），所以金文又有"钟鼎文""彝器文字"和"吉金文字"之称。

西周金文的内容十分丰富，主要包括宣扬周王的伟大、追念先祖的功德、记载战争的胜利、记录受到的赏赐，以及记录器物拥有者和制造者的名字等，是研究古代汉语和西周历史文化的重要依据。

(三) 战国文字

战国文字是指战国时期周王室和各诸侯国所使用的文字。战国时期，由于诸侯割据、政令不一，各诸侯国文字在内部结构和书写风格上都存在着很大差异（图5-6～图5-9）。

图5-6 西周·利簋铭文拓片　　图5-7 "马、者、市、年"字的战国文字形体

图5-8 春秋晚期·越王勾践剑　　图5-9 战国·曾侯乙编钟及铭文

(四) 小篆

小篆是相对大篆而言的文字，又名秦篆，属于秦系文字，由大篆省改整理而成。秦始皇实行"书同文"的标准字体就是小篆（图5-10）。

小篆在保存汉字构形理据的基础上，使汉字构形进一步简明化、系统化，而不像六国文字那样为了简化而任意破坏汉字的构形理据，因而小篆最终取代六国文字而一统天下，这是历史发展的必然结果。

图5-10 秦诏版、大良造商鞅铜量

(五）隶书

隶书（图5-11、图5-12）又称"左书""隶字""史书"等，起源于战国中晚期，到汉代开始成熟。隶书在很大程度上改变了汉字的结构，将篆文形体由长圆形改造成扁方形，将篆文笔画由线条化改造成笔画化，同时对不少构件进行了省改归并，为楷书的形成奠定了基础，是古、今文字的分水岭，"隶变后"汉字进入今文字（又叫今字）的阶段。

（六）楷书

楷书本名真书或正书，后因其结构严谨，堪为楷模，故改称楷书。

楷书萌芽于东汉，流行于魏晋南北朝，完全成熟于隋唐，此后一直沿用至今。楷书产生的动因同样是为了书写的方便，因为隶书的蚕头雁尾和波势挑法，仍然无法提高书写速度；楷书则彻底摆脱了隶书的笔法，形成了标准的笔法，书写起来更加方便。楷书变隶书的扁方字体为正方字体，显得刚正典雅，端庄大方。所以，虽然"隶变"已实现了汉字的彻底笔画化，但基本笔画的标准样式直到楷书阶段才算最后定型。

从楷书成熟直到现在的1000多年中，汉字再也没有产生新的字体，平常所说的"欧体"（图5-13）、"颜体"（图5-14）、"柳体"及"赵体"，都只是楷书的不同书写风格，是书法意义上的"字体"，而不是文字学意义上的字体。现在所推广的《汉字简化方案》，也只是对部分笔画繁多的汉字加以省改，并没有形成新的字体。

图5-11 汉隶《史晨碑》

图5-12 西汉·海昏侯墓木牍

图5-13 欧阳询《醴泉铭》

图5-14 颜真卿《多宝塔碑》

三、汉字的性质和结构

如果对人类各民族的文字形式作一个二元区分的话，那么一端是表音文字，在另一端是表意文字。表音文字的目的仅仅是把词中一连串连续的声音摹写出来。然而，以汉字为代表的表意文字，却以意象结构直接体现着民族文化的全部内涵。

汉字的结构反映了汉字的字义与字形之间的关系，由此也体现了汉字的产生与远古思维和文化之间的关系。

许慎在《说文解字·叙》中较系统地提出了关于汉字结构的"六书"理论。"六书"这个术语最早见于《周礼》。《周礼·地官·保氏》载："保氏掌谏王恶，而养国子以道，乃教之六艺，……，五曰六书,六曰九数。""六书"理论虽然还不够严密,但影响深远,且基本符合汉字的实际。下面根据六书的分类对汉字作具体的分析。

(一) 象形

许慎给象形所下的定义是:"象形者,画成其物,随体诘诎。日、月是也。"根据许慎的说解,象形是一种描绘实物形体的造字法。《说文解字》(下文简称《说文》)9353个字中,象形字大约有264个(清·王筠统计),占2.8%左右。例如:

(二) 指事

许慎给指事所下的定义是:"视而可识,察而见意。上、下是也。"指事是一种用记号指出事物特点的造字方法。《说文》中,指事字大约有129个(清·王筠统计),占1.3%左右。例如:

《说文》:"木下曰本。从木,一在其下。"

《说文》:"木上曰末。从木,一在其上。"

《说文》:"刀坚也。象刀有刃之形。凡刃之属皆从刃。"

(三) 会意

许慎给会意所下的定义是:"会意者,比类合谊,以见指撝。武、信是也。"《说文》中,会意字大约有1260个(清·王筠统计),占13.4%左右。

会意字的特点:在形体上是复合结构,即由两个或以上的单字构成,所表示的意义一般是几个单字组合在一起后所产生的新义。

《说文》:"楚庄王曰:'夫武,定功戢兵。故止戈为武。'"

《说文》:"诚也。从人,从言。会意。"

(四) 形声

许慎给形声所下的定义是:"形声者,以事为名,取譬相成。江、河是也。"

段玉裁注:"事兼指事之事、象形之物,言物亦事也;名即古曰名,今曰字之名。譬者喻也,喻者告也。以事为名,谓半义也;取譬相成,谓半声也。"形声字的形符表意,声符表声。《说文》

中,形声字大约有 7700 个(清·王筠统计),占 80% 左右。

《说文》:"水……从水,工声。"

《说文》:"水。出敦煌塞外昆仑山,发原注海。从水,可声。"

《说文》:"改也。从攴,丙声。"

(五) 转注

许慎给转注所下的定义是:"转注者,建类一首,同意相受。考、老是也。"

由于除了"考"和"老"二字以外,《说文解字》在释 9000 多个字中没有明确指出哪些是转注字,因此从古到今对转注的不同解释很多,争论了 1000 多年,至今尚无定论。

《说文》:"老也。从老省,丂声。"

《说文》:"考也。七十曰老。从人、毛、匕。言须发变白也。凡老之属皆从老。"

(六) 假借

许慎给假借所下的定义是:"本无其字,依声托事。令、长是也。"

《说文》:"发号也。从亼、卪。"

《说文》:"久远也。从兀,从匕。兀者,高远意也。"

四、汉字艺术设计应用

(一) 图标

汉字蕴含着中华文化的博大精深,汉字与汉文化相融合。当汉字运用到艺术设计中去,可以弘扬中华传统文化,传达我国传统文化的思想,充分展现汉字的丰富内涵。如图 5-15～图 5-17 所示,标志的设计灵感都是来自汉字。

图 5-15 北大校徽是鲁迅先生用小篆形体设计而成

图 5-16 中国邮政图标的"中"字是甲骨文形体

图 5-17 南京博物院的图标是由"南"字的小篆形体设计而成

(二) 汉字元素文创产品

汉字有着 6000 多年的历史,从甲骨文、金文一直到后来魏晋时期的楷书,每一种字体都有着自身鲜明的特点,它们是我国宝贵的非物质文化遗产。在文创产业蓬勃发展的今天,将汉字设计成文创产品,这对传播中华传统文化、增强文化自信具有重要价值。如图5-18所示为国家图书馆文创产品十二生肖钥匙扣。

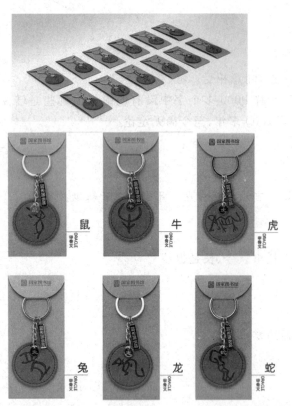

INCEPTION
灵感来源

《甲骨文》

甲骨文是中国商周时期刻在龟甲和兽骨上的文字,是世界四大古文字之一,是我国已知早期的成系统的文字。殷墟出土的甲骨文是研究殷商历史的一手文献资料,是中国古老的档案、中国典籍的萌芽。

甲骨文的历史已有3000余年,是殷商先人留给我们珍贵的文化遗产。甲骨文是中国的,也是全人类的文化瑰宝。国家图书馆的甲骨收藏达到35651片,收藏量约占存世总量的四分之一,是目前世界上收藏甲骨较多的单位。

图5-18 甲骨文十二生肖钥匙扣

（三）汉字与舞蹈、音乐

云门舞集的作品《行草》,以舞蹈语言来展现书法的韵味。"永字八法"的独舞(图5-19),书法笔画与舞者的动作同步展现,一一对应,使观众从舞者的动作中体会到书写时的微妙感觉和汉字蕴含的动势。卫夫人的《笔阵图》中曾有论述：横画,如同千里阵云,隐隐于天空,看似无形,实则有形；点画,像高山坠石,磕然有声,如山裂石崩之响；撇画：如利剑斩断犀牛角与象牙一样有力；折画,如百钧之力发弩,强劲有力；竖画,像万年枯藤一样苍劲雄强；捺画,如崩浪奔雷,气势非凡；横折钩,像强劲的弩、坚挺的竹。

（四）汉字与建筑

汉字是我国民族所特有的文化符号,为了更好地传承和发展中华文化,在当代建筑装饰中,可以加入汉字的符号以及元素,通过汉字元素的运用展现出人们对建筑的尊敬,传承上千年的中国传统文化,展现中华民族的文化底蕴。如图5-20所示的中国文字博物馆的雕塑就是源于小篆"字"的形象。

图 5-19　永字八法舞蹈

图 5-20　中国文字博物馆建筑

第二节　音韵学及其应用

为什么《诗经》里"音""南""风"三字可以押韵？为什么江西话说"竹子"发的音是[tu tsi]？这些看似互不相关的问题，其实都与汉语语音的历史演变有关。无论是今天的汉语方音，还是各种东亚语言中的汉语借音，都是汉语古音流传演变的结果。为了描述自己的发音，我们的祖先很早就在印度语文的启发下形成了一套关于语音的知识，并据此建立了作诗和诵读的规范，这就是早期的音韵学。今天，音韵学已成功融入现代学术体系，发展为探索汉语古今方音，并广涉各种汉藏语和梵、蒙、日、朝、越等东方语言的庞大学科。

作为中国人，我们可以通过学习音韵学加深对祖国语言文化的了解，更好地把握各时期汉语及各种现代汉语方言的特点，提高古诗文鉴赏能力和对方言价值的认识。作为语言文化的学习者和传承者，我们可以在音韵学中接触到古今中外的多种语言和语言学知识，更好地理解语言的历史演变规律以及语言和文化的关系。

汉语音韵学，又称声韵学，是研究汉字的历史读音及其变化规律的科学。音韵学通过分析汉字的读音，归纳出汉语各个历史时期的读音系统，包括声母系统、韵母系统和声调系统，然后对各个历史时期的读音系统进行比较，从而探究汉语语音的演变过程及其发展规律。罗常培先生说："音韵学就是分析汉字或汉语里所含'声''韵''调'三种元素，而讲明它们的发音和类别，并推究它们的相互关系和古今流变的。"

音韵学是传统小学语文学科的一个分支学科，也就是汉语的语言文字学的一个分支。邢昺《论语注疏·述而》："读先王典法，必正言其音，然后义全。"段玉裁在《寄戴东原先生》中提到："音韵明而六书明，六书明而古经传无不可通。"章太炎在《胡以鲁国语学草创·序》中强调语音在语言文字学中具有重要地位："音以表言，言以达意，舍声音而为语言文字者，天下无有。"可见音韵学是传统小学语文课程不可或缺的重要组成部分。

语言早于文字而产生，文字是语言中词的音义载体，音是义的外在形式，要学习古代汉语、要阅读古代典籍、要识字解义、要理解构词方式，都必须了解和掌握古汉语的音节结构和语音系统。甚至可以说，现代汉语的读音都是从古代汉语的读音演变过来的，不知古音，现代汉语普通话及各类方言的读音就成了无源之水，其特点和规律也就无从把握了。

一、语音史的分期

汉语音韵学有传统音韵学与现代音韵学之分。传统音韵学的研究,主要集中于对音类的归并,以声、韵、调类别的详尽划分来显现汉语各个时段的语音系统。到了现代,音韵学者借鉴西方语言学的理论、工具和方法来研究汉语语音,使汉语音韵学走上现代科学化的道路。结合传统与现代的研究,从汉语语音发展史着眼,一般地,分汉语音韵学为上古音、中古音、近代音和现代音四个阶段。语音史的划分只是相对的,因为语音的发展变化是一个渐进的过程,每一个阶段内部也都有其连续性变化,音变是绝对的,分段则是相对的。

(一) 上古音

上古音主要研究的是上古时期(西周—东汉)汉语的声、韵、调系统。它主要以先秦两汉有韵诗文和汉字的谐声系统为研究对象和材料,古音学的结论对上古汉语的文字、训诂和文献阅读有重要的应用价值。例如:

氓之蚩蚩,抱布贸丝。匪来贸丝,来即我谋。送子涉淇,至于顿丘。匪我愆期,子无良媒。将子无怒,秋以为期。

——《诗经·氓》

(二) 中古音

中古音主要研究中古时期(南北朝—唐宋)汉语的声、韵、调系统。它以《切韵》《广韵》(图 5-21)、《集韵》《中原音韵》(图 5-22)等为主要研究对象,分析、归纳出中古时期的声母、韵母、声调系统,探讨其演变规律。

图 5-21 《广韵》(宋本)

图 5-22 《中原音韵》

(三) 近代音

20 世纪 30 年代以后,在传统音韵学的三个分支之外又兴起了一个新的分支——"北音学"(或称近代音、近古语音学),北音学研究的基本内容是汉语近代北方音的语音系统,此处近代指元、明、清时期。

二、声母

传统音韵学中,声母简称"声",或称纽、声纽、音纽,又称体语、体文、字母等。纽就是枢纽的意思,古人认为声母居字音之首,是一个字音里的枢纽部分,所以称"纽"。

声母又称"字母",古代汉语没有音标,古人往往用一个汉字代表一个声母成为字母。迄今所知最早的字母产生于唐朝末年,唐代僧人从梵文中翻译引进"字母"的概念,如《广大庄严经·示书品》:"尔时有十千童子,而与菩萨俱在师前,同学字母。"后用字母专指汉语声母的代表字。1907年,在敦煌发现唐末僧人守温论音书的残卷《守温韵学残卷》,书中提出的三十字母如下。

- 唇音:不、芳、并、明。
- 舌音:端、透、定、泥、知、彻、澄、日。
- 牙音:见、溪、群、来、疑。
- 齿音:精、清、从、审、穿、禅、照。
- 喉音:心、晓、邪、匣、喻、影。

到了宋代,为适应当时的语音实际,将守温字母补充整理,增加到三十六字母。南宋郑樵《通志·艺文略》、王应麟《玉海》都载有"守温三十六字母图"。

表5-1对三十六字母发音部位、发音方法的新旧分类进行了对比。

表 5-1 三十六字母发音部位、发音方法新旧分类对照表

发音部位旧名	发音部位新名	全清 不送气不带音的塞音、塞擦音	次清 送气不带音的塞音、塞擦音	全浊 带音的塞音、塞擦音	次浊 带音的鼻音、边音、半元音	全清 不带音的擦音	全浊 带音的擦音
唇音	重唇 双唇音	帮[p]	滂[pʰ]	並[b]	明[m]		
	轻唇 唇齿音	非[pf]	敷[pfʰ]	奉[bv]	微[ɱ]		
舌音	舌头 舌尖中音	端[t]	透[tʰ]	定[d]	泥[n]		
	舌上 舌面前音	知[ṭ]	彻[ṭʰ]	澄[ɖ]	娘[ɳ]		
齿音	齿头 舌尖前音	精[ts]	清[tsʰ]	从[dz]		心[s]	邪[z]
	正齿 舌面前音	照[tɕ]	穿[tɕʰ]	床[dʒ]		审[ɕ]	禅[ʑ]
牙音	舌根音	见[k]	溪[kʰ]	群[g]	疑[ŋ]		
喉音	零声母	影[o]					
	舌根音					晓[x]	匣[ɣ]
	半元音				喻[j]		
半舌音	舌尖中边音				来[l]		
半齿音	舌面前音				日[nʑ]		

三、韵母

"韵母"是现代语音学的概念,传统音韵学中不直接说"韵母",而只说"韵"。这并不等于古人没有韵母的观念,只是古人一般都是用"韵"来包含或显示韵母的内容而已。

有关"韵"的概念主要有韵母、韵、韵目、韵类、韵部等。它们与韵头、韵腹、韵尾的关系各不相同,可以从这些不同的关系来看各自的内容和特点。

(一) 韵

韵是根据一定标准对韵母归纳的结果。在中古,凡属同一韵的韵母必须具备两个条件:韵腹相同或相近,韵尾相同,韵头异同或有无不论,声调相同。例如:

剑外忽传收蓟北,初闻涕泪满衣裳。[-ɑŋ]
却看妻子愁何在,漫卷诗书喜欲狂。[-uɑŋ]
白日放歌须纵酒,青春作伴好还乡。[-iɑŋ]
即从巴峡穿巫峡,便下襄阳向洛阳。[-iɑŋ]

——杜甫《闻官军收河南河北》

(二) 韵类

韵类指韵书中反切下字的分类,在韵书里,每个韵下都用了许多反切下字,这些反切下字表示每一个韵里的不同韵母。韵类不仅区别韵头,而且要区别声调。韵类是关于韵的最小的一个概念。

(三) 韵部

韵部和韵类相反,如果不区别声调也不区别介音,只要韵腹和韵尾相同,那韵部就相同,这就是韵部。

例如,王力上古音系统里,就把《诗经》时代用韵划分为 29 个韵部,《楚辞》时代划分为 30 个韵部。

(四) 韵目

韵目就是韵书里的韵的标目,也就是韵的代表字。《广韵》206 韵就用了 206 个代表字作韵目,那 206 个韵就是韵目。

(五) 阴声韵、阳声韵、入声韵

阴声韵是指无韵尾或以元音结尾的韵母,如《广韵》韵目表(表 5-2)中的"支""脂""之""微"等。

表 5-2 《广韵》韵目表

上平声	上声	去声	入声
一东	一董	一送	一屋
二冬		二宋	二沃
三钟	二肿	三用	三烛
四江	三讲	四绛	四觉
五支	四纸	五寘	
六脂	五旨	六至	
七之	六止	七志	
八微	七尾	八未	
九鱼	八语	九御	

续表

上平声	上声	去声	入声
十虞	九麌(yǔ)	十遇	
十一模	十姥(mǔ)	十一暮	
十二齐	十一荠	十二霁	
		十三祭	
		十四泰	
十三佳	十二蟹	十五卦	
十四皆	十三骇	十六怪	
		十七夬	
十五灰	十四贿	十八队	
十六咍(hāi)	十五海	十九代	
		二十废	
十七真	十六轸(zhěn)	二十一震	五质

阳声韵是指以鼻音 m、n、ŋ 结尾的韵母,如《广韵》中的"东""钟""江""真""文"等韵。

入声韵是指以塞音 p、t、k 结尾的韵母,如《广韵》中的"屋""沃""觉""叶"等韵。如今,普通话已经没有入声韵,但很多汉语方言,尤其是南方方言还保留入声韵。例如:

屋:[ʔuk]　　沃:[ʔuok]　　觉:[kɔk]　　叶:[ɣiɛp]

四、声调

"声调"是指音节中语音高低不同的变化,具体指字音中主要元音高低、升降、曲直、长短的变化。汉语的声调主要是区别词,汉藏语系有些语言的声调能区别语法功能。汉语的声调又简称"调",传统音韵学又称为"声",中古汉语的声调分平声、上声、去声、入声四个调类,现代汉语的声调分阴平、阳平、上声、去声四个调类,如图 5-23 所示。

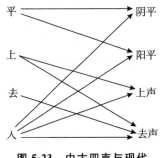

图 5-23　中古四声与现代汉语四声的关系

平声者哀而安,上声者厉而举,去声者清而远,入声者直而促。
——释处忠《元和韵谱》

"平仄"是基于诗词格律的需要从音高升降变化的角度对汉语声调的再分类;"平声"是指中古的平声;"仄声"是指中古的上、去、入三声。

语言是发展的,汉语的声调也是发展的,如中古的平声字只有一类,到了元代周德清的《中原音韵》就明确分化成了"阴平""阳平"两类,分化的条件是声母的清浊,清声母的平声字形成阴平调类,浊声母的平声字形成阳平调类,名称上就显示了古今调类的继承关系。声母的清浊影响声调分化是汉语有规律的音变现象,如在粤方言中,古四声因声母清浊的影响分化成今天"阴平""阳平","阴上""阳上","阴去""阳去","阴入""阳入"八个调类,系统分布很整齐。

五、音韵学的应用

（一）音韵与方言

同一语言分化出来的地域方言在语音、语汇、语法等方面都有差异。一般说来，方言间的差异主要表现在语音上，因此人们进行方言分区的时候通常把语音上的差异作为主要的依据。

"在中国，全国方言都是同源的语言的分支，虽然有时候分歧很厉害，我们认为是一个语言的不同方言。"

——赵元任《语言问题》

20世纪80年代，由中国社会科学院组织编写的《中国语言地图集》把汉语方言分为官话、晋语、闽语、客家话、湘语、赣语、平话十区。

赣方言的主要语音特点：中古全浊声母与次清声母合并，一般发送气清音。

（二）音韵学与对外汉语教学

有一次，在华语教学中，一位美国学生很疑惑地提问说，汉代以前都没"爸爸"这个词，他了解到全世界的语言都会把父亲叫作[pɑ pɑ]，或者这个音的变体，为什么孔子时代没这个字。那么，孔子如何叫"爸爸"呢？

其实，在孔子时代没有"爸"字，只有"父"字，那么先秦时代"父"字怎么读？根据上古音中"古无清唇音"这一规律，也就是上古是没有[pf]这个声母的，发[pf]的声母是发[p]或[pʰ]，这个规律全世界通用，例如：

foot：pedal
brother：fraternal
break：fragment
Latin pater→English father

因此，在孔子那个时代"父"就叫"爸"。

（三）音韵学与其他语言的关系

例如，"国"字的读音在中古读[kuək]，日语里读[koku]，它就是借汉语的音转变而来的，变化过程如图5-24所示。

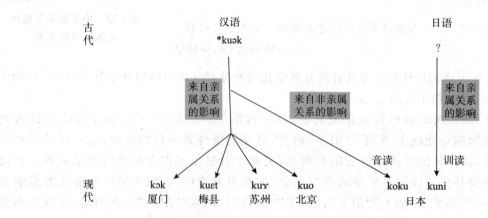

图5-24　日语"国"字从汉语语音转变图

第三节 诗词格律与写作实践

我国的汉字具有意美、音美、形美的特点,汉字有平、上、去、入四声的变化,将其归并为平、仄二类,并运用到诗词创作中去,加之押韵、对仗等手法,尽可能使汉字的音乐美最大限度地表现出来,形成了中国的格律诗词,并在唐宋时期达到创作高峰,绵延千年。对现代人而言,无论是继承传统还是自我修炼,诗词都是一项重要的内容。然而,要研究和继承灿烂的诗词文化,首先必须要了解它的格律。掌握了诗词格律有关的音韵知识,我们才能真正理解古人关于诗词创作的理论,从而增进对古典诗词的理解,提升自身的诗词鉴赏能力。此外,了解了诗词格律的知识,我们也能够在较短时间内学会写诗、填词,以提高自己的文学修养,陶冶情操。

一、诗律

(一) 诗体的分类

从格律方面,一般将唐代及其后代的诗歌分成古体诗和近体诗。汉魏六朝的诗包括乐府古辞、民歌,以及这个时期的文人诗,一般都是属于古诗。中唐时,白居易、元稹等人倡导了新乐府运动,从格律角度看,仍然是古体诗。根据赵昌平先生的研究,近体诗成熟的时期是武则天时期。

近体诗又称今体诗、律诗等,这些名称都是对汉魏六朝时期的古体诗而言的。所谓"今""近",都指的是唐代。律诗形成于初唐,这种新兴的诗体在押韵、平仄、对仗等方面都比汉魏六朝时期的诗歌严格得多,故唐人称之为"律诗"或"今体",后人又称"近体"。

近体诗共分律诗、绝句、排律三大类。律诗指五律和七律,绝句指五绝和七绝。绝句由律诗截取而成,故名。排律又称长律,是律诗的延长,一般是五言的,七言的很少。律诗的句数、字数都有严格的限定。

(二) 律诗的结构

律诗共八句,其中一、二句称为首联,三、四句称为颔联,五、六句称为颈联,七、八句称为尾联。每联的第一句称为出句,第二句称为对句。绝句是截取律句的一半,可以是律诗的前两联,也可以是后两联,或者是中间两联,甚至是首尾两联,所截部分的平仄要求与律诗相同。排律超过八句的部分,其平仄、押韵不变,各联的出句、对句要求对仗,尾联除外。

早发白帝城

李　白

朝辞白帝彩云间,千里江陵一日还。
两岸猿声啼不住,轻舟已过万重山。

登　高

杜　甫

风急天高猿啸哀,渚清沙白鸟飞回。
无边落木萧萧下,不尽长江滚滚来。
万里悲秋常作客,百年多病独登台。
艰难苦恨繁霜鬓,潦倒新停浊酒杯。

送刘校书从军
杨　炯

天将下三宫,星门召五戎。
坐谋资庙略,飞檄伫文雄。
赤土流星剑,乌号明月弓。
秋阴生蜀道,杀气绕湟中。
风雨何年别,琴尊此日同。
离亭不可望,沟水自西东。

(三) 近体诗的押韵

1. 近体诗押韵的特点

近体诗押韵依据的是《切韵》韵部及其相关规定。《切韵》是隋代陆法言所写的韵书,共分韵193部。到了唐代,《切韵》被官方指定为科举考试用书,出现了一些修订加注本,如王仁昫的《刊缪补缺切韵》、孙愐的《唐韵》等。由于《切韵》分韵太细,诗人不好区分,唐初规定一些读音相近的韵部可以合并使用,即在同一首诗中押韵。

到了宋代,由官方组织对《切韵》作了重修工作。重修后的《切韵》改称《广韵》,分韵206部,比《切韵》更细,但同时据唐人规定明确给一些韵部标上了"独用""同用"的字样。所谓"独用",是指在同一首诗中只能选取同一个韵部的字押韵;所谓"同用",是指在同一首诗中可以选取几个韵部的字押韵。例如:

一东　独用
二冬　钟同用
三钟
四江　独用
五支　脂之同用
六脂
七之

金代时,平水(地名)书籍(官名)王文郁著《平水韵略》一书,索性据独用、同用的规定将《广韵》的206部合并成了106部。南宋时,平水人刘渊著《壬子新刊礼部韵略》一书,根据同样的原则将《广韵》的206部合并成了107部。此后出现的各种诗韵、分韵都是106部,称作"106韵"或"平水韵"。

"平水韵"的分部和唐人押韵的实际情况是一致的,明清以来的科举考试都用的是"平水韵"。"平水韵"的韵部数分别是:上平声15部、下平声15部、上声29部、去声30部、入声17部。

《红楼梦》第四十八回主要是讲香菱向黛玉学习律诗作法的故事。香菱共写了三首七律,题目都是写"月亮",押韵都用的"寒"部。其中第二首诗如下。

其　二

非银非水映窗寒,试看晴空护玉盘。(寒)
淡淡梅花香欲染,丝丝柳带露初干。(寒)
只疑残粉涂金砌,恍若轻霜抹玉栏。(寒)
梦醒西楼人迹绝,余容犹可隔帘看。(寒)

2. 押韵的位置

律诗押韵的位置规定在第二、第四、第六、第八句的末字。第一句的末字可用韵,亦可不用,没有严格的限制。从习惯上看,五言第一句多数不押韵,七言第一句多数押韵。

闻官兵收河南河北

杜 甫

剑外忽传收蓟北,初闻涕泪满衣裳。
却看妻子愁何在?漫卷诗书喜欲狂。
白日放歌须纵酒,青春作伴好还乡。
即从巴峡穿巫峡,便下襄阳向洛阳。

律诗不像古体诗可以中途换韵,如果开始决定押什么韵,整首诗就必须在该韵部选字,不可中途换用其他韵部的字,否则就不是律诗了。

滕 王 阁

王 勃

滕王高阁临江渚,(语)
佩玉鸣鸾罢歌舞。(麌)
画栋朝飞南浦云,
珠帘暮卷西山雨。(麌)
闲云潭影日悠悠,(尤)
物换星移几度秋。(尤)
阁中帝子今何在?
槛外长江空自流。(尤)

近体诗都用的是平声韵,如果中途换用了仄声韵或全部押的是仄声韵,就不是律诗而成了古体诗了。

春 夜 喜 雨

杜 甫

好雨知时节,当春乃发生。(庚)
随风潜入夜,润物细无声。(庚)
野径云俱黑,江船火独明。(庚)
晓看红湿处,花重锦官城。(庚)

望 岳

杜 甫

岱宗夫如何,齐鲁青未了。(筱)
造化钟神秀,阴阳割昏晓。(筱)
荡胸生层云,决眦入归鸟。(筱)
会当凌绝顶,一览众山小。(筱)

(四) 近体诗的平仄

"平仄"是近体诗最重要的要素。近体诗与古体诗区别的最重要的特点不是句数、字数,也不是对仗和押韵,而是平仄。

平仄是区分声调的概念。中古有四个调类,即平、上、去、入。诗家将声调划分为平、仄两类:平声称作"平",上、去、入统称作"仄"("仄"是不平的意思),这样划分的目的是要让平、仄两类声调在律句中交替,以增强律句的节奏感。

1. 近体诗的节奏

节奏是音乐中交替出现的、有规律的强弱快慢现象。在近体诗中,节奏是通过平仄交替来体现的。所谓平仄交替,是指以节拍为单位的交替,而不是以单字为单位的交替。

近体诗句除句末字外,均由两个字构成一个节拍(又称音步),句末字一个字构成一个节拍,例如:

平平—仄仄—平平—仄
仄仄—平平—仄仄—平

五言律诗共有三个节拍,即二二一,例如:

白日—依山—尽　　—　|　|　—　—　|

七言律诗共有四个节拍,即二二二一,例如:

摇落—深知—宋玉—悲　—　|　—　—　|　|　—

节拍由平仄不同的两个字组成时,节拍的性质取决于后一字的声调,例如,"仄平"算平声拍,"平仄"算仄声拍。因为后一字在节奏点上,起着定音的作用。正是由于这个原因,律诗对节拍第二个字的平仄要求特别严格,不能轻易变动;对第一个字的平仄要求则很宽松,常常平仄不论。

2. 近体诗句平仄的基本格式

律句平仄的基本格式有四种,其中,五言律句的基本格式如下:

甲式:仄仄|平平|仄(仄起仄收式)
乙式:平平|仄仄|平(平起平收式)
丙式:平平|平仄|仄(平起仄收式)
丁式:仄仄|仄平|平(仄起平收式)

甲、乙两式完全符合平仄交替的原则。丙、丁两式的前两个节拍平仄也是交替的,唯有后两个节拍没有做到平仄交替,这是不得已的。

丙式的第二个节拍按说应为"仄仄",这样处理会使句末三个字全为仄声。句末三字全用仄声是古体诗的常用句式,律句应尽量避免,所以第二拍的第一个字用了平声。该字不在节奏点上,用平声并不影响节拍的性质。

丁式句的特点是"仄起平收"。第二个节拍按说可以用"平平",这样句末三个字都成了平声。句末连用三个平声叫作"三平调",这也是古体诗的常用句式,诗家规定律句必须避免,所以第二拍第一个字用了仄声。该字同样不在节奏点上,用仄声不影响该节拍的性质。

七言律诗平仄基本句式的排法与五言基本句式相同,只是在五言句式之前按照平仄交替原则增加一个节拍而已。

甲式:平平|仄仄|平平|仄(平起仄收式)
乙式:仄仄|平平|仄仄|平(仄起平收式)
丙式:仄仄|平平|平仄|仄(仄起仄收式)
丁式:平平|仄仄|仄平|平(平起平收式)

3. 一首律诗平仄的排列法

一句之中平仄相间，律句中各节拍之间要平仄交替。前一节拍用仄声，后一节拍就要用平声；前一节拍用平声，后一节拍就要用仄声。

一联之中的两句要平仄相对，例如：

空山｜新雨｜后，
— — — ｜ ｜
天气｜晚来｜秋。
— ｜ ｜ — —

——王维《山居秋暝》

两联之间平仄相粘，下联出句的第一节拍要与上联对句的第一节拍平仄相同。实际只要做到节拍的第二个字平仄相同即可。例如：

国破山河在，
城春草木深。— —
感时花溅泪， ｜ —
恨别鸟惊心。

——杜甫《春望》

押韵句末字用平声，非押韵句末字用仄声。律诗第二、第四、第六、第八句都是押韵句，各句末字都用平声字，第三、第五、第七句都是非押韵句，各句末字都用仄声字。至于第一句，无论五言七言，入韵用平声，不入韵则用仄声。例如：

城阙辅三秦，风烟望五津。

——王勃《送杜少府之任蜀州》

以上首句入韵，末字用平声。例如：

剑外忽传收蓟北，初闻涕泪满衣裳。

——杜甫《闻官军收河南河北》

以上首句不入韵，末字用仄声。

"一三五不论，二四六分明"中的"一三五不论"，是指七言律句第一、三、五字的平仄可以不拘，因为这些字都不在节奏点上，不决定节拍的性质。所谓"二四六分明"，是指七言律句第二、第四、第六字的平仄必须严格遵守，因为这些字都在节奏点上，决定着节拍的性质。对于五言律句来说，就是"一三不论，二四分明"。

"一三五不论，二四六分明"说法的优点是简明扼要，缺点是没有将诗家的特殊规定包括进去。特殊规定有二：一是不能出现"三平调"，二是不能"犯孤平"。二者都是诗家的大忌。

"三平调"指句末连用三个平声，这也是古体诗的常用句式，诗家规定律句必须避免。

"犯孤平"是指乙式句。"平平｜仄仄｜平""仄仄｜平平｜仄仄｜平"变成了"仄平｜仄仄｜平""仄仄｜仄平｜仄仄｜平"。这种格式除韵脚字为平声外，全句只剩下一个平声，平仄严重失衡，故称为"犯孤平"。

4. "拗"和"救"

所谓"拗"，是指律句中某字的声调不合平仄规定，应平而仄，或应仄而平。所谓"救"，是指律句中出现"拗"时，在另外某处调整平仄，使律句的音色保持和谐。"拗"和"救"是一种变通规定,旨在给诗人以更大的自由,保留合适的字眼,以免因声夺义。

古人虽然对格律的规定很严,但从来都是把诗意摆在首位的,如果诗意和平仄规定发生冲突,宁可牺牲平仄而不破坏诗意。诗家关于"拗"和"救"的规定就体现了这种思想。例如:

若是果有了奇句,连平仄虚实不对都使得的。

——《红楼梦》

(五) 律诗的对仗

对仗就是对偶。"对仗"中的"仗",取意于仪仗队中的"仗",两两相对,排列整齐。律诗产生以前,作为一种修辞手段,对仗在古诗文中早就存在,只是不像律诗那样作为一种规定必须使用并要用在固定的位置而已。和平仄一样,对仗也有很多讲究,如工对、宽对、借对、流水对、扇面对、避重字、避合掌、避对开等。

1. 工对

依照对仗的要求,诗家一般将词划分为九类,即名词、形容词(轻重、疏密、明暗等)、数词、颜色词、方位词、动词、副词、虚词和代词,其中,名词又细分为天文、时令、地理、宫室、器物、衣饰、饮食、文具、文学、草木、鸟兽、形体、人事(道德才情)、人伦(父子兄弟)等小类,选择每一类内部的词相对便是工对。有些名词虽不属同一小类,但经常并提,如天地、诗酒、花鸟等,这些词相对也算工对。例如:

气蒸云梦泽,
波撼岳阳城。

——孟浩然《望洞庭湖赠张丞相》

江山故宅空文藻,
云雨荒台岂梦思。

——杜甫《咏怀古迹五首·其二》

严格的工对很难做到,即使做到了,句意未必就好,故既要重视工对,也不必刻意求工。

2. 宽对

宽对比工对宽松得多,一般做到名词对名词、动词对动词、形容词对形容词即可,必要时也可以不顾忌词性,如名词对动词、副词对动词等,甚至可以半对半不对。例如:

与君离别意,
同是宦游人。

——王勃《送杜少府之任蜀州》

怅望千秋一洒泪,
萧条异代不同时。

——杜甫《咏怀古迹五首·其二》

3. 借对

借对是指借义相对,分为两种情况。

(1) 某词有两种意义,诗中用此义而以彼义相对。例如:

酒债寻常行处有,人生七十古来稀。

——杜甫《曲江二首·其二》

(2) 某词本无某义,因读音与另一词相同,故借另一词的意义相对,这种对仗就是谐音对。例如:

马骄珠汗落,胡舞白蹄斜。

——杜甫《秦州杂诗二十首·其三》

思家步月清宵立,忆弟看云白日眠。

——杜甫《恨别》

4. 流水对

对仗的两句在意思上一般都是相对独立的。如果对仗的两句都不能独立,只有合起来才能表达一个完整的意思,即对句和出句合起来是一句话,那么这种对仗就是流水对。流水对不像两条河并行,而像一条河的上下两段,故名流水对。例如:

东风不与周郎便,铜雀春深锁二乔。

——杜牧《赤壁》

5. 扇面对

扇面对又称隔句对,指上下两联的出句与出句相对,对句与对句相对。之所以称作扇面对,是因为上、下两联(竖排,一联一行)在形式上就像展开的扇子,上面对上面,下面对下面。例如:

缥缈巫山女,归来七八年。

殷勤湘水曲,留在十三弦。

——白居易《夜闻筝中弹潇湘送神曲感旧》

6. 避重字

对仗要避免用同一字相对,同时也要避免对句中出现相同的字,这叫避重字。例如:

五湖春色浮天地,千岱翠岚近早春。

至于修辞上的对比连环则是允许存在的。例如:

刘郎已恨蓬山远,更隔蓬山一万重。

——李商隐《无题四首·其一》

7. 避合掌

合掌是指对仗的两句字面上意思不同,实际意思是相同的,应极力避免。例如:

马上逢寒食,愁中属暮春。

——宋之问《途中寒食题黄梅临江驿寄崔融》

纪昀《瀛奎律髓刊误》:"愁中、马上、暮春、寒食,未免合掌。"

8. 避对开

对开是指对仗的两句意思没有联系,东拉西扯,风马牛不相及,或联系不紧密,或虎头蛇尾,上句气盛,下句气弱。对开也应极力避免。例如:

三春白兰地,五月黄梅天。

万仞惊峰承日月,一株柔柳伴花枝。

(六) 章法

律诗的章法是指律诗内容如何表达的组织方法。《红楼梦》第四十八回林黛玉教香菱学诗时提到"起承转合"，这是古人关于章法的普遍说法。"起"是开头，即破题；"承"指承接破题切入正题；"转"指深入变化；"合"指收尾。对于律诗来说，"起承转合"往往就是首联、颔联、颈联、尾联的内容。如王维的《山居秋暝》：

首联——"起"。例如：
空山新雨后，天气晚来秋。
颔联——"承"：其中颔联和首联要衔接好，相应相避，既有联系，又不能重复，自然切入中心。例如：
明月松间照，清泉石上流。
颈联——"转"：一般来说，颈联是中心思想的继续和深化。例如：
竹喧归浣女，莲动下渔舟。
尾联——"合"：尾联虽不是诗意的重心，但往往起着总结全诗或画龙点睛的作用。例如：
随意春芳歇，王孙自可留。

二、词律

（一）词的概念

词是配合音乐曲调而产生的新型文体，有着音乐与文学的双重属性，它的产生和兴起都离不开音乐。由于对词配乐方式理解的不同，词究竟产生在什么时代，词学界的意见也不尽相同。唐五代至宋初，词被称为曲子或曲子词，后来又称乐府、长短句、诗余等。

一首词一般是先有乐曲，然后依据曲调配上歌词，叫作"倚歌"或"倚声"，宋元以来一般通称"填词"。"倚声填词"一般有三种解释。

（1）"按谱填词"：依曲谱撰写歌词，或兼指给歌词谱曲，此类作家往往精通音律，如柳永、周邦彦、姜夔等。

（2）"按箫填词"：依据箫声（音乐）写出符合音律的歌词，此类作家大多知晓音律，但不会作曲，如苏轼、秦观、贺铸等。

（3）"依句填词"：依照前人的作品，逐字逐句地照样填写，此类作家多数不懂音律，词对他们来说只是一种纯粹的文学形式，完全失去了"倚声"的特点。南宋以后，大多数词家都属于这一类。近代词家已不知晓词调，只是依词谱填写，自谦为"填词"，即依据前人名作的句式、平仄和用韵格式去填写。

（二）词的分类

词有小令、中调、长调之分。这一区分大约从明中叶开始，最早以小令、中调、长调分调编排的词书应该是明嘉靖时期顾从敬所刻的《类编草堂诗余》。到清代时，毛先舒《填词名解》明确提出了"58字内为小令，59～90字为中调，91字外为长调"的说法。

词又可以从段落的角度划分为单调、双调、三叠和四叠。

（1）单调：不分段，往往是一首小令。单调字数少、篇幅短、内容简单，在词初兴起时较为流行，如《忆江南》《如梦令》等。例如：

江南好，风景旧曾谙。日出江花红胜火，春来江水绿如蓝。能不忆江南？

——白居易《忆江南》

（2）双调：一首词包括两个段落。双调词在中调、长调中都有，双调上、下片的字数、韵位、平仄等格式都是相同或基本相同的,也有些相差较大,如《念奴娇》《清平乐》等。

(3) 三叠:一首词共有三段。这类词不多,如《兰陵王》《西河》《夜半乐》等。

冻云黯淡天气,扁舟一叶,乘兴离江渚。渡万壑千岩,越溪深处。怒涛渐息,樵风乍起,更闻商旅相呼。片帆高举。泛画鹢、翩翩过南浦。

望中酒旆闪闪,一簇烟村,数行霜树。残日下,渔人鸣榔归去。败荷零落,衰杨掩映,岸边两两三三,浣沙游女。避行客、含羞笑相语。

到此因念,绣阁轻抛,浪萍难驻。叹后约,丁宁竟何据。惨离怀、空恨岁晚归期阻。凝泪眼、杳杳神京路。断鸿声远长天暮。

——柳永《夜半乐》

(4) 四叠:一首词共有四段,这类词更少,如《莺啼序》。

匆匆何须惊觉,唤草庐人起。算成败利钝,非臣逆睹,至死后已。又何似、采桑八百,看蚕夜织小窗里。漫二升自苦,教人吊卧龙里。

别有佳人,追桃恨李。拥凝香绣被。争知道、壮士悲歌,萧萧正度寒水。问荆卿、田横古墓,更谁载酒为君酹。过霜桥落月,老人不见遗履。

置之勿道,逝者如斯,甚矣衰久矣。君其为吾归计,为耕计。但问某所泉甘,何乡鱼美。此生不愿多才艺。功名马上兜鍪出,莫书生、误尽了人间事。昔年种柳江潭,攀枝折条,噫嘻树犹如此。

登高一笑,把菊东篱,且复聊尔耳。试回首、龙山路断,走马台荒,渭水秋风,沙河夜市。休休莫莫,毋多酹我,我狂最喜高歌去,但高歌、不是番腔底。此时对影成三,呼娥起舞,为何人喜。

——刘辰翁《莺啼序》

(三) 词谱

词调渐渐失传后,填词的人便按照前人作品中的句式、平仄、用韵等格式去写。这些格式后来被固定下来,称作词谱。

今之词谱,皆取唐宋旧词,以调名相同者互校,以求其句法字数。以句法字数相同者互校,以求其平仄。其句法字数异同者,则据而注为又一体,其平仄有异同者,则据而注为可平可仄。自《啸余谱》(明末程明善撰)以下,皆以此法,推究得其崖略,定为科律而已。

——《四库全书总目提要·钦定词谱》

依照词谱的规定创作词叫作"填词"。较早且影响较大的词谱著作有清人万树的《词律》和王奕清等奉旨编纂的《钦定词谱》。其后的词谱著作有清人舒梦兰的《白香词谱》、谢元淮的《碎金词谱》、今人杨文生的《词谱简编》等。

菩 萨 蛮

(四十四字。又名子夜歌、巫山一片云、重叠金)

平_{可仄}林漠_{可仄}漠烟如织_韵,寒_{可仄}山一_{可平}带伤心碧_叶。暝_{可平}色入高楼_{换平},有_{可仄}人楼_{可仄}上愁_{叶平}。
玉_{可平}阶空伫立_{三换仄},宿_{可平}鸟归飞急_{三叶仄}。何_{可仄}处是归程_{四换平}?长_{可仄}亭连_{可仄}短亭_{四叶平}。

——万树《词律》

(四) 词的平仄与句式

词的平仄与律诗的平仄有同有异。相同的是词和律诗都要求一句之中平仄相间;不同点如下。

(1) 律诗对句中的平仄有统一的规定,比较易于掌握,词句中的平仄则根据词调而定,词调不同,平仄也不相同。
(2) 律诗仄声中的上、去、入可以通押,词的仄声上、去、入三声有时泾渭分明,不能通押。
(3) 律诗一联之间平仄相对;词上、下句的平仄有时候却可以完全相同。
(4) 在句式方面,律句的字数都是固定的,词句的字数则不固定,参差不齐,最短者一字成句,最长者十一字成句。

1. 一字句

一字句罕见。起句作平,结句有平有仄,都入韵。例如:

归!猎猎薰风飔秀旗。拦教住,重举送行杯。

——张孝祥《归字谣》

山盟虽在,锦书难托。莫!莫!莫!

——陆游《钗头凤·红酥手》

其中,一字句"归"用于起句,平声,入韵。"莫"用于结句,仄声,入韵。

2. 二字句

二字句的平仄特点多为"上平下仄"式,常用于起句或叠句,一般都入韵。例如:

芳草,恨春老,自是寻春来不早。

——毛滂《调笑》

争渡!争渡!惊起一滩鸥鹭。

——李清照《如梦令·常记溪亭日暮》

其中,"草""老""早"三字押韵。叠句如"渡""渡""鹭"三字押韵。

3. 三字句

三字句一般是用五言或七言律句的三字尾,即"平平仄""仄平平""仄平仄""平仄仄"等式。例如:

转朱阁,低绮户,照无眠。

——苏轼《水调歌头·明月几时有》

剪不断,理还乱,是离愁。

——李煜《相见欢·无言独上西楼》

4. 四字句

四字句一般是用七言律句的上四字,平仄格式多为"平平仄仄""仄仄平平"式。例如:

"东南形胜""天堑无涯""风帘翠幕""十里荷花"。

——柳永《望海潮·东南形胜》

这四句分别是"平平仄仄""仄仄平平""平平平仄""平仄平平"式。

5. 五字句

五字句的平仄格式同于五言律句。例如:

但愿人长久——仄仄平平仄(苏轼《水调歌头·明月几时有》)。
吴山点点愁——平平仄仄平(白居易《长相思·汴水流》)。
秋千斜挂起——平平平仄仄(晁冲之《感皇恩》)。
驿外断桥边——仄仄仄平平(陆游《卜算子·咏梅》)。

6．六字句

六字句是四字句的变形，在平起的四字句前加"仄仄"，或在仄起的四字句前加"平平"，即构成六字句。例如：

江山如此多娇。

——毛泽东《沁园春·雪》

7．七字句

七字句用的基本上是七言律句的平仄格式。例如：

秦娥梦断秦楼月——平平仄仄平平仄（李白《忆秦娥·箫声咽》）。

已是黄昏独自愁——仄仄平平仄仄平（陆游《卜算子·咏梅》）。

纵使相逢应不识——仄仄平平平仄仄（苏轼《江城子·乙卯正月二十日夜记梦》）。

天时地利与人和——平平仄仄仄平平（刘过《西江月·堂上谋臣尊俎》）。

八字句至十一字句往往是由两句组合而成，其平仄格式就是所含各句的格式。

（五）词韵

诗有诗韵，词韵则没有明确的规定，基本上用的还是诗韵，只是比诗韵更宽泛、更自由一些。词兴之初，大多以口语相押，不严格依照诗韵。到了宋代，词作者也多是根据当时的实际语音来用韵。

清人编撰的词韵较多，最通用的是戈载的《词林正韵》。该书合并诗韵而成，平上去三声合为 14 部，入声合为 5 部，共 19 部。这种分部基本符合宋词用韵的实际情况，为后来的学者和词作者所认同。

不同的韵部代表着不同的音色，不同的音色反映着不同的情感，故在填词时应在韵部的选择上有所讲究。

东钟之洪，江阳、皆来、萧豪之响，歌戈、家麻之和，韵之最美听者。寒山、桓欢、先天之雅，庚青之清，尤侯之幽，次之。齐微之弱，鱼模之混，真文之缓，车遮之用杂入声，又次之。支思之萎弱不振，读之令人不爽。至侵寻、监咸、廉纤，开之则非其字，闭之则不宜口吻，勿多用可也。

——王骥德《曲律》

词的押韵方式比诗复杂，主要有以下几类。

（1）同一首词中途不换韵，而是一韵到底。这和近体诗的用韵特点基本相同，所不同的是可以用仄声韵。例如：

常记溪亭日暮，沉醉不知归路。兴尽晚回舟，误入藕花深处。争渡！争渡！惊起一滩鸥鹭。

——李清照《如梦令·常记溪亭日暮》

（2）同一首词中途换韵，即用了几种韵，或平或仄。例如：

平林漠漠烟如织，寒山一带伤心碧。暝色入高楼，有人楼上愁。

玉阶空伫立，宿鸟归飞急。何处是归程？长亭连短亭。

——李白《菩萨蛮·平林漠漠烟如织》

（3）同一首词中用了几种韵，以一种韵为主，他韵为次。例如：

林花谢了春红，太匆匆。无奈朝来寒雨晚来风。

胭脂泪，相留醉，几时重。自是人生长恨水长东！

——李煜《相见欢·林花谢了春红》

其中，以平声韵"红""匆""风""重""东"五韵为主，以"泪""醉"二韵为次。

（4）叠字相押。所谓叠字相押，是指两个韵脚用的是同一字。例如：

吴山青，越山青，两岸青山相送迎。谁知离别情？
君泪盈，妾泪盈，罗带同心结未成，江头潮已平。

——林逋《长相思·吴山青》

其中，二"青"字、二"盈"字为叠字相押。

（5）同一韵部的平仄声韵通押。例如：

明月别枝惊鹊，清风半夜鸣蝉。稻花香里说丰年，听取蛙声一片。
七八个星天外，两三点雨山前。旧时茅店社林边，路转溪桥忽见。

——辛弃疾《西江月·夜行黄沙道中》

（六）对仗

近体诗的对仗要求相当严格。对仗的位置确定，对仗的字一般要做到平仄相反、词性相同、避免重复。由于词的种类繁多，各种类型的句式互不相同，所以对仗不可能有一个统一的规定。对同一词牌来说，对仗的位置、平仄、词性及用字也都不是很严格。

（1）不避同字。例如：

春到一分，花瘦一分。

——吴文英《一剪梅》

上下句用"一分"相对。

我住长江头，君住长江尾。

——李之仪《卜算子·我住长江头》

上下句用"住长江"相对。

（2）不拘平仄。

西风残照，汉家陵阙。

——李白《忆秦娥·箫声咽》

"家"对"风"是平对平，"阙"对"照"是仄对仄。

左牵黄，右擎苍。

——苏轼《江城子·密州出猎》

"右""左"是仄仄相对，"苍""黄"是平平相对。

（3）不论位置。

词的对仗大多没有固定的位置。有在起、首两句相对的。例如：

细草愁烟，幽花怯露。
带缓罗衣，香残蕙炷。

——晏殊《踏莎行·细草愁烟》

也有在其他位置对仗的。例如：

夜雪初积，翠尊易泣。

——姜夔《暗香·旧时月色》

惊塞雁,起城乌。

——温庭筠《更漏子·柳丝长》

练习与思考

1. 简答题。

(1) 根据所学的汉字形体,设计具有汉字元素的文创产品,自由命题,并撰写策划方案。要求:策划方案不少于800字;文创产品的构思、设计最好画出设计草图;策划方案要有市场调研内容,方案尽量细化,具有创新性和可行性。

(2) 自主欣赏汉字舞蹈《狂草》(编舞:林怀民)、《甲骨文》(音乐:谭盾,表演:黄豆豆)。

(3) 观察并搜集生活中有关汉字元素的现象与艺术设计,整理成文字、图片材料。

2. 尝试用赣方言读下面一段短文。

北风跟日头

有回子,北风同到日头跕得许里争哪个个,本事大,争来争去就是分不出输赢来。简场中来了一个过路个,渠身上穿到件厚大衣。渠们两个就议正了,话个哪个要是先舞得简只过路个脱丢渠个大衣去,就算渠个本事大。北风就攒劲吹,哪晓得渠越是哑命里吹,许只过路个就搁大衣箍得越紧。后背北风冒有法,只好罢罢罢,过了一刻时。

日头出来了,脱大个日头晒一下,许只过路个风快搁许件厚大衣脱丢了。隔北风只好承认,渠们两个当中还是日头个本事大。

3. 在方言学界,有的学者认为,方言的分区应采取统一、单纯的标准,尤其是语音标准,而从这个观点出发,赣方言和客家方言应合并为"客赣方言"。另一些学者则认为,方言的分区应采取综合标准,以语音为主,同时兼顾词汇、语法。因此,虽然单从语音出发很难区分赣方言和客家方言,但可以利用词汇等其他标准来将它们分开。对于这种分歧,你是怎么看的?

4. 赣方言江西南丰话有两种入声调,例字如下:

搭[tap²³]、十[ɕip²³]、八[pal²³]、月[nyel²³]、笔[pil²³]、息[ɕil²³]
落[loʔ⁵]、角[koʔ⁵]、直[tsʰəʔ⁵]、白[pʰaʔ⁵]、谷[kuʔ⁵]、纳[naʔ⁵]

由以上例字分析,南丰话入声分调是由什么不同造成的?

5. 根据图片回答以下问题。

(1) 给《山居客至》(图 5-25)配一首诗,绝句、律诗皆可。

(2) 结合图 5-26,用《南歌子》的词谱填一首词(单调二十三字,五句三平韵。仄仄平平仄,平平仄仄平。平仄仄平平。仄平平仄仄,仄平平)。

图 5-25 《山居客至》

图 5-26 《南歌子》

6. 分析下面两首诗。

秋　思
李　白
春阳如昨日，碧树鸣黄鹂。
芜然蕙草暮，飒尔凉风吹。
天秋木叶下，月冷莎鸡悲。
坐愁群芳歇，白露凋华滋。

早　冬
白居易
十月江南天气好，可怜冬景似春华。
霜轻未杀萋萋草，日暖初干漠漠沙。
老柘叶黄如嫩树，寒樱枝白是狂花。
此时却羡闲人醉，五马无由入酒家。

（1）以上两首诗哪一首是古体诗，哪一首是律诗？为什么？
（2）请写出律诗的平仄。
（3）分析律诗的用韵、对仗、平仄。

第三篇

文 学

第六章 中国古代文学

第一节 中国古代文学简述

中国文学源远流长,我国第一部诗歌总集《诗经》的出现是古代文学史上一件大事。后世把《诗经》奉为学习的最高典范。春秋战国时期,列国纷争,百家争鸣,大量以逻辑严密、言辞锋利、善用比喻为特点的诸子散文应运而生,如《庄子》《孟子》《荀子》《韩非子》。与诸子散文辉映一时的是以记言记事为主的历史散文《左传》《国语》和《战国策》。战国后期,以屈原为代表的楚国诗人创造了楚辞。屈原运用这种诗歌形式创作了古代文学史上第一抒情长诗《离骚》,《离骚》在文学史上与《诗经》并称"风骚",垂范于后世。

秦代焚书坑儒,二世而亡,几乎无文学可言。除留存下来少数歌颂秦始皇功德的刻石文字外,也只有李斯的《谏逐客书》是这一时期少有的优秀散文篇章。

两汉崇文,大一统的鼎盛帝国需要用文学来体现国家歌舞升平。于是,一种以描写帝王和都市生活为主的文学样式——辞赋,便应运而生。赋是两汉最流行的文体,也是一代文学的标志,如司马相如的《子虚赋》《上林赋》、扬雄的《甘泉赋》《羽猎赋》。这些赋铺张扬厉,多以歌功颂德为宗旨。到了东汉,班固的《东都赋》《西都赋》,张衡的《东京赋》《西京赋》仍是散体大赋中的皇皇巨著。两汉文学中最有价值的是乐府诗中的民歌,以"感于哀乐,缘事而发"的现实主义精神,深刻反映两汉社会生活的各个方面,表现当时劳动人民的生活愿望和要求,标志着古代叙事诗的完全成熟。《孔雀东南飞》是中国古代汉民族第一叙事长诗;东汉末年产生的《古诗十九首》是文人五言诗成熟的标志;两汉散文成就最高的是司马迁的纪传体通史——《史记》。

魏晋南北朝时期,文学日益摆脱经学的影响,获得独立的发展。诗歌、散文、辞赋、骈文、小说等文学样式都取得了显著的成就。建安七子、竹林七贤、陶渊明成为魏晋风度的杰出代表。南朝文学性情渐隐,声色大开。谢灵运的山水诗大放光芒,其后谢朓的山水诗清新圆熟,世称"大小谢"。从小说来看,魏晋南北朝出现了志怪小说和轶事小说。其中,晋代干宝的《搜神记》和南朝刘宋时刘义庆的《世说新语》最值得关注。

唐王朝国力空前强盛,中外文化交流频繁,唐代文学空前繁荣。唐代诗歌堪称一代文学标志,是中国古典诗歌的顶峰。初、盛、中、晚唐都名家辈出,大家纷呈。诗歌创作几乎遍及社会各个阶层的男女老少,仅《全唐诗》收录的诗人就有2000余家,诗作近5万首,实际远不止于此。以王维、孟浩然、储光羲等人为代表的山水田园诗派,韵味深长。以高适、岑参、王昌龄等人为代表的边塞诗人,诗风刚健。李白与杜甫是诗坛的"双子星"。李白诗歌豪放飘逸,李白本人也被称为"诗仙",他的《将进酒》《行路难》《蜀道难》,无不显示了他独特的情感色调和艺术个性。杜甫诗歌被称为"诗史",风格沉郁顿挫。他用诗歌抒发了忧国忧民之心,如《三吏》《三别》《登高》。安史之乱后,刘长卿、韦应物的山水诗,是王维、孟浩然一派的继续;卢纶、李益的边塞诗,是高适、岑参一派的余绪。以白居易、元稹为首的现实主义诗人倡导了新乐府运动。这一时期和元白诗派齐名而诗风殊异的是"韩孟诗派"。还有柳宗元、刘禹锡、贾岛和李贺。李贺浓丽浪漫的诗风独树一帜,并启迪了晚唐的李商隐。到了晚唐,最有成就的诗人当属杜牧和李商隐,世称"小李杜"。杜牧长于写七绝,诗风俊爽高绝,写景也自然清丽。李商隐的七律沉博绝丽,他的爱情诗最为人称道。

散文是唐代文苑的又一重大收获。韩愈、柳宗元以复兴儒学为旗帜,领导了一场实质是文学革新的古文运动,如韩愈的说理散文《原毁》《师说》《答李翊书》等。柳宗元的山水游记最为后世称美,贬谪永州后写的《永州八记》成为后世游记文学的典范。唐朝人的传奇是我国古典小说的成熟之作,如《莺莺传》《李娃传》,无不写得人物形象鲜明、故事情节曲折、语言华艳生动。

在唐代,词是随燕乐而兴起的新诗体。五代时,西蜀和南唐成为词的创作中心,中国第一部文人词总集——《花间集》就问世于西蜀,而词人中成就最高的当属南唐后主李煜。词发展到宋代便进入了鼎盛时期,成为一代文学的主要标志。据《全宋词》所载,宋朝词作品有2万余首,词人1400余位。

词在柳永那里有了第一次革新。柳永词多用铺叙白描之法,层次分明,语言通俗,从内容到形式都富于平民色彩,当时在市民中传唱极盛。苏轼作为词的革新家,扩大了词的题材、提高了词的意境、丰富了词的表现手法,使词成为独立的抒情诗体。他用词来写景、抒情、怀古、感旧、记游,写作风格多样。在南北宋之交,还出现了我国古代最优秀的女词人李清照。她的词意境深厚、感情婉曲、词语清新,尤其是宋室南渡以后的作品,如《声声慢》等,将国破家亡的悲愤与身世漂泊的伤痛融合一体,缠绵抑郁,感人心魄。宋室南渡以后,宋词进入了一个新的发展时期。南宋最伟大的爱国主义词人当推辛弃疾,辛弃疾使宋词的思想境界和精神面貌达到了光辉的高度。人们称他的词作是"色笑如花,肝肠如火",把词的艺术性提高到了一个新的境界。南宋词人姜夔继承了周邦彦的词作风格,他的词作以记游、咏物、怀人为主题,意境清空,格调骚雅,音律严整。

元代文学以戏曲著称,元杂剧以它高度的社会历史价值、独特的艺术风格和形式体制,开辟了我国戏曲文学的黄金时代。这一时期也出现了"元曲四大家"关汉卿、郑光祖、白朴、马致远。关汉卿是元杂剧的奠基人,也是前期的剧坛领袖。他的剧作如《窦娥冤》《救风尘》《单刀会》等,将现实主义精神和理想主义色彩融为一体,雅俗共赏,是元杂剧中的第一流作品。王实甫的《西厢记》,通过描写崔莺莺和张君瑞的爱情纠葛,精心表现了人物之间的性格冲突和复杂的内心活动,是元杂剧中一颗璀璨夺目的艺术明珠。

明代城市经济高度发展,资本主义萌芽产生,市民文化需求不断增长,适应市民文化娱乐需求的小说、戏曲等通俗文学逐渐昌盛,出现了《三国演义》《水浒传》《西游记》《金瓶梅》等著作,这四本书也被称为"明代四大奇书"。明代短篇小说的主要形式是拟话本,其中,冯梦龙及凌濛初的"三言二拍"占有重要地位。

清代是中国古代文学全面复兴但又无法超越前代的时代。小说、戏曲在清代又取得了巨大的成就,诗、词、散文、骈文领域作家众多,流派林立,成就斐然。清代文学成就最高的当是小说,就文言短篇小说而言,最优秀的是蒲松龄所作的《聊斋志异》,而曹雪芹的《红楼梦》是中国古代小说艺术的顶峰。

第二节 风骚探源

鹿 鸣

呦呦鹿鸣,食野之苹。我有嘉宾,鼓瑟吹笙。吹笙鼓簧,承筐是将。人之好我,示我周行。

呦呦鹿鸣,食野之蒿。我有嘉宾,德音孔昭。视民不恌,君子是则是效。我有旨酒,嘉宾式燕以敖。

呦呦鹿鸣,食野之芩。我有嘉宾,鼓瑟鼓琴。鼓瑟鼓琴,和乐且湛。我有旨酒,以燕乐嘉宾之心。

1. 赏析

《鹿鸣》是《诗经·小雅》的"四始"之一,是古人在宴会上所唱的歌。全诗共三段,每段八句,开头皆以鹿鸣起兴,自始至终都洋溢着欢快的气氛,体现了殿堂上嘉宾的琴瑟歌咏,以及宾主之间的互敬互融之情状。

在空旷的原野上,一群麋鹿悠闲地吃着野草,不时发出"呦呦"的鸣声,此起彼伏,十分和谐悦耳。诗以此起兴,营造了一个热烈而又和谐的氛围,如果是君臣之间的宴会,那种本已存在的拘谨而紧张的关系马上就会舒缓下来。故《诗集传》云:"盖君臣之分,以严为主;朝廷之礼,以敬为主。然一于严敬,则情或不通,而无以尽其忠告之益,故先王因其饮食聚会,而制为燕飨之礼,以通上下之情;而其乐歌,又以鹿鸣起兴。"也就是说,君臣之间限于一定的礼数,容易形成思想上的隔阂,通过宴会,可以沟通感情,使君王听到群臣的心里话。而以鹿鸣起兴则一开始便奠定了和谐愉悦的基调,给与会嘉宾以强烈的情绪感染。

此诗自始至终洋溢着欢快的气氛,把读者从"呦呦鹿鸣"的意境带进"鼓瑟吹笙"的音乐伴奏声中。《诗集传》云:"瑟笙,燕礼所用之乐也。"按照当时的礼仪,整个宴会上必须奏乐。此诗三段全是欢快的节奏、和悦的旋律,同曹操的《短歌行》相比,曹诗开头有"人生苦短"之叹,后段有"忧从中来,不可断绝"之悲,唯有中间所引"鹿鸣"四句显得欢乐舒畅,可见《诗经》的作者对人生的领悟还没有曹操那么深刻。也许因为这是一首宴飨之乐,不容许掺杂一点哀音吧。

诗之首段写热烈欢快的音乐声中有人"承筐是将"(献上竹筐所盛的礼物)。献礼的人在乡间宴会上是主人自己,说见上文所引《礼记》;在朝廷宴会上则为宰夫,《礼记·燕义》中"设宾主饮酒之礼也,使宰夫为献主"足可为证。酒宴上献礼馈赠的古风,即使到了今天,在大的宴会上仍可见到。然后主人又向嘉宾致辞:"人之好我,示我周行。"也就是"承蒙诸位光临,示我以大道"一类的客气话。主人若是君王,那这两句的意思则是表示愿意听取群臣的忠告。

诗的第二段,由主人(主要是君王)进一步表示祝词,其大意如《诗集传》所记载:"言嘉宾之德音甚明,足以示民使不偷薄,而君子所当则效。"祝酒之际说出这种话的原因,分明是君主要求臣下做一个清正廉明的好官,以矫正偷薄的民风。如此看来,这样的宴会不徒为乐,也带有一定的政治色彩。

第三段大部分与首段重复,唯最后几句将欢乐气氛推向高潮。末句"燕乐嘉宾之心"则是卒章见志,将诗的主题深化,使参与宴会的群臣心悦诚服。

2. 思考

(1) 上古时期诗、乐、舞一体,请吟诵此诗,并自主学习《诗经》中的其他篇目,如《秦风·蒹蕆》《小雅·天保》。

（2）以文学与生活的关系、诗歌与人际交往的关系为背景，讨论《诗经》在工作、生活中的运用。

橘 颂

后皇嘉树，橘徕服兮。受命不迁，生南国兮。深固难徙，更壹志兮。绿叶素荣，纷其可喜兮。曾枝剡棘，圆果抟兮。青黄杂糅，文章烂兮。精色内白，类任道兮。纷缊宜修，姱而不丑兮。嗟尔幼志，有以异兮。独立不迁，岂不可喜兮。深固难徙，廓其无求兮。苏世独立，横而不流兮。闭心自慎，终不失过兮。秉德无私，参天地兮。愿岁并谢，与长友兮。淑离不淫，梗其有理兮。年岁虽少，可师长兮。行比伯夷，置以为像兮。

1. 赏析

《橘颂》是屈原早期的作品《九章》中的一篇，是一首托物言志的咏物诗，诗歌表面上歌颂橘树，实际是诗人对自己理想和人格的表白。全诗可分为两部分，前十六句为第一部分，缘情咏物，重在描述橘树俊逸动人的外形美，以描写为主；第二部分缘物抒情，转入对橘树内在精神的热情讴歌，以抒情为主。两部分各有侧重，而又互相勾连，融为一体。诗人以四言的形式，用拟人的手法塑造了橘树的美好形象，从各个侧面描绘和赞颂橘树，借以表达自己追求美好品质的坚定意志。

第一部分重在描述橘树俊逸动人的外形美。开笔"后皇嘉树，橘徕服兮"等三句就已不同凡响：一树坚挺的绿橘，突然立在广袤的天地之间，它深深扎根于"南国"之土，任凭什么力量也无法使它迁徙。那凌空而立的意气、"受命不迁"的坚毅神采，顿令读者升起无限敬意。橘树是可敬的，同时又俊美可亲。诗人接着以精细的笔触，勾勒它充满生机的"绿叶"，晕染它雪花般蓬勃开放的"素荣"。它的层层枝叶间虽也长有"剡棘"，但那也只是为了防范外来的侵害；它贡献给世人的却有"精色内白"和光彩照人的无数"圆果"。屈原笔下的南国之橘，正是如此"纷缊宜修"，如此才堪托大任。这节虽以描绘为主，但从字里行间，人们可以强烈地感受到诗人对祖国"嘉树"的一派自豪、赞美之情。

此诗第二部分从对橘树的外形美描绘转入对它内在精神的热情讴歌。屈原在《离骚》中曾以"羌无实而容长"（外表好看，却无美好的内质）表达过对"兰""椒"（喻指执掌朝政的佞幸之臣）等辈"委其美而从俗"的鄙弃。橘树却不是如此。它"年岁虽少"，即已抱定了"独立不迁"的坚定志向；它长成以后，更是"横而不流""淑离不淫"，表现出耿然坚挺的高风亮节；纵然面临百花"并谢"的岁暮，它也依然郁郁葱葱，决不肯向凛寒屈服。

诗中的"愿岁并谢，与长友兮"一句，乃是沟通"物我"的神来之笔，它在颂橘中突然揽入诗人自己，表示愿与橘树长相为友，面对严峻的岁月，这便顿使傲霜斗雪的橘树形象与遭谗被废、不改操守的屈原自己叠印在了一起。而后思接千载，以"行比伯夷，置以为像兮"收结，全诗境界一下就得到了升华。在两位古今志士的遥相辉映中，前文所赞美的橘树精神便全都流转、汇聚，成了身处逆境、不改操守的伟大志士精神之象征，高高映印在历史天幕之上。

本诗借物抒志，以物写人，既沟通物我，又融会古今，由此造出了清人林云铭所赞扬的"看来两段中句句是颂橘，句句不是颂橘，但见（屈）原与橘分不得是一是二，彼此互映，有镜花水月之妙"（《楚辞灯》）的奇特境界。从此以后，南国之橘便蕴含了志士仁人"独立不迁"、热爱祖国的丰富文化内涵，永远为人们所歌咏和效仿。这一独特的贡献仅属于屈原，所以宋刘辰翁又称屈原为千古"咏物之祖"。

2. 思考

（1）上古时期诗、乐、舞一体，请学习吟诵此诗，并自主学习《楚辞》中的其他篇目，如《离骚》《涉江》《湘夫人》等。

（2）结合本文"托物言志"的创作手法，讨论比兴手法在文学创作中的运用。

（3）通过课后你对屈原的了解，总结屈原伟大品格的构成要素，并探析这些伟大品格在现代职场的运用。

第三节 古文观止

触龙说赵太后

赵太后新用事，秦急攻之。赵氏求救于齐，齐曰："必以长安君为质，兵乃出。"太后不肯，大臣强谏。太后明谓左右："有复言令长安君为质者，老妇必唾其面。"

左师触龙言愿见太后。太后盛气而揖之。入而徐趋，至而自谢，曰："老臣病足，曾不能疾走，不得见久矣。窃自恕，而恐太后玉体之有所郄也，故愿望见太后。"太后曰："老妇恃辇而行。"曰："日食饮得无衰乎？"曰："恃粥耳。"曰："老臣今者殊不欲食，乃自强步，日三四里，少益耆食，和于身。"太后曰："老妇不能。"太后之色少解。

左师公曰："老臣贱息舒祺，最少，不肖；而臣衰，窃爱怜之。愿令得补黑衣之数，以卫王宫。没死以闻。"太后曰："敬诺。年几何矣？"对曰："十五岁矣。虽少，愿及未填沟壑而托之。"太后曰："丈夫亦爱怜其少子乎？"对曰："甚于妇人。"太后笑曰："妇人异甚。"对曰："老臣窃以为媪之爱燕后贤于长安君。"曰："君过矣！不若长安君之甚。"左师公曰："父母之爱子，则为之计深远。媪之送燕后也，持其踵，为之泣，念悲其远也，亦哀之矣。已行，非弗思也，祭祀必祝之，祝曰：'必勿使反。'岂非计久长，有子孙相继为王也哉？"太后曰："然。"左师公曰："今三世以前，至于赵之为赵，赵王之子孙侯者，其继有在者乎？"曰："无有。"曰："微独赵，诸侯有在者乎？"曰："老妇不闻也。""此其近者祸及身，远者及其子孙。岂人主之子孙则必不善哉？位尊而无功，奉厚而无劳，而挟重器多也。今媪尊长安君之位，而封之以膏腴之地，多予之重器，而不及今令有功于国，一旦山陵崩，长安君何以自托于赵？老臣以媪为长安君计短也，故以为其爱不若燕后。"太后曰："诺，恣君之所使之。"于是为长安君约车百乘，质于齐，齐兵乃出。

子义闻之曰："人主之子也、骨肉之亲也，犹不能恃无功之尊、无劳之奉，而守金玉之重也，而况人臣乎。"

1. 赏析

先秦历史散文著作《战国策》，以记叙战国时期谋臣策士纵横捭阖的外交斗争为主要内容。这些纵横家们能说会道，长于论辩说理，其言论、内容精辟，启人心智，形式巧妙，入情入理，给人留下了极深的印象。《战国策》至今还映射着灿烂的艺术光芒。《触龙说赵太后》一文就是这类散文的代表。细细研读，其艺术性让人回味无穷，其思想也使人备受启迪。现就文章的语言艺术做简要分析。

首先是避其锋芒、欲擒故纵。

公元前266年，赵惠文王去世，赵孝成王继承了赵国的王位。因赵王年幼，由赵太后执政。此时的赵国新旧更替，动荡不安；野心勃勃的秦国又乘机攻赵，连攻三座城池。处于危难之中的赵国靠自己的力量无法拒秦,赵太后只得求救于齐国,共同抗秦。而齐国也提出条件,让赵太后幼子长安君到齐国做人质方肯出兵。作为母亲,赵太后心里的天平倾斜到了个人私情的一边,不愿让长安君做人质。国难当头,群臣心急如焚,竭力劝谏,但均遭赵太后斥责。赵太后甚至蛮不讲理地扬言:"有复言令长安君为质者,老妇必唾其面!"事情陷入了僵局,"劝谏赵太后"成了一块难啃的骨头。面对此情,老臣触龙自愿担当此任,出面劝谏赵太后。赵太后知道触龙觐见是为劝说长安君做人质一事,思想上已有充分的警惕和准备。她怒气冲冲,专等触龙提出此事,好骂他个狗血喷头,吐他一脸唾沫。赵太后心里想:"好一个大胆的家伙,竟敢顶风劝谏,自找没趣。"然而,当老臣触龙迈着急促而蹒跚的步子觐见时,太后等来的却不是劝谏之辞,而是亲切又温暖的问候和关心,这使她大为感动,随后心里那根绷得很紧的警惕之弦不自觉地放松了下来,怒气也渐渐消除了。其实,赵太后正中了触龙那欲擒故纵之计,这正是触龙劝谏策略的第一步。

其次是巧妙布阵、诱其上钩。

赵太后怒色稍解,但触龙仍未提及让长安君做人质一事,而是顺着拉家常的苗头,向赵太后提出给自己的小儿子安排差使的请求,以趁自己健在之时为小儿子做长远打算。这就体现出了触龙对小儿子的疼爱。这个请求实际上是在向自己的目标——劝谏长安君做人质慢慢靠近,也是继续引诱赵太后上钩的关键一步。这一请求非但未遭拒绝,还引起了太后感情上的同情和共鸣:可怜天下父母心,哪个父母不爱子?于是她爽快地答应了。而且她好像找到了同盟,找到了"不让长安君做人质"的理解者和支持者。她哪里知道,这实际上是迈进了触龙的圈套。

最后是以子之矛、攻子之盾。

正当两人就"爱子"问题不谋而合地站到同一战壕里时,触龙顺势将话题引向了"谁更爱自己的子女"的论争,并巧妙地运用激将法:明知赵太后更爱长安君,却说她爱燕后甚于长安君。这便引起了新的争论,于是触龙摆出自己的观点:"父母之爱子,则为之计深远。"并以赵太后送女儿燕后出嫁时担心女儿长远利益的事实使赵太后深深认识到:要是真心爱子女,就要为子女做长远打算。赵太后承认了这一观点,紧接着,触龙步步进逼,从赵国的历史说开去,列举了一系列反面事实:"今三世以前,至于赵之为赵,赵王之子孙侯者,其继有在者乎?……微独赵,诸侯有在者乎?"诸侯国后继无人,这是为什么呢?于是触龙顺理成章地指明了其中的原因:"岂人主之子孙则必不善哉?位尊而无功,丰厚而无劳,而挟重器多也。"至此,言归主题,触龙因势利导,水到渠成地指出了赵太后"尊长安君之位,而封之以膏腴之地,多予之重器,而不及今令有功于国"做法的危害。从而也解释了他认为赵太后爱长安君不如爱燕后的理由。这样就使赵太后陷入了既疼爱长安君,又不让他出使齐国,为他做长远打算的矛盾之中,使她深刻地明白,自己对长安君的爱只是一种只顾眼前不顾长远的溺爱而已。于是,赵太后答应让长安君出使齐国,触龙达到了预期的目的,也挽救了赵国。

2. 思考

(1) 自主学习《战国策》中的其他篇目。

(2) 结合《触龙说赵太后》的论辩艺术,阐释其在大学生辩论赛、市场营销、商务谈判中的运用。

(3) 结合本文最后一段:"子义闻之曰:'人主之子也、骨肉之亲也,犹不能恃无功之尊、无劳之奉,而守金玉之重也,而况人臣乎。'"论述当代大学生"躺平"的危害。

七 发

楚太子有疾,而吴客往问之,曰:"伏闻太子玉体不安,亦少间乎?"太子曰:"惫!谨谢客。"

客因称曰："今时天下安宁，四宇和平；太子方富于年，意者久耽安乐，日夜无极；邪气袭逆，中若结轖。纷屯澹淡，嘘唏烦酲；惕惕怵怵，卧不得瞑；虚中重听，恶闻人声；精神越渫，百病咸生。聪明眩曜，悦怒不平；久执不废，大命乃倾。太子岂有是乎？"太子曰："谨谢客。赖君之力，时时有之，然未至于是也。"

客曰："今夫贵人之子，必宫居而闺处，内有保母，外有傅父，欲交无所。饮食则温淳甘膬，脭醲肥厚。衣裳则杂遝曼暖，燂烁热暑。虽有金石之坚，犹将销铄而挺解也，况其在筋骨之间乎哉？故曰：纵耳目之欲，恣支体之安者，伤血脉之和。且夫出舆入辇，命曰蹷痿之机；洞房清宫，命曰寒热之媒；皓齿蛾眉，命曰伐性之斧；甘脆肥脓，命曰腐肠之药。今太子肤色靡曼，四支委随，筋骨挺解，血脉淫濯，手足堕窳；越女侍前，齐姬奉后，往来游宴，纵恣于曲房隐间之中。此甘餐毒药，戏猛兽之爪牙也。所从来者至深远，淹滞永久而不废，虽令扁鹊治内，巫咸治外，尚何及哉！今如太子之病者，独宜世之君子，博见强识，承间语事，变度易意，常无离侧，以为羽翼。淹沉之乐，浩唐之心，遁佚之志，其奚由至哉！"太子曰："诺。病已，请事此言。"

客曰："今太子之病，可无药石针刺灸疗而已，可以要言妙道说而去也，不欲闻之乎？"太子曰："仆愿闻之。"客曰："龙门之桐，高百尺而无枝，中郁结之轮菌，根扶疏以分离。上有千仞之峰，下临百丈之溪；湍流溯波，又澹淡之。其根半死半生，冬则烈风漂霰飞雪之所激也，夏则雷霆霹雳之所感也，朝则鹂黄鳱鴠鸣焉，暮则羁雌迷鸟宿焉。独鹄晨号乎其上，鹍鸡哀鸣翔乎其下。于是背秋涉冬，使琴挚斫斩以为琴。野茧之丝以为弦，孤子之钩以为隐，九寡之珥以为约。使师堂操《畅》，伯子牙为之歌。歌曰：'麦秀蕲兮雉朝飞，向虚壑兮背槁槐，依绝区兮临回溪。'飞鸟闻之，翕翼而不能去；野兽闻之，垂耳而不能行；蚑蟜蝼蚁闻之，拄喙而不能前。此亦天下之至悲也，太子能强起听之乎？"太子曰："仆病，未能也。"

客曰："犓牛之腴，菜以笋蒲；肥狗之和，冒以山肤。楚苗之食，安胡之饭，抟之不解，一啜而散。于是使伊尹煎熬，易牙调和，熊蹯之臑，勺药之酱，薄耆之灸，鲜鲤之鲙，秋黄之苏，白露之茹。兰英之酒，酌以涤口；山梁之餐，豢豹之胎；小飰大歠，如汤沃雪。此亦天下之至美也，太子能强起尝之乎？"太子曰："仆病，未能也。"

客曰："钟岱之牡，齿至之车。前似飞鸟，后类距虚。穱麦服处，躁中烦外。羁坚辔，附易路。于是伯乐相其前后，王良、造父为之御，秦缺、楼季为之右。此两人者，马佚能止之，车覆能起之。于是使射千镒之重，争千里之逐。此亦天下之至骏也，太子能强起乘之乎？"太子曰："仆病，未能也。"

客曰："既登景夷之台，南望荆山，北望汝海，左江右湖，其乐无有。于是使博辩之士，原本山川，极命草木，比物属事，离辞连类。浮游览观，乃下置酒于虞怀之宫。连廊四注，台城层构，纷纭玄绿，辇道邪交，黄池纡曲。溷章白鹭，孔鸟鹍鹄，鵷雏鵁鶄，翠鬟紫缨，螭龙德牧，邕邕群鸣。阳鱼腾跃，奋翼振鳞。漃漻薆蓼，蔓草芳苓。女桑河柳，素叶紫茎。苗松豫章，条上造天；梧桐并闾，极望成林；众芳芬郁，乱于五风；从容猗靡，消息阳阴。列坐纵酒，荡乐娱心。景春佐酒，杜连理音。滋味杂陈，肴糅错该。练色娱目，流声悦耳。于是乃发《激楚》之结风，扬郑卫之皓乐。使先施、徵舒、阳文、段干、吴娃、闾娵、傅予之徒，杂裾垂髾，目窕心与。揄流波，杂杜若，蒙清尘，被兰泽，嬿服而御。此亦天下之靡丽、皓侈广博之乐也。太子能强起游乎？"太子曰："仆病，未能也。"

客曰："将为太子驯骐骥之马，驾飞轮之舆，乘牡骏之乘。右夏服之劲箭，左乌号之雕弓。游涉乎云林，周驰乎兰泽，弭节乎江浔。掩青蘋，游清风。陶阳气，荡春心。逐狡兽，集轻禽。于是极犬马之才，困野兽之足，穷相御之智巧。恐虎豹，慑鸷鸟。逐马鸣镳，鱼跨麋角。履游麕兔，蹈践麎鹿。汗流沫坠,冤伏陵窘。无创而死者,固足充后乘矣。此校猎之至壮也,太子能强起游乎?"太子曰:"仆病,未能也。"然阳气见于眉宇之间,侵淫而上,几满大宅。

客见太子有悦色,遂推而进之曰:"冥火薄天,兵车雷运。旌旗偃蹇,羽毛肃纷。驰骋角逐,慕味争先。徼墨广博,观望之有圻。纯粹全牺,献之公门。太子曰:"善!愿复闻之。"

客曰:"未既。于是榛林深泽,烟云暗莫,兕虎并作。毅武孔猛,袒裼身薄。白刃硙硙,矛戟交错。收获掌功,赏赐金帛。掩苹肆若,为牧人席。旨酒嘉肴,羞炰脍炙,以御宾客。涌觞并起,动心惊耳。诚不必悔,决绝以诺。贞信之色,形于金石。高歌陈唱,万岁无斁。此真太子之所喜也,能强起而游乎?"太子曰:"仆甚愿从,直恐为诸大夫累耳。"然而有起色矣。

客曰:"将以八月之望,与诸侯远方交游兄弟,并往观涛乎广陵之曲江。至则未见涛之形也,徒观水力之所到,则恂然足以骇矣。观其所驾轶者,所擢拔者,所扬汩者,所温汾者,所涤汔者,虽有心略辞给,固未能缕形其所由然也。恍兮忽兮,聊兮慄兮,混汩汩兮。忽兮慌兮,俶兮傥兮,浩㼿瀁兮,慌旷旷兮。秉意乎南山,通望乎东海。虹洞兮苍天,极虑乎崖涘。流揽无穷,归神日母。泝乘流而下降兮,或不知其所止。或纷纭其流折兮,忽缪往而不来。临朱汜而远逝兮,中虚烦而益怠。莫离散而发曙兮,内存心而自持。于是澡概胸中,洒练五藏,澹澉手足,颒濯发齿。揄弃恬怠,输写淟浊,分决狐疑,发皇耳目。当是之时,虽有淹病滞疾,犹将伸伛起躄,发瞽披聋而观望之也,况直眇小烦懑、酲酕病酒之徒哉!故曰:发蒙解惑,不足以言也。"太子曰:"善!然则涛何气哉?"

客曰:"不记也。然闻于师曰,似神而非者三:疾雷闻百里;江水逆流,海水上潮;山出内云,日夜不止。衍溢漂疾,波涌而涛起。其始起也,洪淋淋焉,若白鹭之下翔。其少进也,浩浩溰溰,如素车白马帷盖之张。其波涌而云乱,扰扰焉如三军之腾装。其旁作而奔起也,飘飘焉如轻车之勒兵。六驾蛟龙,附从太白。纯驰皓蜺,前后骆驿。颙颙卬卬,椐椐强强,莘莘将将。壁垒重坚,杳杂似军行。訇隐匈磕,轧盘涌裔,原不可当。观其两旁,则滂渤怫郁,暗漠感突,上击下律,有似勇壮之卒,突怒而无畏,蹈壁冲津,穷曲随隈,逾岸出追。遇者死,当者坏。初发乎或围之津涯,荄轸谷分。回翔青篾,衔枚檀桓,弭节伍子之山,通厉骨母之场。凌赤岸,篲扶桑,横奔似雷行,诚奋厥武,如振如怒。沌沌浑浑,状如奔马。混混庉庉,声如雷鼓。发怒庢沓,清升逾跇,侯波奋振,合战于藉藉之口。鸟不及飞,鱼不及回,兽不及走。纷纷翼翼,波涌云乱。荡取南山,背击北岸,覆亏丘陵,平夷西畔。险险戏戏,崩坏陂池,决胜乃罢。汜汜潺潺,披扬流洒,横暴之极,鱼鳖失势,颠倒偃侧,沈沈湲湲,蒲伏连延。神物怪疑,不可胜言,直使人踣焉,洄暗凄怆焉。此天下怪异诡观也,太子能强起观之乎?"太子曰:"仆病,未能也。"

客曰:"将为太子奏方术之士,有资略者,若庄周、魏牟、杨朱、墨翟、便蜎、詹何之伦,使之论天下之精微,理万物之是非。孔老览观,孟子持筹而算之,万不失一。此亦天下要言妙道也,太子岂欲闻之乎?"于是太子据几而起曰:"涣乎若一听圣人辩士之言。"涊然汗出,霍然病已。

1. 赏析

《七发》是汉代枚乘的一篇讽喻性作品。赋中假设楚太子病,吴客前去探望,通过二人的互相问答,构成七大段文字。吴客认为,楚太子的病因在于贪欲过度,享乐无时,不是一般的用药和针灸可以治愈的,只能"以要言妙道说而去也"。于是吴客分别描述音乐、饮食、乘车、游宴、田猎、观涛等六件事的乐趣,一步步诱导太子改变生活方式。最后向太子引见"方术之士",使其向太子"论天下之精微,理万物之是非",太子霍然而愈。作品的主旨在于劝诫贵族子弟不要过分沉溺于安逸享乐,表达了作者对贵族集团腐朽纵欲的不满。

文章的开头是"楚太子有疾,而吴客往问之",接着就从这个"疾"字引发了一连串令人拍案叫绝的议论。吴客在楚太子面前没有说半句奉承献媚的话，而是理直气壮地告诉楚太子："你的病太重了，简直无药可医。病根就在于你天天迷恋声色犬马，玩乐无度，被如此庸俗腐朽的物质刺激，造成了你空虚的精神境界，于是病魔就在你空虚的精神境界中暴发出来，使你的精神萎靡不振而不能自拔，最后才奄奄一息，药石无效。"这里提出楚太子的病源，接着分别从音乐、饮食、乘车、游宴、田猎、观涛等日常活动的角度描述其中的利与害，启发楚太子树立正确的人生态度，然后在文章的最后正面向楚太子提出养生之道，即所谓"要言妙道"。他提醒楚太子要花费精力与有识之士"论天下之精微，理万物之是非"，要不断地丰富自己的知识，要用高度的文化修养来抵制腐朽愚昧的生活方式。这样一说，楚太子忽然出了一身大汗，"霍然病已"。从而证实了《七发》中的"要言妙道"是治疗楚太子疾病的唯一方法。

《七发》妙就妙在用艺术形象论述物质与精神的辩证关系。如果高度的物质文明没有与高度的精神文明配合，将是一种缺陷，甚至各种"病魔"都会在这个缺陷中滋生繁衍。一个人如此，推广到整个国家民族也是如此。

《七发》运用了心理学的方法，通过向一个沉溺于安逸享乐的深宫太子讲述广博有力的世界中的生动事实，成功医治太子物质生活充实而心灵空虚衰弱的疾病。

《七发》的艺术特色是用夸张、夸饰的手法来穷形尽相地描写事物，语汇丰富，辞藻华美，结构宏阔，富于气势。刘勰说："枚乘摛艳，首制《七发》，腴辞云构，夸丽风骇。"（《文心雕龙·杂文》）《七发》体制的和描写手法虽已具后来散体大赋的特点，却不像后来一般大赋那样堆叠奇字俪句，而是善于运用形象的比喻对事物进行逼真的描摹。比如，赋中写江涛的一段，用了许多形象生动的比喻，绘声绘色地写出了江涛汹涌的情状，如"其始起也，洪淋淋焉，若白鹭之下翔。其少进也，浩浩溰溰，如素车白马帷盖之张。其波涌而云乱，扰扰焉如三军之腾装。其旁作而奔起者，飘飘焉如轻车之勒兵。"再如赋中用夸张、渲染的手法表现音乐的动听，用音节铿锵的语句描写威武雄壮的校猎场面，也都颇为出色。在结构上，《七发》用了层次分明的七个大段各叙一事，移步换形，层层逼近，最后显示主旨，有中心、有层次、有变化，不像后来一般大赋那样流于平直。枚乘《七发》的出现，标志着汉代散体大赋的正式形成，后来沿袭《七发》体式而写的作品很多，如傅毅《七激》、张衡《七辩》、王粲《七释》、曹植《七启》、陆机《七徵》、张协《七命》等。因此，在赋史上，"七"成为一种专体。

2. 思考

（1）自主学习汉赋中的其他篇目，如《子虚赋》《上林赋》《甘泉赋》《羽猎赋》，洞悉汉赋的夸张扬厉之美。

（2）从物质文明与精神文明结合的高度，阐释当代大学生过分沉溺安逸享乐的危害。

（3）结合本文最后一段，探析"太子据几而起"的真正原因，讨论"所谓大学者，非谓有大楼之谓也，有大师之谓也"（梅贻琦1931年在清华的就职演说）的深层内蕴。

神　思

古人云："形在江海之上，心存魏阙之下。"神思之谓也。文之思也，其神远矣。故寂然凝虑，思接千载；悄焉动容，视通万里；吟咏之间，吐纳珠玉之声；眉睫之前，卷舒风云之色：其思理之致乎？故思理为妙，神与物游。神居胸臆，而志气统其关键；物沿耳目，而辞令管其枢机。枢机方通，则物无隐貌；关键将塞，则神有遁心。是以陶钧文思，贵在虚静，疏瀹五藏，澡雪精神。积学以储宝，酌理以富才，研阅以穷照，驯致以绎辞。然后使玄解之宰，寻声律而定墨；独照之匠，窥意象而运斤：此盖驭文之首术，谋篇之大端。

夫神思方运,万涂竞萌,规矩虚位,刻镂无形。登山则情满于山,观海则意溢于海,我才之多少,将与风云而并驱矣。方其搦翰,气倍辞前;暨乎篇成,半折心始。何则?意翻空而易奇,言征实而难巧也。是以意授于思,言授于意,密则无际,疏则千里。或理在方寸,而求之域表;或义在咫尺,而思隔山河。是以秉心养术,无务苦虑;含章司契,不必劳情也。

人之禀才,迟速异分。文之制体,大小殊功。相如含笔而腐毫,扬雄辍翰而惊梦,桓谭疾感于苦思,王充气竭于思虑。张衡研《京》以十年,左思练《都》以一纪,虽有巨文,亦思之缓也。淮南崇朝而赋《骚》,枚皋应诏而成赋,子建援牍如口诵,仲宣举笔似宿构,阮瑀据案而制书,祢衡当食而草奏,虽有短篇,亦思之速也。

若夫骏发之士,心总要术,敏在虑前,应机立断;覃思之人,情饶歧路,鉴在虑后,研虑定志。机敏故造次而成功,虑疑故愈久而致绩。难易虽殊,并资博练。若学浅而空迟,才疏而徒速,以斯成器,未之前闻。是以临篇缀虑,必有二患:理郁者苦贫,辞溺者伤乱。然则博见为馈贫之粮,贯一为拯乱之药,博而能一,亦有助乎心力矣。

若情数诡杂,体变迁贸,拙辞或孕于巧义,庸事或萌于新意;视布于麻,虽云未贵,杼轴献功,焕然乃珍。至于思表纤旨,文外曲致,言所不追,笔固知止。至精而后阐其妙,至变而后通其数,伊挚不能言鼎,轮扁不能语斤,其微矣乎!

赞曰:神用象通,情变所孕。物以貌求,心以理应。刻镂声律,萌芽比兴。结虑司契,垂帷制胜。

1. 赏析

本文选自南朝刘勰的《文心雕龙》。全篇分三部分。第一部分阐述艺术构思的特点和作用,为了做好构思工作,强调作家要注意积累知识,辩明事理,善于利用自己的生活经验训练自己的情志;第二部分以过去的作家为例,说明艺术构思的不同类型,但无论作家构思的快慢、难易如何不同,除都需要经常练习写作外,更要努力增进见识,在构思中抓住重点;只有这样,才能取得创作的成功;第三部分提出艺术加工的必要性,说明艺术构思的具体复杂情况,本篇不可能完全说清楚。

《神思》是古代文论中比较全面而系统地论述艺术构思的一篇重要文献。它所提出的"神与物游"的构思活动,初步总结了形象思维的基本特点。刘勰所讲的"物"主要是自然景色,未明确提到社会生活,这是他的不足之处,但他所强调的"研阅""博见"等,不仅包括社会现象在内,也说明刘勰对艺术构思的物质基础是相当注意的。

2. 思考

(1) 自主学习《文心雕龙》中的其他篇目,如《原道》《风骨》《情采》《比兴》等,领悟中国文学创作理论的构成要素,指导自身文学创作。

(2) 领悟骈文的丰盈华赡之美,试着用骈文进行文学创作。

第四节 诗词赏鉴

田家元日

孟浩然

昨夜斗回北,今朝岁起东。我年已强仕,无禄尚忧农。
桑野就耕父,荷锄随牧童。田家占气候,共说此年丰。

1. 赏析

孟浩然(689—740),字浩然,襄州襄阳(今湖北襄阳)人,唐代著名的山水田园派诗人,世称"孟襄阳"。诗的首联写斗转星移,岁月不居,昨晚除夕还是寒冷的隆冬,今朝大年初一起来就已经是和煦的春天。这两句通过斗柄从北向东转动的快速过程显示时间的推移、节序的更替,暗点了题中的"元日"。

颔联写诗人已进入四十岁的壮年时期,本应出仕,在官场上大有作为,但未曾得到一官半职,虽然如此,他对农事还是非常重视、非常关心。这一联概述了诗人仕途的遭遇,表露了他的农本思想,体现了他不以物喜、不以己悲的可贵品质。诗人隐于鹿门,不仅结交了大批淳朴善良的农夫野老,同时参与了农事劳作,自然有了对农村的深厚的感情,忧喜与共,苦乐同心。但是,作为一个有理想的知识分子,不能叫他完全放弃奋飞冲天的愿望,正是这样,在诗句里才有"我年已强仕,无禄尚忧农"的叹息。时代的隐者都有远大的志趣。所以无论他是出仕还是其后再次归田,都深刻地表现了诗人对农村乡土真挚的爱恋。

颈联展示的是一幅典型的田园牧歌图。白天,在田间,诗人和农夫一起扶犁耕作;傍晚,在路上,诗人扛着锄头,伴牧童一道回归村庄。人们仿佛可以看到诗人与农夫并肩劳作、促膝休息、"但道桑麻长"的情景;仿佛听到诗人应和"短笛无腔信口吹"的牧童的笛音歌声,从而深深地体味到田园风光的美好、田园生活的快乐。

尾联扣题,明确点题,写田家元日之际,农民凭借占卜纷纷预言今年将会是一个丰收年。显然,这首诗没有状写辞旧迎新的热闹,也没有抒发节日思亲的情感,而是将诗人自身恬淡、惬意的情趣水乳般交融于节日气氛之中,读来自觉有一种和谐自然之美。

诗中首尾两联反映了我国古代农民非常注重观测天象,注意气候、节令与农业生产的关系,其中虽有一定程度的迷信色彩,但更多的是从生产实践中总结出来的经验,有一定的科学价值。中间两联叙述了诗人隐居生活的内容,其中隐隐透露了作者不甘隐居躬耕的心情,说明他的鹿门隐居只是为了取得清高的声望,以便得到引荐达到入仕的目的。这首诗既叹自己怀才不遇,惜壮志之难伸;又复悲天悯人,忧农收之不丰,隐然有一心以天下为己任的胸怀。士各有志,人各有愿;虽然在总的希望的水中,九派百支,但主流总趋于一个定向——愿年年月圆花好,愿岁岁人寿年丰。只不过表现的形式不同而已。

这首诗叙写了诗人新年伊始的心绪。前四句写时光匆匆,又一年开始了,自己已届四十,却仍未做官,不禁产生淡淡的哀伤。后四句写自己与牧童、农人一起推测气候、年成,不觉又有一丝自适之情。全诗没有明显的起伏,语调平和,但意味深长。尾句"共说此年丰"当有双重含义:一是指今年农田耕种的丰收,二是祈盼即将奔赴长安的赴试有一个好的结果。

2. 思考

(1) 自主学习 10 首农事诗,结合中国源远流长的农业文化,体悟中国传统民本思想,并探讨中央每年一号文件均与农业相关的原因。

(2) 试析"耕读传家"的文化内蕴与当代生活的融通路径。

(3) 领悟五言律诗的平正典雅之美,试着用五言律诗进行文学创作。

将 进 酒

李 白

君不见,黄河之水天上来,奔流到海不复回。
君不见,高堂明镜悲白发,朝如青丝暮成雪。

人生得意须尽欢,莫使金樽空对月。
天生我材必有用,千金散尽还复来。
烹羊宰牛且为乐,会须一饮三百杯。
岑夫子,丹丘生,将进酒,杯莫停。
与君歌一曲,请君为我倾耳听。
钟鼓馔玉不足贵,但愿长醉不愿醒。
古来圣贤皆寂寞,惟有饮者留其名。
陈王昔时宴平乐,斗酒十千恣欢谑。
主人何为言少钱,径须沽取对君酌。
五花马,千金裘,呼儿将出换美酒,与尔同销万古愁。

1. 赏析

《将进酒》原是汉乐府短箫铙歌的曲调,标题的意思为"劝酒歌",内容多是咏唱喝酒放歌之事。这首诗是当时诗人和友人岑勋在嵩山另一老友元丹丘的颍阳山居做客时所作,作者正值仕途遇挫,所以借酒兴诗,来了一次酣畅淋漓的抒发。在这首诗里,李白"借题发挥",借酒消愁,感叹人生易老,抒发自己怀才不遇的心情。

这首诗十分形象地体现了李白桀骜不驯的性格:对自己充满自信、孤高自傲、热情豪放,认为"天生我材必有用""人生得意须尽欢"。全诗气势豪迈,感情豪放,言语流畅,具有极强的感染力。李白咏酒的诗歌非常能体现他的个性,思想深沉,艺术表现成熟。《将进酒》即为其代表作。

诗歌发端是两组整齐的长句,如挟天风海雨向读者迎面扑来。"君不见,黄河之水天上来,奔流到海不复回",颍阳距离黄河不远,诗人登高纵目,故借以起兴。黄河源远流长,落差极大,如从天而降,一泻千里,东走大海,绵绵不绝。如此波澜壮阔的现象,必定不是肉眼能够看到的,可知作者是幻想的,运用了夸张的手法。上句写大河之来,势不可当;下句写大河之去,势不可回。一涨一消,构成舒卷往复的咏叹之味,是短促的单句所无法体现的。紧接着,"君不见,高堂明镜悲白发,朝如青丝暮成雪",一波未平,一波又起。如果说前两句为空间范畴的夸张,那这两句则是时间范畴的夸张。悲叹人生苦短,却不直言,只说"高堂明镜悲白发",将一种搔首顾影、徒呼奈何的神态生动写出。将人生由青春到老的过程说成"朝""暮"之事,把原本就短暂的人生说得更为短暂,与前两句相比,把原本壮阔的说得更为壮阔,是"反向"的夸张。开篇以黄河之水一去不复返喻人生易逝,以黄河的伟大永恒衬托生命的渺小脆弱。这个开端可谓悲感至极,却又不纤弱,可以说是巨人式的感伤,具有惊心动魄的艺术力量。沈德潜说:"此种格调,太白从心化出。"可见此句颇具创造性。此诗两句"君不见"的呼告,又使诗句感情色彩大增。所谓大开大阖者,此可谓大开。

"人生得意须尽欢"似乎是宣扬及时行乐的思想,然而只不过是现象而已。诗人"得意"过没有?"凤凰初下紫泥诏,谒帝称觞登御筵"(《玉壶吟》),似乎得意过;然而那不过是一场幻影。"弹剑作歌奏苦声,曳裾王门不称情"(《行路难·其二》),又似乎并没有得意,有的只是失望与愤慨,但并不就此消沉。于是诗人用乐观好强的口吻肯定人生,肯定自我:"天生我材必有用。"这是一个令人鼓掌赞叹的好句子。"有用"而且"必有用",非常的自信,简直像是个人的价值宣言,而这个"我"是需要大写的。于是,从貌似消极的悲叹中透露出了深藏其内的一种怀才不遇而又渴望入仕的积极的态度。正是"会须一饮三百杯",应为这样的未来痛饮高歌,破费又算得了什么!

"千金散尽还复来。"这又是一个高度自信的惊人之句,能驱使金钱而不为金钱所使,这足以令所有凡夫俗子咋舌。诗如其人,李白"囊昔东游维扬,不逾一年,散金三十余万"(《上安州裴长史书》),是何等的豪举,所以此句是深蕴在骨子里的豪情,装腔作势之辈难得其万分之一。至此,狂放之情趋于高潮,诗的旋律加快。"岑夫子,丹丘生,将进酒,杯莫停。"几个短句忽然加入,不但使诗歌节奏富于变化,而且使读者似乎听到了诗人在席上频频地劝酒。既是生逢知己,又是酒逢对手,不仅"忘形到尔汝"(《醉时歌》),诗人甚至忘了是在写诗,笔下之诗似乎还原为生活,他还要"与君歌一曲,请君为我倾耳听"。以下八句就是"与君歌一曲"的内容了。

"钟鼓馔玉"描写了富贵人家吃饭时鸣钟列鼎、食物精美如玉的生活,可诗人却认为这"不足贵",并放言"但愿长醉不愿醒",此句乃是出于愤慨。其后"古来圣贤皆寂寞"两句亦属愤语。诗人是用古人的酒杯,浇自己的块垒。说道"惟有饮者留其名",便举出"陈王"曹植作代表,并化用曹植《名都篇》中"归来宴平乐,美酒斗十千"之句,饱含一种深广的忧愤和对自我的信念。诗情之所以悲而不伤,悲而能壮,根源即在此。

下句诗情再入狂放,而且越来越狂。"主人何为言少钱",既照应"千金散尽还复来"一句,又故作跌宕,引出最后一句豪言壮语:即便千金散尽,也不惜将名贵宝物"五花马""千金裘"(昂贵的皮衣)用来换美酒,图个一醉方休。结尾之妙,不仅在于"呼儿"与"与尔"口气甚大;而且包含一种作者一时觉察不到的将宾做主的任诞情态。须知诗人不过是被友招饮而来的客人,此刻他却高居一席,颐指气使,提议典裘当马,令人不知谁是"主人",浪漫色彩极浓,快人快语,非不拘形迹的豪迈知交断不能出此狂言。诗情至此,狂放至极,令人嗟叹咏歌,直欲"手之舞之,足之蹈之"。情犹未已,诗已告终,突然又迸出一句"与尔同销万古愁",与开篇之"悲"呼应,而"万古愁"的含义更显深沉。这"白云从空,随风变灭"的结尾,显见诗人奔涌跌宕的感情激流。通观全篇,真是大起大落,非如椽巨笔不能做到。

《将进酒》篇幅不算长,却五音繁会,气象不凡。此诗笔酣墨饱,情极悲愤而作狂放,语极豪纵而又沉着。全篇具有震动古今的气势与力量,诚然这与使用的夸张手法不无关系,例如,诗中屡用巨额数字表现豪迈诗情,但又不使人感到空洞浮夸,其根源就在诗中那充实深厚的内在感情,那潜在酒话底下如波涛般的郁怒情绪。此外,全篇大起大落,诗情忽翕忽张,由悲转乐、转狂放、转愤激,再转狂放,最后结穴于"万古愁",回应篇首两句,如大河奔流,有气势,亦有曲折,纵横捭阖,力能扛鼎。其歌中有歌的包孕写法,又有鬼斧神工、"绝去笔墨畦径"之妙,既非镵刻能学,又非率尔可到。通篇以七言为主,而又以三言、五言句"破"之,极参差错综之致;诗句以散行为主,又以短小的对仗语点染,节奏疾徐尽变,奔放而不流易。《唐诗别裁》谓"读李诗者于雄快之中,得其深远宕逸之神,才是谪仙人面目",此篇足以当之。

2. 思考

(1) 通过此诗探讨李白对"光阴易逝""挚友情深""诗酒风流""及时享乐""挥金如土"的看法,分析李白性格的优点与缺点。

(2) 用普通话吟诵此诗并自主学习李白的其他诗歌,领悟其汪洋恣肆的"诗仙"风韵。

(3) 领悟杂言诗歌的明快酣畅之美,试用杂言诗进行文学创作。

咏怀古迹五首

杜 甫

其一

支离东北风尘际,漂泊西南天地间。
三峡楼台淹日月,五溪衣服共云山。
羯胡事主终无赖,词客哀时且未还。
庾信平生最萧瑟,暮年诗赋动江关。

1. 赏析

这是杜甫《咏怀古迹五首》中的第一首。组诗第一首咏怀的是诗人庾信,一方面是因为作者对庾信的诗赋推崇备至,极为倾倒。他曾经说"清新庾开府","庾信文章老更成"。另一方面是因为当时杜甫即将有江陵之行,与庾信漂泊有相通之处。

首联是自安史之乱以来杜甫全部生活的概括。安史之乱后,杜甫由长安逃难至鄜州,欲往灵武,又被俘至长安,复由长安蹿归凤翔,至鄜州探视家小,长安克复后,贬官华州,遂弃官,客秦州,经同谷入蜀,当时战争激烈,故曰"支离东北风尘际"。入蜀后,杜甫先后居留成都约五年,流寓梓州阆州一年。严武死后,杜甫由成都至云安,又由云安至夔州,故曰"漂泊西南天地间"。只叙事实,感慨自深。

颔联承上漂流西南,点明所在之地。这里风情殊异,房屋依山而建,层层高耸,似乎把日月都遮蔽了。山区百姓大多是古时五溪蛮的后裔,他们身穿带尾形的五色衣服,同云彩和山峦共居同住。

颈联追究支离漂泊的起因。这两句双管齐下,既是自己咏怀,又是代古人——庾信咏怀,咏怀之中兼含咏史之意。本来安禄山之叛唐即有似于侯景之叛梁,杜甫遭安史之乱,而庾信亦值侯景之乱;杜甫支离漂泊,感时念乱,庾信亦被留北朝,作《哀江南赋》,因二人身份也颇为相似,故不无"同病相怜"之感。正是由于双管齐下,所以这两句不只承接上文,同时也启发下文。

尾联承接上联,说庾信长期羁留北朝,常有萧条凄凉之感。暮年一改诗风,由原来的绮靡变为沉郁苍劲,常发乡关之思,其忧愤之情感动"江关",为人们所称赞。

全诗从安史之乱写起,写作者漂泊入蜀,居无定处。接写流落三峡、五溪,与夷人共处。再写安禄山狡猾反复,正如梁朝的侯景;自己漂泊异地,欲归不得,恰似当年的庾信。最后写庾信晚年《哀江南赋》极为凄凉悲壮,暗寓自己的乡国之思。全诗情景均属亲身体验,深切真挚,议论精当,耐人寻味。

2. 思考

(1) 通过此诗学习并培育中华民族源远流长的爱国主义情怀。

(2) 用普通话吟诵此诗并自主学习杜甫的其他诗歌,领悟其沉郁顿挫的"诗圣"风韵。

(3) 领悟七言律诗的精工整饬之美,试着用七言律诗进行文学创作。

冬夜读书示子聿

陆 游

古人学问无遗力,少壮工夫老始成。
纸上得来终觉浅,绝知此事要躬行。

1. 赏析

"古人学问无遗力,少壮工夫老始成"赞扬了古人刻苦学习的精神及做学问的艰难。说明只有少年时养成良好的学习习惯、竭尽全力地打好扎实基础,将来才能成就一番事业。诗人从古人做学问入手,娓娓道来,其中"无遗力"三个字,体现古人做学问勤奋用功、孜孜不倦,既生动又形象。诗人语重心长地告诫儿子,趁着年少精力旺盛,要抓住美好时光奋力拼搏,莫让青春年华付诸东流。

"纸上得来终觉浅,绝知此事要躬行"强调了做学问的功夫下在哪里的重要性。孜孜不倦、持之以恒地学知识固然很重要,但这样还不够,因为那只是书本知识,书本知识是前人实践经验的总结,要"亲身躬行"才能切身体悟。一个既有书本知识,又有实践经验的人,才是真正有学问的人。书本知识是前人实践经验的总结,是否符合此时此地的情况,还有待检验。只有经过亲身实践,才能把书本上的知识变成自己的实际本领。诗人从书本知识和社会实践的关系着笔,强调实践的重要性,凸显诗人的真知灼见。"要躬行"包含两层意思:一是学习过程中要"躬行",力求做到"口到、手到、心到";二是获取知识后还要"躬行",通过亲身实践内化于心,转为己用。诗人的意图非常明显,旨在激励儿子不要片面地满足于书本知识,而应在实践中夯实而获得进一步升华。

这是一首教子诗,诗人在书本与实践的关系上强调了实践的重要性。间接经验是人们从书本中汲取营养、学习前人的知识和技巧的途径。直接经验是直接从实践中产生的认识,是获取知识更加重要的途径。只有通过"躬行",把书本知识变成实际知识,才能发挥所学知识对实践的指导作用。本诗通过描写陆游对儿子子聿的教育,告诉读者做学问要有孜孜不倦、持之以恒的精神。一个既有书本知识,又有实践精神的人,才是真正有学问的人。

2. 思考

(1) 通过此诗学习陆游将书本理论知识与社会生活实践相结合的精神。

(2) 用普通话吟诵此诗并自主学习陆游的其他诗歌。

卖花声·怀古

张可久

阿房舞殿翻罗袖,金谷名园起玉楼,隋堤古柳缆龙舟。不堪回首,东风还又,野花开暮春时候。

美人自刎乌江岸,战火曾烧赤壁山,将军空老玉门关。伤心秦汉,生民涂炭,读书人一声长叹。

1. 赏析

这组曲子由两首小令曲组成。令曲与传统诗词中的绝句与令词有韵味相近者,有韵味全殊者。这两首怀古的令曲,前一首便与诗词相近,后一首则与诗词相远。

第一首曲子开头先用三个典故。一是秦始皇在骊山建阿房宫行乐,二是西晋富豪石崇筑金谷园行乐,三是隋炀帝沿运河南巡江都游乐。这三个典故都是穷奢极欲而不免败亡的典型。但这组排比仅仅点出事情的发端而不说其结局。"不堪回首"四字约略概括,遂结以景语:"东风还又,野花开暮春时候。"这是诗词中常用的以"兴"终篇的写法,同时,春意阑珊的凄清景象和前三句所写的繁华盛世形成鲜明对照,一热一冷,一兴一衰,一有一无,一乐一哀,真可兴发无限感慨。这与刘禹锡的七绝《乌衣巷》"朱雀桥边野草花,乌衣巷口夕阳斜。旧时王谢堂前燕,飞入寻常百姓家"有异曲同工之妙。而这首曲子长短参差,奇偶间出,更近于令词。不过,一开篇就是鼎足对的形式,所列三事不在一时、不在一地且不必关联(但相类属),这是它与"登临"怀古诗词的不同之处。

相比较而言,第二首更有新意。这首在手法上似乎与前首相同,也是列举三事:一是霸王别姬的故事,二是孙刘破曹的故事,三是班超从戎的故事。看起来这些事彼此间毫无联系,拼凑不伦。然而,紧接两句却是"伤心秦汉,生民涂炭",说到了世世代代当牛做马做牺牲的普通老百姓,可见前三句也有共通的内容。那便是英雄美人或轰烈或哀艳的事迹,多见于载籍,但遍翻二十四史,根本就没有普通老百姓的地位。这样一来,作者便揭示了一个残酷的现实,即不管哪个封建朝代,民生疾苦更甚于末路穷途的英雄美人。在这种对比中,最后直呼"读书人一声长叹",也就惊心动魄了。这个结尾句意义深刻且耐人寻味。"读书人"可泛指当时有文化的人,也可特指作者本人,他含蓄地要表达这样的含义:其一,用文化人的口吻去感慨历史与现实,寄寓丰富的感情,有对"风流总被雨打风吹去""大江东去,浪淘尽,千古风流人物"的叹惋,有对"兴,百姓苦;亡,百姓苦"的责难,有对"争强争弱,天丧天亡,都一枕梦黄粱"的感伤。其二,用文化人的思想眼光去理解和看待历史与现实,这样能加深作品的思想深度,显得真实准确。最后的"叹"字含义丰富,一是叹国家遭难,二是叹百姓遭殃,三是叹读书人无可奈何。在语言风格上,与前曲偏于典雅不同,此曲更多运用口语乃至俗语,尤其是最后一句的写法,更是传统诗词中见所未见、闻所未闻的。这种将用典用事的修辞与俚俗结合的语言,便形成一种所谓的"蒜酪味儿"和"蛤蜊风致",去诗词韵味远甚。两首相比,这一首是更显本色的元曲小令。

这两首怀古元曲在内容上极富于人民性,无论是抨击社会现实,还是审视历史,都称得上是佳作。

2. 思考

(1) 探讨历史典故在诗歌写作当中的妙用。

(2) 用普通话吟诵此曲。

木兰花·拟古决绝词柬友

纳兰性德

人生若只如初见,何事秋风悲画扇。等闲变却故人心,却道故人心易变。

骊山语罢清宵半,泪雨霖铃终不怨。何如薄幸锦衣郎,比翼连枝当日愿。

1. 赏析

词题说这是一首拟古之作,其所拟之《决绝词》本是古诗中的一种,是以女子的口吻控诉男子薄情,从而表态与之决绝的古诗,如古词《白头吟》、唐元稹《古决绝词三首》等。纳兰性德的这首拟作借用汉唐典故抒发"闺怨"之情。用"决绝"这个标题,很可能就是描写与初恋情人绝交的场景。这首词确实也是模拟被抛弃女性的口吻来写的。

"人生若只如初见"说的是初相遇的时候,一切都是美好的,所有的时光都是快乐的。即使偶有一些不如意的地方也甘心消受,因为怀着一切只会越来越好的憧憬。所有的困难都是微不足道的,与意中人的相处也应像初见那般甜蜜温馨,深情快乐,可蓦然回首,曾经沧海早已是,换了人间。"何事秋风悲画扇"一句运用汉朝班婕妤被弃的典故。扇子夏天用来驱走炎热,到了秋天就没人理睬了,古典诗词多用扇子来比喻被冷落的女性。这里是说两人本应当相亲相爱,但却成了相离相弃。这句将词情从美好的回忆一下子拽到了残酷的现实当中。

"等闲变却故人心,却道故人心易变"两句,因为此词是模拟女性的口吻写的,所以从这两句写出了主人公深深的自责与悔恨。纳兰性德不是一个负心汉,只是当时十多岁的少年还无法主宰自己的命运。其实就算像李隆基这样的大唐皇帝也保不住心爱的恋人,更何况是纳兰性德。

"骊山语罢清宵半,夜雨霖铃终不怨"一句来自唐明皇和杨贵妃的典故,《太真外传》中记载,唐明皇与杨玉环曾于七月七日夜,在骊山华清宫长生殿里盟誓,愿世世为夫妻。白居易《长恨歌》中的"在天愿作比翼鸟,在地愿为连理枝"更是对此作了生动的描写,当时二人的感情被传为佳话。后安史乱起,唐明皇入蜀,在马嵬坡无奈处死杨玉环。杨玉环死前说:"妾诚负国恩,死无恨矣。"唐明皇后来在途中听到因雨声、铃声而悲伤,遂作《雨霖铃》曲以寄哀思。这里借用此典表达即使是作最后决绝之别,也不生怨。

"何如薄幸锦衣郎,比翼连枝当日愿"化用李商隐《马嵬》中"如何四纪为天子,不及卢家有莫愁"的句意。女子将二人比作明皇与贵妃,可是你又怎么比得上当年的唐明皇呢,他与杨玉环有过比翼鸟、连理枝的誓愿！意思是纵然死而分离，也还是对旧情念念不忘。整首诗到这里就结束了，但女子的哀怨之情却持久地缠绵在读者心中，久久不曾消退。

　　这首词以一个女子的口吻，抒写了被丈夫抛弃的幽怨之情，词情哀怨凄婉。"秋风悲画扇"即是悲叹自己遭弃的命运，"骊山"之语暗指原来浓情蜜意的时刻，"夜雨霖铃"写像唐玄宗和杨贵妃那样的亲密爱人也最终肠断马嵬坡，"比翼连枝"出自《长恨歌》，写曾经的爱情誓言已成为遥远的过去。而这"闺怨"的背后，似乎更有着深层的痛楚，从"柬友"二字来看，"闺怨"只是一种假托，故有人认为此篇别有隐情，词人是用男女间的爱情为喻，说明与朋友也应该始终如一，生死不渝。

2．思考

（1）探讨当代大学生如何看待友情、爱情。

（2）用普通话吟诵此诗。

第七章　中国现当代文学

第一节　中国现当代文学简述

中国现当代文学指1919年至今的文学，包括现代文学和当代文学。它是和中国的现代史和当代史相对应的概念。现代指新民主主义革命时期，当代指社会主义时期。新文学与旧文学的不同在于语言与形式、思想与内容，以及观念与品格，但其精神又与古代文学相连。

第二节　中国现代文学

狂人日记

序

某君昆仲，今隐其名，皆余昔日在中学时良友；分隔多年，消息渐阙。日前偶闻其一大病；适归故乡，迂道往访，则仅晤一人，言病者其弟也。劳君远道来视，然已早愈，赴某地候补矣。因大笑，出示日记二册，谓可见当日病状，不妨献诸旧友。持归阅一过，知所患盖"迫害狂"之类。语颇错杂无伦次，又多荒唐之言；亦不著月日，惟墨色字体不一，知非一时所书。间亦有略具联络者，今撮录一篇，以供医家研究。记中语误，一字不易；惟人名虽皆村人，不为世间所知，无关大体，然亦悉易去。至于书名，则本人愈后所题，不复改也。七年四月二日识。

一

今天晚上，很好的月光。

我不见他，已是三十多年；今天见了，精神分外爽快。才知道以前的三十多年，全是发昏；然而须十分小心。不然，那赵家的狗，何以看我两眼呢？

我怕得有理。

二

今天全没月光，我知道不妙。早上小心出门，赵贵翁的眼色便怪：似乎怕我，似乎想害我。还有七八个人，交头接耳的议论我，又怕我看见。一路上的人，都是如此。其中最凶的一个人，张着嘴，对我笑了一笑；我便从头直冷到脚跟，晓得他们布置，都已妥当了。

我可不怕，仍旧走我的路。前面一伙小孩子，也在那里议论我；眼色也同赵贵翁一样，脸色也铁青。我想我同小孩子有什么仇，他也这样。忍不住大声说，"你告诉我！"他们可就跑了。

我想：我同赵贵翁有什么仇，同路上的人又有什么仇；只有廿年以前，把古久先生的陈年流水簿子，踹了一脚，古久先生很不高兴。赵贵翁虽然不认识他，一定也听到风声，代抱不平；约定路上的人，同我作冤对。但是小孩子呢？那时候，他们还没有出世，何以今天也睁着怪眼睛，似乎怕我，似乎想害我。这真教我怕，教我纳罕而且伤心。

我明白了。这是他们娘老子教的!

三

晚上总是睡不着。凡事须得研究,才会明白。

他们——也有给知县打枷过的,也有给绅士掌过嘴的,也有衙役占了他妻子的,也有老子娘被债主逼死的;他们那时候的脸色,全没有昨天这么怕,也没有这么凶。

最奇怪的是昨天街上的那个女人,打他儿子,嘴里说道,"老子呀!我要咬你几口才出气!"他眼睛却看着我。我出了一惊,遮掩不住;那青面獠牙的一伙人,便都哄笑起来。陈老五赶上前,硬把我拖回家中了。

拖我回家,家里的人都装作不认识我;他们的脸色,也全同别人一样。进了书房,便反扣上门,宛然是关了一只鸡鸭。这一件事,越教我猜不出底细。

前几天,狼子村的佃户来告荒,对我大哥说,他们村里的一个大恶人,给大家打死了;几个人便挖出他的心肝来,用油煎炒了吃,可以壮壮胆子。我插了一句嘴,佃户和大哥便都看我几眼。今天才晓得他们的眼光,全同外面的那伙人一模一样。

想起来,我从顶上直冷到脚跟。

他们会吃人,就未必不会吃我。

你看那女人"咬你几口"的话,和一伙青面獠牙人的笑,和前天佃户的话,明明是暗号。我看出他话中全是毒,笑中全是刀。他们的牙齿,全是白厉厉的排着,这就是吃人的家伙。

照我自己想,虽然不是恶人,自从踹了古家的簿子,可就难说了。他们似乎别有心思,我全猜不出。况且他们一翻脸,便说人是恶人。我还记得大哥教我做论,无论怎样好人,翻他几句,他便打上几个圈;原谅坏人几句,他便说"翻天妙手,与众不同"。我那里猜得到他们的心思,究竟怎样;况且是要吃的时候。

凡事总须研究,才会明白。古来时常吃人,我也还记得,可是不甚清楚。我翻开历史一查,这历史没有年代,歪歪斜斜的每页上都写着"仁义道德"几个字。我横竖睡不着,仔细看了半夜,才从字缝里看出字来,满本都写着两个字是"吃人"!

书上写着这许多字,佃户说了这许多话,却都笑吟吟的睁着怪眼看我。

我也是人,他们想要吃我了!

四

早上,我静坐了一会儿。陈老五送进饭来,一碗菜,一碗蒸鱼;这鱼的眼睛,白而且硬,张着嘴,同那一伙想吃人的人一样。吃了几筷,滑溜溜的不知是鱼是人,便把他兜肚连肠地吐出。

我说"老五,对大哥说,我闷得慌,想到园里走走。"老五不答应,走了;停一会,可就来开了门。

我也不动,研究他们如何摆布我;知道他们一定不肯放松。果然!我大哥引了一个老头子,慢慢走来;他满眼凶光,怕我看出,只是低头向着地,从眼镜横边暗暗看我。大哥说,"今天你仿佛很好。"我说"是的。"大哥说,"今天请何先生来,给你诊一诊。"我说"可以!"其实我岂不知道这老头子是刽子手扮的!无非借了看脉这名目,揣一揣肥瘠:因这功劳,也分一片肉吃。我也不怕;虽然不吃人,胆子却比他们还壮。伸出两个拳头,看他如何下手。老头子坐着,闭了眼睛,摸了好一会,待了好一会;便张开他鬼眼睛说,"不要乱想。静静的养几天,就好了。"

不要乱想,静静的养!养肥了,他们是自然可以多吃;我有什么好处,怎么会"好了"?他们这群人,又想吃人,又是鬼鬼祟祟,想法子遮掩,不敢直捷下手,真要令我笑死。我忍不住,便放声大笑起来,十分快活。自己晓得这笑声里面,有的是义勇和正气。老头子和大哥,都失了色,被我这勇气正气镇压住了。

但是我有勇气,他们便越想吃我,沾光一点这勇气。老头子跨出门,走不多远,便低声对大哥说道,"赶紧吃罢!"大哥点点头。原来也有你!这一件大发见,虽似意外,也在意中:合伙吃我的人,便是我的哥哥!

吃人的是我哥哥!

我是吃人的人的兄弟!

我自己被人吃了,可仍然是吃人的人的兄弟!

五

这几天是退一步想:假使那老头子不是刽子手扮的,真是医生,也仍然是吃人的人。他们的祖师李时珍做的"本草什么"上,明明写着人肉可以煎吃;他还能说自己不吃人么?

至于我家大哥,也毫不冤枉他。他对我讲书的时候,亲口说过可以"易子而食";又一回偶然议论起一个不好的人,他便说不但该杀,还当"食肉寝皮"。我那时年纪还小,心跳了好半天。前天狼子村佃户来说吃心肝的事,他也毫不奇怪,不住地点头。可见心思是同从前一样狠。既然可以"易子而食",便什么都易得,什么人都吃得。我从前单听他讲道理,也糊涂过去;现在晓得他讲道理的时候,不但唇边还抹着人油,而且心里满装着吃人的意思。

六

黑漆漆的,不知是日是夜。赵家的狗又叫起来了。

狮子似的凶心,兔子的怯弱,狐狸的狡猾,……

七

我晓得他们的方法,直接杀了,是不肯的,而且也不敢,怕有祸祟。所以他们大家连络,布满了罗网,逼我自戕。试看前几天街上男女的样子,和这几天我大哥的作为,便足可悟出八九分了。最好是解下腰带,挂在梁上,自己紧紧勒死;他们没有杀人的罪名,又偿了心愿,自然都欢天喜地的发出一种呜呜咽咽的笑声。否则惊吓忧愁死了,虽则略瘦,也还可以首肯几下。

他们是只会吃死肉的!——记得什么书上说,有一种东西,叫"海乙那"的,眼光和样子都很难看;时常吃死肉,连极大的骨头,都细细嚼烂,咽下肚子去,想起来也教人害怕。"海乙那"是狼的亲眷,狼是狗的本家。前天赵家的狗,看我几眼,可见他也同谋,早已接洽。老头子眼看着地,岂能瞒得我过。

最可怜的是我的大哥,他也是人,何以毫不害怕;而且合伙吃我呢?还是历来惯了,不以为非呢?还是丧了良心,明知故犯呢?

我诅咒吃人的人,先从他起头;要劝转吃人的人,也先从他下手。

八

其实这种道理,到了现在,他们也该早已懂得,……

忽然来了一个人;年纪不过二十左右,相貌是不很看得清楚,满面笑容,对了我点头,他的笑也不像真笑。我便问他,"吃人的事,对么?"他仍然笑着说,"不是荒年,怎么会吃人。"我立刻就晓得,他也是一伙,喜欢吃人的;便自勇气百倍,偏要问他。

"对么?"

"这等事问他什么。你真会……说笑话。……今天天气很好。"

天气是好,月色也很亮了。可是我要问你,"对么?"

他不以为然了。含含胡胡地答道,"不……"

"不对?他们何以竟吃?!"

"没有的事……"

"没有的事?狼子村现吃;还有书上都写着,通红崭新!"

他便变了脸,铁一般青。睁着眼说,"有许有的,这是从来如此……"

"从来如此,便对么?"

"我不同你讲这些道理;总之你不该说,你说便是你错!"

我直跳起来,张开眼,这人便不见了。全身出了一大片汗。他的年纪,比我大哥小得远,居然也是一伙;这一定是他娘老子先教的。还怕已经教给他儿子了;所以连小孩子,也都恶狠狠地看我。

九

自己想吃人,又怕被别人吃了,都用着疑心极深的眼光,面面相觑。……

去了这心思,放心做事走路吃饭睡觉,何等舒服。这只是一条门槛,一个关头。他们可是父子兄弟夫妇朋友师生仇敌和各不相识的人,都结成一伙,互相劝勉,互相牵掣,死也不肯跨过这一步。

十

大清早,去寻我大哥;他立在堂门外看天,我便走到他背后,拦住门,格外沉静,格外和气地对他说,

"大哥,我有话告诉你。"

"你说就是,"他赶紧回过脸来,点点头。

"我只有几句话,可是说不出来。大哥,大约当初野蛮的人,都吃过一点人。后来因为心思不同,有的不吃人了,一味要好,便变了人,变了真的人。有的却还吃,——也同虫子一样,有的变了鱼鸟猴子,一直变到人。有的不要好,至今还是虫子。这吃人的人比不吃人的人,何等惭愧。怕比虫子的惭愧猴子,还差得很远很远。"

"易牙蒸了他儿子,给桀纣吃,还是一直从前的事。谁晓得从盘古开辟天地以后,一直吃到易牙的儿子;从易牙的儿子,一直吃到徐锡林;从徐锡林,又一直吃到狼子村捉住的人。去年城里杀了犯人,还有一个生痨病的人,用馒头蘸血舐。

"他们要吃我,你一个人,原也无法可想;然而又何必去入伙。吃人的人,什么事做不出;他们会吃我,也会吃你,一伙里面,也会自吃。但只要转一步,只要立刻改了,也就是人人太平。虽然从来如此,我们今天也可以格外要好,说是不能!大哥,我相信你能说,前天佃户要减租,你说过不能。"

当初,他还只是冷笑,随后眼光便凶狠起来,一到说破他们的隐情,那就满脸都变成青色了。大门外立着一伙人,赵贵翁和他的狗,也在里面,都探头探脑的挨进来。有的是看不出面貌,似乎用布蒙着;有的是仍旧青面獠牙,抿着嘴笑。我认识他们是一伙,都是吃人的人。可是也晓得他们心思很不一样,一种是以为从来如此,应该吃的;一种是知道不该吃,可是仍然要吃,又怕别人说破他,所以听了我的话,越发气愤不过,可是抿着嘴冷笑。

这时候,大哥也忽然显出凶相,高声喝道,

"都出去!疯子有什么好看!"

这时候,我又懂得一件他们的巧妙了。他们岂但不肯改,而且早已布置;预备下一个疯子的名目罩上我。将来吃了,不但太平无事,怕还会有人见情。佃户说的大家吃了一个恶人,正是这方法。这是他们的老谱!

陈老五也气愤愤的直走进来。如何按得住我的口,我偏要对这伙人说,

"你们可以改了,从真心改起!要晓得将来容不得吃人的人,活在世上。

"你们要不改,自己也会吃尽。即使生得多,也会给真的人除灭了,同猎人打完狼子一样!——同虫子一样!"

那一伙人,都被陈老五赶走了。大哥也不知那里去了。陈老五劝我回屋子里去。屋里面全是黑沉沉的。横梁和椽子都在头上发抖;抖了一会,就大起来,堆在我身上。

万分沉重,动弹不得;他的意思是要我死。我晓得他的沉重是假的,便挣扎出来,出了一身汗。可是偏要说,

"你们立刻改了,从真心改起!你们要晓得将来是容不得吃人的人,……"

十一

太阳也不出,门也不开,日日是两顿饭。

我捏起筷子,便想起我大哥;晓得妹子死掉的缘故,也全在他。那时我妹子才五岁,可爱可怜的样子,还在眼前。母亲哭个不住,他却劝母亲不要哭;大约因为自己吃了,哭起来不免有点过意不去。如果还能过意不去,……

妹子是被大哥吃了,母亲知道没有,我可不得而知。

母亲想也知道;不过哭的时候,却并没有说明,大约也以为应当的了。记得我四五岁时,坐在堂前乘凉,大哥说爷娘生病,做儿子的须割下一片肉来,煮熟了请他吃,才算好人;母亲也没有说不行。一片吃得,整个的自然也吃得。但是那天的哭法,现在想起来,实在还教人伤心,这真是奇极的事!

十二

不能想了。

四千年来时时吃人的地方,今天才明白,我也在其中混了多年;大哥正管着家务,妹子恰恰死了,他未必不和在饭菜里,暗暗给我们吃。

我未必无意之中,不吃了我妹子的几片肉,现在也轮到我自己,……

有了四千年吃人履历的我,当初虽然不知道,现在明白,难见真的人!

十三

没有吃过人的孩子,或者还有?

救救孩子……

一九一八年四月。

1. 作者简介

鲁迅(1881—1936),浙江绍兴人,曾用名周樟寿,后改名周树人,字豫山,后改豫才,曾留学日本仙台医科专门学校(肄业),著名文学家、思想家、民主战士,五四新文化运动的重要参与者,中国现代文学的奠基人。"鲁迅"是他1918年发表《狂人日记》时所用的笔名,也是他影响最为广泛的笔名。毛泽东曾评价他:"鲁迅的方向,就是中华民族新文化的方向。"

注释

鲁迅一生在文学创作、文学批评、思想研究、文学史研究、翻译、美术理论引进、基础科学介绍和古籍校勘与研究等多个领域具有重大贡献。他对五四运动以后的中国社会思想文化发展具有重大影响,蜚声世界文坛,尤其在韩国、日本思想文化领域具有极其重要的地位和影响,被誉为"二十世纪东亚文化地图上占最大领土的作家"。

2. 思考

(1) 小说中"狂人"的"狂"表现在哪几个方面?请简要分析。

(2) 这是一篇日记体小说,以"日记"方式写小说有什么好处?请简要分析。

终身大事

布景

(田宅的会客室。右边有门,通大门。左边有门,通饭厅。背面有一张沙发榻。两旁有两张

靠椅。中央一张小圆桌子,桌上有花瓶。桌边有两张座椅。左边靠壁有一张小写字台。)

(墙上挂的是中国字画,夹着两块西洋荷兰派的风景画。这种中西合璧的陈设,很可表示这家人半新半旧的风气。)

(开幕时,幕慢慢地上去,台下的人还可听见台上算命先生弹的弦子将完的声音。田太太坐在一张靠椅上。算命先生坐在桌边椅子上。)

剧目台词

田太太:你说的话我不大听得懂。你看这门亲事可对得吗?

算命先生:田太太,我是据命直言的。我们算命的都是据命直言的。你知道——

田太太:据命直言是怎样呢?

算命先生:这门亲事是做不得的。要是你家这位姑娘嫁了这男人,将来一定没有好结果。

田太太:为什么呢?

算命先生:你知道,我不过是据命直言。这男命是寅年亥日生的,女命是巳年申时生的。正合着命书上说的"蛇配虎,男克女。猪配猴,不到头。"这是合婚最忌的八字。属蛇的和属虎的已是相克的了。再加上亥日申时,猪猴相克,这是两重大忌的命。这两口儿要是成了夫妇,一定不能团圆到老。仔细看起来,男命强得多,是一个夫克妻之命,应该女人早年短命。田太太,我不过是据命直言,你不要见怪。

田太太:不怪,不怪。我是最喜欢人直说的。你这话一定不会错。昨天观音娘娘也是这样说。

算命先生:哦!观音菩萨也这样说吗?

田太太:是的,观音娘娘签诗上说——让我寻出来念给你听。(走到写字台边,翻开抽屉,拿出一张黄纸,念道)这是七十八签,下下。签诗说:"夫妻前生定,因缘莫强求。逆天终有祸,婚姻不到头。"

算命先生:"婚姻不到头!"这句诗和我刚才说的一个字都不错。

田太太:观音娘娘的话自然不会错的。不过这件事是我家姑娘的终身大事,我们做爷娘的总得二十四分小心的办去。所以我昨日求了签诗,总还有点不放心。今天请你先生来看看这两个八字里可有什么合得拢的地方。

算命先生:没有。没有。

田太太:娘娘的签诗只有几句话,不容易懂得。如今你算起命来,又合签诗一样。这个自然不用再说了。(取钱付算命先生)难为你。这是你对八字的钱。

算命先生:(伸手接钱)不用得,不用得。多谢,多谢。想不到观音娘娘的签诗居然和我的话一样!(立起身来)

田太太:(喊道)李妈!(李妈从左边门进来)你领他出去。(李妈领算命先生从左边门出去)

田太太:(把桌上的红纸庚帖收起,折好了,放在写字台的抽屉里。又把黄纸签诗也放进去,口里说道)可惜!可惜这两口儿竟配不成!

田女:(从右边门进来。她是一个二十三四岁的女子,穿着出门的大衣,脸上现出有心事的神气。进门后,一面脱下大衣,一面说道)妈,你怎么又算起命来了?我在门口碰着一个算命的走出去。你忘了爸爸不准算命的进门吗?

田太太:我的孩子,就只这一次,我下次再不干了。

田女:但是你答应了爸爸以后不再算命了。

田太太:我知道,我知道,但是这一回我不能不请教算命的。我叫他来把你和那陈先生的八字排排看。

田女：哦！哦！

田太太：你要知道，这是你的终身大事，我又只生了你一个女儿，我不能糊里糊涂地让你嫁一个合不来的人。

田女：谁说我们合不来？我们是多年的朋友，一定很合得来。

田太太：一定合不来。算命的说你们合不来。

田女：他懂得什么？

田太太：不单是算命的这样说，观音菩萨也这样说。

田女：什么？你还去问过观音菩萨吗？爸爸知道了更要说话了。

田太太：我知道你爸爸一定同我反对，无论我做什么事，他总同我反对。但是你想，我们老年人怎么敢决断你们的婚姻大事。我们无论怎样小心，保不住没有错。但是菩萨总不会骗人。况且菩萨说的话，和算命的说的，竟是一样，这就更可相信了。（立起来，走到写字台边，翻开抽屉）你自己看菩萨的签诗。

田女：我不要看，我不要看！

田太太：（不得已把抽屉盖了）我的孩子，你不要这样固执。那位陈先生，我是很喜欢他的。我看他是一个很可靠的人。你在东洋认得他好几年了，你说你很知道他的为人。但是，你年纪还轻，又没有阅历，你的眼力也许会错的。就是我们活了五六十岁的人，也还不敢相信自己的眼力。因为我不敢相信自己，所以我去问菩萨又去问算命的。菩萨说对不得，算命的也说对不得，这还会错吗？算命的说，你们的八字正是命书最忌的八字，叫作什么"猪配猴，不到头，"正因为你是巳年申时生的，他是——

田女：你不要说了，妈，我不要听这些话。（双手遮着脸，带着哭声）我不爱听这些话！我知道爸爸不会同你一样主意。他一定不会。

田太太：我不管他打什么主意。我的女儿嫁人，总得我肯。（走到她女儿身边，用手巾替她揩眼泪）不要掉眼泪。我走开去，让你仔细想想。我们总是替你打算，总想你好。我去看午饭好了没有。你爸爸就要回来了。不要哭了，好孩子。（田太太从饭厅的门进去了。）

田女：（揩着眼泪，抬起头来，看见李妈从外边进来，她用手招呼她走近些，低声说）李妈，我要你帮我的忙。我妈不准我嫁陈先生——

李妈：可惜，可惜！陈先生是一个很懂礼的君子人。今儿早晨，我在路上碰着他，他还点头招呼我咧。

田女：是的，他看见你带了算命先生来家，他怕我们的事有什么变卦，所以他立刻打电话到学堂去告诉我。我回来时，他在他的汽车里远远的跟在后面。这时候恐怕他还在这条街的口子上等候我的信息。你去告诉他，说我妈不许我们结婚。但是爸爸就回来了，他自然会帮我们。你叫他把汽车停到后面街上去等我的回信。你就去罢。（李妈转身将出去）回来！（李妈回转身来）你告诉他——你叫他——你叫他不要着急！（李妈微笑出去）

田女：（走到写字台边，翻开抽屉，偷看抽屉里的东西。伸出手表看道）爸爸应该回来了，快十二点了。

（田先生约莫五十岁的样子，从外面进来）

田女：（忙把抽屉盖了。站起来接她父亲）爸爸，你回来了！妈说，妈有要紧话同你商量，——有很要紧的话。

田先生：什么要紧话？你先告诉我。

田女：妈会告诉你的。（走到饭厅边，喊道）妈，妈，爸爸回来了。

田先生：不知道你们又弄什么鬼了。（坐在一张靠椅上。田太太从饭厅那边过来。）亚梅说你有要紧话，——很要紧的话要同我商量。

田太太：是的，很要紧的话。（坐在左边椅子上）我说的是陈家的这门亲事。

田先生：不错，我这几天心里也在盘算这件事。

田太太：很好，我们都该盘算这件事了。这是亚梅的终身大事，我一想起这事如何重大，我就发愁，连饭都吃不下了，觉也睡不着了。那位陈先生我们虽然见过好几次，我心里总有点不放心。从前人家看女婿总不过偷看一面就完了。现在我们见面越多了，我们的责任更不容易担了。他家是很有钱的，但是有钱人家的子弟总是坏的多，好的少。他是一个外国留学生，但是许多留学生回来不久就把他们的原配的妻子休了。

田先生：你讲了这一大篇，究竟是什么主意？

田太太：我的主意是，我们替女儿办这件大事，不能相信自己的主意。我就不敢相信我自己。所以我昨儿到观音庵去问菩萨。

田先生：什么？你不是答应我不再去烧香拜佛了吗？

田太太：我是为了女儿的事去的。

田先生：哼！哼！算了罢。你说罢。

田太太：我去庵里求了一签。签诗上说，这门亲事是做不得的。我把签诗给你看。（要去开抽屉）

田先生：呸！呸！我不要看。我不相信这些东西！你说这是女儿的终身大事，你不敢相信自己，难道那泥塑木雕的菩萨就可相信吗？

田女：（高兴起来）我说爸爸是不信这些事的。（走近她父亲身边）谢谢你。我们应该相信自己的主意，可不是吗？

田太太：不单是菩萨这样说。

田先生：哦！还有谁呢？

田太太：我求了签诗，心里还不很放心，总还有点疑惑。所以我叫人去请城里顶有名的算命先生张瞎子来排八字。

田先生：哼！哼！你又忘记你答应我的话了。

田太太：我也知道。但是我为了女儿的大事，心里疑惑不定，没有主张，不得不去找他来决断决断。

田先生：谁叫你先去找菩萨惹起这点疑惑呢？你先就不该去问菩萨，——你该先来问我。

田太太：罪过，罪过，阿弥陀佛——那算命的说的话同菩萨说的一个样儿。这不是一桩奇事吗？

田先生：算了罢！算了罢！不要再胡说乱道了。你有眼睛，自己不肯用，反去请教那没有眼睛的瞎子，这不是笑话吗？

田女：爸爸，你这话一点也不错。我早就知道你是帮助我们的。

田太太：（怒向她女儿）亏你说得出，"帮助我们的"，谁是"你们"？"你们"是谁？你也不害羞！（用手巾蒙面哭了）你们一齐统统起来反对我；我女儿的终身大事，我做娘的管不得吗？

田先生：正因为这是女儿的终身大事，所以我们做父母的该格外小心，格外慎重。什么泥菩萨哪，什么算命合婚哪，都是骗人的，都不可相信。亚梅你说是不是？

田女：正是，正是。我早知道你决不会相信这些东西。

田先生：现在不许再讲那些迷信的话了。泥菩萨，瞎算命，一齐丢去！我们要正正经经的讨

论这件事,(对田太太)不要哭了。(对田女)你也坐下。(田女在沙发榻上坐下)

田先生:亚梅,我不愿意你同那姓陈的结婚。

田女:(惊慌)爸爸你是同我开玩笑,还是当真?

田先生:当真。这门亲事一定做不得的。我说这话,心里很难过,但是我不能不说。

田女:你莫非看出他有什么不好的地方?

田先生:没有。我很喜欢他。拣女婿拣中了他,再好也没有了,因此我心里更不好过。

田女:(摸不着头脑)你又不相信菩萨和算命?

田先生:决不,决不。

田太太与田女:(同时问)那么究竟为了什么呢?

田先生:好孩子,你出洋长久了,竟把中国的风俗规矩全都忘了。你连祖宗定下的祠规都不记得了。

田女:我同陈家结婚,犯了那一条祠规?

田先生:我拿给你看。(站起来从饭厅边进去)

田太太:我意想不出什么。阿弥陀佛,这样也好,只要他不肯许就是了。

田女:(低头细想,忽然抬起头显出决心的神气)我知道怎么办了。

田先生:(捧着一大部族谱进来)你瞧,这是我们的族谱。(翻开书页,乱堆在桌上)你瞧,我们田家两千五百年的祖宗,可有一个姓田的和姓陈的结亲?

田女:为什么姓田的不能和姓陈的结婚呢?

田先生:因为中国的风俗不准同姓的结婚。

田女:我们并不同姓。他家姓陈,我家姓田。

田先生:我们是同姓的。中国古时的人把陈字和田字读成一样的音。我们的姓有时写作田字,有时写作陈字,其实是一样的。你小时候读过《论语》吗?

田女:读过的,不大记得了。

田先生:《论语》上有个陈成子,旁的书上都写作田成子,便是这个道理。两千五百年前,姓陈的和姓田只是一家。后来年代久了,那写作田字的便认定姓田写作陈字的便认定姓陈。外面看起来好像是两姓,其实是一家。所以两姓祠堂里都不准通婚。

田女:难道两千五百年前同姓的男女也不能通婚吗?

田先生:不能。

田女:爸爸,你是明白道理的人,一定不认这种没有道理的祠规。

田先生:我不认它也无用。社会承认它。那班老先生们承认它。你叫我怎么样呢?还不单是姓田的和姓陈的呢,我们衙门里有一位高先生告诉我说,他们那边姓高的祖上本是元朝末年明朝初年陈友谅的子孙,后来改姓高。他们因为六百年前姓陈所以不同姓陈的结亲;又因为两千五百年前姓陈的本又姓田,所以又不同姓田的结亲。

田女:这更没有道理了!

田先生:管他有理无理,这是祠堂里的规矩,我们犯了祠规就要革出祠堂。前几十年有一家姓田的在南边做生意,就把女儿嫁给姓陈的。后来那女的死了,陈家祠堂里的族长不准她进祠堂。她家花了多少钱,捐到祠堂里做罚款,还把"田"字当中那一直拉长了,上下都出了头,改成了"申"字,才许她进祠堂。

田女:那是很容易的事。我情愿把我的姓当中一直也拉长了改作"申"字。

田先生:说得好容易!你情愿,我不情愿咧!我不肯为了你的事连累我受那班老先生们的责骂。

田女：(气得哭了)但是我们并不同姓！

田先生：我们族谱上说是同姓，那班老先生们也都说是同姓。我已经问过许多老先生了，他们都是这样说，你要知道，我们做爹娘的，办儿女的终身大事，虽然不该听泥菩萨瞎算命的话，但是那班老先生的话是不能不听的。

田女：(作哀告的样子)爸爸！——

田先生：你听我说完了。还有一层难处。要是你这位姓陈的朋友是没有钱的，倒也罢了，不幸他又是很有钱的人家。我要把你嫁了他，那班老先生们必定说我贪图他家有钱，所以连祖宗都不顾，就把女儿卖给他了。

田女：(绝望了)爸爸！你一生要打破迷信的风俗，到底还打不破迷信的祠规！这是我做梦也想不到的！

田先生：你恼我吗？这也难怪。你心里自然总有点不快活。你这种气头上的话，我决不怪你，——决不怪你。

李妈：(从左边门出来)午饭摆好了。

田先生：来，来，来。我们吃了饭再谈罢。我肚里饿得很了。(先走进饭厅去)

田太太：(走近她女儿)不要哭了。你要自己明白，我们都是想你好。忍住。我们吃饭去。

田女：我不要吃饭。

田太太：不要这样固执。我先去，你定一定心就来。我们等你咧。(也进饭厅去了。李妈把门随手关上，自己站着不动。)

田女：(抬起头来，看见李妈)陈先生还在汽车里等着吗？

李妈：是的。这是他给你的信，用铅笔写的。(摸出一张纸，递与田女)

田女：(读信)"此事只关系我们两人与别人无关你该自己决断"(重念末句)"你该自己决断！"是的，我该自己决断！(对李妈说)你进去告诉我爸爸和妈，叫他们先吃饭不用等我。我要停一会再吃。(李妈点头自进去。田女站起来，穿上大衣，在写字台上匆匆写了一张字条，压在桌上花瓶底下。她回头一望，匆匆从右边门出去了。略停了一会。)

田太太：(戏台里的声音)亚梅你快来吃饭，菜要冰冷了，(门里出来)你哪里去了？亚梅！

田先生：(戏台里)随她罢？她生了气了，让她平平气就会好了。(门里出来)她出去了？

田太太：她穿了大衣出去了。怕是回学堂里去了。

田先生：(见花瓶底下的字条。)这是什么。(取字条念道)"这是孩儿的终身大事，孩儿该自己决断，孩儿现在坐了陈先生的汽车去了，暂时告辞了。"(田太太听了，身子往后一仰，坐倒在靠椅上。)(田先生冲向右边的门，到了门边，又回头一望，眼睁睁地显出迟疑不决的神气。幕下来)(完)

1. 作者简介

胡适(1891—1962)，原名嗣穈，字希疆，学名洪骍，后改名适，字适之。籍贯安徽省绩溪县，生于江苏省松江府川沙县(今上海市浦东新区)。中国现代思想家、文学家、哲学家，景星学社社员。他于1910年赴美国康奈尔大学留学，1917年回国受聘北京大学教授，1918年加入《新青年》编辑部，1919年出版论著《中国哲学史大纲》，1920年2月出版白话诗集《尝试集》。1922年任《国学季刊》杂志编辑，创办《努力周报》杂志，1928年出版论著《白话文学史》。1962年2月24日，胡适在我国台北病逝。

胡适的《终身大事》于1919年3月发表于《新青年》6卷3号，是中国最早的话剧作品之一。剧本描写一个中产家庭的独生女田亚梅为争取婚姻自主而离家出走的故事。田亚梅留学归来，自主选中了在一起多年的朋友陈先生。田太太却求签算命,说二人命相不合、八字相克,因此反对。最后田亚梅趁父母离屋吃饭,留下字条出走。留言说:"这是孩儿的终身大事,孩儿该自己决断,孩儿现在坐了陈先生的汽车去了,暂时告辞了。"

2. 思考

(1) 试分析女主人公田亚梅人物形象。

(2) 胡适《终身大事》的进步意义是什么?

再别康桥

轻轻地我走了,
正如我轻轻的来;
我轻轻的招手,
作别西天的云彩。

那河畔的金柳,
是夕阳中的新娘;
波光里的艳影,
在我的心头荡漾。

软泥上的青荇,
油油的在水底招摇;
在康河的柔波里,
我甘心做一条水草!

那榆荫下的一潭,
不是清泉,
是天上虹;
揉碎在浮藻间,
沉淀着彩虹似的梦。

寻梦?撑一支长篙,
向青草更青处漫溯;
满载一船星辉,
在星辉斑斓里放歌。

但我不能放歌,
悄悄是别离的笙箫;
夏虫也为我沉默,
沉默是今晚的康桥!

悄悄的我走了，
正如我悄悄的来；
我挥一挥衣袖，
不带走一片云彩。

1. 作者简介

徐志摩(1897—1931)，笔名南湖、云中鹤，浙江海宁人。徐志摩1921年前后开始写诗，被誉为新月诗派的台柱。1918—1922年曾先后留学于美国克拉克大学、哥伦比亚大学、英国剑桥大学。1922年回国后历任北京大学等学校的教授。1923年新月社在北京成立，徐志摩是发起人之一。1926年他与闻一多等主持《晨报》的《诗镌》的编撰工作。在《诗镌》上，徐志摩与他的新月派诗人一起做着他们的新诗实验。1927年春，徐志摩与胡适、梁实秋、闻一多等创办《新月》月刊，并主持编务工作。《新月》的创刊把新月诗派的创作热情推向高峰。1931年11月19日，徐志摩从上海飞往北平的途中，因飞机失事不幸身亡，享年34岁。

2. 思考

（1）诗中作者在跟谁告别？
（2）这首离别诗有何特别之处？

我爱这土地

假如我是一只鸟，
我也应该用嘶哑的喉咙歌唱：
这被暴风雨所打击着的土地，
这永远汹涌着我们的悲愤的河流，
这无止息地吹刮着的激怒的风，
和那来自林间的无比温柔的黎明……
——然后我死了，
连羽毛也腐烂在土地里面。
为什么我的眼里常含泪水？
因为我对这土地爱得深沉……

1. 作者简介

艾青(1910—1996)，原名蒋正涵，字养源，号海澄，曾用笔名莪加、克阿、林壁等。他出生于浙江金华，现代文学家、诗人。1928年中学毕业后考入国立杭州西湖艺术院（中国美术学院的原初机构）。1932年在上海加入中国左翼美术家联盟，从事革命文艺活动。1934年第一次用笔名发表长诗《大堰河——我的保姆》。1935年出版了第一本诗集《大堰河》。1979年后任中国作家协会副主席、国际笔会中心副会长等职。1985年获法国文学艺术最高勋章。艾青被认为是中国现代诗的代表诗人之一。其主要作品有《大堰河——我的保姆》《艾青诗选》。

2. 思考

（1）从全诗内容分析，诗人赋予了大地怎样的象征意义。
（2）请对"鸟"的形象进行简要分析。

小 城 三 月

一

　　三月的原野已经绿了,像地衣那样绿,透出在这里,那里。郊原上的草,是必须转折了好几个弯儿才能钻出地面的,草儿头上还顶着那胀破了种粒的壳,发出一寸多高的芽子,欣幸地钻出了土皮。放牛的孩子,在掀起了墙脚片下面的瓦片时,找到了一片草芽了,孩子们到家里告诉妈妈,说:"今天草芽出土了!"妈妈惊喜地说:"那一定是向阳的地方!"抢根菜的白色的圆石似的籽儿在地上滚着,野孩子一升一斗地在拾。蒲公英发芽了,羊咩咩地叫,乌鸦绕着杨树林子飞,天气一天暖似一天,日子一寸一寸的都有意思。杨花满天照地地飞,像棉花似的。人们出门都是用手捉着,杨花挂着他了。草和牛粪都横在道上,放散着强烈的气味,远远的有用石子打船的声音,空空……的大响传来。

　　河冰发了,冰块顶着冰块,苦闷地又奔放地向下流。乌鸦站在冰块上寻觅小鱼吃,或者是还在冬眠的青蛙。

　　天气突然地热起来,说是"二八月,小阳春",自然冷天气还是要来的,但是这几天可热了。春天带着强烈的呼唤从这头走到那头……

　　小城里被杨花给装满了,在榆树还没变黄之前,大街小巷到处飞着,像纷纷落下的雪块……

　　春来了,人人像久久等待着一个大暴动,今天夜里就要举行,人人带着犯罪的心情,想参加到解放的尝试……春吹到每个人的心坎,带着呼唤,带着蛊惑……

　　我有一个姨,和我的堂哥哥大概是恋爱了。

　　姨母本来是很近的亲属,就是母亲的姊妹。但是我这个姨,她不是我的亲姨,她是我的继母的继母的女儿。那么她可算与我的继母有点血统的关系了,其实也是没有的。因为我这个外祖母已经做了寡妇之后才来到的外祖父家,翠姨就是这个外祖母的原来在另外的一家所生的女儿。

　　翠姨还有一个妹妹,她的妹妹小她两岁,大概是十七八岁,那么翠姨也就是十八九岁了。

　　翠姨生得并不是十分漂亮,但是她长得窈窕,走起路来沉静而且漂亮,讲起话来清楚的带着一种平静的感情。她伸手拿樱桃吃的时候,好像她的手指尖对那樱桃十分可怜的样子,她怕把它触坏了似的轻轻地捏着。

　　假若有人在她的背后招呼她一声,她若是正在走路,她就会停下,若是正在吃饭,就要把饭碗放下,而后把头向着自己的肩膀转过去,而全身并不大转,于是她自觉的闭合着嘴唇,像是有什么要说而一时说不出来似的……

　　而翠姨的妹妹,忘记了她叫什么名字,反正是一个大说大笑的,不十分修边幅,和她的姐姐完全不同。花的绿的,红的紫的,只要是市上流行的,她就不大加以选择,做起一件衣服来赶快就穿在身上。穿上了而后,到亲戚家去串门,人家恭维她的衣料怎样漂亮的时候,她总是说,和这完全一样的,还有一件,她给了她的姐姐了。

　　我到外祖父家去,外祖父家里没有像我一般大的女孩子陪着我玩,所以每当我去,外祖母总是把翠姨喊来陪我。

　　翠姨就住在外祖父的后院,隔着一道板墙,一招呼,听见就来了。

　　外祖父住的院子和翠姨住的院子,虽然只隔一道板墙,但是却没有门可通,所以还得绕到大街上去从正门进来。

　　因此有时翠姨先来到板墙这里,从板墙缝中和我打了招呼,而后回到屋去装饰了一番,才从大街上绕了个圈来到她母亲的家里。

翠姨很喜欢我，因为我在学堂里念书，而她没有，她想什么事我都比她明白。所以她总是有许多事务同我商量，看看我的意见如何。

到夜里，我住在外祖父家里了，她就陪着我也住下的。

每每从睡下了就谈，谈过了半夜，不知为什么总是谈不完……

开初谈的是衣服怎样穿，穿什么样的颜色的，穿什么样的料子。比如走路应该快或是应该慢，有时白天里她买了一个别针，到夜里她拿出来看看，问我这别针到底是好看或是不好看，那时候，大概是十五年前的时候，我们不知别处如何装扮一个女子，而在这个城里几乎个个都有一条宽大的绒绳结的披肩，蓝的，紫的，各色的也有，但最多多不过枣红色了。几乎在街上所见的都是枣红色的大披肩了。

哪怕红的绿的那么多，但总没有枣红色的最流行。

翠姨的妹妹有一张，翠姨有一张，我的所有的同学，几乎每人有一张。就连素不考究的外祖母的肩上也披着一张，只不过披的是蓝色的，没有敢用那最流行的枣红色的就是了。因为她总算年纪大了一点，对年轻人让了一步。

还有那时候都流行穿绒绳鞋，翠姨的妹妹就赶快买了穿上。因为她那个人很粗心大意，好坏她不管，只是人家有她也有，别人是人穿衣裳，而翠姨的妹妹就好像被衣服所穿了似的，芜芜杂杂。但永远合乎着应有尽有的原则。

翠姨的妹妹的那绒绳鞋，买来了，穿上了。在地板上跑着，不大一会工夫，那每只鞋脸上系着的一只毛球，竟有一个毛球已经离开了鞋子，向上跳着，只还有一根绳连着，不然就要掉下来了。很好玩的，好像一颗大红枣被系到脚上去了。因为她的鞋子也是枣红色的。大家都在嘲笑她的鞋子一买回来就坏了。

翠姨，她没有买，她犹疑了好久，不管什么新样的东西到了，她总不是很快地就去买了来，也许她心里边早已经喜欢了，但是看上去她都像反对似的，好像她都不接受。

她必得等到许多人都开始采办了，这时候看样子，她才稍稍有些动心。

好比买绒绳鞋，夜里她和我谈话，问过我的意见，我也说是好看的，我有很多的同学，她们也都买了绒绳鞋。

第二天翠姨就要求我陪着她上街，先不告诉我去买什么，进了铺子选了半天别的，才问到我绒绳鞋。

走了几家铺子，都没有，都说是已经卖完了。我晓得店铺的人是这样瞎说的。表示他家这店铺平常总是最丰富的，只恰巧你要的这件东西，他就没有了。我劝翠姨说咱们慢慢地走，别家一定会有的。

我们是坐马车从街梢上的外祖父家来到街中心的。

见了第一家铺子，我们就下了马车。不用说，马车我们已经是付过了车钱的。等我们买好了东西回来的时候，会另外叫一辆的。因为我们不知道要有多久。大概看见什么好，虽然不需要也要买点，或是东西已经买全了不必要再多流连，也要流连一会，或是买东西的目的，本来只在一双鞋，而结果鞋子没有买到，反而啰里啰唆地买回来许多用不着的东西。

这一天，我们辞退了马车，进了第一家店铺。

在别的大城市里没有这种情形，而在我家乡里往往是这样，坐了马车，虽然是付过了钱，让他自由去兜揽生意，但是他常常还仍旧等候在铺子的门外，等一出来，他仍旧请你坐他的车。

我们走进第一个铺子，一问没有。于是就看了些别的东西，从绸缎看到呢绒，从呢绒再看到绸缎，布匹是根本不看的，并不像母亲们进了店铺那样子，这个买去做被单，那个买去做棉袄，因为我们管不了被单棉袄的事。母亲们一月不进店铺,一进店铺又是这个便宜应该买,那个不贵,也应该买。比方一块在夏天才用的花洋布,母亲们冬天里就买起来了,说是趁着便宜多买点,总是用得着的。而我们就不然了,我们是天天进店铺的,天天搜寻些个好看的,是贵的值钱的,平常时候,绝对的用不到想不到的。

那一天我们就买了许多花边回来,钉着光片的,带着琉璃的。说不上要做什么样的衣服才配得着这种花边。也许根本没有想到做衣服,就贸然地把花边买下了。一边买着,一边说好,翠姨说好,我也说好。到了后来,回到家里,当众打开了让大家评判,这个一言,那个一语,让大家说得也有一点没有主意了,心里已经五六分空虚了。于是赶快地收拾了起来,或者从别人的手中夺过来,把它包起来,说她们不识货,不让她们看了。勉强说着:"我们要做一件红金丝绒的袍子,把这个黑琉璃边镶上。"或是:"这红的我们送人去……"

说虽仍旧如此说,心里已经八九分空虚了,大概是这些所心爱的,从此就不会再出头露面的了。

在这小城里,商店究竟没有多少,到后来又加上看不到绒绳鞋,心里着急,也许跑得更快些,不一会工夫,只剩了三两家了。而那三两家,又偏偏是不常去的,铺子小,货物少。想来它那里也是一定不会有的了。

我们走进一个小铺子里去,果然有三、四双非小即大,而且颜色都不好看。

翠姨有意要买,我就觉得奇怪,原来就不十分喜欢,既然没有好的,又为什么要买呢?让我说着,没有买成回家去了。

过了两天,我把买鞋子这件事情早就忘了。

翠姨忽然又提议要去买。

从此我知道了她的秘密,她早就爱上了那绒绳鞋了,不过她没有说出来就是,她的恋爱的秘密就是这样子的,她似乎要把它带到坟墓里去,一直不要说出口,好像天底下没有一个人值得听她的告诉……

在外边飞着满天的大雪,我和翠姨坐着马车去买绒绳鞋。

我们身上围着皮褥子,赶车的车夫高高地坐在车夫台上,摇晃着身子唱着沙哑的山歌:"喝咧咧……"耳边的风呜呜地啸着,从天上倾下来的大雪迷乱了我们的眼睛,远远的天隐在云雾里,我默默的祝福翠姨快快买到可爱的绒绳鞋,我从心里愿意她得救……

市中心远远的朦朦胧胧地站着,行人很少,全街静悄无声。我们一家挨一家地问着,我比她更急切,我想赶快买到吧,我小心的盘问着那些店员们,我从来不放弃一个细微的机会,我鼓励翠姨,没有忘记一家。使她都有点儿诧异,我为什么忽然这样热心起来,但是我完全不管她的猜疑,我不顾一切地想在这小城里,找出一双绒绳鞋来。

只有我们的马车,因为载着翠姨的愿望,在街上奔驰得特别的清醒,又特别的快。雪下的更大了,街上什么人都没有了,只有我们两个人,催着车夫,跑来跑去。一直到天都很晚了,鞋子没有买到。翠姨深深的看到我的眼里说:"我的命,不会好的。"我很想装出大人的样子,来安慰她,但是没有等到找出什么适当的话来,泪便流出来了。

二

翠姨以后也常来我家住着,是我的继母把她接来的。

因为她的妹妹订婚了,怕是她一旦的结了婚,忽然会剩下她一个人来,使她难过。因为她的家里并没有多少人,只有她的一个六十多岁的老祖父,再就是一个也是寡妇的伯母,带一个女儿。

堂姊妹本该在一起玩耍解闷的,但是因为性格的相差太远,一向是水火不同炉地过着日子。

她的堂妹妹,我见过,永久是穿着深色的衣裳,黑黑的脸,一天到晚陪着母亲坐在屋子里,母亲洗衣裳,她也洗衣裳,母亲哭,她也哭。也许她帮着母亲哭她死去的父亲,也许哭的是她们的家穷。那别人就不晓得了。

本来是一家的女儿,翠姨她们两姊妹却像有钱的人家的小姐,而那个堂妹妹,看上去却像乡下丫头。这一点使她得到常常到我们家里来住的权利。

她的亲妹妹订婚了,再过一年就出嫁了。在这一年中,妹妹大大地阔气了起来,因为婆家那方面一订了婚就来了聘礼。

这个城里,从前不用大洋票,而用的是广信公司出的帖子,一百吊一千吊的论。她妹妹的聘礼大概是几万吊。所以她忽然阔得起来,今天买这样,明天买那样,花别针一个又一个的,丝头绳一团一团的,带穗的耳坠子,洋手表,样样都有了。每逢出街的时候,她和她的姐姐一道,现在总是她付车钱了,她的姐姐要付,她却百般的不肯,有时当着人面,姐姐一定要付,妹妹一定不肯,结果闹得很窘,姐姐无形中觉得一种权利被人剥夺了。

但是关于妹妹的订婚,翠姨一点也没有羡慕的心理。妹妹未来的丈夫,她是看过的,没有什么好看,很高,穿着蓝袍子黑马褂,好像商人,又像一个小土绅士。又加上翠姨太年轻了,想不到什么丈夫,什么结婚。

因此,虽然妹妹在她的旁边一天比一天的丰富起来,妹妹是有钱了,但是妹妹为什么有钱的,她没有考查过。

所以当妹妹尚未离开她之前,她绝对的没有重视"订婚"的事。

就是妹妹已经出嫁了,她也还是没有重视这"订婚"的事。

不过她常常地感到寂寞。她和妹妹出来进去的,因为家庭环境孤寂,竟好像一对双生子似的,而今去了一个。不但翠姨自己觉得单调,就是她的祖父也觉得她可怜。

所以自从她的妹妹嫁了,她就不大回家,总是住在她的母亲的家里,有时我的继母也把她接到我们家里。

翠姨非常聪明,她会弹大正琴,就是前些年所流行在中国的一种日本琴,她还会吹箫或是会吹笛子。不过弹那琴的时候却很多。住在我家里的时候,我家的伯父,每在晚饭之后必同我们玩这些乐器的。笛子、箫、日本琴、风琴、月琴,还有什么打琴。真正的西洋的乐器,可一样也没有。

在这种正玩得热闹的时候,翠姨也来参加了,翠姨弹了一个曲子,和我们大家立刻就配合上了。于是大家都觉得在我们那已经天天闹熟了的老调子之中,又多了一个新的花样。于是立刻我们就加倍的努力,正在吹笛子的把笛子吹得特别响,把笛膜振抖得似乎就要爆裂了似的滋滋地叫着。十岁的弟弟在吹口琴,他摇着头,好像要把那口琴吞下去似的,至于他吹的是什么调子,已经是没有人留意了。在大家忽然来了勇气的时候,似乎只需要这种胡闹。

而那按风琴的人,因为越按越快,到后来也许是已经找不到琴键了,只是那踏脚板越踏越快,踏的呜呜地响,好像有意要毁坏了那风琴,而想把风琴撕裂了一般的。

大概所奏的曲子是《梅花三弄》,也不知道接连的弹过了多少圈,看大家的意思都不想要停下来。不过到了后来,实在是气力没有了,找不着拍子的找不着拍子,跟不上调的跟不上调,于是在大笑之中,大家停下来了。

不知为什么,在这么快乐的调子里边,大家都有点伤心,也许是乐极生悲了,把我们都笑得一边流着眼泪,一边还笑。

正在这时候,我们往门窗处一看,我的最小的小弟弟,刚会走路,他也背着一个很大的破手风琴来参加了。

谁都知道,那手风琴从来也不会响的。把大家笑死了。在这回得到了快乐。

我的哥哥(伯父的儿子,钢琴弹得很好),吹箫吹得最好,这时候他放下了箫,对翠姨说:"你来吹吧!"翠姨却没有言语,站起身来,跑到自己的屋子去了,我的哥哥,好久好久地看住那帘子。

三

翠姨在我家,和我住一个屋子。月明之夜,屋子照得通亮,翠姨和我谈话,往往谈到鸡叫,觉得也不过刚刚半夜。

鸡叫了,才说:"快睡吧,天亮了。"

有的时候,一转身,她又问我:"是不是一个人结婚太早不好,或许是女子结婚太早是不好的!"

我们以前谈了很多话,但没有谈到这些。

总是谈什么,衣服怎样穿,鞋子怎样买,颜色怎样配,买了毛线来,这毛线应该打个什么的花纹,买了帽子来,应该评判这帽子还微微有点缺点,这缺点究竟在什么地方!虽然说是不要紧,或者是一点关系也没有,但批评总是要批评的。

有时再谈得远一点,就是表姊表妹之类订了婆家,或是什么亲戚的女儿出嫁了。或是什么耳闻的,听说的,新娘子和新姑爷闹别扭之类。

那个时候,我们的县里,早就有了洋学堂了,小学好几个,大学没有。只有一个男子中学,往往成为谈论的目标,谈论这个,不单是翠姨,外祖母、姑姑、姐姐之类,都愿意讲究这当地中学的学生。因为他们一切洋化,穿着裤子,把裤腿卷起来一寸,一张口"格得毛宁"外国话,他们彼此一说话就"答答答",听说这是什么俄国话。而更奇怪的就是他们见了女人不怕羞。这一点,大家都批评说是不如从前了,从前的书生,一见了女人脸就红。

我家算是最开通的了,叔叔和哥哥他们都到北京和哈尔滨那些大地方去读书了,他们开了不少的眼界,回到家里来,大讲他们那里都是男孩子和女孩子同学。

这一题目,非常的新奇,开初都认为这是造了反。后来因为叔叔也常和女同学通信,因为叔叔在家庭里是有点地位的人。并且父亲从前也加入过国民党,革过命,所以这个家庭都"咸与维新"起来。

因此在我家里一切都是很随便的,逛公园,正月十五看花灯,都是不分男女,一起去。

而且我家里设了网球场,一天到晚地打网球,亲戚家的男孩子来了,我们也一起的打。

这都不谈,仍旧来谈翠姨。

翠姨听了很多的故事,关于男学生结婚事情,就是我们本县里,已经有几件不幸的事情了。有的结婚了,从此就不回家了,有的娶来了太太,把太太放在另一间屋子里住着,而且自己却永久住在书房里。

每逢讲到这些故事时,多半别人都是站在女的一面,说那男子都是念书念坏了,一看了那不识字的又不是女学生之类就生气。觉得处处都不如他。天天总说是婚姻不自由,可是自古至今,都是爹许娘配的,偏偏到了今天,都要自由,看吧,这还没有自由呢,就先来了花头故事了,娶了太太的不回家,或是把太太放在另一个屋子里。这些都是念书念坏了的。

翠姨听了许多别人家的评论。大概她心里边也有些不平,她就问我不读书是不是很坏的,我自然说是很坏的。而且她看了我们家里男孩子,女孩子通通到学堂去念书的。而且我们亲戚家的孩子也都是读书的。

因此她对我很佩服,因为我是读书的。

但是不久,翠姨就订婚了。就是她妹妹出嫁不久的事情。

她的未来的丈夫,我见过。在外祖父的家里。人长得又低又小,穿一身蓝布棉袍子,黑马褂,头上戴一顶赶大车的人所戴的五耳帽子。

当时翠姨也在的,但她不知道那是她的什么人,她只当是哪里来了这样一位乡下的客人。外祖母偷着把我叫过去,特别告诉了我一番,这就是翠姨将来的丈夫。

不久翠姨就很有钱,她的丈夫的家里,比她妹妹丈夫的家里还更有钱得多。婆婆也是个寡妇,守着个独生的儿子。儿子才十七岁,是在乡下的私学馆里读书。

翠姨的母亲常常替翠姨解说,人矮点不要紧,岁数还小呢,再长上两三年两个人就一般高了。劝翠姨不要难过,婆家有钱就好的。聘礼的钱十多万都交过来了,而且就由外祖母的手亲自交给了翠姨,而且还有别的条件保障着,那就是说,三年之内绝对的不准娶亲,借着男的一方面年纪太小为辞,翠姨更愿意远远的推着。

翠姨自从订婚之后,是很有钱的了,什么新样子的东西一到,虽说不是一定抢先去买了来,总是过不了多久,箱子里就要有的了。那时候夏天最流行银灰色市布大衫,而翠姨的穿起来最好,因为她有好几件,穿过两次不新鲜就不要了,就只在家里穿,而出门就又去做一件新的。

那时候正流行着一种长穗的耳坠子,翠姨就有两对,一对红宝石的,一对绿的,而我的母亲才能有两对,而我才有一对。可见翠姨是顶阔气的了。

还有那时候就已经开始流行高跟鞋了。可是在我们本街上却不大有人穿,只有我的继母早就开始穿,其余就算是翠姨。并不是一定因为我的母亲有钱,也不是因为高跟鞋一定贵,只是女人们没有那么摩登的行为,或者说她们不很容易接受新的思想。

翠姨第一天穿起高跟鞋来,走路还很不安定,但到第二天就比较的习惯了。到了第三天,就是说以后,她就是跑起来也是很平稳的。而且走路的姿态更加可爱了。

我们有时也去打网球玩玩,球撞到她脸上的时候,她才用球拍遮了一下,否则她半天也打不到一个球。因为她一上了场站在白线上就是白线上,站在格子里就是格子里,她根本的不动。有的时候,她竟拿着网球拍子站着一边去看风景去。尤其是大家打完了网球,吃东西的吃东西去了,洗脸的洗脸去了,唯有她一个人站在短篱前面,向着远远的哈尔滨市影痴望着。

有一次我同翠姨一同去做客。我继母的族中娶媳妇。她们是八旗人,也就是满人,满人才讲究场面呢,所有的族中的年轻的媳妇都必得到场,而个个打扮得如花似玉。似乎咱们中国的社会,是没这么繁华的社交的场面的,也许那时候,我是小孩子,把什么都看得特别繁华,就只说女人们的衣服吧,就个个都穿得和现在西洋女人在夜会里边那么庄严。一律都穿着绣花大袄。而她们是八旗人,大袄的襟下一律的没有开口。而且很长。大袄的颜色枣红的居多,绛色的也有,玫瑰紫色的也有。而那上边绣的颜色,有的荷花,有的玫瑰,有的松竹梅,一句话,特别的繁华。

她们的脸上,都擦着白粉,她们的嘴上都染得桃红。

每逢一个客人到了门前,她们是要列着队出来迎接的,她们都是我的舅母,一个一个地上前来问候了我和翠姨。

翠姨早就熟识她们的,有的叫表嫂子,有的叫四嫂子。而在我,她们就都是一样的,好像小孩子的时候,所玩的用花纸剪的纸人,这个和那个都是一样,完全没有分别。都是花缎的袍子,都是白白的脸,都是很红的嘴唇。

就是这一次,翠姨出了风头了,她进到屋里,靠着一张大镜子旁坐下了。

女人们就忽然都上前来看她,也许她从来没有这么漂亮过;今天把别人都惊住了。

以我看翠姨还没有她从前漂亮呢,不过她们说翠姨漂亮得像棵新开的腊梅。翠姨从来不擦胭脂的,而那天又穿了一件为着将来做新娘子而准备的蓝色缎子满是金花的夹袍。

翠姨让她们围起看着,难为情了起来,站起来想要逃掉似的,迈着很勇敢的步子,茫然地往里边的房间里闪开了。

谁知那里边就是新房呢,于是许多的嫂嫂们,就哗然地叫着,说:"翠姐姐不要急,明年就是个漂亮的新娘子,现在先试试去。"

当天吃饭饮酒的时候,许多客人从别的屋子来呆呆地望着翠姨。翠姨举着筷子,似乎是在思量着,保持着镇静的态度,用温和的眼光看着她们。仿佛她不晓得人们专门在看着她似的。但是别的女人们羡慕了翠姨半天了,脸上又都突然的冷落起来,觉得有什么话要说出,又都没有说,然后彼此对望着,笑了一下,吃菜了。

四

有一年冬天,刚过了年,翠姨就来到了我家。

伯父的儿子——我的哥哥,就正在我家里。

我的哥哥,人很漂亮,很直的鼻子,很黑的眼睛,嘴也好看,头发也梳得好看,人很长,走路很爽快。大概在我们所有的家族中,没有这么漂亮的人物。

冬天,学校放了寒假,所以来我们家里休息。大概不久,学校开学就要上学去了。哥哥是在哈尔滨读书。

我们的音乐会,自然要为这新来的角色而开了。翠姨也参加的。

于是非常的热闹,比方我的母亲,她一点也不懂这行,但是她也列了席,她坐在旁边观看,连家里的厨子、女工,都停下了工作来望着我们,似乎他们不是听什么乐器,而是在看人。我们聚满了一客厅。这些乐器的声音,大概很远的邻居都可以听到。

第二天邻居来串门的,就说:"昨天晚上,你们家又是给谁祝寿?"

我们就说,是欢迎我们的刚到的哥哥。

因此我们家是很好玩的,很有趣的。不久就来到了正月十五看花灯的时节了。

我们家里自从父亲维新革命,总之在我们家里,兄弟姊妹,一律相待,有好玩的就一齐玩,有好看的就一齐去看。

伯父带着我们,哥哥、弟弟、姨……共八九个人,在大月亮地里往大街里跑去了。

那路之滑,滑得不能站脚,而且高低不平。他们男孩子们跑在前面,而我们因为跑得慢就落了后。

于是那在前边的他们回头来嘲笑我们,说我们是小姐,说我们是娘娘。说我们走不动。

我们和翠姨早就连成一排向前冲去,但是不是我倒,就是她倒。到后来还是哥哥他们一个一个地来扶着我们,说是扶着,未免的太示弱了,也不过就是和他们连成一排向前进着。

不一会到了市里,满路花灯,人山人海。又加上狮子、旱船、龙灯、秧歌,闹得眼也花起来,一时也数不清多少玩意。哪里会来得及看,似乎只是在眼前一晃,就过去了,而一会别的又来了,又过去了。其实也不见得繁华得多么了不得了,不过觉得世界上是不会比这个再繁华的了。

商店的门前,点着那么大的火把,好像热带的大椰子树似的。一个比一个亮。

我们进了一家商店,那是父亲的朋友开的。他们很好地招待我们,茶、点心、橘子、元宵。我们哪里吃得下去,听到门外一打鼓,就心慌了。而外边鼓和喇叭又那么多,一阵来了,一阵还没有去远,一阵又来了。

因为城本来是不大的,有许多熟人,也都是来看灯的都遇到了。其中我们本城里的在哈尔滨念书的几个男学生,他们也来看灯了。哥哥都认识他们,我也认识他们,因为这时候我们到哈尔滨念书去了。所以一遇到了我们,他们就和我们在一起,他们出去看灯,看了一会,又回到我们的地方,和伯父谈话,和哥哥谈话。我晓得他们,因为我们家比较有势力,他们是很愿和我们讲话的。

所以回家的一路上,又多了两个男孩子。

不管人讨厌不讨厌,他们穿的衣服总算都市化了。个个都穿着西装,戴着呢帽,外套都是到膝盖的地方,脚下很利落清爽。比起我们城里的那种怪样子的外套,好像大棉袍子似的好看得多了。而且颈间又都束着一条围巾,那围巾自然也是全丝全线的花纹。似乎一束起那围巾来,人就更显得庄严、漂亮。

翠姨觉得他们个个都很好看。

哥哥也穿的西装,自然哥哥也很好看。因此在路上她直在看哥哥。

翠姨梳头梳得是很慢的,必定梳得一丝不乱,擦粉也要擦了洗掉,洗掉再擦,一直擦到认为满意为止。花灯节的第二天早晨她就梳得更慢,一边梳头一边在思量。本来按规矩每天吃早饭,必得三请两请才能出席,今天必得请到四次,她才来了。

我的伯父当年也是一位英雄,骑马、打枪绝对好。后来虽然已经五十岁了,但是风采犹存。我们都爱伯父的,伯父从小也就爱我们。诗、词、文章,都是伯父教我们的。翠姨住在我们家里,伯父也很喜欢翠姨。今天早饭已经开好了。催了翠姨几次,翠姨总是不出来。

伯父说了一句:"林黛玉……"

于是我们全家的人都笑了起来。

翠姨出来了,看见我们这样的笑,就问我们笑什么。我们没有人肯告诉她。翠姨知道一定是笑的她,她就说:"你们赶快地告诉我,若不告诉我,今天我就不吃饭了,你们读书识字,我不懂,你们欺侮我……"

闹嚷了很久,还是我的哥哥讲给她听了。伯父当着自己的儿子面前到底有些难为情,喝了好些酒,总算是躲过去了。

翠姨从此想到了念书的问题,但是她已经二十岁了,上哪里去念书?上小学没有她这样大的学生,上中学,她是一字不识,怎样可以。所以仍旧住在我们家里。

弹琴、吹箫、看纸牌,我们一天到晚地玩着。我们玩的时候,全体参加,我的伯父、我的哥哥、我的母亲。

翠姨对我的哥哥没有什么特别的好,我的哥哥对翠姨就像对我们,也是完全的一样。

不过哥哥讲故事的时候,翠姨总比我们留心听些,那是因为她的年龄稍稍比我们大些,当然在理解力上,比我们更接近一些哥哥的了。哥哥对翠姨比对我们稍稍的客气一点。他和翠姨说话的时候,总是"是的""是的"的,而和我们说话则"对啦""对啦"。这显然因为翠姨是客人的关系,而且在名分上比他大。

不过有一天晚饭之后,翠姨和哥哥都不见了。每天饭后大概总要开个音乐会的。这一天也许因为伯父不在家,没有人领导的缘故。大家吃过也就散了。客厅里一个人也没有。我想找弟弟和我下一盘棋,弟弟也不见了。于是我就一个人在客厅里按起风琴来,玩了一下也觉得没有趣。客厅是静得很的,在我关上了风琴盖子之后,我就听见了在后屋里,或者在我的房子里是有人的。

我想一定是翠姨在屋里。快去看看她,叫她出来张罗着看纸牌。

我跑进去一看,不单是翠姨,还有哥哥陪着她。

看见了我,翠姨就赶快地站起来说:"我们去玩吧。"

哥哥也说:"我们下棋去,下棋去。"

他们出来陪我来玩棋,这次哥哥总是输,从前是他回回赢我的,我觉得奇怪,但是心里高兴极了。

不久寒假终了,我就回到哈尔滨的学校念书去了。可是哥哥没有同来,因为他上半年生了点病,曾在医院里休养了一些时候,这次伯父主张他再请两个月的假,留在家里。

以后家里的事情,我就不大知道了。都是由哥哥或母亲讲给我听的。我走了以后,翠姨还住在家里。

后来母亲还告诉过,就是在翠姨还没有订婚之前,有过这样一件事情。我的族中有一个小叔叔,和哥哥一般大的年纪,说话口吃,没有风采,也是和哥哥在一个学校里读书。虽然他也到我们家里来过,但怕翠姨没有见过。那时外祖母就主张给翠姨提婚。那族中的祖母,一听就拒绝了,说是寡妇的儿子,命不好,也怕没有家教,何况父亲死了,母亲又出嫁了,好女不嫁二夫郎,这种人家的女儿,祖母不要。但是我母亲说,辈分合,他家还有钱,翠姨过门是一品当朝的日子,不会受气的。

这件事情翠姨是晓得的,而今天又见了我的哥哥,她不能不想哥哥大概是那样看她的。她自觉地觉得自己的命运不会好的,现在翠姨自己已经订了婚,是一个人的未婚妻。二则她是出了嫁的寡妇的女儿,她自己一天把这个背了不知有多少遍,她记得清清楚楚。

五

翠姨订婚,转眼三年了,正这时,翠姨的婆家,通了消息来,张罗要娶。她的母亲来接她回去整理嫁妆。

翠姨一听就得病了。

但没有几天,她的母亲就带着她到哈尔滨采办嫁妆去了。

偏偏那带着她采办嫁妆的向导又是哥哥给介绍来的他的同学。他们住在哈尔滨的秦家岗上,风景绝佳,是洋人最多的地方。那男学生们的宿舍里边,有暖气、洋床。翠姨带着哥哥的介绍信,像一个女同学似的被他们招待着。又加上已经学了俄国人的规矩,处处尊重女子,所以翠姨当然受了他们不少的尊敬,请她吃大菜,请她看电影。坐马车的时候,上车让她先上,下车的时候,人家扶她下来。她每一动别人都为她服务,外套一脱,就接过去了。她刚一表示要穿外套,就给她穿上了。

不用说,买嫁妆她是不痛快的,但那几天,她总算一生中最开心的时候。

她觉得到底是读大学的人好,不野蛮,不会对女人不客气,绝不能像她的妹夫常常打她的妹妹。

经这到哈尔滨去一买嫁妆,翠姨就更不愿意出嫁了。她一想那个又丑又小的男人,她就恐怖。

她回来的时候,母亲又接她来到我们家来住着,说她的家里又黑,又冷,说她太孤单可怜。我们家是一团暖气的。

到了后来,她的母亲发现她对于出嫁太不热心,该剪裁的衣裳,她不去剪裁。有一些零碎还要去买的,她也不去买。做母亲的总是常常要加以督促,后来就要接她回去,接到她的身边,好随时提醒她。她的母亲以为年轻的人必定要随时提醒的,不然总是贪玩。而况出嫁的日子又不远了,或者就是二三月。

想不到外祖母来接她的时候,她从心地不肯回去,她竟很勇敢的提出来她要读书的要求。她说她要念书,她想不到出嫁。

开初外祖母不肯,到后来,她说若是不让她读书,她是不出嫁的,外祖母知道她的心情,而且想起了很多可怕的事情……

外祖母没有办法,依了她。给她在家里请了一位老先生,就在自己家院子的空房子里边摆上了书桌,还有几个邻居家的姑娘,一起念书。

翠姨白天念书,晚上回到外祖母家。

念了书,不多日子,人就开始咳嗽,而且整天的闷闷不乐。她的母亲问她,有什么不如意?陪嫁的东西买得不顺心吗,或者是想到我们家去玩吗?什么事都问到了。

翠姨摇着头不说什么。

过了一些日子,我的母亲去看翠姨,带着我的哥哥,他们一看见她,第一个印象,就觉得她苍白了不少。而且母亲断言地说,她活不久了。

大家都说是念书累的,外祖母也说是念书累的,没有什么要紧的,要出嫁的女儿们,总是先前瘦的,嫁过去就要胖了。

而翠姨自己则点点头,笑笑,不承认,也不加以否认。还是念书,也不到我们家来了,母亲接了几次,也不来,回说没有工夫。

翠姨越来越瘦了,哥哥去到外祖母家看了她两次,也不过是吃饭、喝酒、应酬了一番。而且说是去看外祖母的。在这里年轻的男子,去拜访年轻的女子,是不可以的。哥哥回来也并不带回什么欢喜或是什么新的忧郁,还是一样和大家打牌下棋。

翠姨后来支持不了啦,躺下了,她的婆婆听说她病,就要娶她,因为花了钱,死了不是可惜了吗?这一种消息,翠姨听了病就更加严重。婆家一听她病重,立刻要娶她。因为在迷信中有这样一章,病新娘娶过来一冲,就冲好了。翠姨听了就只盼望赶快死,拼命的糟蹋自己的身体,想死得越快一点儿越好。

母亲记起了翠姨,叫哥哥去看翠姨。是我的母亲派哥哥去的,母亲拿了一些钱让哥哥给翠姨去,说是母亲送她在病中随便买点什么吃的。母亲晓得他们年轻人是很拘泥的,或者不好意思去看翠姨,也或者翠姨是很想看他的,他们好久不能看见了。同时翠姨不愿出嫁,母亲很久的就在心里边猜疑着他们了。

男子是不好去专访一位小姐的,这城里没有这样的风俗。母亲给了哥哥一件礼物,哥哥就可去了。

哥哥去的那天,她家里正没有人,只是她家的堂妹妹应接着这从未见过的生疏的年轻的客人。

那堂妹妹还没有问清客人的来由,就往外跑,说是去找她们的祖父去,请他等一等。大概她想是凡男客就是来会祖父的。

客人只说了自己的名字,那女孩子连听也没有听就跑出去了。

哥哥正想,翠姨在什么地方?或者在里屋吗?翠姨大概听出什么人来了,她就在里边说:"请进来。"

哥哥进去了,坐在翠姨的枕边,他要去摸一摸翠姨的前额,是否发热,他说:"好了点吗?"

他刚一伸出手去,翠姨就突然地拉了他的手,而且大声地哭起来了,好像一颗心也哭出来了似的。哥哥没有准备,就很害怕,不知道说什么做什么。他不知道现在应该是保护翠姨的地位,还是保护自己的地位。同时听得见外边已经有人来了,就要开门进来了。一定是翠姨的祖父。

翠姨平静的向他笑着,说:"你来得很好,一定是姐姐告诉你来的,我心里永远纪念着她,她爱我一场,可惜我不能去看她了……我不能报答她了……不过我总会记起在她家里的日子的……她待我也许没有什么,但是我觉得已经太好了……我永远不会忘记的……我现在也不知道为什么,心里只想死得快一点就好,多活一天也是多余的……人家也许以为我是任性……其实是不对的,不知为什么,那家对我也是很好的,我要是过去,他们对我也会很好的,但是我不愿意。我小时候,就不好,我的脾气总是不从心的事,我不愿意……这个脾气把我折磨到今天了……可是我怎能从心呢……真是笑话……谢谢姐姐她还惦着我……请你告诉她,我并不像她想的那么苦呢,我也很快乐……"翠姨痛苦地笑了一笑,"我心里很安静,而且我求的我都得到了……"

哥哥茫然地不知道说什么,这时祖父进来了。看了翠姨的热度,又感谢了我的母亲,对我哥哥的降临,感到荣幸。他说请我母亲放心吧,翠姨的病马上就会好的,好了就嫁过去。

哥哥看了翠姨就退出去了,从此再没有看见她。

哥哥后来提起翠姨常常落泪,他不知翠姨为什么死,大家也都心中纳闷。

尾　声

等我到春假回来,母亲还对我说:"要是翠姨一定不愿意出嫁,那也是可以的,假如他们当我说。"

…………

翠姨坟头的草籽已经发芽了,一掀一掀的和土粘成了一片,坟头显出淡淡的青色,常常会有白色的山羊跑过。

这时城里的街巷,又装满了春天。

暖和的太阳,又转回来了。

街上有提着筐子卖蒲公英的了,也有卖小根蒜的了。更有些孩子们他们按着时节去折了那刚发芽的柳条,正好可以拧成哨子,就含在嘴里满街的吹。声音有高有低,因为那哨子有粗有细。

大街小巷,到处地呜呜呜,呜呜呜。好像春天是从他们的手里招待回来了似的。

但是这为期甚短,一转眼,吹哨子的不见了。

接着杨花飞起来了,榆钱飘满了一地。

在我的家乡那里,春天是快的,五天不出屋,树发芽了,再过五天不看树,树长叶了,再过五天,这树就像绿得使人不认识它了。使人想,这棵树,就是前天的那棵树吗?自己回答自己,当然是的。春天就像跑得那么快。好像人能够看见似的,春天从老远的地方跑来了,跑到这个地方只向人的耳朵吹一句小小的声音:"我来了呵",而后很快地就跑过去了。

春,好像它不知多么忙迫,好像无论什么地方都在招呼它,假若它晚到一刻,阳光会变色的,大地会干成石头,尤其是树木,那真是好像再多一刻工夫也不能忍耐,假若春天稍稍在什么地方流连了一下,就会误了不少的生命。

春天为什么它不早一点来,来到我们这城里多住一些日子,而后再慢慢地到另外的一个城里去,在另外一个城里也多住一些日子。

但那是不能的了,春天的命运就是这么短。

年轻的姑娘们,她们三两成双,坐着马车,去选择衣料去了,因为就要换春装了。她们热心地弄着剪刀,打着衣样,想装成自己心中想得出的那么好,她们白天黑夜的忙着,不久春装换起来了,只是不见载着翠姨的马车来。

1. 作者简介

萧红(1911—1942),祖籍山东省聊城市,中国近现代女作家,被誉为"20世纪30年代的文学洛神",乳名荣华,本名张秀环,后改名为张廼莹(一说为张迺莹),笔名萧红、悄吟、玲玲、田娣等。萧红1911年出生于黑龙江省哈尔滨市呼兰区一个地主家庭,幼年丧母。1932年结识萧军。1933年以悄吟为笔名发表第一篇小说《弃儿》。1935年在鲁迅的支持下,发表成名作《生死场》。1936年东渡日本,创作散文《孤独的生活》、长篇组诗《砂粒》等。1940年,与端木蕻良同抵达我国香港,之后发表长篇小说《马伯乐》《呼兰河传》等。1942年1月22日,萧红因肺结核和恶性气管扩张病逝,年仅31岁。

萧红是一位传奇人物,她有着与女词人李清照相似的生活经历,并一直处在极端苦难与坎坷之中,可谓是不幸中的更不幸者。然而,她却以柔弱多病的身躯面对整个世界,在民族的灾难中,经历了反叛、觉醒和抗争的经历和一次次与命运的搏击。她的作品虽没有直接描述她的经历,却使她在女性觉悟的基础上加上一层对人性和社会的深刻理解。她把"人类的愚昧"和"改造国民的灵魂"作为自己的艺术追求,她是在"对传统意识和文化心态的无情解剖中,向着民主精神与个性意识发出深情的呼唤"。萧红的一生是不向命运低头,在苦难中挣扎、抗争的一生,应该说直接影响其命运并引发她开始进行文学创作的是萧军,萧军也走进了她的生活。《小城三月》是萧红创作的中篇小说,该作品写于1941年7月,发表于同年8月《时代文学》第1卷第2期,成为萧红生命的绝唱。《小城三月》讲述了一个美丽善良的姑娘对自由、幸福的向往与追求,以及最终被传统的宗法制度所吞噬、香消玉殒的故事。这是一篇在思想和艺术上都极为纯熟的作品,承袭了萧红一贯的散文化笔调,萧红以独具特色的叙事方式,将一个极其普通的爱情故事渲染得凄凉哀婉,使这篇小说穿过几十年的时光,仍能带给人们强烈的震撼与反思。

2. 思考

(1) 根据小说对"翠姨"的形象特征进行分析。
(2) 如何理解翠姨的"死"?
(3) 翠姨形象的精神内含是什么?

我 的 母 亲

母亲的娘家是北平德胜门外,土城儿外边,通大钟寺的大路上的一个小村里。村里一共有四五家人家,都姓马。大家都种点不十分肥美的地,但是与我同辈的兄弟们,也有当兵的,作木匠的,作泥水匠的,和当巡察的。他们虽然是农家,却养不起牛马,人手不够的时候,妇女便也须下地做活。

对于姥姥家,我只知道上述的一点。外公外婆是什么样子,我就不知道了,因为他们早已去世。至于更远的族系与家史,就更不晓得了;穷人只能顾眼前的衣食,没有功夫谈论什么过去的光荣;"家谱"这字眼,我在幼年就根本没有听说过。

母亲生在农家,所以勤俭诚实,身体也好。这一点事实却极重要,因为假若我没有这样的一位母亲,我以为我恐怕也就要大大的打个折扣了。

母亲出嫁大概是很早,因为我的大姐现在已是六十多岁的老太婆,而我的大外甥女还长我一岁啊。我有三个哥哥,四个姐姐,但能长大成人的,只有大姐,二姐,三姐,三哥与我。我是"老"儿子。生我的时候,母亲已有四十一岁,大姐二姐已都出了阁。

由大姐与二姐所嫁入的家庭来推断,在我生下之前,我的家里,大概还马马虎虎的过得去。那时候订婚讲究门当户对,而大姐丈是作小官的,二姐丈也开过一间酒馆,他们都是相当体面的人。

可是,我,我给家庭带来了不幸:我生下来,母亲晕过去半夜,才睁眼看见她的老儿子——感谢大姐,把我揣在怀中,致未冻死。

一岁半,我把父亲"克"死了。

哥不到十岁,三姐十二三岁,我才一岁半,全仗母亲独力抚养了。父亲的寡姐跟我们一块儿住,她吸鸦片,她喜摸纸牌,她的脾气极坏。为我们的衣食,母亲要给人家洗衣服,缝补或裁缝衣裳。在我的记忆中,她的手终年是鲜红微肿的。白天,她洗衣服,洗一两大绿瓦盆。她做事永远丝毫也不敷衍,就是屠户们送来的黑如铁的布袜,她也给洗得雪白。晚间,她与三姐抱着一盏油灯,还要缝补衣服,一直到半夜。她终年没有休息,可是在忙碌中她还把院子屋中收拾得清清爽爽。桌椅都是旧的,柜门的铜活久已残缺不全,可是她的手老使破桌面上没有尘土,残破的铜活发着光。院中,父亲遗留下的几盆石榴与夹竹桃,永远会得到应有的浇灌与爱护,年年夏天开许多花。

哥哥似乎没有同我玩耍过。有时候,他去读书;有时候,他去学徒;有时候,他也去卖花生或樱桃之类的小东西。母亲含着泪把他送走,不到两天,又含着泪接他回来。我不明白这都是什么事,而只觉得与他很生疏。与母亲相依为命的是我与三姐。因此,她们做事,我老在后面跟着。她们浇花,我也张罗着取水;她们扫地,我就撮土……从这里,我学得了爱花,爱清洁,守秩序。这些习惯至今还被我保存着。

有客人来,无论手中怎么窘,母亲也要设法弄一点东西去款待。舅父与表哥们往往是自己掏钱买酒肉食,这使她脸上羞得飞红,可是殷勤的给他们温酒作面,又给她一些喜悦。遇上亲友家中有喜丧事,母亲必把大褂洗得干干净净,亲自去贺吊——份礼也许只是两吊小钱。到如今如我的好客的习性,还未全改,尽管生活是这么清苦,因为自幼儿看惯了的事情是不易改掉的。

姑母常闹脾气。她单在鸡蛋里找骨头。她是我家中的阎王。直到我入了中学,她才死去,我可是没有看见母亲反抗过。"没受过婆婆的气,还不受大姑子的吗?命当如此!"母亲在非解释一下不足以平服别人的时候,才这样说。是的,命当如此。母亲活到老,穷到老,辛苦到老,全是命当如此。她最会吃亏。给亲友邻居帮忙,她总跑在前面:她会给婴儿洗三——穷朋友们可以因此少花一笔"请姥姥"钱——她会刮痧,她会给孩子们剃头,她会给少妇们绞脸……凡是她能做的,都有求必应。但是吵嘴打架,永远没有她。她宁吃亏,不斗气。当姑母死去的时候,母亲似乎把一世的委屈都哭了出来,一直哭到坟地。不知道哪里来的一位侄子,声称有承继权,母亲便一声不响,教他搬走那些破桌子烂板凳,而且把姑母养的一只肥母鸡也送给他。

可是,母亲并不软弱。父亲死在庚子闹"拳"的那一年。联军入城,挨家搜索财物鸡鸭,我们被搜两次。母亲拉着哥哥与三姐坐在墙根,等着"鬼子"进门,街门是开着的。"鬼子"进门,一刺刀先把老黄狗刺死,而后入室搜索。他们走后,母亲把破衣箱搬起,才发现了我。假若箱子不空,我早就被压死了。皇上跑了,丈夫死了,鬼子来了,满城是血光火焰,可是母亲不怕,她要在刺刀下,饥荒中,保护着儿女。北平有多少变乱啊,有时候兵变了,街市整条地烧起,火团落在我们院中。有时候内战了,城门紧闭,铺店关门,昼夜响着枪炮。这惊恐,这紧张,再加上一家饮食的筹划,儿女安全的顾虑,岂是一个软弱的老寡妇所能受得起的?可是,在这种时候,母亲的心横起来,她不慌不哭,要从无办法中想出办法来。她的泪会往心中落!这点软而硬的个性,也传给了我。我对一切人与事,都取和平的态度,把吃亏看作当然的。但是,在做人上,我有一定的宗旨与基本的法则,什么事都可将就,而不能超过自己划好的界限。我怕见生人,怕办杂事,怕抛头露面;但是到了非我去不可的时候,我便不得不去,正像我的母亲。从私塾到小学,到中学,我经历过起码有廿位教师吧,其中有给我很大影响的,也有毫无影响的,但是我的真正的教师,把性格传给我的,是我的母亲。母亲并不识字,她给我的是生命的教育。

当我在小学毕了业的时候,亲友一致的愿意我去学手艺,好帮助母亲。我晓得我应当去找饭吃,以减轻母亲的勤劳困苦。可是,我也愿意升学。我偷偷地考入了师范学校——制服,饭食,书籍,宿处,都由学校供给。只有这样,我才敢对母亲提升学的话。入学,要交十元的保证金。这是一笔巨款!母亲作了半个月的难,把这巨款筹到,而后含泪把我送出门去。她不辞劳苦,只要儿子有出息。当我由师范毕业而被派为小学校校长,母亲与我都一夜不曾合眼。我只说了句:"以后,您可以歇一歇了!"她的回答只有一串串的眼泪。我入学之后,三姐结了婚。母亲对儿女是都一样疼爱的,但是假若她也有点偏爱的话,她应当偏爱三姐,因为自父亲死后,家中一切的事情都是母亲和三姐共同撑持的。三姐是母亲的右手。但是母亲知道这右手必须割去,她不能为自己的便利而耽误了女儿的青春。当花轿来到我们的破门外的时候,母亲的手就和冰一样的凉,脸上没有血色——那是阴历四月,天气很暖。大家都怕她晕过去。可是,她挣扎着,咬着嘴唇,手扶着门框,看花轿徐徐地走去。不久,姑母死了。三姐已出嫁,哥哥不在家,我又住学校,家中只剩母亲自己。她还须自晓至晚的操作,可是终日没人和她说一句话。新年到了,正赶上政府倡用阳历,不许过旧年。除夕,我请了两小时的假。由拥挤不堪的街市回到清炉冷灶的家中。母亲笑了。及至听说我还须回校,她愣住了。半天,她才叹出一口气来。到我该走的时候,她递给我一些花生,"去吧,小子!"街上是那么热闹,我却什么也没看见,泪遮迷了我的眼。今天,泪又遮住了我的眼,又想起当日孤独地过那凄惨的除夕的慈母。可是慈母不会再候盼着我了,她已入了土!

儿女的生命是不依顺着父母所设下的轨道一直前进的,所以老人总免不了伤心。我廿三岁,母亲要我结了婚,我不要。我请来三姐给我说情,老母含泪点了头。我爱母亲,但是我给了她最大的打击。时代使我成为逆子。廿七岁,我上了英国。为了自己,我给六十多岁的老母以第二次打击。在她七十大寿的那一天,我还远在异域。那天,据姐姐们后来告诉我,老太太只喝了两口酒,很早的便睡下。她想念她的幼子,而不便说出来。

七七抗战后,我由济南逃出来。北平又像庚子那年似的被鬼子占据了,可是母亲日夜惦念的幼子却跑西南来。母亲怎样想念我,我可以想象得到,可是我不能回去。每逢接到家信,我总不敢马上拆看,我怕,怕,怕,怕有那不祥的消息。人,即使活到八九十岁,有母亲便可以多少还有点孩子气。失了慈母便像花插在瓶子里,虽然还有色有香,却失去了根。有母亲的人,心里是安定的。我怕,怕,怕家信中带来不好的消息,告诉我已是失了根的花草。

去年一年,我在家信中找不到关于老母的起居情况。我疑虑,害怕。我想象得到,如有不幸,家中念我流亡孤苦,或不忍相告。母亲的生日是在九月,我在八月半写去祝寿的信,算计着会在寿日之前到达。信中嘱咐千万把寿日的详情写来,使我不再疑虑。十二月二十六日,由文化劳军的大会上回来,我接到家信。我不敢拆读。就寝前,我拆开信,母亲已去世一年了!

生命是母亲给我的。我之能长大成人,是母亲的血汗灌养的。我之所以能成为一个不十分坏的人,是母亲感化的。我的性格,习惯,是母亲传给的。她一世未曾享过一天福,临死还吃的是粗粮。唉!还说什么呢?心痛!心痛!

1. 作家简介

老舍(1899—1966),原名舒庆春,字舍予,中国现代小说家、著名作家,杰出的语言大师、人民艺术家,中华人民共和国第一位获得"人民艺术家"称号的作家。著有长篇小说《小坡的生日》《猫城记》《牛天赐传》《骆驼祥子》等,短篇小说《赶集》等。老舍的文学语言通俗简易,朴实无华,幽默诙谐,具有较强的北京方言韵味。

2. 思考

(1) 阅读全文,简要概括文章写了母亲哪些事。

(2) 结合文章内容,谈谈你对"她给我的是生命的教育"这句话的理解。

第三节 中国当代文学

人生(节选)

第 一 章

农历六月初十,一个阴云密布的傍晚,盛夏热闹纷繁的大地突然沉寂下来;连一些最爱叫唤的虫子也都悄没声响了,似乎处在一种急躁不安的等待中。地上没一丝风尘,河里的青蛙纷纷跳上岸,没命地向两岸的庄稼地和公路上蹦跶着。天闷热得像一口大蒸笼,黑沉沉的乌云正从西边的老牛山那边铺过来。地平线上,已经有一些零碎而短促的闪电,但还没有打雷。只听见那低沉的、连续不断的嗡嗡声从远方的天空传来,带给人一种恐怖的信息——一场大雷雨就要到来了。

这时候,高家村高玉德当民办教师的独生儿高加林,正光着上身,从村前的小河里蹚水过来,几乎是跑着向自己家里走去。他是刚从公社开毕教师会回来的,此刻浑身大汗淋漓,汗衫和那件漂亮的深蓝涤良夏衣提在手里,匆忙地进了村,上了硷畔,一头扑进家门。他刚站在自家窑里的脚地上,就听见外面传来一声低沉的闷雷的吼声。

他父亲正赤脚片儿蹲在炕上抽旱烟,一只手悠闲地捋着下巴上的一撮白胡子。他母亲颠着小脚往炕上端饭。

他两口见儿子回来,两张核桃皮皱脸立刻笑得像两朵花。他们显然庆幸儿子赶在大雨之前进了家门。同时,在他们看来,亲爱的儿子走了不是五天,而是五年;是从什么天涯海角归来似的。

老父亲立刻凑到煤油灯前,笑嘻嘻地用小指头上专心留下的那个长指甲打掉了一朵灯花,满窑里立刻亮堂了许多。他喜爱地看看儿子,嘴张了几下,也没有说出什么来,老母亲赶紧把端上炕的玉米面馍又重新端下去,放到锅台上,开始张罗着给儿子炒鸡蛋,烙白面饼;她还用她那爱得过分的感情,跌跌撞撞走过来,把儿子放在炕上的衫子披在他汗水直淌的光身子的上,嗔怒地说:"二杆子!操心凉了!"

高加林什么话也没说。他把母亲披在他身上的衣服重新放在炕上,连鞋也没脱,就躺在了前炕的铺盖卷上。他脸对着黑洞洞的窗户,说:"妈,你别做饭了,我什么也不想吃。"

老两口的脸顿时又都恢复了核桃皮状,不由得相互交换了一下眼色,都在心里说:娃娃今儿个不知出了什么事,心里不畅快?一道闪电几乎把整个窗户都照亮了,接着,像山崩地陷一般响了一声可怕的炸雷。听见外面立刻刮起了大风,沙尘把窗户纸打得啪啪价响。

老两口愣怔地望了半天儿子的背景,不知他倒究怎啦?

"加林,你是不是身上不舒服?"母亲用颤音问他,一只手拿着舀面瓢。"不是……"他回答。

"和谁吵啦?"父亲接着母亲问。

"没……""那倒究怎啦?"老两口几乎同时问。

唉!加林可从来都没有这样啊!他每次从城里回来,总是给他们说长道短的,还给他们带一堆吃食:面包啦,蛋糕啦,硬给他们手里塞;说他们牙口不好,这些东西又有"养料",又绵软,吃到肚子里好消化。今儿个显然发生什么大事了,看把娃娃愁成个啥!高玉德看了一眼老婆的愁眉苦脸,顾不得抽烟了。把烟灰在炕栏石上磕掉,用挽在胸前纽扣上的手帕揩去鼻尖上的一滴清鼻子,身上往儿子躺的地方挪了挪,问:"加林,倒究出了什么事啦?你给我们说说嘛!你看把你妈都急成啥啦!"

高加林一条胳膊撑着,慢慢爬起来,身体沉重得像受了重伤一般。他靠在铺盖卷上,也不看父母亲,眼睛茫然地望着对面墙,开口说:"我的书都教不成了……"

"什么?"老两口同时惊叫一声,张开的嘴巴半开也合不拢了。

加林仍然保持着那个姿势,说:"我的民办教师被下了。今天会上宣布的。"

"你犯了什么王法?老天爷呀……"老母亲手里的舀面瓢一下子掉在锅台上,摔成了两瓣。

"是不是减教师哩?这几年民办教师不是一直都增加吗?怎么一下子又减开了?"父亲紧张地问他。

"没减……"

"那马店学校不是少了一个教师?"他母亲也凑到他跟前来了。

"没少……"

"那怎么能没少?不让你教了,那它不是就少了?"他父亲一脸的奇怪。

高加林烦躁地转过脸,对他父母亲发开了火:"你们真笨!不让我教了,人家不会叫旁人教?"

老两口这下子才恍然大悟。他父亲急得用瘦手摸着赤脚片儿,偷声缓气地问:"那他们叫谁教哩?"

"谁?谁!再有个谁!三星!"高加林又猛地躺在了铺盖上,拉了被子的一角,把头蒙起来。

老两口一下子木然了,满窑里一片死气沉沉。

这时候,听见外面雨点已经急促地敲打起了大地,风声和雨声逐渐加大,越来越猛烈。窗纸不时被闪电照亮,暴烈的雷声接二连三地吼叫着。外面的整个天地似乎都淹没在了一片混乱中。

高加林仍然蒙着头,他父亲鼻尖上的一滴清鼻涕颤动着,眼看要掉下来了,老汉也顾不得去揩;那只粗糙的手再也顾不得悠闲地捋下巴上的那撮白胡子了,转而一个劲地摸着赤脚片儿。他母亲身子向偻着伏在炕栏石上,不断用围裙擦眼睛。窑里静悄悄的,只听见锅台后面那只老黄猫的呼噜声。

外面暴风雨的喧嚣更猛烈了。风雨声中,突然传来了一阵"隆轰隆"的声音——这是山洪从河道里涌下来了。

足足有一刻钟,这个灯光摇晃的土窑洞失去了任何生气,三个人都陷入难受和痛苦中。

这个打击对这个家庭来说显然是严重的,对于高加林来说,他高中毕业没有考上大学,已经受了很大的精神创伤。亏得这三年教书,他既不要参加繁重的体力劳动,又有时间继续学习,对他喜爱的文科深入钻研。他最近在地区报上已经发表过两三篇诗歌和散文,全是这段时间苦钻苦熬的结果。现在这一切都结束了,他将不得不像父亲一样开始自己的农民生涯。他虽然没有认真地在土地上劳动过,但他是农民的儿子,知道在这贫瘠的山区当个农民意味着什么,农民啊,他们那全部伟大的艰辛他都一清二楚!他虽然从来也没鄙视过任何一个农民,但他自己从来都没有当农民的精神准备!不必隐瞒,他十几年拼命读书,就是为了不像他父亲一样一辈子当土地的主人(或者按他的另一种说法是奴隶)。虽然这几年当民办教师,但这个职业对他来说还是充满希望的。几年以后,通过考试,他或许会转为正式的国家教师。到那时,他再努力,争取做他认为更好的工作。可是现在,他所抱有的幻想和希望彻底破灭了。此刻,他躺在这里,脸在被角下面痛苦地抽搐着,一只手狠狠地揪着自己的头发。

对于高玉德老两口子来说,今晚上这不幸的消息就像谁在他们的头上敲了一棍。他们首先心疼自己的独生子:他从小娇生惯养,没受过苦,嫩皮嫩肉的,往后漫长的艰苦劳动怎能熬下去呀!再说,加林这几年教书,挣的全劳力工分,他们一家三口的日子过得并不紧巴。要是儿子不教书了,又急忙不习惯劳动,他们往后的日子肯定不好过。他们老两口都老了,再不像往年,只靠四只手在地里刨挖,也能供养儿子上学"求功名",想到所有这些可怕的后果,他们又难受,又恐慌。加林他妈在无声地啜泣;他爸虽然没哭,但看起来比哭还难受。老汉手把赤脚片摸了半天,开始自言自语叫起苦来:

"明楼啊,你精过分了!你能过分了!你强过分了!仗你当个大队书记,什么不讲理的事你都敢做嘛!我加林好好地教了三年书,你三星今年才高中毕业嘛!你怎好意思整造我的娃娃哩?你不要理了,连脸也不要了?明楼!你做这事伤天理哩!老天爷总有一天要睁眼呀!可怜我那苦命的娃娃!啊嘿嘿嘿嘿嘿……"

高玉德老汉终于忍不住哭出声来,两行浑浊的老泪在皱纹脸上淌下来,流进了下巴上那一撮白胡子中间。

高加林听见他父母亲哭,猛地从铺盖上爬起来,两只眼睛里闪着怕人的凶光。他对父母吼叫说:"你们哭什么!我豁出这条命,也要和他高明楼小子拼个高低!"说罢他便一纵身跳下炕来。

这一下子慌坏了高玉德。他也赤脚片跳下炕来,赶忙捉住了儿子的光胳膊。同时,他妈也颠着小脚绕过来,脊背抵在了门板上。老两口把光着上身的儿子堵在了脚地当中。

高加林急躁地对慌了手脚的两个老人说:"哎呀呀!我并不是要去杀人嘛!我是要写状子告他!妈,你去把书桌里我的钢笔拿来!"

高玉德听见儿子说这话,比看见儿子操起家具行凶还恐慌。他死死按着儿子的光胳膊,央告他说:"好我的小老子哩!你可千万不要闯这乱子呀!人家通天着哩!公社县上都踩得地皮响。你告他,除什么事也不顶,往后可把咱扣掐死呀!我老了,争不行这口气了;你还嫩,招架不住人家的打击报复。你可千万不能做这事啊……"

他妈也过来扯他的另一条光胳膊,接着他爸的话,也央告他说:"好我的娃娃哩,你爸说得对对的!高明楼心眼子不对,你告他,咱这家人往后就没活路了……"

高加林浑身硬得像一截子树桩,他鼻子口里喷着热气,根本不听二老的规劝,大声说:"反正这样活受气,还不如和他狗日的拼了!兔子急了还咬一口哩,咱这人活成个啥了!我不管顶事不顶事,非告他不行!"他说着,竭力想把两条光胳膊从四只衰老的手里挣脱出来。但那四只手把他抓得更紧了。两个老人哭成一气。他母亲摇摇晃晃的,几乎要摔倒了,嘴里一股劲央告说:

"好我的娃娃哩,你再犟,妈就给你下跪呀……"

高加林一看父母亲的可怜相,鼻子一酸,一把扶住快要栽倒的母亲,头痛苦地摇了几下,说:"妈妈,你别这样,我听你们的话,不告了……"

两个老人这才放开儿子,用手背手掌擦拭着脸上的泪水。高加林身子僵硬地靠在炕栏石上,沉重地低下头。外面,虽然不再打闪吼雷,雨仍然像瓢泼一样哗哗地倾倒着。河道里传来像怪兽一般咆哮的山洪声,令人毛骨悚然。

1. 作者简介

路遥(1949—1992),本名王卫国,出生于陕北榆林清涧县,中国当代作家,代表作有长篇小说《平凡的世界》《人生》等。曾任中国作家协会陕西分会党组成员、副主席。

路遥1949年12月2日出生于陕西陕北山区清涧县一个贫困的农民家庭,7岁时因为家里困难被过继给延川县农村的伯父。曾在延川县立中学学习,1969年回乡务农。这段时间里他做过许多临时性的工作,并在一农村小学教过一年书。1973年进入延安大学中文系学习,其间开始文学创作。大学毕业后,任《陕西文艺》(今为《延河》)编辑。1980年发表《惊心动魄的一幕》,获得第一届全国优秀中篇小说奖。1982年发表中篇小说《人生》,后被改编为电影。1991年完成百万字的长篇巨著《平凡的世界》,该小说以恢宏的气势和史诗般的品格,全景式地表现了改革时代中国城乡的社会生活和人们思想情感的巨大变化,还未完成即在中央人民广播电台广播。路遥因此获得茅盾文学奖。1992年11月17日上午,路遥因肝硬化腹水医治无效在西安逝世,年仅42岁。

2. 思考

试分析《人生》的主题意蕴和主要人物形象。

透明的红萝卜(节选)

秋天的一个早晨,潮气很重,杂草上、瓦片上都凝结着一层透明的露水。槐树上已经有了浅黄色的叶片,挂在槐树上的红锈斑斑的铁钟也被露水打得湿漉漉的。队长披着夹袄,一手里扦着一块高粱面饼子,一手里捏着一棵剥皮的大葱,慢吞吞地朝着钟下走。走到钟下时,手里的东西全没了,只有两个腮帮子像秋田里搬运粮草的老田鼠一样饱满地鼓着。他拉动钟绳,钟锤撞击钟壁,"喤喤喤"响成一片。老老少少的人从胡同里涌出来,汇集到钟下,眼巴巴地望着队长,像一群木偶。队长用力把食物吞咽下去,抬起袖子擦擦被络腮胡子包围着的嘴。人们一齐瞅着队长的嘴,只听到那张嘴一张开——那张嘴一张开就骂:"他娘的腿!公社里这些狗娘养的,今日抽两个瓦工,明日调两个木工,几个劳力全被他们给零打碎敲了。小石匠,公社要加宽村后的滞洪闸,每个生产队里抽调一个石匠,一个小工,只好你去了。"队长对着一个高个子宽肩膀的小伙子说。

小石匠长得很潇洒,眉毛黑黑的,牙齿是白的,一白一黑,衬托得满面英姿。他把脑袋轻轻摇了一下,一绺滑到额头上的头发轻轻地甩上去。他稍微有点口吃地问队长去当小工的人是谁,队长怕冷似地把膀子抱起来,双眼像风车一样旋转着,嘴里嘟嘟地说:"按说去个妇女好,可妇女要拾棉花。去个男劳力又屈了料。"最后,他的目光停在墙角上。墙角上站着一个十岁左右的男孩子。孩子赤着脚,光着脊梁,穿一条又肥又长的白底带绿条条的大裤头子,裤头上染着一块块的污渍,有的像青草的汁液,有的像干结的鼻血。裤头的下沿齐着膝盖。孩子的小腿上布满了闪亮的小疤点。

"黑孩儿,你这个小狗日的还活着?"队长看着孩子那凸起的瘦胸脯,说:"我寻思着你该去见阎王了。打摆子好了吗?"

孩子不说话,只是把两只又黑又亮的眼睛直盯着队长看。他的头很大,脖子细长,挑着这样一个大脑袋显得随时都有压折的危险。

"你是不是要干点活儿挣几个工分?你这个熊样子能干什么?放个屁都怕把你震倒。你跟上小石匠到滞洪闸上去当小工吧,怎么样?回家找把小锤子,就坐在那儿砸石头子儿,愿意动弹就多砸几块,不愿动弹就少砸几块,根据历史的经验,公社的差事都是胡弄洋鬼子的干活。"

孩子慢慢地蹭到小石匠身边,扯扯小石匠的衣角。小石匠友好地拍拍他的光葫芦头,说:"回家跟你后娘要把锤子,我在桥头上等你。"

孩子向前跑了。有跑的动作,没有跑的速度,两只细胳膊使劲甩动着,像谷地里被风吹动着的稻草人。人们的目光都追着他,看着他光着的背,忽然都感到身上发冷。队长把夹袄使劲扯了扯,对着孩子喊:"回家跟你后娘要件褂子穿着,嗐,你这个小可怜虫儿。"

他跷腿躐脚地走进家门。一个挂着两条清鼻涕的小男孩正蹲在院子里和着尿泥,看着他来了,便扬起那张扁乎乎的脸,挖挳着手叫:"可……可……抱……"黑孩弯腰从地上捡起一个浅红色的杏树叶儿,给后母生的弟弟把鼻涕擦了,又把粘着鼻涕的树叶象贴传单一样"巴唧"拍到墙上。对着弟弟摆摆手,他向屋里溜去,从墙上找到一把铁柄羊角锤子,又悄悄地溜出来。小男孩又冲着他叫唤,他找了一根树枝,围着弟弟画了一个大大的圆圈,扔掉树枝,匆匆向村后跑去。他的村子后边是一条不算大也不算小的河,河上有一座九孔石桥。河堤上长满垂柳,由于夏天大水的浸泡,树干上生满了红色的须根。现在水退了,须根也干巴了。柳叶已经老了,橘黄色的落叶随着河水缓缓地向前漂。几只鸭子在河边上游动着,不时把红色的嘴插到水草中,"呱唧呱唧"地搜索着,也不知吃到什么没有。

孩子跑上河堤,已经累得气喘吁吁。凸起的胸脯里像有只小母鸡在打鸣。

"黑孩!"小石匠站在桥头上大声喊他,"快点跑!"

黑孩用跑的姿势走到小石匠跟前,小石匠看了他一眼,问:"你不冷?"

黑孩怔怔地盯着小石匠。小石匠穿着一条劳动布的裤子,一件劳动布夹克式上装,上装里套一件火红色的运动衫,运动衫领子耀眼地翻出来,孩子盯着领口,像盯着一团火。

"看着我干什么?"小石匠轻轻拨拉了一下孩子的头,孩子的头像货郎鼓一样晃了晃。"你呀",小石匠说,"生被你后娘给打傻了。"

……

小石匠和黑孩悠悠逛逛地走到滞洪闸上时,闸前的沙地上已集合了两堆人。一堆男,一堆女,像两个对垒的阵营。一个公社干部拿着一个小本子站在男人和女人之间说着什么,他的胳膊忽而扬起来,忽而垂下去。小石匠牵着黑孩,沿着闸头上的水泥台阶,走到公社干部面前。小石匠说:"刘副主任,我们村来了。"小石匠经常给公社出官差,刘副主任经常带领人马完成各类工程,彼此认识。黑孩看着刘副主任那宽阔的嘴巴。那构成嘴巴的两片紫色嘴唇碰撞着,发出一连串音节:"小石匠,又是你这个滑头小子!你们村真他妈的会找人,派你这个笨箩捞不住的滑蛋来,够我淘的啦。小工呢?"

孩子感到小石匠的手指在自己头上敲了敲。

"这也算个人?"刘副主任捏着黑孩的脖子摇晃了几下,黑孩的脚跟几乎离了地皮。"派这么个小瘦猴来,你能拿动锤子吗?"刘副主任虎着脸问黑孩。

"行了,刘副主任,刘太阳。社会主义优越性嘛,人人都要吃饭。黑孩家三代贫农,社会主义不管他谁管他?何况他没有亲娘跟着后娘过日子,亲爹鬼迷心窍下了关东,一去三年没个影,不知是被熊瞎子舔了,还是被狼崽子吃了。你的阶级感情哪儿去了?"小石匠把黑孩从刘太阳副主任手里拽过来,半真半假地说。

黑孩被推搡得有点头晕。刚才靠近刘副主任时,他闻到了那张阔嘴里喷出了一股酒气。一闻到这种味儿他就恶心,后娘嘴里也有这种味。爹走了以后,后娘经常让他拿着地瓜干子到小卖铺里去换酒。后娘一喝就醉,喝醉了他就要挨打,挨拧,挨咬。

"小瘦猴!"刘副主任骂了黑孩一句,再也不管他,继续训起话来。

……

1. 作者简介

莫言,本名管谟业,山东高密人,中国当代著名作家。20世纪80年代中期以乡土作品崛起,充满着"怀乡"及"怨乡"的复杂情感,被归类为"寻根文学"作家。2000年,莫言的《红高粱》入选《亚洲周刊》评选的"20世纪中文小说100强"。2005年,莫言的《檀香刑》全票入围茅盾文学奖初选。2011年,莫言凭借作品《蛙》获得茅盾文学奖。2012年莫言获得诺贝尔文学奖。获奖理由:通过幻觉现实主义将民间故事、历史与当代社会融合在一起。2020年,莫言新作《晚熟的人》由人民文学出版社正式出版。

2. 思考

(1) 简要分析小说主人公黑孩的形象。

(2) 结合你对小说的理解,分析作者以"透明的红萝卜"作为小说题目有何用意?

有的人——纪念鲁迅有感

有的人活着

他已经死了;

有的人死了

他还活着。

有的人

骑在人民头上:"呵,我多伟大!"

有的人

俯下身子给人民当牛马。

有的人

把名字刻入石头想"不朽";

有的人

情愿作野草,等着地下的火烧。

有的人

他活着别人就不能活;

有的人

他活着为了多数人更好地活。

骑在人民头上的,

人民把他摔垮;

给人民做牛马的,

人民永远记住他!

把名字刻入石头的，
名字比尸首烂得更早；
只要春风吹到的地方，
到处是青青的野草。
他活着别人就不能活的人，
他的下场可以看到；
他活着为了多数人更好活的人，
群众把他抬举得很高,很高。

——1949年11月1日于北京

1. 作者简介

臧克家(1905—2004)，著名诗人，山东诸城人，曾用名臧瑷望，笔名少全、何嘉。臧克家是闻一多的学生、忠诚的爱国主义者，全国人民代表大会第二、第三届代表，全国政协第五、第六、第七、第八届委员，第七、第八届常务委员，中国作家协会第一、第二届理事，第三届理事、顾问，第四届顾问，第五、第六届名誉副主席，中国文联第三、第四届委员，第六、第七届荣誉委员，中国诗歌学会会长。臧克家曾任《诗刊》主编，第一部诗集是《烙印》，主要著有诗集《宝贝儿》、文艺论文集《在文艺学习的道路上》。

2. 思考

(1) 这首短诗的主题思想是什么？
(2) 诗歌的前四小节每节都有两个"有的人"，它们的意思相同吗？

双　桅　船

雾打湿了我的双翼，
可风却不容我再迟疑。
岸啊，心爱的岸，
昨天刚刚和你告别，
今天你又在这里。
明天我们将在，
另一个纬度相遇。
是一场风暴，一盏灯，
把我们联系在一起。
是一场风暴，另一盏灯，
使我们再分东西。
不怕天涯海角，
岂在朝朝夕夕。
你在我的航程上，
我在你的视线里。

1. 作者简介

舒婷，中国女诗人，出生于福建龙海市石码镇。1969年下乡插队，1972年返城当工人，1979年开始发表诗歌作品，1980年至福建省文联工作，从事专业写作。她与北岛、顾城、梁小斌等同是朦胧诗派的代表人物,主要著作有诗集《双桅船》《会唱歌的鸢尾花》《始祖鸟》,散文集《心烟》等。

2. 思考与练习

(1) 从全诗内容分析,双桅船象征着什么?

(2) 请对本诗最后四句所蕴含的情感进行简要分析。

乡 愁

小时候
乡愁是一枚小小的邮票
我在这头
母亲在那头

长大后
乡愁是一张窄窄的船票
我在这头
新娘在那头

后来啊
乡愁是一方矮矮的坟墓
我在外头
母亲在里头

而现在
乡愁是一湾浅浅的海峡
我在这头
大陆在那头

1. 作者简介

余光中(1928—2017),祖籍福建永春。1947年就读于金陵大学外文系,翌年转入厦门大学。同年随父母去了我国香港,次年到了我国台湾。1952年从我国台湾大学外文系毕业。1957年主编《蓝星》周刊。1959年获美国爱荷华大学艺术硕士学位。1974年至1985年任我国香港中文大学中文系教授。1985年回到我国台湾任教。已出版诗集有《在冷战的年代》《白玉苦瓜》《天狼星》《紫荆赋》《守夜人》等。

2. 思考

(1) 诗中用了哪些巧妙的比喻?有什么表达效果?

(2) 把乡愁推向顶点的是哪一节,表达了诗人怎样的愿望?

第八章 外国文学

第一节 外国文学简述

外国文学是指除我国文学以外世界各国从古到今的文学,包括西方文学和亚非文学两大部分,具有时间跨度大、地域涵盖广、内容异常丰富的特点。根据世界文学的发展状况,外国文学大致可分为古代、中世纪、近代和现代文学四个发展阶段。

在欧洲,"两希"(古希腊—罗马文学和希伯来基督教文学)文学向来被视为西方文学的两大源头。自古希腊文学繁荣时期过后的六七百年中,欧洲文学一直处于缓慢发展阶段,直至文艺复兴运动兴起,欧洲文学才重新焕发出生机。自此之后,欧洲文学再现高峰,出现了众多优秀的文学家及作品。欧洲文学发展脉络如下。

古希腊—罗马是欧洲文化的发源地,当欧洲其他地区还处在野蛮状态的时候,古希腊—罗马就已较早地进入了文明时期。它们相继由氏族社会过渡到奴隶社会,并且在奴隶制的社会条件下产生了高度发展的文化,为欧洲文化的繁荣奠定了基础。

古希腊文学在思想上、艺术上都具有首创的性质。它孕育了后世欧洲文学发展的各种因素。从公元前12世纪到公元前2世纪,古希腊文学一共经历了三个时期。第一个时期称为"荷马时代"或"英雄时代",是古希腊由氏族制度向奴隶制度过渡的时期,主要文学成就是神话和史诗。其中,神话又包括神的故事和英雄传说两部分。古希腊神话带有浓郁的人本主义色彩,神人同形同性,体现了人类童年时代的自由意志和乐观精神。保存神话最多的作品是荷马的两部史诗、赫西俄德的《神谱》和古希腊戏剧。荷马史诗包括《伊利昂纪》和《奥德修纪》,两部史诗皆以特洛伊战争为背景。《伊利昂纪》讲述的战争故事塑造了一系列骁勇善战的英雄人物,歌颂了他们的英雄主义精神;《奥德修纪》讲述战后奥德修返家的故事,反映的是人与自然斗争及与社会斗争的精神。两部史诗在颂扬英雄、肯定人力量的同时,也广泛反映了当时社会的政治、经济、文化、风俗等多方面情况。第二个时期称为"古典时期",是古希腊文学的繁荣期。主要文学成就是抒情诗、散文、寓言、悲剧、喜剧和文艺理论等。这一时期戏剧成就最大,出现了三大悲剧诗人埃斯库罗斯、索福克勒斯、欧里庇得斯,三人的代表作分别为《被缚的普罗米修斯》《俄狄浦斯王》《美狄亚》。古希腊悲剧多表现人的意志与命运的冲突,在冲突中赞颂人对不合理命运的抗争精神,具有震慑人心的力量。而古希腊喜剧多取材于现实生活,针砭时弊,用轻松的形式表达严肃的主题,代表作家为阿里斯托芬。第三个时期称为"希腊化时期",这一时期古希腊奴隶制度走向衰落,古希腊沦为殖民地,其文化在一些地区扩散。主要成就是新喜剧和田园诗。新喜剧的代表作家是米南德。古希腊文学重视现世人生和个性自由发展的人本思想,这也成为后来西方文学的精神质素。

古代罗马文学在对古希腊文学的继承中发展,其主要成就有诗歌、戏剧、散文。诗歌领域有三大诗人:维吉尔、贺拉斯、奥维德。维吉尔的代表作《埃涅阿斯纪》是欧洲文学史上第一部文人史诗。贺拉斯是一位重要的文学理论家,其文艺理论著作是《诗艺》。奥维德的《变形记》是古希腊罗马神话的整体汇编。古罗马戏剧方面代表作家有普劳图斯和泰伦斯,散文方面代表作家有西塞罗等。

西方文学的另一源头是希伯来基督教文学。基督教的经典著作《圣经》开启了基督教文明的文化传统。希伯来基督教文学与古希腊—罗马文学相融合,成为欧洲文学的深厚根基。

"两希"传统分别蕴含着西方文化中重要的两个意识——世俗人本意识和宗教人本意识,欧洲近现代文学中关于人文观念的基本内核,主要来自这两大意识,这两大意识在欧洲文学漫长的历史流变过程中呈现矛盾冲突与互补融合之势。

西方中世纪文学,指欧洲封建社会初期和中期的文学,主要有教会文学、骑士文学、英雄史诗和城市文学。

教会文学取材于《圣经》,主要用于赞美上帝和歌颂圣徒的德行,宣扬禁欲主义和来世主义。骑士文学属于世俗封建主义文学,以描写骑士的爱情和冒险故事、宣扬和美化骑士精神为基本内容,包括抒情诗和叙事诗。最为有名的是普罗旺斯的"破晓歌"、不列颠王亚瑟和他的圆桌骑士的故事,如《特里斯丹和伊瑟》等。英雄史诗分前期和后期,前期依然是描写部落英雄的传说,有神魔色彩和巫术气氛;后期属于封建国家形成时期,史诗的主题是歌颂忠君爱国的英雄人物,主要作品有法国的《罗兰之歌》、德国的《尼伯龙根之歌》、西班牙的《熙德之歌》、俄国的《伊戈尔远征记》。城市文学主要反映中世纪城市生活面貌和新兴市民阶层的思想愿望,格调诙谐幽默,代表作有讽刺故事诗《列那狐的故事》。在中世纪文学中,出现了具有划时代意义的意大利诗人但丁,他的代表作《神曲》最先体现了中世纪文学传统和近代文学传统的碰撞和交融,该作品既是中世纪文学的总结,又揭开了近代文学的序幕,标志着中世纪文学向近代文学过渡。诗中那种上下求索的精神,也成为人类在迷惘和苦难中追求至善至美的一种象征。

14世纪至1917年俄国十月革命为西方近代文学时期。14世纪至17世纪初是欧洲的文艺复兴时期,这一时期的文学创作主要发生在意大利、法国、西班牙与英国。文学形式丰富多彩,有十四行诗、短篇小说、长篇小说和戏剧等,为近代文学体裁的完善奠定了基础。意大利是人文主义文学的诞生地,彼特拉克是意大利人文主义文学的先驱,他在《歌集》中创造性地使用民歌的十四行诗体,使之成为欧洲诗歌中的一种抒情诗体。小说家薄伽丘的《十日谈》第一次用现实主义手法,反映了14世纪意大利的社会现实,宣扬了"幸福在人间"的现世思想。法国文学中的长篇小说作家拉伯雷,其《巨人传》赞美了从宗教束缚中走出的顶天立地的巨人,表达了"畅饮知识、畅饮爱情、畅饮真理"的人生态度,歌颂人的力量。还有法国文学史上第一个文学团体"七星诗社"、散文家蒙田等。西班牙文学出现了一种新型小说——流浪汉小说,代表作为无名氏的《小癞子》。西班牙小说发展的顶峰是塞万提斯的《堂吉诃德》,这本小说塑造了一个脱离实际、沉湎于幻想、为理想百折不回的悲剧形象。英国人文主义文学是整个欧洲人文主义文学的顶峰。早在14世纪,乔叟就被誉为"英国诗歌之父",其代表作《坎特伯雷故事集》勾勒了一幅当时英国社会的风情民俗画卷。接下来还出现了莫尔的《乌托邦》、斯宾塞的《仙后》等。此外,莎士比亚是英国文学史上伟大的戏剧家和诗人,是人文主义文学杰出的代表,也是近代欧洲文学的奠基者之一,其悲剧作品主要写理想与现实的矛盾,四大悲剧《哈姆雷特》《奥赛罗》《李尔王》《麦克白》塑造了一系列性格复杂、内心丰富的著名悲剧人物形象。莎士比亚的戏剧作品为世界戏剧艺术的发展做出了重要贡献,是人类宝贵的精神财富。他不属于一个时代,而属于所有的世纪。

17世纪,欧洲社会思潮弥漫着一种理性精神,并产生了三种文学:第一种是巴洛克文学,特点是华丽纤巧、过分雕琢，还有宗教的梦幻色彩。第二种是英国资产阶级文学，代表诗人为弥尔顿，其代表作有《失乐园》《复乐园》《力士参孙》，表达了资产阶级清教徒的革命激情与顽强的意志力。第三种是法国古典主义文学，包括悲剧、喜剧、文学理论。法国古典主义悲剧的创始人高乃依，其代表作《熙德》歌颂了责任、义务、理性高于一切的精神。拉辛的《安德洛玛克》谴责了情欲横流、丧失理智的贵族人物。喜剧家莫里哀是继莎士比亚之后，欧洲戏剧史上成就最高、影响最大的戏剧家，他把欧洲的喜剧提到了真正接近近代戏剧的水平。莫里哀的代表作《吝啬鬼》塑造了"著名"吝啬鬼阿巴贡的形象，《伪君子》塑造了"著名"伪君子答尔丢夫的形象，揭示了教会的伪善。

　　18世纪，随着资产阶级的日益壮大，在思想文化领域资产阶级又掀起了启蒙运动，产生了启蒙文学，兴起了以孟德斯鸠、伏尔泰、狄德罗、卢梭等为首的启蒙思想家，即"百科全书派"。英国文学主要是现实主义小说，奠基者笛福的代表作《鲁滨逊漂流记》描写了一个开拓者的形象，是欧洲文学史上资产阶级的第一个正面形象。斯威夫特的《格列佛游记》用极度夸张的手法嘲讽了英国的党争现象。理查生擅长人物心理描写，其书信体小说《克拉丽莎》对后人创作产生重大影响。18世纪80年代，英国出现一股感伤主义文学潮流，其名字是由斯泰恩的小说《感伤旅行》而得来的，感伤主义成为后来欧洲浪漫主义文学运动的先驱。

　　法国是欧洲启蒙运动的中心，启蒙思想家擅长用小说阐述自己的哲学思想、社会观点，形成"哲理小说"。其中主要有孟德斯鸠的《波斯人信札》、伏尔泰的《老实人》、狄德罗的《修女》《拉摩的侄儿》、卢梭的《爱弥儿》《新爱洛绮丝》等。卢梭的政治理论著作《社会契约论》成为资产阶级民主革命时期许多国家的"福音书"，对法国大革命有过直接影响。

　　德国文学在期望民族统一的基础上发展起来。18世纪70—80年代，德国发生"狂飙突进"运动。一群德国文学青年在英、法启蒙思想的影响下，要求个性解放，推崇自然和自我，并出现了一大批作家，如林尔德尔、席勒、歌德，代表作品是席勒的《强盗》《阴谋与爱情》和歌德的《少年维特之烦恼》等。18世纪末到19世纪初是德国的"古典主义时期"，在这一时期德国文学走向成熟。歌德是德国文学中伟大的诗人代表，《少年维特之烦恼》对后来的浪漫主义文学影响重大。代表作《浮士德》描写了浮士德追求、探索的一生，浮士德是欧洲知识分子渴望摆脱蒙昧、勇往直前的优秀者形象，他不断超越自身弱点，在"灵"与"肉"、"善"与"恶"的冲突中追求理想境界，奋斗不息，成为人类进取精神的代表。《浮士德》丰富了人类的精神创造。

　　18世纪末到19世纪初出现了浪漫主义文学思潮。该思潮反对理性，注重表现主观理想，抒发强烈的个人感情。浪漫主义文学在各国都出现了重要作家：英国出现了"湖畔派"三诗人——华兹华斯、柯勒律治、骚塞，后起的诗人有雪莱、济慈、拜伦等。拜伦在《东方叙事诗》中塑造了一系列"拜伦式"的英雄形象，是诗人孤散叛逆性格的最好表现。长篇讽刺叙事诗《唐璜》是一部反映了时代精神的史诗，通过唐璜这个听天由命的幸运者，以一种嘲讽的批判态度，广泛涉及欧洲社会生活的方方面面。萨克雷以《名利场》表现了追名逐利者的种种行径。狄更斯以浓厚的人道主义精神观照社会各个阶层的生活面貌，特别注重描写孤儿的种种遭遇。其代表作《双城记》以法国大革命为背景，揭露了暴行的可怕后果，呼吁发扬人道主义精神。

　　俄国文学出现一种深沉的悲怆情调，出现一系列贵族知识分子的"多余人"形象，以及麻木的小人物形象。最有名的是讽刺喜剧《钦差大臣》和小说《死魂灵》，分别讽刺挖苦了俄国社会的官僚阶层和地主阶层，表达出对祖国深切的忧虑。屠格涅夫的《前夜》《父与子》，陀思妥耶夫斯基的《罪与罚》《卡拉玛佐夫兄弟》，都是人类文学史上的宝贵遗产。

　　19世纪后期文学的主要潮流依然是批判现实主义文学。法国出现了法朗士、都德等作家。莫泊桑是世界文学三大"短篇小说之王"之一，其名作有《项链》《我的叔叔于勒》《羊脂球》。英国的哈代是一个悲观主义小说家,《还乡》《无名的裘德》《德伯家的苔丝》,都涉及人物与命运的抗争及失败的结局,具有古希腊悲剧的艺术特点。俄国19世纪后期出现的短篇小说家和戏剧家契诃夫,讽刺现实,向往朦胧的未来是他的创作基调。托尔斯泰在《战争与和平》《安娜·卡列尼娜》《复活》中,探讨了众多的社会问题。挪威易卜生的剧作是继莎士比亚、莫里哀之后的第三个戏剧高峰,有"现代戏剧之父"之称,他的名剧有《群鬼》《玩偶之家》等。马克·吐温是这一时期美国文学的代表作家。其长篇小说《哈克贝利·费恩历险记》反映了典型的美国精神,即摆脱各种束缚、追求自由的精神。

20世纪文学出现了令人眼花缭乱的多元现象,无产阶级文学、现代主义文学、现实主义文学等共同发展。

俄国十月革命后出现了苏联文学,代表作有肖洛霍夫的长篇小说《静静的顿河》,是顿河地区哥萨克人的史诗级作品。高尔基的代表作《母亲》则是无产阶级文学的典型作品。法国现实主义文学继续向深度发展,主要代表作家是罗曼·罗兰,他坚持人道主义精神,他的代表作有《贝多芬传》《甘地传》《米开朗琪罗传》。其著名长篇小说《母与子》《约翰·克利斯朵夫》,都贯穿着一种与现实抗争、追求真善美的理想主义精神。在英国,许多作家在创作中已经吸收同时代许多现代主义新手法,出现"向内转"的倾向,如戈尔丁的《蝇王》,就有人将其列入现代主义作品的范畴。

美国文学在20世纪异军突起,大师辈出。欧·亨利是著名的短篇小说大师,被誉为"美国的莫泊桑"。杰克·伦敦具有生命意识的《马丁·伊登》、德莱赛反映现实的"人间悲剧"作品、菲茨杰拉德的幻灭性创作《了不起的盖茨比》,都为美国文学添光加彩。海明威则创造了一种"电报式"小说风格,以简练、含蓄的文笔塑造了一系列"硬汉"形象,成为欧洲战后"迷惘的一代"的代表作家,其代表作有《太阳照常升起》《永别了武器》《丧钟为谁而鸣》《老人与海》等。

20世纪的现代主义文学是众多文艺流派思潮的总称,其主要流派有以下几种。

以第二次世界大战为界,主要流派有后期象征主义、未来主义、超现实主义、表现主义、意识流小说等。象征主义的特征是创造"病态的美",表现内心的"最高真实",运用象征暗示,在幻觉中构筑意象,用音乐性增加冥想效应。代表诗人有瓦莱里、叶芝、庞德、艾略特等。艾略特代表作《荒原》深刻地揭示了失去神性的现代西方文化乃至整个人类文化发展的本真状态,是现代派诗歌登峰造极之作,其后期作品《四个四重奏》表达了一众现代诗人渴求价值归宿的内在愿望。表现主义强调突破事物的外在表象,代表剧作家有美国的奥尼尔,其《琼斯皇》将人物心理诉诸外在戏剧化。奥地利(现在的捷克)小说家卡夫卡是现代派小说的宗师,他用似真似幻的夸张手法描绘了一系列弱者的荒诞故事,如《变形记》《城堡》《审判》等,表现了人面对世界的无奈与恐惧。意识流小说以象征暗示、内心独白、自由联想等为主要创作手法,代表作家有美国的福克纳《喧哗与骚动》、法国的普鲁斯特《追忆似水年华》、英国伍尔芙的《到灯塔去》、乔伊斯的《尤利西斯》《都柏林人》《青年艺术家的肖像》等。其中,《尤利西斯》被认为是"西方文学史上的一部奇书"。

第二次世界大战后现代主义又称后现代主义,主要有存在主义文学、荒诞派戏剧、新小说派、黑色幽默、魔幻现实主义等。存在主义文学产生于法国,后风靡全球,基本主题是表现荒诞与痛苦,代表人物有萨特、加缪等人。加缪的《局外人》描绘了"荒诞世界的荒诞感情",《鼠疫》对人生意义进行了探讨。萨特的创作是其哲学的文学阐释,《禁闭》则形象地表达了"他人就是地狱"这一命题。20世纪50年代,法国兴起了荒诞派戏剧,以支离破碎的舞台形象直喻抽象、荒诞的主题,是著名的"反戏剧",代表作品有尤奈斯库的《秃头歌女》、贝克特的《等待戈多》等。《等待戈多》表达了人类一连串的失败记录和绝望心理。20世纪60年代法国兴起了新小说派，代表作家有萨洛特、西蒙、布托尔等，这些作家反对传统小说的倾向性，主张作家"毅然决然地站在物之外"，不赋予它任何意义和感情色彩。60年代黑色幽默风行于美国，是一种展现绝望的幽默，代表作家有冯尼格特、品钦等。海勒被认为是"黑色幽默"的一面旗帜，代表作《第二十二条军规》表达了一种人类难以超越的困厄。魔幻现实主义产生于20世纪中期的拉丁美洲，这类作品将传统意识、神话传说、民间故事、宗教习俗等运用到小说中，代表作有马尔克斯的《百年孤独》等。"垮掉的一代"风行于美国，一群男女青年作家以放荡不羁的态度否定一切既存秩序，以此反抗全社会，如金斯堡的《嚎叫》。

在东方，文学初始早于西方，大约出现在公元前5000年前。源于两河流域的古代亚非文明是世界文明的摇篮。原始社会末期到奴隶社会时期，亚非文学成就灿烂辉煌。古代亚非文学成就最大、影响最深的是古埃及文学、古巴比伦文学、古希伯来文学和古印度文学。其中，古埃及文学和古巴比伦文学是世界上最古老的文学。古埃及的宗教诗歌汇编《亡灵书》是人类最早的书面文学作品，也是一部庞大的宗教性诗文集，其中汇入了大量的神话诗、歌谣、咒语等，有利于后人了解与研究古埃及人民的生活习俗、思想意识、世界观及宗教信仰。古巴比伦也是人类文明的发源地之一，《吉尔伽美什史诗》是人类第一部史诗，描写了一个勇武非凡、为民建功立业的城邦英雄。古希伯来的《旧约》是世界上第一部文学总集，包括神话传说、史诗性作品、史传文学、先知文学、诗歌、诗剧、小说等，是一个苦难民族的心声倾诉。同时，作为犹太教的经典，它成为后来基督教《圣经》的组成部分，对欧洲社会产生了极深远的影响，也为欧洲文学艺术创作提供了丰厚的土壤，以至古希伯来基督教文学与古希腊、罗马文学一起成为欧洲文学发展的两大源头。古印度文学的重要成就有诗歌总集《吠陀》、两大史诗《摩诃婆罗多》和《罗摩衍那》、故事集《五卷书》，还有迦梨陀娑的诗歌和戏剧，如代表作《沙恭达罗》等。

在封建社会的初期和中期，在中古亚非文学中以日本文学、波斯文学和阿拉伯文学成就最为辉煌。日本出现最大的和歌总集《万叶集》、综合性古典文献《占事要略》，俳句，物语小说。平安时期紫式部的长篇小说《源氏物语》展示了日本封建宫廷的腐朽生活，也是世界文学史上最早的长篇小说。中古波斯出现了三大诗，菲尔多西的史诗《王书》（又译《列王记》）、萨迪的哲理性叙事诗《果园》和《蔷薇园》是享誉世界的作品。中古阿拉伯民间故事集《一千零一夜》是一部规模庞大、内容丰富、流传甚广的民间故事集，被高尔基誉为"最壮丽的一座纪念碑"。还有朝鲜的《春香传》和越南的《金元翘传》，也是当时该国的小说名作。

近代亚非文学指19世纪中期至20世纪初期的文学。这一时期开始出现殖民地和半殖民地，这种情况下，东方文学普遍受到欧美文化的浸染，其中，最具有代表性的是日本和印度文学。日本近代文学是亚非文学中唯一在资本主义社会条件下兴起的资产阶级文学，各种思潮流派迅速更迭，并有自己的民族特点，如出现批判现实生义、浪漫主义、自然主义、唯美主义、白桦派等重要文学流派和一批著名作家。夏目漱石是日本近代杰出的现实主义作家，其代表作《我是猫》一方面批判了现实社会的丑恶，另一方面也表现了知识分子的诸多弱点。自然主义是近代日本文学史上占有重要地位的文学流派，主张自我暴露与自我忏悔，注重本能，代表作家有田山花袋等。印度近代文学的主流是在民族解放斗争中产生的反帝、反殖民、反封建的资产阶级民主主义文学。其光辉代表泰戈尔在世界文学界占有重要地位，他也是第一个获得诺贝尔奖的东方作家，其著名英文诗集有《新月集》《园丁集》《飞鸟集》，代表作《吉檀迦利》表达了诗人追求理想境界的泛神思想，表现了诗人在神学与哲学方面的诗意沉思。另外，泰戈尔的小说作品《沉船》《戈拉》等也十分脍炙人口。

现代亚非文学指俄国十月革命以来的20世纪亚非地区的文学。它是在十月革命和两次世界大战背景下产生的,也是近代文学的延续和发展,并以新的面貌呈现出繁荣的景象。日本文学派别繁多,无产阶级文学一度成为主流。代表作家有小林多喜二和德永直,二者的代表作分别为《蟹工船》和《没有太阳的街》,这两部作品被称为日本无产阶级文学的双璧。资产阶级文学流派影响最大的是新感觉派,新感觉派是欧美现代主义文学在日本生根发芽的标志,其代表作家川端康成的创作给日本带来了世界性声誉。印度现代文学以现实主义创作为主,表现出强烈的反帝反封建和爱国的倾向。其中最杰出的作家是普列姆昌德,其代表作《戈丹》描写了一个农民悲惨的生活史。阿拉伯地区现代文学有长足发展,出现"叙美派"文学和"埃及现代派"文学,表现出借鉴西方文学文化的倾向,埃及的迈哈富兹就是其中著名作家。

当代亚非文学指第二次世界大战结束以后亚非地区的文学。日本有"战后派""第三新人"等流派,著名作家有三岛由纪夫、大江健三郎等,大江健三郎的代表作为《万延元年的足球队》。川端康成横跨现当代文学史,他的《雪国》《伊豆的舞女》等作品表现出一种悲美风格。值得注意的是非洲文学的崛起。非洲黑人地区的文学在民族解放运动中获得新生,一批引人注目的民族作家的创作和"黑人性"文学主张使黑人文学在世界文学中占有一席之地。著名的作家有塞内加尔的乌斯曼、尼日利亚的索因卡、南非的戈迪默、埃及的马哈福兹,后三位作家分别获得诺贝尔文学奖,为非洲文化增加了绚丽的色彩。

综观外国文学史,可看到其在发展的过程中呈现出以下几个特点。

一是发展的不平衡性。不同国家和地区文学的发展呈现出明显的不平衡。在欧洲,古希腊、罗马文学率先出现,并成为外国文学繁荣的第一个阶段,但自此之后,特别是古希腊文学,在之后的几千年中再无起色,之后欧洲文学的发展重心转移至文艺复兴的发起地意大利,18世纪以后又转移到了西欧的英国和法国,19世纪至20世纪转移至俄国、美国及北欧。在东方同样如此,在东方文学发展史上,古代时期名作家不断涌现,文学呈现欣欣向荣之势,东方文学由古代过渡到中古时期;文学一度繁荣的古埃及和古印度也并未保持其发展势头,古希伯来文学传统则向西方迁徙。到了中世纪,文学发展重心又转移至日本、阿拉伯和波斯。

二是发展的阶段性。在欧洲,文学分为古希腊罗马文学、中世纪文学、文艺复兴文学(文艺复兴流派)、17世纪古典主义文学(古典主义流派)、18世纪启蒙主义文学(启蒙主义流派)、19世纪初浪漫主义文学(浪漫主义流派)、19世纪中后期现实主义文学(包括自然主义流派和象征主义流派)、20世纪文学(包含意识流、超现实主义、表现主义、存在主义、荒诞派、新小说、黑色幽默、魔幻现实主义等流派),这些文学发展阶段与文学流派之间彼此衔接并且有的同时出现,发展脉络清晰,呈现逐浪走高之势。东方文学的发展则呈现忽高忽低的特点。

三是发展的差异性。欧洲文学与东方文学在内容特点、意识形态和艺术风格上有很大的不同,根源上反映的是东西方各民族在价值观、审美意识、生活习俗、宗教信仰等的方面不同。

四是发展的交融性。东西方文学在其发展的历史长河中,时常有融合互补之势,《圣经》本为希伯来文学,但是在整个文学发展过程中,对西方文学产生了非常大的影响,近现代西方文学中的众多流派对东方文学的影响也是有目共睹的。

中国文学下的外国文学广义上被称为比较文学与世界文学,旨在寻求文化共性。因此,在学习外国文学作品的过程中要注意三点:一是注意文学文本细读的重要性;二是要具备文化全球化视野,各国各民族文学共同构成了世界文学,文学是国与国、民与民之间情感交流和审美交流的重要工具,不应受到地区、国家、民族的限制,更应该超越政治、经济等利益的驱动;三是要注重"为我所用",在学习外国文学的过程中,要在本民族文学的基础上吸取其精华,不仅要将其作为提高思想政治教育和素质教育的重要工具,而且要使之成为扩展文化视野的一个重要途径。

第二节 外国文学作品选读

哈姆雷特(节选)

第二幕 第二场 城堡中的一室

波洛涅斯:啊,恕我冒昧。您好,哈姆雷特殿下?

哈姆雷特:咹,上帝怜悯世人!

波洛涅斯:您认识我吗,殿下?

哈姆雷特:认识认识,你是一个鱼贩子。

波洛涅斯:我不是,殿下。

哈姆雷特:那么我但愿你是一个和鱼贩子一样的老实人。

波洛涅斯:老实,殿下!

哈姆雷特:嗯,先生;在这世上,一万个人中间只不过有一个老实人。

波洛涅斯:这句话说得很对,殿下。

哈姆雷特:要是太阳能在一条死狗尸体上孵育蛆虫,因为它是一块可亲吻的臭肉——你有一个女儿吗?

波洛涅斯:我有,殿下。

哈姆雷特:不要让她在太阳光底下行走;肚子里有学问是幸福,但不是像你女儿肚子里会有的那种学问。朋友,留心哪。

波洛涅斯:(旁白)你们瞧,他念念不忘地提我的女儿;可是最初他不认识我,他说我是一个卖鱼的贩子。他的疯病已经很深了,很深了。说句老实话,我在年轻的时候,为了恋爱也曾大发其疯,那样子也跟他差不多哩。让我再去对他说话。——您在读些什么,殿下?

哈姆雷特:都是些空话,空话,空话。

波洛涅斯:讲的是什么事,殿下?

哈姆雷特:谁同谁的什么事?

波洛涅斯:我是说您读的书里讲到些什么事,殿下。

哈姆雷特:一派诽谤,先生;这个专爱把人讥笑的坏蛋在这儿说着,老年人长着灰白的胡须,他们的脸上满是皱纹,他们的眼睛里沾满了眼屎,他们的头脑是空空洞洞的,他们的两腿是摇摇摆摆的;这些话,先生,虽然我十分相信,可是照这样写在书上,总有些有伤厚道;因为就是拿您先生自己来说,要是您能够像一只蟹一样向后倒退,那么您也应该跟我一样年轻了。

波洛涅斯:(旁白)这些虽然是疯话,却有深意在内。——您要走进里边去吗,殿下?别让风吹着!

哈姆雷特:走进我的坟墓里去?

波洛涅斯:那倒真是风吹不着的地方。(旁白)他的回答有时候是多么深刻!疯狂的人往往能够说出理智清明的人所说不出来的话。我要离开他,立刻就去想法让他跟我的女儿见面。——殿下,我要向您告别了。

哈姆雷特:先生,那是再好没有的事;但愿我也能够向我的生命告别,但愿我也能够向我的生命告别,但愿我也能够向我的生命告别。

波洛涅斯:再会,殿下。(欲去。)

哈姆雷特:这些讨厌的老傻瓜!

罗森格兰兹及吉尔登斯吞重上。

波洛涅斯:你们要找哈姆雷特殿下,那儿就是。

罗森格兰兹:上帝保佑您,大人!(波洛涅斯下。)

吉尔登斯吞:我的尊贵的殿下!

罗森格兰兹:我的最亲爱的殿下!

哈姆雷特:我的好朋友们!你好,吉尔登斯吞?啊,罗森格兰兹!好孩子们,你们两人都好?

罗森格兰兹:不过像一般庸庸碌碌之辈,在这世上虚度时光而已。

吉尔登斯吞:无荣无辱便是我们的幸福;我们高不到命运女神帽子上的纽扣。

哈姆雷特:也低不到她的鞋底吗?

罗森格兰兹:正是,殿下。

哈姆雷特:那么你们是在她的腰上,或是在她的怀抱之中吗?

吉尔登斯吞:说老实话,我们是在她的私处。

哈姆雷特:在命运身上秘密的那部分吗?啊,对了;她本来是一个娼妓。你们听到什么消息没有?

罗森格兰兹:没有,殿下,我们只知道这世界变得老实起来了。

哈姆雷特:那么世界末日快到了;可是你们的消息是假的。让我再仔细问问你们;我的好朋友们,你们在命运手里犯了什么案子,她把你们送到这儿牢狱里来了?

吉尔登斯吞:牢狱,殿下!

哈姆雷特:丹麦是一所牢狱。

罗森格兰兹:那么世界也是一所牢狱。

哈姆雷特:一所很大的牢狱,里面有许多监房、囚室、地牢;丹麦是其中最坏的一间。

罗森格兰兹:我们倒不这样想,殿下。

哈姆雷特:啊,那么对于你们它并不是牢狱;因为世上的事情本来没有善恶,都是各人的思想把它们分别出来的;对于我它是一所牢狱。

罗森格兰兹:啊,那是因为您的雄心太大,丹麦是个狭小的地方,不够给您发展,所以您把它看成一所牢狱啦。

哈姆雷特:上帝啊!倘不是因为我总做噩梦,那么即使把我关在一个果壳里,我也会把自己当作一个拥有着无限空间的君王的。

吉尔登斯吞:那种噩梦便是您的野心;因为野心家本身的存在,也不过是一个梦的影子。

哈姆雷特:一个梦的本身便是一个影子。

罗森格兰兹：不错,因为野心是那么空虚轻浮的东西,所以我认为它不过是影子的影子。

哈姆雷特：那么我们的乞丐是实体,我们的帝王和大言不惭的英雄,却是乞丐的影子了。我们进宫去好不好？因为我实在不能陪着你们谈玄说理。

罗森格兰兹、吉尔登斯吞：我们愿意侍候殿下。

哈姆雷特：没有的事,我不愿把你们当作我的仆人一样看待；老实对你们说吧,在我旁边侍候我的人全很不成样子。可是,凭着我们多年的交情,老实告诉我,你们到艾尔西诺来有什么贵干？

罗森格兰兹：我们是来拜访您来的,殿下；没有别的原因。

哈姆雷特：像我这样一个叫花子,我的感谢也是不值钱的,可是我谢谢你们；我想,亲爱的朋友们,你们专程而来,只换到我的一声不值半文钱的感谢,未免太不值得了。不是有人叫你们来的吗？果然是你们自己的意思吗？真的是自动的访问吗？来,不要骗我。来,来,快说。

吉尔登斯吞：叫我们说些什么话呢,殿下？

哈姆雷特：无论什么话都行,只要不是废话。你们是奉命而来的；瞧你们掩饰不了你们良心上的惭愧,已经从你们的脸色上招认出来了。我知道是我们这位好国王和好王后叫你们来的。

罗森格兰兹：为了什么目的呢,殿下？

哈姆雷特：那可要请你们指教我了。可是凭着我们朋友间的道义,凭着我们少年时候亲密的情谊,凭着我们始终不渝的友好的精神,凭着比我口才更好的人所能提出的其他一切更有力量的理由,让我要求你们开诚布公,告诉我究竟你们是不是奉命而来的？

罗森格兰兹：（向吉尔登斯吞旁白）你怎么说？

哈姆雷特：（旁白）好,那么我看透你们的行动了。——要是你们爱我,别再抵赖了吧。

吉尔登斯吞：殿下,我们是奉命而来的。

哈姆雷特：让我代你们说明来意,免得你们泄漏了自己的秘密,有负国王、王后的付托。我近来不知为了什么缘故,一点兴致都提不起来,什么游乐的事都懒得过问；在这一种抑郁的心境之下,仿佛负载万物的大地,这一座美好的框架,只是一个不毛的荒岬；这个覆盖众生的苍穹,这一顶壮丽的帐幕,这个金黄色的火球点缀着的庄严的屋宇,只是一大堆污浊的瘴气的集合。人类是一件多么了不得的杰作！多么高贵的理性！多么伟大的力量！多么优美的仪表！多么文雅的举动！在行为上多么像一个天使！在智慧上多么像一个天神！宇宙的精华！万物的灵长！可是在我看来,这一个泥土塑成的生命算得了什么？人类不能使我发生兴趣；不,女人也不能使我发生兴趣,虽然从你现在的微笑之中,我可以看到你在这样想。

第三幕　第一场　城堡中的一室

国王、王后、波洛涅斯、奥菲利娅、罗森格兰兹及吉尔登斯吞上。

国王：你们不能用迂回婉转的方法,探出他为什么这样神魂颠倒,让紊乱而危险的疯狂困扰他的安静的生活吗？

罗森格兰兹：他承认他自己有些神经迷惘,可是绝口不肯说为了什么缘故。

吉尔登斯吞：他也不肯虚心接受我们的探问；当我们想要引导他吐露他自己的一些真相的

时候，他总是用假作痴呆的神气故意回避。

王后：他对待你们还客气吗？

罗森格兰兹：很有礼貌。

吉尔登斯吞：可是不大自然。

罗森格兰兹：他很吝惜自己的话，可是我们问他话的时候，他回答起来却是毫无拘束。

王后：你们有没有劝诱他找些什么消遣？

罗森格兰兹：娘娘，我们来的时候，刚巧有一班戏子也要到这儿来，给我们赶过了；我们把这消息告诉了他，他听了好像很高兴。现在他们已经到了宫里，我想他已经吩咐他们今晚为他演出了。

波洛涅斯：一点不错；他还叫我来请两位陛下同去看看他们演得怎样哩。

国王：那好极了；我非常高兴听见他在这方面感兴趣。请你们两位还要更进一步鼓起他的兴味，把他的心思移转到这种娱乐上面。

罗森格兰兹：是，陛下。（罗森格兰兹、吉尔登斯吞同下。）

国王：亲爱的乔特鲁德，你也暂时离开我们；因为我们已经暗中差人去唤哈姆雷特到这儿来，让他和奥菲利娅见见面，就像他们偶然相遇一般。她的父亲跟我两人将要权充一下密探，躲在可以看见他们，却不能被他们看见的地方，注意他们会面的情形，从他的行为上判断他的疯病究竟是不是因为恋爱上的苦闷。

王后：我愿意服从您的意旨。奥菲利娅，但愿你的美貌果然是哈姆雷特疯狂的原因；更愿你的美德能够帮助他恢复原状，使你们两人都能安享尊荣。

奥菲利娅：娘娘，但愿如此。（王后下。）

波洛涅斯：奥菲利娅，你在这儿走走。陛下，我们就去躲起来吧。（向奥菲利娅）你拿这本书去读，他看见你这样用功，就不会疑心你为什么一个人在这儿了。人们往往用至诚的外表和虔敬的行动，掩饰一颗魔鬼般的内心，这样的例子是太多了。

国王：（旁白）啊，这句话是太真实了！它在我的良心上抽了多么重的一鞭！涂脂抹粉的娼妇的脸，还不及掩藏在虚伪的言辞后面的我的行为更丑恶。难堪的重负啊！

波洛涅斯：我听见他来了；我们退下去吧，陛下。（国王及波洛涅斯下。）

哈姆雷特上。

哈姆雷特：生存还是毁灭，这是一个值得考虑的问题；默然忍受命运的暴虐的毒箭，或是挺身反抗人世的无涯的苦难，通过斗争把它们扫清，这两种行为，哪一种更高贵？死了；睡着了；什么都完了；要是在这一种睡眠之中，我们心头的创痛，以及其他无数血肉之躯所不能避免的打击，都可以从此消失，那正是我们求之不得的结局。死了；睡着了；睡着了也许还会做梦；嗯，阻碍就在这儿：因为当我们摆脱了这一具朽腐的皮囊以后，在那死的睡眠里，究竟将要做些什么梦，那不能不使我们踌躇顾虑。人们甘心久困于患难之中，也就是为了这个缘故；谁愿意忍受人世的鞭挞和讥嘲、压迫者的凌辱、傲慢者的冷眼、被轻蔑的爱情的惨痛、法律的迁延、官吏的横暴和费尽辛勤所换来的小人的鄙视，要是他只要用一柄小小的刀子，就可以清算他自己的一生？谁愿意负着这样的重担，在烦劳的生命的压迫下呻吟流汗，倘不是因为惧怕不可知的死后，惧怕那从来不曾有一个旅人回来过的神秘之国，是它迷惑了我们的意志，使我们宁愿忍受目前的折磨，不敢向我们所不知道的痛苦飞去？这样，重重的顾虑使我们全变成了懦夫，决心的赤热的光彩，被审慎的思维盖上了一层灰色，伟大的事业在这一种考虑之下，也会逆流而退，失去了行动的意义。且慢！美丽的奥菲利娅！——女神，在你的祈祷之中，不要忘记替我忏悔我的罪孽。

奥菲利娅：我的好殿下，您这许多天来贵体安好吗？

哈姆雷特：谢谢你，很好，很好，很好。

奥菲利娅：殿下，我有几件您送给我的纪念品，我早就想把它们还给您；请您现在收回去吧。

哈姆雷特：不，我不要；我从来没有给你什么东西。

奥菲利娅：殿下，我记得很清楚您把它们送给了我，那时候您还向我说了许多甜言蜜语，使这些东西格外显得贵重；现在它们的芳香已经消散，请您拿回去吧，因为在有骨气的人看来，送礼的人要是变了心，礼物虽贵，也会失去了价值。拿去吧，殿下。

哈姆雷特：哈哈！你贞洁吗？

奥菲利娅：殿下！

哈姆雷特：你美丽吗？

奥菲利娅：殿下是什么意思？

哈姆雷特：要是你既贞洁又美丽，那么你的贞洁应该断绝跟你的美丽来往。

奥菲利娅：殿下，难道美丽除了贞洁以外，还有什么更好的伴侣吗？

哈姆雷特：嗯，真的；因为美丽可以使贞洁变成淫荡，贞洁却未必能使美丽受它自己的感化；这句话从前像是怪诞之谈，可是现在时间已经把它证实了。我的确曾经爱过你。

奥菲利娅：真的，殿下，您曾经使我相信您爱我。

哈姆雷特：你当初就不应该相信我，因为美德不能熏陶我们罪恶的本性；我没有爱过你。

奥菲利娅：那么我真是受骗了。

哈姆雷特：进尼姑庵去吧；为什么你要生一群罪人出来呢？我自己还不算是一个顶坏的人；可是我可以指出我的许多过失，一个人有了那些过失，他的母亲还是不要生下他来的好。我很骄傲，有仇必报，富于野心，我的罪恶是那么多，连我的思想也容纳不下，我的想象也不能给它们形象，甚至于我都没有充分的时间可以把它们实行出来。像我这样的家伙，匍匐于天地之间，有什么用处呢？我们都是些十足的坏人；一个也不要相信我们。进尼姑庵去吧。你的父亲呢？

奥菲利娅：在家里，殿下。

哈姆雷特：把他关起来，让他只好在家里发发傻劲。再会！

奥菲利娅：哎哟，天哪！救救他！

哈姆雷特：要是你一定要嫁人，我就把这一个诅咒送给你做嫁奁：尽管你像冰一样坚贞，像雪一样纯洁，你还是逃不过谗人的诽谤。进尼姑庵去吧，去；再会！或者要是你必须嫁人的话，就嫁给一个傻瓜吧；因为聪明人都明白你们会叫他们变成怎样的怪物。进尼姑庵去吧，去；越快越好。再会！

奥菲利娅：天上的神明啊，让他清醒过来吧！

哈姆雷特：我也知道你们会怎样涂脂抹粉；上帝给了你们一张脸，你们又替自己另外造了一张。你们烟视媚行，淫声浪气，替上帝造下的生物乱取名字，卖弄你们不懂事的风骚。算了吧，我再也不敢领教了；它已经使我发了狂。我说，我们以后再不要结什么婚了；已经结过婚的，除了一个人以外，都可以让他们活下去；没有结婚的不准再结婚，进尼姑庵去吧，去。（下。）

奥菲利娅：啊，一颗多么高贵的心是这样陨落了！朝臣的眼睛、学者的辩舌、军人的利剑、国家所瞩望的一朵娇花；时流的明镜、人伦的雅范、举世瞩目的中心，这样无可挽回地陨落了！我是一切妇女中间最伤心而不幸的，我曾经从他音乐一般的盟誓中吮吸芬芳的甘蜜，现在却眼看着他的高贵无上的理智，像一串美妙的银铃失去了谐和的音调，无比的青春美貌，在疯狂中凋谢！啊！我好苦,谁料过去的繁华,变作今朝的泥土!

国王及波洛涅斯重上。

国王：恋爱！他的精神错乱不像是为了恋爱；他说的话虽然有些颠倒,也不像是疯狂。他有些什么心事盘踞在他的灵魂里,我怕它也许会产生危险的结果。为了防止万一,我已经当机立断,决定了一个办法：他必须立刻到英国去,向他们追索延宕未纳的贡物；也许他到海外各国游历一趟以后,时时变换的环境,可以替他排解去这一桩使他神思恍惚的心事。你看怎么样？

波洛涅斯：那很好；可是我相信他的烦闷的根本原因,还是为了恋爱上的失意。啊,奥菲利娅！你不用告诉我们哈姆雷特殿下说些什么话；我们全都听见了。陛下,照您的意思办吧；可是您要是认为可以的话,不妨在戏剧终场以后,让他的母后独自一人跟他在一起,恳求他向她吐露他的心事；她必须很坦白地跟他谈谈,我就找一个所在听他们说些什么。要是她也探听不出他的秘密来,您就叫他到英国去,或者凭着您的高见,把他关禁在一个适当的地方。

国王：就这样吧；大人物的疯狂是不能听其自然的。（同下。）

1. 作者简介

威廉·莎士比亚(1564—1616),英国剧作家和诗人,欧洲文艺复兴时期最伟大的作家之一,马克思称其为"人类最伟大的戏剧天才"。《哈姆雷特》描写的是中世纪丹麦王子为父复仇的故事,反映了人文主义美好理想与黑暗现实之间的矛盾,被认为是莎士比亚最重要的作品,列为莎士比亚"四大悲剧"之首,历来被誉为资产阶级人文主义思想最充分的表现。此处节选自朱生豪等译《莎士比亚全集》,人民出版社1994年版。

2. 思考

(1) 哈姆雷特的性格特点及性格成因。

(2) 文艺复兴时期人文主义思想的"人"有何含义？（结合节选内容）

浮士德（节选）

浮士德：（引着鬈毛狗走进来）我离开夜色所覆盖的郊野和草坪,善良的心灵便带着不祥的、神圣的恐怖在我们身中苏醒。狂乱的冲动连同每个急躁的行为已经入睡了；对人的爱兴奋起来,对神的爱也随之兴奋。

——安静点,鬈毛狗！别跑来跑去！你在门槛上嗅些什么呀？躺到火炉后面去,我把最好的枕头给了你。你在外面山路上又跑又跳,逗引过我们一阵,现在就请接受我的照顾,做一个受欢迎的文静的客人。

咳！我们狭隘的斗室重新燃起了友好的灯光,于是在我们胸中,在富于自知之明的心里,便一下子豁然开朗。理性重新讲话,希望重新开花；人们渴念生命的溪流,咳！渴念生命的源头。

别呼叫,鬈毛狗！狗叫声同现在围绕我整个灵魂的神圣音响不相配。我们已经习惯：人们总爱嘲弄他们不懂的事物,对于他们经常感到艰难的善与美,他们也嘀嘀咕咕；难道狗也像他们一样狺狺不已？

但是,唉,尽管再怎样愿意,我也感觉不到满足的心情从我胸中流出。可那道泉流何以枯竭得那么快,使我重又成为涸辙之鲋？我在这方面有过许多经验。但是,这个缺陷未尝不可弥补：我们要学习珍视超尘脱俗的事物,要渴慕只有在《新约》中才燃烧得最高贵最美丽的"启示录"。

我迫不及待地打开了古本，怀着至诚的心情试将神圣的原文翻译成我心爱的德语。（打开一卷，着手翻译）上面写道："太初有言！"这里给卡住了！谁来帮我译下去？我不能把"言"抬得那么高，如蒙神灵开导，就得把它译成另外一个字。那么，上面可是"太初有意"了。第一行得仔细推敲，你的笔不能操之过急！难道"意"能够实行和创造一切？我想它应当是"太初有力"！可一写下这一行，我就警觉到，还不能这样定下来。神灵保佑！我可有了主意，于是心安理得地写下："太初有为！"

如果我得和你分享这个房间，那么鬈毛狗，你就别叫，你就别嚷！像这样一个捣乱的门开着，你尽可以自便。但是，我看见了什么！难道这能自然发生吗？是幻影还是现实？怎么我的鬈毛狗变得又高又大！它使劲地站了起来，这可不是一个狗的架势！我把一个什么妖怪带到了家！他看来就像一头河马，火红的眼睛，吓人的大牙。哦，我可看透了你！你这地狱里的魔鬼坯子，只好用"所罗门的钥匙"来整治。

众精灵：（在过道上）

里面一个逮着了！

待在外面，可别跟进去！

像狐狸上了圈套

吓坏了地狱里老山猫。

可请留神看！

晃过来荡过去，

晃上来荡下去，

他就挣脱了羁绊。

你们如能伸手救援，

可别让他待着不管！

他曾把我们大家

一再逗得笑哈哈。

浮士德：首先，对付这个孽畜，我要念"四精咒"了："火精快燃烧，水精弯弯绕，风精且隐匿，土精操点劳。"谁要是不认识这四大元素，看不见它们的力量和特性，谁就主宰不了那些精灵。在火焰里熄掉吧，火精！哗哗流到一起去吧，水精！流星般闪烁吧，风精！帮忙搞搞家务吧，因库布司！因库布司！请现形告个结束吧！

四大元素没有一种把这孽畜治得了。它泰然自若地躺在那儿对我冷笑；我还没有让它尝到苦头。且听我念更厉害的符咒。

伙计，你可是地狱里的逃犯？那么，看看这个标志，牛鬼蛇神都要对它低头发颤！它浑身竖起鬃毛，开始肿胀起来。该死的无赖！你可认得出他来？这个从无来由的，未曾宣布的，弥漫诸天的，被残暴刺穿的？

它被禁锢在火炉后面，肿胀得像一只大象，充塞着整个房间，想化为雾气散掉。不要飘到天花板上去！乖乖在你主人的脚下躺倒！要知道，我不会平白吓唬人。我要用神圣的烈火把你烧焦！别等那三重炽烈的光华！别等我最厉害的一种魔法！

梅菲斯特：（雾散时身着游方学者服装从炉后出）缘何喧闹？怎样为主人效劳？

浮士德：那么这就是鬈毛狗的本色！一个游方学者？可真叫我发笑。

梅菲斯特：谨向博学的主人敬礼！您已经搞得我大汗淋漓。

浮士德：你叫什么名字？

梅菲斯特：对于一位如此轻视"言"的人，远离所有皮相、一味探讨深奥本质的人，这个问题我觉得实在微不足道。

浮士德：关于你们这些先生们，一般从名称就读得出本质来，人们既然管你们称作"蝇神""随落者""撒谎精"，不就把问题说得一清二楚了吗？得，你到底是谁？

梅菲斯特：是总想作恶、却总行了善的那种力量的一部分。

浮士德：这个哑谜是什么意思？

梅菲斯特：我是永远否定的精灵！这样说是有道理的；因为发生的一切终归要毁灭；所以什么也不发生，反而更好些。因此，你们称为"罪孽""破坏"的一切，简言之，所谓"恶"，正是我的原质和本性。

浮士德：你自称是"一部分"，怎么又完完整整地站在我面前？

梅菲斯特：我给你讲点朴素的真理吧。如果人这个愚蠢的小宇宙惯于把自己当作整体，我便是部分、的部分，那部分最初本是一切，即黑暗的部分，它产生了光，而骄傲的光却要同母亲黑夜争夺古老的品级，争夺空间了。但它总没有成功，因为它再怎样努力，总是紧紧附着在各种物体上面。光从物体流出来，使物体变得美丽，可又有一个物体阻碍了它的去路；所以，我相信，等不了很久，它就会同物体一起归于毁灭。

浮士德：我可明白了你高尚的职守！你不能大规模从事毁灭，便从小处着手。

梅菲斯特：当然这样也成不了气候。对于同虚无相对立的这个什么，这个粗笨的世界，我再怎么动手也无可奈何，哪怕波浪、暴风、地震、火灾都没有用，——海洋和陆地到头来仍然纹丝不动！至于禽兽、人类这些可诅咒的家伙，简直用什么也加害不了它们：我已经埋葬了许许多多，可仍不断有新鲜血液在运行！再这样下去，简直要发疯！从空中，从水下，从地里，迸发出胚芽几千种，不管是在干燥、潮湿、温暖、寒冷之中！要不是我为自己保留了火焰，我便毫无绝招可言。

浮士德：你就这样握紧冷酷的魔拳，白白习钻一场，同永远活跃的、从事健康创造的权威相对抗！设法干点别的营生吧，混沌的古怪儿子！

梅菲斯特：我们何妨从长计议，那么下次再谈吧！这次可否容我告退？

浮士德：我不懂你为什么要问。我们现在已经相识，你要来随你高兴。这儿是窗，这儿是门，一只烟囱对你也行。

梅菲斯特：我得承认！我要走出门，有个小小障碍挡住我：就是您门槛上的巫脚。

浮士德：那五角星折腾了你？那么，告诉我，你这地狱之子：如果它把你挡住，你又怎么进来的？这一道灵符怎么会被你蒙混过去？

梅菲斯特：仔细瞧瞧！它没有画好：冲外的那个角，你瞧，有个缺口还豁着。

浮士德：真是太凑巧！你难道成了我的阶下囚？这笔收获叫人想不到！

梅菲斯特：鬈毛狗没留神，一下跳进了门；而今情况有变故，魔鬼出不了屋。

浮士德：那么你为啥不从窗户走？

梅菲斯特：这是魔鬼和幽灵的一条规矩：从哪儿溜进来，就从哪儿出去。第一次随便我们走，第二次我们就成了奴仆。

浮士德：难道地狱也有它的法？我看很好，可以安心跟你订个契约，你们这些先生会不会说话不算话？

梅菲斯特：答应了的东西，你当然可以完全享用，一点也不会克扣。但说起来不那么简单，咱们下次再谈吧；现在我衷心恳求您，这次务必放我走。

浮士德：再留片刻吧，先给我讲点趣事儿！

梅菲斯特：现在放我走吧！我很快就转来；那时你问什么都可以。

浮士德：我又不曾把你套上，是你自己自投罗网。谁抓住魔鬼，谁也不会放！第二次要捉他，可不那么便当。

梅菲斯特：既然你高兴，好吧，我就留下来陪你做伴；但有个条件，让我用法术为你消遣消遣。

浮士德：悉听尊便，我也高兴看看；不过，法术总得讨人喜欢！

梅菲斯特：朋友，你的感官在一小时内所获得的，将比在平淡的一年之内所获得的还要多。温柔的精灵为你唱的歌曲，它们带来的美妙的绘图，都不是一场空幻的魔术。连你的嗅觉都会感到愉快。

然后你会觉得齿颊生香，然后你的触觉也会陶醉起来。用不着事先准备，人都到齐，咱们开场！

精灵：消散吧，你高高在上的阴暗穹苍！让蔚蓝的以太亲切而迷人地照进书房！但愿乌云一扫而光！星星明灭处，闪现了更慈祥的太阳。天使们以灵性的美姿模糊的曲线摇曳而徜徉。憧憬的意向随之而往；而衣裳的飘带覆盖着乡野，覆盖着避暑别庄，里面有对对情侣为相互献身而沉思默想。庄外还有庄！须蔓袅袅！葡萄累累倾入了压榨器下的酒缸，起泡的美酒流成了小溪，的宝石中央，让高峰留在身后，围绕碧绿丘陵而汇成一片汪洋。且看禽类啜饮着欢乐，向着太阳，向着光明的岛屿飞翔，岛影在波心摇摆动荡；我们听见那里有欢呼似的合唱，看见有人翩翩起舞在草地上，他们出门在外个个神怡心旷。有几个爬上了山，有几个游进了湖，还有几个在飘扬；人人向往生命人人向往远方，那儿爱星灿烂，神恩浩荡。

梅菲斯特：他睡着了！得，轻飘、温柔的小家伙！你们忠实地将他唱入了睡乡！为了这番合唱，我欠了你们的情。你还不是能捉住魔鬼的人！请用甜美的梦境逗弄他，请把他沉入错觉的海洋；但是，要破除这个门槛的魔法，我还要借用老鼠的利牙。我用不着再念咒，这里已有一只在沙沙作响，而且马上会听我的话。

大鼠、小鼠、苍蝇、青蛙、臭虫、虱子的主人，现在命令你们，大胆地出来，狠狠咬啮这个门槛吧，他给它抹过了油——你已经跳出来了！那么快干活吧！妨碍我的那个尖端，就在那个角的正前面。再咬一口，就大功告成了。好吧，浮士德，把梦做下去，直到我们再见！

浮士德（醒来）：我难道又一次受了骗？纷至沓来的精灵就此烟消云散，难道是一场梦向我谎报了魔怪，不过一只鬈毛狗从我身边逃开？

1. 作者简介

歌德(1749—1832)，18世纪德国著名的作家、思想家和科学家。他的诗剧《浮士德》以同名主人公浮士德思想的发展变化为线索，以德国民间传说为题材，以文艺复兴以来德国和欧洲社会为背景，描写了一个新兴资产阶级先进知识分子不满现实，竭力探索人生意义和社会理想生活道路的故事，是一部现实主义和浪漫主义完美结合的诗剧。此处节选自第一部第三场，见绿原译《浮士德》，人民文学出版社1994年版。

2. 思考

(1) 何为浮士德精神？

(2) 浮士德人生发展的五个阶段分别有何含义？

(3) 结合作品分析黑格尔"恶是人类历史发展的原动力"这句话的内在含义。

致 杜 鹃

你的歌,我听过,听了真欢欣——
杜鹃呵,快乐的新客!
怎样称呼你?——你真是飞禽?
或只是飘忽的音波?

我静静偃卧在草茵之上,
倾听你重叠的乐音;
这旋律从山冈飞向山冈,
像很远,又像很近。

你只向山谷喁喁倾诉,
歌咏阳光和百花;
这歌声却仿佛向我讲述
如梦年华的童话。
欢迎你,阳春的宠儿! 对于我
你从来不是禽鸟,
而是无影无形的惊魂,
音波,神奇的奥秘。

在我的童年,我就爱倾听
你们族类的啼啭;
这啼声使我向林木,天穹
投去千百道视线。

为了寻觅你我多次游荡,
越过幽林和草地;
你是一种爱,一种希望,
被追求,却杳无形迹。
今天,我还能偃卧在草原,
静听着你的音乐;
直到我心底悠悠再现
往昔的光荣岁月。
赐福的鸟儿! 是你的音乐
使我们这片天下
化作幻异的仙灵境界——
正适合给你住家!

1. 作者简介

华兹华斯(1770—1850),19 世纪英国湖畔派诗人,英国浪漫主义诗歌的奠基者。《致杜鹃》基调浪漫,带有象征主义色彩。此处选自杨德豫译《华兹华斯诗歌精选》,北岳文艺出版社2010年版。

2. 思考

(1) 分析讨论《致杜鹃》的形式与内容之美。

(2) 从中西方文化视角比较华兹华斯的《致杜鹃》与王维的田园诗歌。

老人与海(节选)

老汉把帆脚的绳子系牢,又塞紧了舵把子。接着他拿起了绑着刀的那支桨。因为两手嫌疼,不听指挥,他举桨举得尽量地轻,还让两手握桨的时候轻轻地张合几下,让手松活松活。然后他才把手合拢来死攥着桨,使手能忍着痛,不往回缩。同时他望着两条鲨鱼游来,这会儿已经看得见它们那又扁又宽,铲尖似的头,那上梢发白的大胸鳍。这是一种气味难闻,很讨厌的鲨鱼,既是嗜杀成性,又爱吃腐臭的东西,饿的时候连船桨船舵都要啃。海龟在水面上睡熟了,跑去咬掉海龟腿脚的就是这些鲨鱼。它们饿起来会向游水的人进攻,即使人身上不沾鱼血的腥气,没有鱼皮的黏液也一样。

"喂,"老汉说,"花皮的东西。过来呀,花皮们。"

它们来了。但它们不像鲭鲨那样正面过来。其中一条转身钻到船底下不见了,但它把大鱼竖撕横扯,扯得船打哆嗦,老汉是感觉到的。另一条鲨鱼用它细缝似的黄眼睛望老汉,就张开半圆的嘴奔来,向大鱼身上已经给咬过的地方扑去。它褐色的头顶和前脊上,在脑子和脊髓相连的部位,清清楚楚现出一道纹路。老汉举起桨上绑的刀,朝这联结处戳进去,抽出来,再戳进鲨鱼那像猫一样眯起的黄眼睛里。鲨鱼放开了鱼肉,滑下水去了,临死还吞咽着到嘴的东西。

剩下的那条鲨鱼在死命糟毁着大鱼,所以船还哆嗦。只扎到肉上,鲨皮太硬实,迁兜开,鱼袋船底剩下的那条新值在元监鱼,立即从船边给它一刀。他只扎到肉上,鲨皮太硬实,进刀很难。两手,连肩膀都很疼。但是鲨鱼马上又浮起露头了,这回老汉趁它鼻头冒出,不偏不歪,正截到它那平顶脑袋的中心。老汉抽回刀,照准鲨鱼那个要害再扎下它却仍然紧贴着鱼,两颚卡在肉里,老汉便搠它的左眼。鲨鱼还贴在那儿。仍然老汉说,把刀尖朝它椎骨和脑子当中间儿插进去,这儿下刀方便,他觉着软骨断了。老汉给桨倒了个头,把桨片捅到鲨鱼嘴里去撬开两颚。他把桨片来回扳转几下。当鲨鱼松了口滚下去的时候,他说,"再往下滚,花皮的东西。滚他一英里深。滚去看你那个朋友吧,没准儿那是你妈呢"。老汉擦了刀面,放下了桨。然后他重新系上帆脚绳,帆鼓起来了,他便将船拨回原来走的道儿。

"这两条鲨鱼一定吃了它四分之一的肉,最好的肉,"他出声地说,"还不如当初是做梦,我根本没把它钓上来呢。鱼啊,这很对不起啦。这一来全乱了套了。"他把话打住,现在他不想再朝鱼看一眼。它呢,血流尽了,给海水冲打着,看上去成了镜子衬底的银白色,不过身上还现着条纹。

"鱼,我本来不应该出海这么远,"他说,"远得害了你也害了我。对不起,鱼。""喂",他提醒自己,"你要注意绑刀的绳子,看它磨断没有。再把你的手治好;因为还会有麻烦来呢。"

"要有块磨刀石就好了,"老汉检查了桨把上的绳子以后说,"我应该带块石头来。"你应该带的东西多着呢。他想。可你没带,老头儿。现在顾不上去想船上没有的东西。想想你用船上现成有的可以干点儿什么吧。

"你给我提了不少好意见,"他讲出声来,"不过我听厌了。"

船往前走着,他用胳肢窝夹住舵柄,把两只手都泡在水里。

"天晓得末了那条鲨鱼吃了多少,"他说,"这会儿船倒是轻多了。"他不愿意想一想鱼朝下那边给啃得七零八落的惨状。他知道那条鲨鱼每回颠得船打晃,就有一块鱼肉撕掉了,也知道鱼肉现在给所有的鲨鱼留下了一溜儿香味,宽得像穿海的大路一样。这条鱼够一个人吃一冬的,他心里在说。别想这个啦。歇歇吧,把两只手养得像个样子,好保住剩下来的鱼肉。现在水里有那么大的气味,我两手的血腥气不算什么。再说手上出的血也不多。伤口没有一个算回事儿的。出了血倒可以免得左手抽筋。

现在我有什么事儿可以想的呢?他心里在问。没有。我千万别想什么,就等下一拨儿鲨鱼来吧。我倒情愿当时那是一场梦,他想。可谁知道呢?本来那也可能结果不错。

下次来的,是单独的一条双髻鲨。它像猪奔食槽似的跑来,要是猪的嘴有那么大,你可以把脑袋都伸进去的话。

老汉先由着它去咬鱼,再把桨上绑的刀扎进它的脑子。但是鲨鱼滚下海的时候向后一扭,刀面叭的一声断了。

老汉坐下来掌舵。他甚至不看鲨鱼在水里慢慢沉下去,起先它跟原样一般大,过后小些了,再过后就不丁点儿了。这种景象,老汉一向看得着迷。但他这回却看也不看。

"我现在还有拖钩,"他说,"可惜它不顶用。我还有两支桨、一个舵把、一根短木棒呢。"这几拨儿把我打败了,他想。我太老,三棍两棒揍不死鲨鱼。不过,只要有桨有短棒有舵把,我还要试试。

他再把两手伸进水里泡着。快到晚半晌儿了,他除了海天茫茫什么都望不见。天上的风比先前大,他盼着很快见岸。

"你累了,老头儿,"他说,"打心里累了。"

临日落前,鲨鱼才再次来袭击。

老汉看见两条鲨鱼露着褐色的鳍赶来,想必是顺着鱼肉散布在水里的一路气味来的。它们在这无形的踪迹上连找都不找,就并排直奔小船游来了。

他塞紧舵把,系牢帆脚绳,伸手到船舷下头取木棒。那是从一支破桨上锯下来的桨把子,大约两英尺半长,要一只手拿着才好使,因为桨把子上有个把手。他窝起右掌抓紧把手,一面望着来的鲨鱼。两条都是花皮。

我得让第一条把鱼肉咬紧了,才朝它的鼻尖上打,要么直冲它头顶上打,他想。

两条鲨鱼一块儿逼上来。看见离得最近的那一条张开两颚,埋进大鱼银白色的肚子里,他便将木棒举高,对着鲨鱼的宽头顶砰地狠砍下去。木棒落处,他觉着那儿橡皮一样厚墩墩的,也觉着骨头硬邦邦的。他再照那鼻尖猛击,鲨鱼才从鱼肉上哧溜下海。另外那条鲨鱼吃了又跑开,这会儿再次大张着两颚过来了。它扑到鱼身上,合拢两颚的时候,老汉看见碎肉从它嘴角白生生地嘟噜出来。老汉一棒只打着它的头,鲨鱼瞅他一眼,又扯下一块肉。它正溜开去吞食呢,老汉再朝它抢下一棒,可是只砍到那橡胶般粗钝的厚皮上。

"来,花皮,"老汉说,"再来吃。"

鲨鱼往鱼肉上冲来,老汉见它两颚咬拢就揍。他把木棒举得尽量得高,从高处结结实实劈下去。这回他觉得打到了脑底骨上,他朝那儿再打,鲨鱼才蔫不唧儿地拽了肉,从鱼身上滑下去了。

老汉望着,等它再来,但是两条鲨鱼都没影儿。不一会儿,他看见有一条在水面上打转儿,却没见另一条露出鳍来。

我不能指望把它们打死,他想。那是我当年才做得到的。不过我把它们两个都伤得不轻,哪一个也不会觉得舒服好受。我要是有根棒球棒可以两手握住，准能打死第一条鲨鱼。哪怕是现在，他想。他不想再看大鱼，知道它已经给消灭了一半去。还在他跟这些鲨鱼搏斗的时候，太阳就落了。

"天马上要黑，"他说，"那时候我该瞧得见哈瓦那亮成一片了。要是我还偏东，就会看见新海滩的灯火。"

我现在离岸不会太远了，他想。希望谁都没有过分替我着急。当然啦，只有孩子会着急。不过他一定会有信心。上点儿岁数的渔民，有好些会着急。还有很多别的人也会这样，他想。我住的村镇好。

他不能再跟大鱼讲话了，因为鱼给糟蹋得太厉害。后来他脑瓜里起了个念头。

"半截子鱼啊，"他说，"本来的整鱼啊，我懊悔出海太远了。我把咱们俩给毁了。可是你我两个打死了不少鲨鱼，还把不少打成了残废。鱼老弟，早先你把它们戳死过多少？你嘴上那把剑可没有白长。"

他爱想着这条鱼，想它要是自由地在海里游，会怎么收拾鲨鱼。我本该砍下它的剑嘴，用来打发鱼的，他想。可惜当时没斧子，后来连刀也没有。要是我有，要是能把剑嘴绑在桨把子上，那是多棒的武器。那咱们就可以一起打它们啦。可要是它们夜里来，你没什么武器怎么办？你能做些什么？

"跟它们拼，"他说，"我要跟它们拼到我死。"

但是这会儿四处漆黑，不见大片的亮光，不见灯火，只有风在吹着，船帆一直在鼓着，他觉得说不定他已经死了。他合起两手，看看掌心有什么感觉。手没有死，只要把手一张一合，就活生生地咯。他将脊背靠着船艄，知道自己没死。这是肩膀告诉他的。

我还有祷告要念呢，我许愿捉住大鱼就要念的，他想。不过现在我太累，念不了。最好把布口袋找来，盖在肩膀上。

他躺在船艄掌舵，眼巴巴地等着那片亮光透出天边。我还有半截鱼，他想。作兴我碰运气能把上半截儿带回去。我应该交点儿好运。不，他说。你出去太远，破了你的好运啦。

"别胡想了，"他讲出了声，"醒着，把好舵。没准儿你还会交不少好运哩。"

"要是有什么地方卖好运，我倒想买些，"他说。我拿什么去买呢？他问自己。可以拿一把丢失了的鱼叉，一把破刀、两只坏手去买吗？

"本来你可以的，"他说，"你本来想拿你接连出海的八十四天去买。人家也差点儿卖给你了。"

我决不要瞎想了，他心里说。好运气这个东西，是装成好多样子来的，谁认得出呢？不过，随便哪个样子的，我想买点儿，要什么价我都照给。我巴不得能看见那一大片电灯的亮光，他想。我巴望的事儿太多了。可那是我现在巴望的东西。他尽量把身子靠得舒服些好掌舵。既然身上还疼，他知道自己没死。

晚上，想必是十点来钟，他看见了哈瓦那城里电灯映在天上的反光。起初这只是依稀可辨，像月亮升起以前天上的一抹淡白。过后，风越来越大，隔着波涛滚滚的洋面，灯光已经明摆着可以看见。他把船驶到这片亮光里，他估计船马上要到暖流的边沿了。

现在仗打完了，他想。它们大概还要来攻的。可是天这么黑，又没件武器，一个人怎么能抵挡呢？

他这时候肢体又僵又疼，他的伤口、他疲劳过度的周身关节都给夜里的寒气砭得作痛。希望不必再打了吧，他想。真希望不必再打了。

但是到了半夜他又打了,虽然这回他明知打也无用。它们来了一大帮,他只看见鲨鳍在水里划出的一道道波纹,还有它们向鱼肉扑去、身上闪现的磷光。他抄起木棒,朝它们头上打去,听见它们在船底咬住大鱼的时候,颚牙叩切的声音、船身颠动的声音。他照着他只能触到听到的地方一棒棒拼命抡下可是觉得木棒给什么东西咬住,从此就丢了。

他从舵上拔下舵把子,拿来再打再劈,两手握着它往下砍了又砍。但这会儿它们正围着船头,先是一个跟一个,后来就全挤上去咬。等它们转身再来的时候,便把在海面下荧荧发光的那几块鱼肉都撕走了。

临了有一条鲨鱼来啃鱼头,他知道鱼肉全完了。鱼头笨重,扯不动,鲨鱼的两颚陷在里面,他趁此挥起舵把子朝鲨鱼脑袋猛砍,砍了一下、两下,又一下。他听见舵把子裂了,便拿这劈了的木把子去扎鲨鱼。他觉得把子戳了进去,他知道它很锋利,仍然用它再往里扎。鲨鱼扔下了鱼头,一骨碌逃开。

它是来的这一帮里面最后的一条鲨鱼。再没什么让它们吃的啦。

老汉这一下累得几乎喘不过气来,觉得口里有种特别的味道。是铜腥味,有点儿甜,他担心了一阵。但是这味道不多。

他朝海里啐了一口,说:"把这个吃下去,花皮们。再去做个梦,梦见你们害死了一个人吧。"

他知道他现在给打败了,败得彻底,没法挽救了。他回到船艄,发觉舵把子裂成锯齿似的那一头插进舵槽挺合式,他还可以用来掌舵。他把布口袋围好两肩,把船按回原道儿。现在船走得很轻快。他什么都不想,什么感觉也没有,如今什么都无所谓了。他驾船驶向家乡的港口,驾得尽量稳当,尽量用心,夜里,鲨鱼又来袭击大鱼的残骸,就像有的人拣餐桌上的面包屑一样。老汉根本不理会它们,除了掌舵,什么都不注意,他只体会到,现在边上没有很重的东西,船走得多轻便,多自如。

船挺不错,他想。它好好的一点儿也没坏,只不过舵把子折了。那容易换过。

他觉出已经到了洋流里面,他看得见沿岸那些海边小渔村的灯光。他知道这会儿他在什么地方,回家不算回事儿了。不管怎么说,风是我们的朋友,他想。接着又补了一句:有时候它是。还有大海那儿有我们的朋友,也有我们的敌人。还有床,他想。床是我的朋友。就要个床,他想。床可是个好东西。你给打败,倒松快了,他想。我以前不知道败了多么松快。那么,把你打败的是什么呢,他想。

"什么都不是,"他冒出声来。"我出海太远了呗。"

船驶进小港湾的时候,餐馆的灯已经灭了,他知道大家都在睡觉。风不断加码,现在正吹得紧。不过港湾里静悄悄的,他径直驶到乱岩下那一小片卵石海滩跟前。没一个人来帮忙,他只好把船尽自己力气往上划。然后他走出船来,把它拴在岩石上。他卸下桅杆,把帆卷起、捆好,再扛起桅杆,开始爬坡。他这才知道自己累到了什么程度。他停了一会儿,朝后望望,从街灯投去激起的反光中,看见鱼的大尾巴在船艄后面远远竖着。他还看见它那惨白赤裸的一条脊骨、黑乎乎一坨的脑袋和伸出去的剑颚,而一头一尾中间却空荡荡一片精光。

他再抬腿爬坡,在坡顶摔倒了,带着肩扛的桅杆在地上趴了些时候。他挣着想起来,可很不容易。

他扛着桅杆坐在那儿,瞧了瞧石路。一只猫打路那边跑过去忙它的事儿了,老汉望着它。然后他就望着面前的路。

最后他放下桅杆站了起来。他抬起桅杆再调到肩上,顺着这路上去。他不得不坐下来歇五次才走到他的窝棚。

进屋后他把桅杆靠墙放好,摸黑找到了水瓶,喝了些。接着他便在床上躺下,拿毯子盖了肩膀,又盖了脊梁和两腿。他趴在报纸上睡了,两条胳臂直伸出去,手心朝上。

　　上午,孩子从门口张望的时候,他在熟睡。风刮得猛,流网渔船当天不出海,所以孩子起床晚,像这两天每天早上那样,起床后就到老汉的窝棚来。孩子看见老汉照常呼吸着,又看见了老汉的两只手,他哭起来了。他轻手轻脚地出了门,去弄些咖啡来,一路走一路哭。很多渔民围着那只小船瞧船边绑的东西,其中一个卷起裤腿站在水里,用绳子量鱼的骨架。孩子没下海滩去。先头他去过了,有个渔民替他照看那只小船。

　　"他怎么样?"这群渔民当中的一个嚷着问。

　　"睡着呢,"孩子大声说。他不在乎他们看见他在哭。"谁也别打搅他吧。"

　　"从鼻子尖到尾巴有十八英尺,"量鱼的渔民喊着。

　　"我相信。"孩子说。

　　他跑进餐馆,要了一罐咖啡。

　　"热的,多放牛奶多加糖。"

　　"还要什么吗?"

　　"不要了,回头我再看看他可以吃点儿什么。"

　　"多大的一条鱼啊,"老板说。"从来没有过这么样的一条鱼。你昨儿打的两条鱼也挺好。"

　　"我那些该死的鱼,"孩子说,又哭起来了。

　　"你要来点儿什么喝的吗?"老板问。

　　"不必啦,"孩子说,"告诉他们别去跟桑提阿果絮叨。我一会儿再来。"

　　"跟他说我多么同情他。"

　　"多谢,"孩子说。

　　孩子捧了一罐热咖啡到老汉的窝棚,在他身边一直坐到他醒。有一会儿眼看他就要醒似的,但他又坠入了沉睡。孩子到路对过借些木柴来热咖啡。

　　老汉终于醒了。

　　"别坐起来,"孩子说,"先喝这个。"他在玻璃杯里倒了些咖啡。老汉接过来就喝。

　　"它们把我打败了,曼诺林,"他说,"真的把我打败了。"

　　"它可没打败你。那条鱼没有。"

　　"它确实没有。那是后来的事。"

　　"佩德利阔在照管船跟东西。您想拿鱼头干吗使呢?"

　　"让佩德利阔把它剁碎了钓鱼用吧。"

　　"那个长剑嘴呢?"

　　"你要你就留着。"

　　"我要,"孩子说,"现在咱们得计划一下别的事啦。"

　　"大家找过我吗?"

　　"当然啦。派了海岸警卫队,派了飞机。"

　　"海很大,船小,不容易看见,"老汉说。他体会到,有个人一块儿讲话多么愉快,不像单跟自己讲,对着海讲那样,"我很想你,"他说。"你打了多少鱼?"

　　"头天一条。第二天一条,第三天两条。"

　　"很好啊。"

　　"以后咱俩又要一块儿打鱼啦。"

　　"别。我不走运。我再不会走运了。"

"让运气见鬼去吧,"孩子说,"我会把运气带来的。"

"你家里会怎么说呢?"

"我不管。昨儿我捉住两条。不过现在咱俩要一块打鱼了,因为我还有好些要学的呢。"

"咱们得弄一杆好标枪,经常放到船上。你可以从旧福特车上折一片弓子弹簧片做枪头。咱们到瓜纳瓦科阿去把它磨一下。应该把它磨得飞快,蘸火也别让它断。我的刀就断了。"

"我再弄一把刀来,也把弹簧片磨好,这么大的东北风要刮多少天?"

"作兴三天,作兴更长。"

"我会把事情统统办好的,"孩子说,"您把两只手养好吧,老伯伯。"

"我懂得怎么照应手。昨儿夜里我吐了点儿奇怪的东西,觉着胸脯里头有什么地方伤了。"

"把那个地方也养好吧,"孩子说,"您躺下来,老伯伯,我给您送干净衬衫来。还有吃的。"

"把我出海这几天的报纸随便带些来,"老汉说。

"您得赶快养好,因为我有不少要学的,您什么都可以教我。您这回受了多少罪啊?"

"多着呢。"老汉说。

"我把吃的跟报纸送来,"孩子说,"好好儿歇着吧,老伯伯。我从药店带些油膏给您治手。"

"别忘了告诉佩德利阔,鱼头给他。"

"自然。我记得。"

孩子出门,顺着破旧的珊瑚石路往前走,边走边又在哭。

那天下午,餐馆有一群旅游的客人。有个女客望着下面的水,在一些空的啤酒罐头和死的野鱼当中,看见很长一道白的鱼脊梁,后面带个特大的尾巴。东风在港湾入口外面一直掀起大浪,这东西也随着起落摇摆。

"那是什么东西?"她问一个侍者,指着大鱼长长的脊椎骨。它现在不过是等着给潮水卷走的垃圾罢了。

"Tiburon,"侍者说,"Eshark."他想要解释这是怎么回事。

"我以前不知道鲨鱼还有这么漂亮、样子好看的尾巴呢。"

"我以前也不知道。"和她同来的男人说。

在路那头的窝棚里,老汉又睡着了。他仍然趴着睡,孩子坐在旁边望着他。老汉正梦见那些狮子。

1. 作者简介

海明威(1899—1961),美国作家、诗人。他是美国"迷惘的一代"的代表作家,在美国文学史乃至世界文学史上都占有重要地位。《老人与海》根据真实故事创作而成,是其代表作之一。此处节选自董衡巽等译的《老人与海》,漓江出版社1987年版。

2. 思考

(1) 根据节选部分对"老人"的形象特征进行分析。

(2) 如何理解老渔夫的"失败"?

(3) 老渔夫形象的精神内涵是什么?

恶 邮 差

你为什么坐在那边地板上不言不动地,告诉我呀,亲爱的妈妈?

雨从开着的窗口打了进来了,把你身上全打湿了,你却不管。

你听见钟已打四下了么？正是哥哥从学校回家的时候了。

到底发生了什么事，你的神色这样不对？

你今天没有接到爸爸的信么？

我看见邮差在他的袋里带了许多信来，几乎镇里的每个人都分送到了。

只有爸爸的信，他留起来给他自己看。我确信这个邮差是个坏人。

但是不要因此不乐啊，亲爱的妈妈。

明天是邻村市集的日子。你叫女仆去买些纸和笔来。

我自己会写爸爸所写的一切信，使你找不出一点错处来。

我要从A字一直写到K字。

但是，妈妈，你为什么笑呢？

你不相信我能同爸爸写的一样好！

但是，我将用心画格子，把所有的字母都写的又大又美。

当我写好了时，你以为我也像爸爸那样傻，把它投入那可怕的邮差的袋中么？

我立刻就自己送来，而且一个字母，一个字母地帮助你读。

我知道那邮差是不肯把真正的好信给你的。

1. 作者简介

泰戈尔(1861—1941)，印度诗人、文学家、社会活动家、哲学家和印度民族主义者。代表作有《吉檀迦利》《飞鸟集》《眼中沙》《四个人》《家庭与世界》《园丁集》《新月集》《最后的诗篇》《戈拉》《文明的危机》等。《恶邮差》用孩童幼稚的思想来贯穿全文，突出孩童单纯可贵的内心。此诗篇选自郑振铎译《新月集》，云南人民出版社2018年版。

2. 思考

(1) 从孩子的角度分析"恶邮差"的形象。

(2) "恶邮差"真的是个坏人吗？为什么？

伊豆的舞女(节选)

一

道路变得曲曲折折的，眼看着就要到天城山的山顶了，正在这么想的时候，阵雨已经把丛密的杉树林笼罩成白花花的一片，以惊人的速度从山脚下向我追来。

那年我二十岁，头戴高等学校的学生帽，身穿藏青色碎白花纹的上衣，围着裙子，肩上挂着书包。我独自旅行到伊豆来，已经是第四天了。在修善寺温泉住了一夜，在汤岛温泉住了两夜，然后穿着高齿的木屐登上了天城山。一路上我虽然出神地眺望着重叠群山，原始森林和深邃幽谷的秋色，胸中都紧张地悸动着，有一个期望催我匆忙赶路。这时候，豆大的雨点开始打在我的身上。我沿着弯曲陡峭的坡道向上奔行。好不容易才来到山顶上北路口的茶馆，我呼了一口气，同时站在茶馆门口呆住了。因为我的心愿已经圆满地达到，那伙巡回艺人正在那里休息，那舞女看见我伫立在那儿，立刻让出自己的坐垫，把它翻个身摆在旁边。

"啊……"我只答了一声就坐下了。由于跑上山坡一时喘不过气来，再加上有点惊慌，"谢谢"这句话已经到了嘴边却没有说出口来。

我就这样和舞女面对面地靠近在一起，慌忙从衣袖里取出了香烟。舞女把摆在她同伙女人面前的烟灰缸拉过来，放在我的近边。我还是没有开口。

那舞女看去大约十七岁。她头上盘着大得出奇的旧发髻,那发式我连名字都叫不出来,这使她严肃的鹅蛋脸上显得非常小,可是又美又调和。她就像头发画得特别丰盛的历史小说上姑娘的画像。那舞女一伙里有一个四十多岁的女人,两个年轻的姑娘,另外还有一个十五六岁的男人,穿着印有长冈温泉旅店商号的外衣。

到这时为止,我见过舞女这一伙人两次。第一次是在前往汤岛的途中,她们正到修善寺去,在汤川桥附近碰到。当时年轻的姑娘有三个,那舞女提着鼓。我一再回过头去看望她们,感到一股旅情渗入身心。然后是在汤岛的第二天夜里,她们巡回到旅馆里来了。我在楼梯半当中坐下来,一心一意地观看那舞女在大门口的走廊上跳舞。我盘算着:当天在修善寺,今天夜里到汤岛,明天越过天城山往南,大概要到汤野温泉去。在二十多公里的天城山山道上准能追上她们。我这么空想着匆忙赶来,恰好在避雨的茶馆里碰上了,我心里扑通扑通地跳。

过了一会儿,茶馆的老婆子领我到另一个房间。这房间平时大概不用,没有装上纸门。朝下望去,美丽的幽谷深得望不到底。我的皮肤上起了鸡皮疙瘩,浑身发抖,牙齿在打战。老婆子进来送茶,我说了一声好冷啊,她就像拉着我的手似的,要领我到她们自己的住屋去。

"哎呀,少爷浑身都湿透啦。到这边来烤烤火吧,来呀,把衣服烤烤干。"

那个房间装着火炉,一打开纸隔门,就流出一股强烈的热气。我站在门槛边踌躇了。炉旁盘腿坐着一个浑身青肿,淹死鬼似的老头子,他的眼睛连眼珠子都发黄,像是烂了的样子。他忧郁地朝我这边望。他身边旧信和纸袋堆积如山,简直可以说他是埋在这些破烂纸头里。我目睹这山中怪物,呆呆地站在那里,怎么也不能想象这就是个活人。

"让您看到这样可耻的人样儿……不过,这是家里的老爷子,您用不着担心。看上去好难看,可是他不能动弹了,请您就忍耐一下吧。"

老婆子这样打了招呼,从她的话听来,这老爷子多年害了中风症,全身不遂。大堆的纸是各地治疗中风症的来信,还有从各地购来的中风症药品的纸袋。凡是老爷子从走过山顶的旅人听来的,或是在报纸广告人看到的,他一次也不漏过,向全国各地打听中风症的疗法,购求出售的药品。这些书信和纸袋,他一件也不丢掉,都堆积在身边,望着它们过日子。长年累月下来,这些陈旧的纸片就堆成山了。

我没有回答老婆子的话,在炉炕上俯下身去。越过山顶的汽车振动着房子。我心里想,秋天已经这么冷,不久就将雪盖山头,这个老爷子为什么不下山去呢?从我的衣服上腾起了水蒸气,炉火旺得使我的头痛起来。老婆子出了店堂,跟巡回女艺人谈天去了。

"可不是吗,上一次带来的这个女孩已经长成这个样子,变成了一个漂亮姑娘,你也出头啦!女孩子长得好快,已经这么美了!"

将近一小时之后,我听到了巡回艺人准备出发的声音。我当然很不平静,可只是心里头七上八下的,没有站起身来的勇气。我想,尽管她们已经走惯了路,而毕竟是女人的脚步,即使走出了一两公里之后,我跑一段路也追得上她们,可是坐在火炉旁仍然不安神。不过舞女们一离开,我的空想却像得到解放似的,又开始活跃起来。我向送走她们的老婆子问道:"那些艺人今天夜里在哪里住宿呢?"

"这种人嘛,少爷,谁知道他们住在哪儿呀。哪儿有客人留他们,他们就在哪儿住下了。有什么今天夜里一定的住处啊?"

老婆子的话里带着非常轻蔑的口吻,甚至使我想到,果真是这样的话,我要让那舞女今天夜里就留在我的房间里。

雨势小下来,山峰开始明亮。虽然他们一再留我,说再过十分钟,天就放晴了,可是我却怎么也坐不住。

"老爷子,保重啊。天就要冷起来了。"我恳切地说着,站起身来。老爷子很吃力地动着他的黄色眼睛,微微地点点头。

"少爷,少爷!"老婆子叫着追了出来,"您这么破费,真不敢当,实在抱歉啊。"

她抱着我的书包不肯交给我,我一再阻拦她,可她不答应,说要送我到那边。她随在我身后,匆忙迈着小步,走了好长一段路,老是反复着同样的话:"真是抱歉啊,没有好好招待您。我要记住您的相貌,下回您路过的时候再向您道谢。以后您一定要来呀,可别忘记了。"

我只不过留下五角钱的一个银币,看她却十分惊讶,感到眼里都要流出泪来。可是我一心想快点赶上那舞女,觉得老婆子蹒跚的脚步倒是给我添了麻烦。终于来到了山顶的隧道。

"非常感谢。老爷子一个人在家,请回吧。"我这么说,老婆子才算把书包递给我。

走进黑暗的隧道,冰冷的水滴纷纷地落下来。前面,通往南伊豆的出口微微露出了亮光。

二

出了隧道口子,山道沿着傍崖边树立的刷白的栅栏,像闪电似的蜿蜒而下。从这里望下去,山下景物象是一副模型,下面可以望见艺人们的身影。走了不过一公里,我就追上他们了。可是不能突然间把脚步放慢,我装作冷淡的样子越过了那几个女人。再往前大约二十米,那个男人在独自走着,他看见我就停下来。

"您的脚步好快呀……天已经大晴啦。"

我放下心来,开始同那个男人并排走路。他接连不断地向我问这问那。几个女人看见我们两个在谈话,便从后面奔跑着赶上来。

那个男人背着一个大柳条包。四十岁的女人抱着小狗。年长的姑娘背着包袱,另一个姑娘提着小柳条包,各自都拿着大件行李。舞女背着鼓和鼓架子。四十岁的女人慢慢地也和我谈起来了。

"是位高等学校的学生呢,"年长的姑娘对舞女悄悄地说。我回过头来,听见舞女笑着说:"是呀,这点事,我也懂得的。岛上常有学生来。"

这伙艺人是大岛的波浮港人。他们说,春天从岛上出来,一直在路上,天冷起来了,没有做好冬天的准备,所以在下田再停留十来天,就从伊东温泉回到岛上去。我一听说大岛这个地方,越加感到了诗意,我又看了看舞女的美丽发髻,探问了大岛的各种情况。

"有许多学生到我们那儿来游泳。"舞女向结伴的女人说。

"是在夏天吧。"我说着转过身来。

舞女慌了神,像是在小声回答:"冬天也……"

"冬天?"

舞女还是看着结伴的女人笑。

"冬天也游泳吗?"我又说了一遍,舞女脸红起来,可是很认真的样子,轻轻地点着头。

"这孩子,糊涂虫。"四十岁的女人笑着说。

沿着河津川的溪谷到汤野去,约有二十公里下行的路程。越过山顶之后,群山和天空的颜色都使人感到了南国风光,我和那个男人继续不断地谈着话,完全亲热起来了。过了荻乘和梨本等小村庄,可以望见山麓上汤野的茅草屋顶,这时我决心说出了要跟他们一起旅行到下田。他听了非常高兴。

到了汤野的小客栈前面,四十岁的女人脸上露出向我告别的神情时,他就替我说:

"这一位说要跟我们结伴走哩。"

"是呀,是呀。旅途结成伴,世上多情谊。像我们这些无聊的人,也还可以替您排忧解闷呢。

那么,您就进来休息一下吧。"她随随便便地回答说。姑娘们一同看了我一眼,脸上没有露出一点意外的神情,沉默着,带点儿害羞的样子望着我。

我和大家一起走上小旅店的二楼,卸下了行李。铺席和纸隔扇都陈旧了,很脏。从楼下端来了。她坐在我面前,满脸通红,手在颤抖,茶碗正在从茶托上歪下来,她怕倒了茶碗,乘势摆在铺席上,茶已经撒出来。看她那羞愧难当的样儿,我愣住了。

"哎呀,真讨厌!这孩子情窦开啦。这这……"四十岁的女人说着,像是惊呆了似的蹙起眉头,把抹布甩过来。舞女拾起抹布,很呆板地擦着席子。

这番出乎意料的话,忽然使我对自己原来的想法加以反省。我感到由山顶上老婆子挑动起来的空想,一下子破碎了。

这当儿,四十岁的女人频频地注视着我,突然说:"这位书生穿的藏青碎白花纹上衣真不错呀。"于是她再三盯着问身旁的女人:"这位的花纹布和民次穿的花纹是一个的,你说是吧?不是一样的花纹吗?"然后她又对我说:"在家乡里,留下了一个上学的孩子,现在我想起了他。这花纹布那孩子身上穿的一样。近来藏青碎白布贵起来了,真糟糕。"

"上什么学校?"

"普通小学五年级。"

"哦,普通小学五年级,实在……"

"现在进的是甲府的学校,我多年住在大岛,家乡却是甲斐的甲府。"

休息了一小时之后,那个男人领我去另一个温泉旅馆。直到此刻,我只想着和艺人们住在同一家小旅店里。我们从街道下行,走过好一大段碎石子路和石板路,过了小河旁边靠近公共浴场的桥。桥对面就是温泉旅馆的院子。

我进入旅馆的小浴室,那个男人从后面跟了来。他说他已经二十四岁,老婆两次流产和早产,婴儿死了,等等。由于他穿着印有长冈温泉商号的外衣,所以我认为他是长冈人。而且看他的面貌和谈吐风度都是相当有知识的,我就想象着他大概是出于好奇或者爱上卖艺的姑娘,才替她们搬运行李跟了来的。

洗过澡我立刻吃午饭。早晨八点钟从汤岛出发,而这时还不到午三时。

那个男人临走的时候,从院子里向上望着我,和我打招呼。

"拿这个买些柿子吃吧。对不起,我不下楼啦。"我说着包了一些钱投下去。他不肯拿钱,就要走出去,可是纸包已经落在院子里,他回过头拾起来。

"这可不行啊。"他说着把纸包抛上来,落在茅草屋顶上。我又一次投下去。他就拿着走了。

从傍晚起下了一场大雨。群山的形象分不出远近,都染成一片白,前面的小河眼见得混浊了,变成黄色,发出很响的声音。我想,雨这么大,舞女们不会串街卖艺了,可是我坐不住,又进了浴室两三次。住屋微暗不明,和邻室隔的纸扇开了个四方形的口子,上梁吊着电灯,一盏灯供两个房间用。

在猛烈雨声中,远方微微传来了咚咚的鼓声。我像要抓破木板套似的把它拉开了,探出身子去。鼓声仿佛离得近了些,风雨打着我的头。我闭上眼睛侧耳倾听,寻思鼓声通过哪里到这儿来。不久,我听见了三弦的声音;听见了女人长长的呼声;听见了热闹的欢笑声。随后我了解到艺人们被叫到小旅店对面饭馆的大厅去了,可以辨别出两三个女人和三四个男人的声音。我等待着,想那里一演完,就要转到这里来吧。可是那场酒宴热闹异常,像是要一直闹下去。女人的尖嗓门时时像闪电一般锐利地穿透暗夜。我有些神经过敏,一直敞开着窗子,痴呆地坐在那里。每一听见鼓声,心里就亮堂了。

"啊,那舞女正在宴席上啊。她坐着在敲鼓呢。"

鼓声一停就使人不耐烦。我沉浸到雨声里去了。

不久,也不知道是大家在互相追逐呢还是在兜圈子舞蹈,纷乱的脚步声持续了好一会,然后又突然静下来。我睁大了眼睛,像要透过黑暗看出这片寂静是怎么回事。我心中烦恼,那舞女今天夜里不会被糟蹋吗?

我关上木板套窗上了床,内心里还是很痛苦。又去洗澡,胡乱地洗了一阵。雨停了,月亮现出来。被雨水冲洗过的秋夜,爽朗而明亮。我想,即使光着脚走出浴室,也还是无事可做。这样度过了两小时。

三

第二天早晨一过九时,那个男人就到我的房间来了。我刚刚起床,邀他去洗澡。南伊豆的小阳春天气,一望无云,晴朗美丽,涨水的小河在浴室下方温暖地笼罩于阳光中。我感到自己昨夜的烦恼像梦一样。我对那个男人说:

"昨天夜里你们欢腾得好晚啊。"

"怎么,你听见啊?"

"当然听见了。"

"都是些本地人。这地方上的只会胡闹乱叫,一点也没趣。"

他若无其事的样子,我沉默了。

"那些家伙到对面的浴场来了。你瞧,他们好像注意到这边,还在笑哩。"

顺着他所指的方向,我朝河那边的公共浴场望去。有七八个人光着身子,朦胧地浮现在水蒸气里面。

忽然从微暗的浴场尽头,有个裸体的女人跑出来,站在那里,做出要从脱衣场的突出部位跳到河岸下方的姿势,笔直地伸出了两臂,口里在喊着什么。她赤身裸体,连块毛巾也没有。这就是那舞女。我眺望着她雪白的身子,它像一棵小桐树似的,伸长了双腿,我感到有一股清泉洗净了身心,深深地叹了一口气,嗤嗤笑出声来。她还是个孩子呢。是那么幼稚的孩子,当她发觉了我们,一阵高兴,就赤身裸体地跑到日光下来了,踮起脚尖,伸长了身子。我满心舒畅地笑个不停,头脑澄清得像刷洗过似的。微笑长时间挂在嘴边。

由于舞女的头发过于中盛,我一直认为她有十七八岁,再加上她被打扮成妙龄女郎的样子,我的猜想就大错特错了。

我和那个男人回到我的房间,不久,那个年长的姑娘到旅馆的院子里来看菊花圃。舞女刚刚走在小桥的半当中。四十岁的女人从公共浴场出来,朝她们俩人的方向望着。舞女忽然缩起了肩膀,想到会挨骂的,还是回去的好,就露出笑脸,加快脚步回头走。四十岁的女人来到桥边,扬起声音来叫道:"您来玩啊!"

年长的姑娘也同样说着:"您来玩啊!"她们都回去了。可是那个男人一直坐到傍晚。

夜里,我正和一个卸下了纸头的行商下围棋,突然听见旅馆院子里响起了鼓声。我马上就要站起身来。

"串街卖艺的来了。"

"哼哼,这些角色,没道理。喂,喂,该我下子啦。我已经下在这里。"纸商指点着棋盘说。他入迷地在争胜负。

在我心神恍惚的当儿,艺人们似乎就要回去了,我听见那个男人从院子里喊了一声:"晚上好啊!"

我到走廊里向他招手。艺人们悄声私语了一阵，然后转到旅馆门口。

三个姑娘随在那个男人身后，顺序地道了一场"晚上好"，在走廊上垂着手，像艺妓的样子行个礼。我从棋盘上看出我的棋快要输了。

"已经没有办法了。我认输。"

"哪里会输呢？还是我这方不好啊。怎么说也还是细棋。"

纸商一眼也不朝艺人那边看，一目一目地数着棋盘上的目数，愈加小心在意地下着子。女人们把鼓和三弦摆在房间的墙角里，就在象棋盘上玩起五子棋来。

这时我本来赢了的棋已经输了。可是纸商仍然死乞白赖地要求说：

"怎么样？再下一盘，再请你下一盘。"

但是我一点意思也没有，只是笑了笑，纸商断了念，站起身走了。

姑娘们向棋盘这边靠拢来。

"今天夜里还要到哪里去巡回演出吗？"

"还想兜个圈子。"那个男人说着朝姑娘们那边看看。

"怎么样，今天晚上就到此为止，让大家玩玩吧。"

"那可开心，那可开心。"

"不会挨骂吗？"

"怎么会，就是到处跑，反正也不会有客人。"

她们下着五子棋什么的，玩到十二点钟以后才走。

舞女回去之后，我怎么也睡不着，头脑还是清醒异常，我到走廊里大声叫着。

"纸老板，纸老板！"

"噢……"快六十岁的老爷子从房间里跳出来，精神抖擞地答应了一声。

"今天夜里下通宵。跟你说明白。"

我这时充满非常好战的心情。

四

已经约好第二天早晨八点钟从汤野出发。我戴上在公共浴场旁边买的便帽，把高等学校的学生帽塞进书包，向沿街的小旅店走去。二楼的纸隔扇整个地打开着。

我毫不在意地走上去，可是艺人们都还睡在铺垫上。我有些慌张，站在走廊里愣住了。

在我脚跟前那张铺垫上，那舞女满面通红，猛然用两只手掌捂住了脸。

她和那个较大的姑娘睡在一张铺上，脸上还残留着昨晚的浓妆，嘴唇和眼角渗着红色。

这颇有风趣的睡姿沁入我的心胸。她眨了眨眼侧转身去，用手掌遮着脸，从被窝里滑出来，坐到走廊上。

"昨晚谢谢您！"她说着，漂亮地行了礼，弄得我站在那儿不知怎么是好。

那个男人和年长的姑娘睡在一张铺上。在看到这以前，我都不知道这两个人是夫妇。

"非常抱歉。本来打算今天走的，可是今天晚上要接待客人，我们准备延长一天。您要是今天非动身不可，到下田还可以和您见面。

我们决定住在甲州屋旅店里，您立刻就会找到的，"四十岁的女人在铺垫上抬起身子说。我感到像是被人遗弃了。

"不可以明天走吗？我预先不知道妈妈要延长一天。路上有个伴儿总是好的。明天一起走吧。"那个男人说。

四十岁的女人也接着说："就这么办好啦。特意要和您一道的，没有预先跟您商量，实在抱歉。明天哪怕落雹也要动身。后天是我的小宝宝在路上死去的第四十九天,我心里老是惦念着这断七的日子,一路上匆匆忙忙赶来,想在那天前到下田做断七。跟您讲这件事真是失礼,可我们倒是有意外的缘分,后天还要请您上祭呢。"

因此我延缓了行期,走到楼下去。为了等大家起床,我在肮脏的帐房间里跟旅店的人闲谈,那个男人来邀我出去散散步。沿街道稍微向南行,有一座漂亮的小桥。凭着桥栏杆,他谈起了他的身世。他说,他曾经短期参加了东京一个新流派的剧团,听说现在也还常常在大岛港演剧。他说他们的行李包里刀鞘像条腿似的拖在外面。因为在厅房里还要演堂会。大柳条包里装的是衣裳啦,锅子茶碗之类的生活用品。

"我耽误了自己的前程,竟落到这步田地,可是我的哥哥在甲府漂亮地成家立业了,当上一家的继承人。所以我这个人是没人要的了。"

"我一直想您是长冈温泉人呢。"

"是吗?那个年长的姑娘是我的老婆,她比你小一岁,十七啦。在旅途上,她的第二个孩子又早产了,不到一个星期就断了气,我女人的身体还没有复原。那个妈妈是她的生身母亲,那舞女是我的亲妹妹。"

"哦,你说你有个十四岁的妹妹……"

"就是她呀,让妹妹来干这种生计,我很不愿意,可是这里面还有种种缘故。"

然后他告诉我,他名叫荣吉,妻子叫千代子,妹妹叫薰子。另一个十七八岁的姑娘叫百合子,只有她是大岛生人,雇来的。荣吉像是非常伤感,露出要哭的脸色,注视着河滩。

我们回来的时候,洗过了脂粉的舞女正俯身在路边拍着小狗的头。我表示要回自己的旅馆里去。

"你去玩啊。"

"好的,可是我一个人……"

"你跟哥哥一道去嘛。"

"我马上去。"

没多久,荣吉到我的旅馆来了。

"她们呢?"

"女人们怕妈妈唠叨。"

可是我们刚一摆五子棋,几个女人已经过了桥,急急忙忙上楼来了。像平素一样,她们殷勤地行了礼,坐在走廊上踌躇着,第一个站起来的是千代子。

"这是我的房间。请别客气,进来吧。"

艺人们玩了一小时,到这个旅馆的浴室去。她们一再邀我同去。

可是已有三个年轻女人在,我推托了。后来,马上又一个舞女跑上来,转告了千代子的话:

"姐姐说,要你去,给你擦背。"

我没有去,跟舞女下五子棋。下得意外得好,同荣吉和别的女人们循环赛,她可以不费力地胜过他们。五子棋我下得很好,一般人下我不过。跟她下,用不着特意让一手,心里很愉快。因为只我们两个人,起初她老远地伸手落子,可是渐渐她忘了形,专心地俯身到棋盘上。她那头美得有些不自然的黑发都要碰到我的胸部了。突然她脸一红。

"对不起,要挨骂啦。"她说着把棋子一推,跑出去了。这时,妈妈站在公共浴场前面。千代子和百合子也慌忙从浴室出来,没上二楼就逃了回去。

这一天，荣吉在我的房间里从早晨玩到傍晚。纯朴而似乎很亲切的旅馆女掌柜忠告我说，请这样的人吃饭是白浪费。

晚上我到小旅店去，舞女正跟妈妈学三弦。她看到我就停下，可是听了妈妈的话又把三弦抱起来。每逢她的歌声略高一些，妈妈就说：

"我不是说过，用不着提高嗓门吗！"

荣吉被对面饭馆叫到三楼厅房去，正在念着什么，从这里可以看得见。

"他念的是什么？"

"谣曲呀。""好奇怪的谣曲。"

"那是个卖菜的，随你念什么，他也听不懂。"

这时，住在小旅店里的一个四十岁上下的鸟店商人打开了纸隔扇，叫几个姑娘去吃菜。舞女和百合子拿着筷子到隔壁房间去吃鸟店商人剩下的鸡火锅。她们一起向这个房间回来时，鸟店商人剩下的鸡火锅。她们一起向这个房间回来时，鸟店商人轻轻拍了拍舞女的肩膀。妈妈露出了一副很凶的面孔说：

"喂喂，不要碰这孩子，她还是个黄花闺女啊。"

舞女叫着老伯伯老伯伯，求鸟店商人给她读。可是鸟店商人没多久站起身来走了。她一再说"给我读下去呀"，可是这话她不直接跟我说，好像请妈妈开口托我似的。我抱着一种期望，拿起了通俗故事本。舞女果然赶忙靠到我身边。我一开口读，她就凑过脸来，几乎碰到我的肩头，表情一本正经，眼睛闪闪发光，不眨眼地一心盯住我的前额。这似乎是她听人家读书的习气，刚才她和鸟商人也几乎把脸碰在一起。这个我已经见过了。这双黑眼珠的大眼睛闪着美丽的光辉，是舞女身上最美的地方。双眼皮的线条有说不出来的漂亮。其次，她笑得像花一样，笑得像花一样这句话用来形容她是逼真的。

过了一会儿，饭店的侍女来接舞女了。她换了衣裳，对我说："我马上就回来，等我一下，还请接着读下去。"

她到外面走廊里，垂下双手行着礼说："我去啦。"

"你可千万不要唱歌呀。"妈妈说。她提着鼓微微地点头。

妈妈转过身来对我说："现在她恰巧在变嗓子。"

舞女规规矩矩地坐在饭馆的二楼上，敲着鼓。从这里看去，她的后影好像就在隔壁的厅房里。鼓声使我的心明朗地跃动了。

"鼓声一响，满房里就快活起来了。"妈妈望着对面说。

千代子和百合子也同样到那边大厅去了。

过了一小时的工夫，四个人一同回来。

"就是这么点……"舞女从拳头里向妈妈的手掌上倒出了五角零碎的银币。我又读了一会儿《水户黄门漫游记》。他们又谈起了旅途上死去的婴儿，据说，那孩子生来像水一样透明，连哭的力气都没有，可是还活了一个星期。

我仿佛忘记了他们是巡回艺人之类的人，既没有好奇心，也不加轻视，这种很平常的对他们的好感，似乎沁入了他们的心灵。我决定将来什么时候到他们大岛的家里去。他们彼此商量着："可以让他住在老爷子的房子里。那里很宽敞，要是老爷子让出来，就很安静，永远住下去也没关系，还可以用功读书。"然后他们对我说："我们有两座小房子，靠山那边的房子是空着的。"而且说，到了正月里，他们要到波浮港去演戏，可以让我帮帮忙。

我逐渐了解到，他们旅途上的心境并不像我最初想象的那么艰难困苦，而是带有田野气息的悠闲自得。由于他们是老小一家人,我更感到有一种骨肉之情维系着他们。只有雇来的百合子老是羞羞怯怯的,在我的面前闷声不响。

过了夜半,我离开小旅店,姑娘们走出来送我。舞女给我摆好了木屐。她从门口探出头来,望了望明亮的天空。

"啊,月亮出来啦……明天到下田,可真高兴啊,给小孩做断七,让妈妈给我买一把梳子,然后还有好多事情要做哩。你带我去看电影好吧?"

对于沿伊豆地区相模川各温泉场串街的艺人来说,下田港这个城市总是旅途的故乡—亲漂浮着使他们恋恋不舍的气息。

五

艺人们像越过天城山时一样,各自携带着同样的行李。妈妈用手腕子搂着小狗的前脚,它露出惯于旅行的神情。走出汤野,又进入了山区。海上的朝日照耀着山腰。我们眺望着朝日的方向。海滨在河津川的前方明朗地展开了。

"那边就是大岛。"

"你看它有多么大,请你来呀。"舞女说。

也许是由于秋季的天空过于晴朗,临近太阳的海面像春天一样笼罩着一层薄雾。从这里到下田要走二十公里路。暂时间海时隐时现。千代子悠闲地唱起歌来。

路上他们问我,是走比较险峻可是约近两公里的爬山小道呢,还是走方便的大道,我当然要走近路。

林木下铺着落叶,一步一滑,道路陡峭得挨着胸口,我走得气喘吁吁,反而有点豁出去了,加快步伐,伸出手掌拄着膝盖。眼看着他们一行落在后面了,紧紧地跟着我跑。她走在后面,离我一两米远,既不想缩短这距离,也不想再落后。我回过头去和她讲话,她好像吃惊的样子,停住脚步微笑着答话。舞女讲话的时候,我等在那里,希望她赶上我,可是她也停住脚步,要等我向前走她才迈步。道路曲曲折折,愈加险阻了,我越发加快了脚步,可是舞女一心地攀登着,依旧保持着一两米的距离。群山静寂。其余的人落在后面很远,连话声也听不见了。

"你在东京家住哪儿?"

"没有家,我住在宿舍里。"

"我也去过东京,赏花时节我去跳舞的。那时还很小,什么也不记得了。"

然后她问东问西:"你父亲还在吗?""你到甲府吗?"等等。她说到了下田要去看电影,还谈起那死了的婴儿。

这时来到了山顶。舞女在枯草丛中卸下了鼓,放在凳子上,拿手巾擦汗。她要掸掸脚上的尘土,却忽然蹲在我的脚边,抖着我裙子的下摆。我赶忙向后退,她不由得跪下来,弯着腰替我浑身掸尘,然后把翻上来的裙子下摆放下去,对站在那里呼呼喘气的我说:"请您坐下吧。"

就在凳子旁边,成群的小鸟飞了过来。四周那么寂静,只听见停着小鸟的树枝上枯叶沙沙地响。

"为什么要跑得这么快?"

舞女像是觉得身上热起来。我用手指咚咚地叩着鼓,那些小鸟飞走了。

"啊,想喝点水。"

"我去找找看。"

可是舞女马上又从发黄的丛树之间空着手回来了。

"你在大岛的时候做些什么?"

这时舞女很突然地提出了两三个女人的名字,开始谈起一些没头没脑的话。她谈的似乎不是在大岛而是在甲府的事,是她上普通小学二年级时小学校的一些朋友,她想到什么就说什么。

又等了约十分钟,三个年轻人到了山顶,妈妈更落后了十分钟才到。

下山时,我和荣吉特意迟一步动身,慢慢地边谈边走。走了约一里路之后,舞女又从下面跑上来。

"下面有泉水,赶快来吧,我们都没喝,在等着你们呢。"

我一听说有泉水就跑起来。从树荫下的岩石间涌出了清凉的水。女人们都站在泉水的四周。

"快点,请您先喝吧。我怕一伸手进去会把水弄浑了,跟在女人后面喝,水就脏啦。"妈妈说。

我用双手捧着喝了冷冽的水,女人们不愿轻易离开那里,拧着手巾擦干了汗水。

下了山一走进下田的街道,出现了好多股烧炭的烟。大家在路旁的木头上坐下来休息。舞女蹲在路边,用桃红色的梳子在梳小狗的长毛。

"这样不是把梳子的齿弄断了吗?"妈妈责备她说。

"没关系,在下田要买把新的。"

在汤野的时候,我就打算向舞女讨取插在她前发上的这把梳子,所以我认为不该用它梳狗毛。

道路对面堆着好多捆细竹子,我和荣吉谈起正好拿它们做手杖用,就抢先一步站起身来。舞女跑着追过来,抽出一根比她人还长的粗竹子。

"你干什么?"荣吉问她,她踌躇了一下,把那根竹子递给我。

"给你做手杖。我挑了一根挺粗的。"

"不行啊!拿了粗的,人家立刻会看出是偷的,被人看见不糟糕吗?送回去吧。"

舞女回到堆竹子的地方,又跑回来。这一次,她给我拿来一根有中指粗的竹子。接着,她在田埂上像脊给撞了一下似的,跌倒在地,呼吸困难地等待那几个女人。

我和荣吉始终走在前头十多米。

"那颗牙可以拔掉,换上一颗金牙。"忽然舞女的声音送进我的耳朵里。回过头一看,舞女和千代子并排走着,妈妈和百合子稍稍落后一些。千代子好像没有注意到我在回头看,继续说:

"那倒是的。你去跟他讲,怎么样?"

他们好像在谈我,大概千代子说我的牙齿长得不齐整,所以舞女说可以换上金牙。她们谈的不外乎容貌上的,说不上对我有什么不好,我都不想竖起耳朵听,心里只感到亲密。她们还在悄悄地继续谈,我听见舞女说:

"那是个好人呢。"

"是啊,人倒是很好。"

"真正是个好人。为人真好。"

这句话听来单纯而又爽快,是幼稚地顺口流露出感情的声音。我自己也能天真地感到我是一个好人了。我心情愉快地抬起眼来眺望着爽朗的群山。眼睑里微微觉得痛。我这个二十岁的人,一再严肃地反省到自己由于孤儿根性养成的怪脾气,我正因为受不了那种令人窒息的忧郁感,这才走上到伊豆的旅程。因此,听见有人从社会的一般意义说我是个好人,真是说不出的感谢。快到下田海边,群山明亮起来,我挥舞着刚才拿到的那根竹子,削掉秋草的尖子。

路上各村庄的入口竖着牌子:"乞讨的江湖艺人不得入村。"

六

一进下田的北路口,就到了甲州屋小旅店。我随着艺人们走上二楼,头上就是屋顶,没有天花板,坐在面临街道的窗口上,头要碰到屋顶。

"肩膀不痛吧?"妈妈好几次盯着舞女问。"手不痛吧?"

舞女做出敲鼓时的美丽手势。

"不痛。可以敲,可以敲。"

"这样就好啦。"

我试着要把鼓提起来。

"哎呀,好重啊!"

"比你想象的要重。比你的书包要重些。"舞女笑着说。

艺人们向小旅店里的人们亲热地打着招呼。那也尽是一些艺人和走江湖的。下田这个港口像是些候鸟的老窝。舞女拿铜板给那些摇摇晃晃走进房间来的小孩子。我想走出甲州屋,舞女就抢先跑到门口,给我摆好木屐,然后自言自语似地悄声说:"带我去看电影啊。"

我和荣吉找一个游手好闲的人领路,一直把我们送到一家旅馆去,据说旅馆主人就是以前的区长。洗过澡之后,我和荣吉吃了有鲜鱼的午饭。

"你拿这个去买些花给明天忌辰上供吧。"我说着拿出个纸包,装着很少的一点钱,叫荣吉带回去,因为我必须乘明天早晨的船回东京,我的旅费已经用光了。我说是为了学校的关系,艺人们也就不好强留我。

吃过午饭还不到三小时就吃了晚饭,我独自从下田向北走,过了桥。我登上下田的富士山,眺望着港湾。回来的路上顺便到了甲州屋,看见艺人们正在吃鸡肉火锅。

"哪怕吃一口也好吗?女人们用过的筷子虽然不干净,可是过后可以当作笑话谈。"妈妈说着从包裹里拿出小碗和筷子叫百合子去洗。

大家又都谈起明天恰好是婴儿的第四十九天,请我无论怎样也要延长一天再动身,可是我拿学校做借口,没有应允。妈妈翻来覆去地说:"那么,到冬天休假的时候,我们划着船去接您。请先把日期通知我们,我们等着。住在旅馆里多闷人,我们用船去接您。"

屋里只剩下千代子和百合子的时候,我请她们去看电影,千代子用手按着肚子说:"身子不好过,走了那么多的路,吃不消啦。"她脸色苍白,身体像是要瘫下来了。百合子拘谨地低下头去。舞女正在楼下跟着小旅店的孩子们一起玩。她一看到我,就去央求妈妈让她去看电影,可是接着垂头丧气的,又回到我身边来,给我摆好了木屐。

"怎么样,就叫她一个人陪了去不好吗?"荣吉插嘴说。但是妈妈不应允。为什么带一个人去不行呢,我实在觉得奇怪。我正要走出大门口的时候,舞女抚摸着小狗的头。我难以开口,只好做出冷淡的神情。她连抬起头来看我一眼的气力像都没有了。

我独自去看电影。女讲解员在灯泡下面念着说明书。我立即走出来回到旅馆去。我胳膊肘挂在窗槛上,好久好久眺望着这座夜间的城市,城市黑洞洞的。我觉得从远方不断微微地传来了鼓声,眼泪毫无理由地扑簌簌落下来。

七

出发的早晨七点钟,我正在吃早饭,荣吉就从马路上招呼我了。他穿着印有家徽的黑外褂,穿上这身礼服似乎专为给我送行。女人们都不见,我立即感到寂寞。荣吉走进房间里来说:"本来大家都想来送行的,可是昨天夜里睡得很迟,起不了床,叫我来道歉,并且说冬天等着您,一定要请您来。"

街上秋天的晨是冷冽的。荣吉在路上买了柿子,四包敷岛牌香烟和薰香牌口中清凉剂送给我。

"因为我妹妹的名字叫薰子,"他微笑着说,"在船上橘子不大好,柿子对于晕船有好处,可以吃的。"

"把这个送给你吧。"

我摘下便帽,把它戴在荣吉头上,然后从书包里取出学生帽,拉平皱折,两个人都是笑了。

快到船码头的时候,舞女蹲在海滨的身影扑进我的心头。在我们走近她身边以前,她一直在发愣,沉默地垂着头。她还是昨夜的化妆,愈加动了我的感情,眼角上的胭脂使她那像是生气的脸上显了一股幼稚的严峻神情。荣吉说:"别的人来了吗?"舞女摇摇头。

"她们还都在睡觉吗?"

舞女点点头。

荣吉去买船票和舢板票的当儿,我搭讪着说了好多话,可是舞女往下望着运河入海的地方,一言不发。只是我每句话还没有说完,她就连连用力点头。这时,有一个小工打扮的人走过来,听他说:"老婆婆,这个人可不错。"

"学生哥,你是去东京的吧,打算拜托你把这个婆婆带到东京去,可以吗?蛮可怜的一个老婆婆。她儿子原先在莲台寺的银矿做工,可是倒霉地碰上这次流行感冒,儿子和媳妇都死啦,留下了这么三个孙子。怎么也想不出办法,我们商量着还是送她回家乡去。她家乡在水户,可是老婆婆一点也不认识路,要是到了灵岸岛,请你把她送上开往上野去的电车就行啦。麻烦你呀,我们拱起双手重重拜托。唉,你看到这种情形,也要觉得可怜吧。"

老婆婆痴呆呆地站在那里,她背上绑着一个奶寻娃儿,左右手各牵着一个小姑娘,小的大概三岁,大的不过五岁的样子。从她那龌龊的包袱皮里,可以看见有大饭团子和咸梅子。五六个矿工在安慰着老婆婆。我爽快地答应照料她。

"拜托你啦。"

"谢谢啊!我们本应当送她到水户,可是又做不到。"

矿工们说了这类话向我道谢。

舢板摇晃得很厉害,舞女还是紧闭双唇向一边凝视着。我抓住绳梯回过头来,想说一声再见,可是也没说出口,只是又一次点了点头。舢板回去了。荣吉不断地挥动着刚才我给他的那顶便帽。离开很远之后,才看见舞女开始挥动白色的东西。

轮船开出下田的海面,伊豆半岛南端渐渐在后方消失,我一直凭倚着栏杆,一心一意地眺望着海面上的大岛。我觉得跟舞女的离别仿佛是很久很久以前的事了。老婆婆怎么样啦?我探头向船舱里看,已经有好多人围坐在她身旁,似乎在百般安慰她。我安下心来,走进隔壁的船舱。相模滩上风浪很大,一坐下来,就常常向左右歪倒。船员在到处分发小铁盆。我枕着书包躺下了。头脑空空如也,没有了时间的感觉。泪水扑簌簌地滴在书包上,连脸颊都觉得凉了,只好把枕头翻转过来。我的身旁睡着一个少年。他是河津的一个工场老板的儿子,前往东京准备投考,看见我戴着第一高等学校的学生帽,对我似乎很有好感。谈过几句话之后,他说:"您遇到什么不幸的事吗?"

"不,刚刚和人告别。"我非常坦率地说。让人家见到自己在流泪,我也满不在乎。我什么都不想,只想在安逸的满足中静睡。

海上什么时候暗下来我也不知道,网代和热海的灯光已经亮起来。皮肤感到冷,肚里觉得饿了,那少年给我打开了竹皮包着的菜饭。我好像忘记了这不是自己的东西,拿起紫菜饭卷就吃起来,然后裹着少年的学生斗篷睡下去。我处在一种美好的空虚心境里,不管人家怎样亲切对待我,都非常自然地承受着。我想明天清早带那老婆婆到上野车站给她买票去水户,也是极其应当的。我感到所有的一切都融合在一起了。

船舱的灯光熄灭了。船上载运的生鱼和潮水的气味越来越浓。在黑暗中,少年的体温暖着我,我听任泪水向下流。我的头脑变成一泓清水,滴滴答答地流出来,以后什么都没有留下,只感觉甜蜜的愉快。

1. 作者简介

川端康成(1899—1972),日本著名作家,曾获得诺贝尔文学奖。《伊豆的舞女》是川端康成早期的代表作和成名作,也是一篇杰出的短篇小说。《伊豆的舞女》描述了少男少女之间纯真的初恋情感。此文选自叶渭渠译《川端康成文集》,广西师范大学出版社2002年版。

2. 思考

(1) 探讨分析舞女"薰子"的形象。

(2) 分析文中对雨的描写及其作用。

(3) 川端康成是一位擅长描写人物心理的作家。他善于细腻深刻地刻画女性的心理。找出本文中是如何体现这一特点的。

第四篇
应用文写作

第九章 公文写作

第一节 公文概述

一、公文的特点及作用

(一) 公文的含义

"公文"这一概念在本书中指中国共产党机关和国家行政机关公文,即中共中央办公厅和国务院办公厅在2012年4月12日发布的,自2012年7月1日起施行的《党政机关公文处理工作条例》中规定的15个文种。

该条例明确指出:"党政机关公文是党政机关实施领导、履行职能、处理公务的具有特定效力和规范体式的文书,是传达贯彻党和国家的方针政策,公布法规和规章,指导、布置和商洽工作,请示和答复问题,报告、通报和交流情况等的重要工具。"

这一定义对公文的内涵、性质、适用范围和功用都做了简明、规范、科学的界定。准确理解这一定义对学习公文有十分重要的指导作用。

(二) 公文的特点

公文的特点是其区别于其他文体的本质属性,揭示和概括公文的特点,可以更准确地把握公文,更有效地运用这一工具。公文有以下几个特点。

1. 法定的权威性

公文的法定权威性是由其制文机关的法定权威性所决定的。公文的制文机关是各级党政机关,他们是依法成立的并具有法定的管理权限。这些机关在自己职权范围内所进行的管理,本身就是一种法定的管理活动。公文正是执行这种法定管理活动的重要工具,能将法定管理者的思想、意志传递出去,从而变成具体的施政行为,直接服务于国家政务活动。国家的法律法规、方针政策,以及各项管理措施,都是由公文参与完成,并由公文传递出去的,公文代表发文机关行使职权,实施领导和指挥。上级单位制发的公文代表上级机关意志和意见。下级机关必须严格遵照执行,不得违反,否则就要负法律和行政责任。

2. 法定的作者和特定的读者

公文的作者并不是普通意义上的文章作者,而是指公文的制发机关或代表制发机关的领导人。公文的作者是法定的,因为其具有法定的管理职权和管理范围。除此之外,其他机构和个人是无权制发公文的。以领导人名义发布的公文,其作者也是指发文机关而不是个人,因为领导人的职务也是按照一定法规选举或任命的,代表法定机关行使法定的职权。

除法定的作者外,公文的读者是特定的。公文的阅读往往是有限定范围的,规定哪一级,哪一级的特定读者才有权阅读,其他读者则无权阅读。公文格式中设定的"密级"及"附注"中有关阅读范围的说明,就是在一定程度上对特定读者阅读权限的规定。

3. 特定的程式化

作为党政机关管理的工具，公文具有不同于一般文章的特定的程式化特点。程是指程序，式是指格式。

公文在长期使用过程中逐渐形成了比较固定的程式，《党政机关公文处理工作条例》又对这一程式加以明确规范，从公文的发文、收文归档、管理，到行文规则、文种类别、格式等都做了具体规定，公文适用范围内的一切单位和个人都必须严格遵守，不得违反。

公文的特定程式化是公文长期写作经验的结晶，同时也是公文权威性在形式上的体现。掌握和遵循这些规范性的程式，不仅便于写作和阅读，更有利于使用公文这一工具来有效处理和解决实际工作中的问题。

4. 严格的时效性

公文是针对具体情况、实际问题而制发的，公文的制发、传递、执行都有严格的时间限定。因此，各级党政机关在管理过程中发现情况和问题时，在确有必要行文的前提下应及时做出决策，迅速制发公文上达或下发，以保证各项工作有序的进行。同时对受文机关来说，也应及时办理所收公文，切实履行职责，以免延误问题的解决，贻误时机，使公文无法发挥其应有的作用。

（三）公文的作用

1. 领导指导作用

具有领导和指导作用的公文多指下行文。公文的领导作用主要体现在上级机关向下级机关制发的、带有法规性、指示性的一类文件中，要求下级机关必须执行，但更多的公文则是布置工作任务、安排事项、对某项工作提出具体要求。这类公文也要求下级机关执行，但执行时可根据本地区、本系统的实际情况办理。有的上级机关在发布公文时会明确指出"可以参照执行"，这样的公文就具有指导作用。

2. 法规准绳作用

党政领导机关制发的公文，不少是带有法规效力的，对下级有着法规的制约作用，如命令、决定等。同时多数公文，特别是下行文，对从事公务活动的部门、个人也有一定的限定作用，要求该部门和个人必须据此作为公务活动的准绳做出行动抉择，不得超越这一范围。

3. 联系知照作用

公文可以沟通上下级的联系，使上情下达、下情上传。上级机关一般利用公文把法律、法规、方针、政策传达下去，下级机关用公文把工作中的问题、情况反映上来。上传下达，及时解决问题，推动工作进行。同时，公文还在不相隶属的机关之间起着沟通协调、商洽交流、联系传递的知照作用。

4. 宣传教育作用

公文制发的目的是使党和国家的法规、方针、政策顺利地贯彻执行。为保证这一目的的实现，就要宣传教育群众，统一认识、统一行动，公文正体现了这一作用。一些下行文在对重要工作作出安排的同时也阐明了政策或理论的依据，对目前的形势作出分析，提供开展工作的具体指导思想，从而有力地起到宣传教育作用。而这种宣传教育作用又有一定的约束力，影响更大，作用更明显。

5. 依据凭证作用

上级机关在制发公文时，要以下级机关所反映的情况为依据；而下级机关在处理具体事宜、安排工作时,又要遵循上级机关所颁发公文的指示精神;不相隶属的机关之间也要依据往来的公文洽谈工作、沟通情况和解决问题。公文起着重要的依据作用。同时,作为反映各级党政机关在各个时期公务活动情况的文件记录,公文又有积累史料的凭证作用,在现实效用完成后对今后的工作仍然有凭证作用。

二、公文的种类和分类

（一）公文的种类

《党政机关公文处理工作条例》第八条规定,我国党政机关公文种类为15种。

（1）决议：适用于会议讨论通过的重大决策事项。

（2）决定：适用于对重要事项做出决策和部署、奖惩有关单位和人员、变更或者撤销下级机关不适当的决定事项。

（3）命令（令）：适用于公布行政法规和规章、宣布施行重大强制性措施、批准授予和晋升衔级、嘉奖有关单位和人员。

（4）公报：适用于公布重要决定或者重大事项。

（5）公告：适用于向国内外宣布重要事项或者法定事项。

（6）通告：适用于在一定范围内公布应当遵守或者周知的事项。

（7）意见：适用于对重要问题提出见解和处理办法。

（8）通知：适用于发布、传达要求下级机关执行和有关单位周知或者执行的事项,批转、转发公文。

（9）通报：适用于表彰先进、批评错误、传达重要精神和告知重要情况。

（10）报告：适用于向上级机关汇报工作、反映情况,回复上级机关的询问。

（11）请示：适用于向上级机关请求指示、批准。

（12）批复：适用于答复下级机关请示事项。

（13）议案：适用于各级人民政府按照法律程序向同级人民代表大会或者人民代表大会常务委员会提请审议事项。

（14）函：适用于不相隶属机关之间商洽工作、询问和答复问题、请求批准和答复审批事项。

（15）纪要：适用于记载会议主要情况和议定事项。

（二）公文的分类

公文种类划分的主要目的是正确使用文种。为保证这一目的的实现,选择公文种类不仅要考虑文种的性质、作用,还要注意行文的方向。《党政机关公文处理工作条例》从适用范围入手,将公文分为15种。因此,这里只从行文方向对公文进行分类,将其分为上行文、平行文和下行文。

行文方向是由行文关系决定的。行文关系是指机关之间的工作关系,而机关各自的组织归属和职权范围又决定着机关之间的工作关系。这种工作关系有四种类型：一是同一组织系统中上、下级之间领导与被领导的隶属关系；二是同一组织系统中上级主管业务部门与下级主管业务部门之间的业务指导与被指导关系；三是同一组织系统中同级机关之间的平行关系；四是非同一系统的任何机关之间的不相隶属关系。

在这种关系中,居领导、指导地位的上级机关可以向被领导、被指导的下级机关发送下行文；被领导、被指导的下级机关向上级领导、指导机关报送上行文；具有平行关系或不相隶属关系的机关之间可以传递平行文。

下行文的主要作用是传达贯彻党和国家方针政策，指导、布置工作，通报情况，答复问题，如命令、决定、通知、通报等。上行文的主要作用是汇报工作，请示问题，如报告、请示等。平行文的主要作用是商洽工作，交流情况，如函等。

三、提高公文写作能力的途径

学好公文写作，提高公文的写作技能，应从理论水平、政策水平、生活阅历、知识积累、辞章修养、写作技巧等方面下功夫，切实加强写作训练。只有将写作理论知识转化为写作实践能力，才能收到成效。

（一）明确目的，端正态度

明确的学习目的和端正的学习态度是写好公文的必要前提。

学习公文写作，首先要在思想上重视，充分认识到它的重要性和必要性。学习公文写作是做好实际工作的需要，是各单位、各部门提高工作效率的需要，也是提高自身素质的需要。只有明确了学习目的，才能改变仅从兴趣出发的学习态度，才能学得主动、积极、有成效。其次要注意避免或纠正两种片面认识：一种是认为公文写作简单枯燥，没啥可学，不过是公式加例文而已；另一种是认为公文写作要求严谨，难以掌握。这两种态度都不利于学好公文写作。"没啥可学"是"门外"之言，通过几次写作实践就会改变这种片面认识。公文虽要求严谨，格式各异，但仍有规律可循，只要有信心，肯下功夫，写作规律是不难掌握的。

（二）学习政策，熟悉业务

掌握党和国家的方针、政策、法规和熟悉具体业务是写好公文的首要条件。

公文的内容普遍具有很强的政策性和专业性，因此，公文的撰写者必须具备一定的理论水平和政策水平。为此，必须加强理论学习，熟悉党和国家的现行法令、法规、方针、政策，只有这样才能写出观点正确、指导性强的公文。公文的各种文体都是直接服务于工作的，所反映的内容无不与实际工作有关，撰写者只有掌握专业理论知识和具体业务，写出的文章才能主旨鲜明、内容充实，切合工作实际。

（三）掌握写作理论，加强语文基本功的训练

掌握各种文体的写作理论、具备扎实的语文功底是写好公文的两大关键。

俗话说："没有规矩，不成方圆。"写作的规矩就是写作理论。写作理论是前人写作经验的科学总结，它揭示了写作的一般规律，引导人们掌握写作方法、写作技巧。公文的写作理论除了包括一切文章构成的基本要素——主旨、材料、结构、语言等外，还包括每种文体的性质、特点、作用、格式、要求、写作方法和写作技巧等。掌握这些写作理论和写作技巧，就能高屋建瓴，纵览全局，驾驭一切文体的写作。公文规范性的特点能有效帮助我们快速构思，厘清思路，迅速成文。因此，在学习过程中，一要抓住各种文体的共性，掌握一般的写作规律；二要注意进行文体异同的比较，以起到触类旁通、举一反三的效果；三要结合实际工作进行反复的实践，这样才能运用自如。

具备扎实的语文基本功能使应用文的写作取得事半功倍的成效。因此，撰写者要掌握语法、修辞、逻辑等方面的知识，使语句通顺、明白。同时注意积累词汇，以便选择恰当的词语来准确地表达思想。另外，也要注意文字书写的规范无误和标点符号的正确使用。

(四) 多读多写多改，反复实践

要想提高公文的写作能力，还要多读、多写、多改。多读有关公文写作的理论书籍，有意识地选读一些范文，以资借鉴。多写是提高写作能力的必由途径。人们常说：写作不怕底子浅，勤学苦练能过关；写作能力是"写"出来的。所以，在学习的过程中，必须在一定的写作理论、写作知识的指导下进行反复实践，将写作理论、写作知识转化为写作能力。反复修改、加工润色是写作的最后完善阶段，也是提高写作能力的重要环节。修改可从内容和形式两个方面入手，反复推敲、提炼，使文章的内容更准确、结构更严谨、语言更精练，使读者易于接受、乐于接受。修改既有助于文章质量的提高，也有助于作者写作能力的提高。

第二节 公文格式

为提高党政机关公文的规范化、标准化水平，2012年6月29日，国家质量监督检验检疫总局、国家标准化管理委员会发布了国家标准《党政机关公文格式》(GB/T 9704—2012)，于2012年7月1日起正式实施。公文的格式由版头、主体、版记三部分组成。

一、版头

(一) 份号

公文的份号是将同一文稿印制若干份时每份公文的顺序编号，其作用在于为分发、清退、查找公文提供依据，方便对公文进行统计和管理，通常用于机密、绝密公文。

如需标注份号，一般用6位3号阿拉伯数字，顶格编排在版心左上角第一行。

(二) 密级和保密期限

涉及国家秘密的公文应当标注密级和保密期限，一般用3号黑体字，顶格编排在版心左上角第二行；保密期限中的数字用阿拉伯数字标注，密级和保密期限之间用"★"隔开。

(三) 紧急程度

紧急公文应当根据紧急程度分别标明"特急""加急"。

如需标注紧急程度，一般用3号黑体字，顶格编排在版心左上角；如需同时标注份号、密级和保密期限、紧急程度，按照份号、密级和保密期限、紧急程度的顺序自上而下分行排列。

(四) 发文机关标志

发文机关标识是公文制发机关的标记。由发文机关全称或者规范化简称加"文件"二字组成，也可以使用发文机关全称或者规范化简称。

发文机关标志居中排布，上边缘至版心上边缘为35毫米，推荐使用小标宋体字，颜色为红色，以醒目、美观、庄重为原则。

联合行文时，如需同时标注联署发文机关名称，一般应当将主办机关名称排列在前；如有"文件"二字，应当置于发文机关名称右侧，以联署发文机关名称为准上下居中排布。

(五) 发文字号

发文字号由发文机关代字、年份和序号组成。编排在发文机关标志下空二行位置，居中排布。年份、发文顺序号用阿拉伯数字标注；年份应标全称,用六角括号"〔〕"括入；发文顺序号不加"第"字,不编虚位(即1不编为01),在阿拉伯数字后加"号"字。

上行文的发文字号居左空一字编排,与最后一个签发人姓名处在同一行。

（六）签发人

上报的公文须标识签发人。由"签发人"三字加全角冒号和签发人姓名组成,居右空一字,编排在发文机关标志下空二行位置。"签发人"三字用3号仿宋体字,签发人姓名用3号楷体字。

如有多个签发人,签发人姓名按照发文机关的排列顺序从左到右、自上而下依次均匀编排,一般每行排两个姓名,回行时与上一行第一个签发人姓名对齐。

（七）版头中的分隔线

发文字号之下4毫米处居中印一条与版心等宽的红色分隔线。

二、主体

（一）标题

公文标题是准确简要地概括公文主要内容并标明公文种类的句段。用2号小标宋体字,编排于红色分隔线下空二行位置,分一行或多行居中排布；回行时,要做到词意完整,排列对称,长短适宜,间距恰当,标题排列应当使用梯形或菱形。

（二）主送机关

主送机关指公文的主要受理机关,应使用全称或规范化的简称、统称。编排于标题下空一行位置,居左顶格,回行时仍顶格,最后一个机关名称后标全角冒号。如主送机关名称过多导致公文首页不能显示正文时,应当将主送机关名称移至版记。

（三）正文

正文是公文的主体部分,也是公文结构的核心部分。正文阐述公文内容,表达发文意图。公文首页必须显示正文。一般用3号仿宋体字,编排于主送机关名称下一行,每个自然段左空二字,回行顶格。文中结构层次序数依次可以用"一、""（一）""1.""（1）"标注；一般第一层用黑体字、第二层用楷体字、第三层和第四层用仿宋体字标注。

（四）附件说明

如有附件,在正文下空一行左空二字编排"附件"二字,后标全角冒号和附件名称。如有多个附件,使用阿拉伯数字标注附件顺序号(如"附件：1.××××××")；附件名称后不加标点符号。附件名称较长需回行时,应当与上一行附件名称的首字对齐。

（五）发文机关署名、成文日期和印章

1. 加盖印章的公文

成文日期一般右空四字编排,印章用红色,不得出现空白印章。

单一机关行文时,一般在成文日期之上、以成文日期为准居中编排发文机关署名,印章端正、居中下压发文机关署名和成文日期,使发文机关署名和成文日期居印章中心偏下位置,印章顶端应当上距正文(或附件说明)一行之内。

联合行文时,一般将各发文机关署名按照发文机关顺序整齐排列在相应位置,并将印章一一对应、端正、居中下压发文机关署名,最后一个印章端正、居中下压发文机关署名和成文日期,印章之间排列整齐、互不相交或相切,每排印章两端不得超出版心,首排印章顶端应当上距正文(或附件说明)一行之内。

2. 不加盖印章的公文

单一机关行文时,在正文(或附件说明)下空一行右空二字编排发文机关署名,在发文机关署名下一行编排成文日期,首字比发文机关署名首字右移二字,如成文日期长于发文机关署名,应当使成文日期右空二字编排,并相应增加发文机关署名右空字数。

联合行文时,应当先编排主办机关署名,其余发文机关署名依次向下编排。

3. 加盖签发人签名章的公文

单一机关制发的公文加盖签发人签名章时,在正文(或附件说明)下空二行右空四字加盖签发人签名章,签名章左空二字标注签发人职务,以签名章为准上下居中排布。在签发人签名章下空一行右空四字编排成文日期。

联合行文时,应当先编排主办机关签发人职务、签名章,其余机关签发人职务、签名章依次向下编排,与主办机关签发人职务、签名章上下对齐;每行只编排一个机关的签发人职务、签名章;签发人职务应当标注全称。

签名章一般用红色。

4. 成文日期中的数字

用阿拉伯数字将年、月、日标全,年份应标全称,月、日不编虚位(即1不编01)。

(六)附注

如有附注,居左空两字加圆括号编排在成文日期下一行。

(七)附件

附件应当另面编排,并在版记之前,与公文正文一起装订。"附件"二字及附件顺序号用3号黑体字顶格编排在版心左上角第一行。附件标题居中编排在版心第三行。附件顺序号和附件标题应当与附件说明的表述一致。附件格式要求同正文。

如附件与正文不能一起装订,应当在附件左上角第一行顶格编排公文的发文字号并在其后标注"附件"二字及附件顺序号。

三、版记

(一)版记中的分隔线

版记中的分隔线与版心等宽,首条分隔线和末条分隔线用粗线(推荐高度为0.35毫米),中间的分隔线用细线(推荐高度为0.25毫米)。首条分隔线位于版记中第一个要素之上,末条分隔线与公文最后一面的版心下边缘重合。

(二)抄送机关

如有抄送机关,一般用4号仿宋体字,在印发机关和印发日期之上一行、左右各空一字编排。"抄送"二字后加全角冒号和抄送机关名称,回行时与冒号后的首字对齐,最后一个抄送机关名称后标句号。

如需把主送机关移至版记,除将"抄送"二字改为"主送"外,编排方法同抄送机关。既有主送机关又有抄送机关时,应当将主送机关置于抄送机关之上一行,之间不加分隔线。

(三)印发机关和印发日期

印发机关和印发日期一般用4号仿宋体字,编排在末条分隔线之上,印发机关左空一字,印发日期右空一字,用阿拉伯数字将年、月、日标全,年份应标全称,月、日不编虚位(即1不编为01),后加"印发"二字。

版记中如有其他要素,应当将其与印发机关和印发日期用一条细分隔线隔开。

(四)页码

一般用4号半角宋体阿拉伯数字,编排在公文版心下边缘之下,数字左右各放一条一字线;一字线上距版心下边缘7毫米。单页码居右空一字,双页码居左空一字。公文的版记页前有空白页的,空白页和版记页均不编排页码。公文的附件与正文一起装订时,页码应当连续编排。

第三节 通 知

本节通过对通知范例的示例与析评,介绍通知的必备知识,掌握通知的格式与写法。

一、示例与评析

(一)发布性通知

关于印发《农业保险大灾风险准备金管理办法》的通知

各有关保险机构,各省、自治区、直辖市、计划单列市财政厅(局),新疆生产建设兵团财务局,财政部驻各省、自治区、直辖市、计划单列市财政监察专员办事处:

为贯彻落实《农业保险条例》《国务院办公厅关于金融支持经济结构调整和转型升级的指导意见》(国办发〔2013〕67号)等有关要求,进一步完善农业保险大灾风险分散机制,规范农业保险大灾风险准备金管理,促进农业保险持续健康发展,现印发《农业保险大灾风险准备金管理办法》,请遵照执行。

附件:农业保险大灾风险准备金管理办法

财政部(公章)
2013年12月8日

(资料来源:金融司.关于印发《农业保险大灾风险准备金管理办法》的通知[EB/OL].(2014-11-06)[2023-06-15].http://www.mof.gov.cn/gp/xxgkml/jrs/201411/t20141106_2500969.htm.)

【评析】 发布性通知正文较为简短,由发布原因、被发布文件名称和发布机关的要求等三部分组成。

(二)指示性通知

郑州市人民政府办公厅
关于继续做好房地产市场调控工作的通知

各县(市、区)人民政府,市人民政府有关部门,各有关单位:

为贯彻落实国务院办公厅《关于继续做好房地产市场调控工作的通知》(国办发〔2013〕

17号)精神,巩固房地产市场调控成果,稳定住房价格,促进房地产市场平稳健康发展,结合我市实际,现就有关问题通知如下。

一、努力保持住房价格基本稳定

各县(市、区)人民政府,市人民政府有关部门必须高度重视,认真贯彻落实国务院办公厅《关于继续做好房地产市场调控工作的通知》(国办发〔2013〕17号)精神,切实负起稳定房价工作的责任,逐级建立和落实稳定房价工作责任制,保持房价基本稳定。我市2013年度新建商品住房价格增幅不高于年度城镇居民人均可支配收入实际增幅。市国土、规划、建设、房管、财政、税务、物价、统计、公安、民政、人社等部门要各司其职,共同做好新建商品住房价格控制目标的落实工作。

二、保证普通商品住房及用地供应

继续加大中、小套型普通商品住房和保障性住房用地供应。结合我市实际,2013年住房用地供应总量高于前五年平均实际供应量。市国土部门进一步优化土地出让方式,严防高价地扰乱市场预期。各有关部门要建立行政审批快速通道,将中小套型住房套数达到项目开发建设总套数70%的普通商品住房项目纳入行政审批快速通道,实现平行接件、并联审批,提高效率,尽快形成有效供应。

三、继续加大保障性住房建设

全面推行廉租住房、经济适用住房、公共租赁住房"三房合一"的住房保障新机制。12月5日前完成开工建设保障性住房45848套、基本建成45672套的建设任务。优先在开发区、产业集聚区规划建设公租房;优先落实商品房项目配建公租房政策;优先与中心城区改造提升和城中村改造相结合,并根据辖区内保障性住房需求,将符合公租房户型面积标准和建设标准,除自住外的多余安置房源统筹纳入公租房管理。建设项目要安排在公共服务设施齐全、生活便利的区域,力争实现供求平衡,合理引导市场走向。加大棚户区改造力度,积极推进以城中村、旧城改造为主导的棚户区改造工作,不断增强中心城区功能。

四、加强商品房价格管理

市物价部门要督促房地产开发企业继续严格执行商品房销售明码标价、一房一价规定。市房管部门要采取有力措施,引导房地产开发企业理性定价。在商品房预售审批时,对商品房预售方案中商品住房价格明显高于该项目上一期实际成交价格或本区域同品质楼盘实际成交价格的,且不接受物价、房管部门指导的商品房项目,可暂不核发预售许可证;对擅自提高商品住房销售价格,由房管部门约谈房地产开发企业,要求其限期整改。对拒不整改的可暂停该项目网上签约资格。

五、进一步加强房地产市场监管

加强商品房预售许可管理,逐步提高商品房预售门槛。加强房地产企业信用管理,认真贯彻落实《郑州市房地产开发企业信用分级评定管理办法(试行)》(郑政文〔2012〕280号),相关部门要根据开发企业信用等级实行守信激励、失信惩戒,对开发企业实施不同的监管和服务措施。加强房地产市场秩序管理,严肃查处捂盘惜售、囤积房源、哄抬房价、虚假广告等违法违规行为。加强房地产中介市场专项治理,市房管、工商、物价、人社、税务等部门要建立长效的中介市场管理联合工作机制,并及时开展房地产中介市场的专项治理工作,对扰乱市场秩序的中介机构进行集中整治和清理,进一步规范房地产中介市场秩序。

六、加强市场信息引导

建立市房管部门牵头,国土、规划、建设、统计、工商、地税等部门参与的信息公开和市场监测分析研究机制,动态监控房地产市场走势,分析住房供求结构变化和存在的问题,定期发布住房土地供应、商品住房建设、商品住房投放、交易价格和房屋租赁价格等方面的权威信息,根据市场变化及时发布住房消费警示,引导理性投资和合理消费。新闻媒体要加强正面引导,大力宣传房地产市场调控政策和我市住房建设成果,正确引导房地产市场预期,防止虚假信息和不负责任的猜测、评论误导消费,为促进房地产市场平稳健康发展提供有力的舆论支持。

各县(市)、上街区要按照文件精神,结合本地实际参照执行。

(公章)

2013 年 3 月 31 日

(资料来源:郑州市人民政府办公厅.郑州市人民政府办公厅关于继续做好房地产市场调控工作的通知[EB/OL].(2013-04-03)[2023-05-06].https://www.gov.cn/zwgk/2013-04/03/content_2368737.htm.)

【评析】 这是一篇指示性通知,正文第1段写通知缘由,其后6段写通知的事项,从几个方面做好房地产市场调控工作,内容具体明确、语气肯定、条理清晰。

(三)批示性通知

省政府办公厅转发省教育厅等部门
关于做好来苏务工就业人员随迁子女
参加升学考试工作意见的通知

各市、县(市、区)人民政府,省各委办厅局,省各直属单位:

省教育厅、发展改革委、公安厅、人力资源社会保障厅《关于做好来苏务工就业人员随迁子女参加升学考试工作的意见》已经省人民政府同意,现转发给你们,请认真组织实施。

江苏省人民政府办公厅(公章)

2020 年 12 月 28 日

(资料来源:江苏省人民政府办公厅.省政府办公厅转发省教育厅等部门关于做好来苏务工就业人员随迁子女参加升学考试工作意见的通知[EB/OL].(2013-01-21)[2023-01-02].https://www.gov.cn/zwgk/2013-01/21/content_2316803.htm.)

【评析】 这是一份转发同级机关文件的通知。通知篇幅比较短,用一句话就完成了通知正文的写作,由转发的文件和批示语组成,转发的文件即是需执行的内容,批示语简洁明确,具有行政约束力。

(四)批示性通知

国务院批转发展改革委等部门
关于深化收入分配制度改革若干意见的通知

各省、自治区、直辖市人民政府,国务院各部委、各直属机构:

国务院同意发展改革委、财政部、人力资源社会保障部《关于深化收入分配制度改革的若干意见》,现转发给你们,请认真贯彻执行。

收入分配制度是经济社会发展中一项带有根本性、基础性的制度安排,是社会主义市场经济体制的重要基石。改革开放以来,我国收入分配制度改革不断推进,与基本国情、发展阶段相适应的收入分配制度基本建立。同时,收入分配领域仍存在一些亟待解决的突出问题,城乡区域发展差距和居民收入分配差距依然较大,收入分配秩序不规范,隐性收入、非法收入问题比较突出,部分群众生活比较困难。当前,我国已经进入全面建成小康社会的决定性阶段,按照党的十八大提出的千方百计增加居民收入的战略部署,要继续深化收入分配制度改革,优化收入分配结构,调动各方面积极性,促进经济发展方式转变,维护社会公平正义与和谐稳定,实现发展成果由人民共享,为全面建成小康社会奠定扎实基础。

  我国仍处于并将长期处于社会主义初级阶段,当前收入分配领域出现的问题是发展中的矛盾、前进中的问题,必须通过促进发展、深化改革来逐步加以解决。解决这些问题,也是城乡居民在收入普遍增加、生活不断改善过程中的新要求新期待。同时也应该看到,深化收入分配制度改革,是一项十分艰巨复杂的系统工程,不可能一蹴而就,必须从我国基本国情和发展阶段出发,立足当前、着眼长远,克难攻坚、有序推进。

  深化收入分配制度改革,要坚持共同发展、共享成果。倡导勤劳致富、支持创业创新、保护合法经营,在不断创造社会财富、增强综合国力的同时,普遍提高人民富裕程度。坚持注重效率、维护公平。初次分配和再分配都要兼顾效率和公平,初次分配要注重效率,创造机会公平的竞争环境,维护劳动收入的主体地位;再分配要更加注重公平,提高公共资源配置效率,缩小收入差距。坚持市场调节、政府调控。充分发挥市场机制在要素配置和价格形成中的基础性作用,更好地发挥政府对收入分配的调控作用,规范收入分配秩序,增加低收入者收入,调节过高收入。坚持积极而为、量力而行。妥善处理好改革发展稳定的关系,着力解决人民群众反映突出的矛盾和问题,突出增量改革,带动存量调整。

  各地区、各部门要深入学习和全面贯彻落实党的十八大精神,充分认识深化收入分配制度改革的重大意义,将其列入重要议事日程,建立统筹协调机制,把落实收入分配政策、增加城乡居民收入、缩小收入分配差距、规范收入分配秩序作为重要任务。各有关部门要围绕重点任务,明确工作责任,抓紧研究出台配套方案和实施细则,及时跟踪评估政策实施效果。各地区要结合本地实际,制定具体措施,确保改革各项任务落到实处。要坚持正确的舆论导向,引导社会预期,回应群众关切,凝聚各方共识,形成改革合力,为深化收入分配制度改革营造良好的社会环境。

国务院(公章)
2013 年 2 月 3 日

(此件公开发布)

(资料来源:国务院.国务院批转发展改革委等部门关于深化收入分配制度改革若干意见的通知[EB/OL].(2013-02-05)[2023-10-15]. https://www.gov.cn/zwgk/2013-02/005/content_2327531.htm.)

  【评析】 这是一份批转下级机关意见的通知。正文写了批转的文件名称及批转要求,这则批转通知比较长,因为国务院对这则批转性通知的批示意见进行了分析、解读,并强调了深化收入分配制度改革的重要性,需要下级机关引起高度的重视并认真贯彻执行。被批转的原文件作为附件与批转通知同时下发。

  (五)知照性通知

××移动通信有限公司关于成立客户服务中心的通知

公司各科室:

  为增进与客户的联络,进一步做好客户服务工作,适应公司日益发展的新形势,经公司研究决定,在原客户联络室的基础上成立客户服务中心,主任由某某同志兼任。

(公章)
2020 年 12 月 11 日

【评析】 这是一则知照性通知。通知正文篇段合一,依次写了目的、依据和事项,文字简练,行文通畅。

(六) 会议通知

××省电业管理局关于召开全省电业管理工作会议的通知

各市、县、自治县电业管理局:

  为贯彻中央关于加快电业发展,加强能源基础建设的指示,加快我省电业发展步伐和加强电业安全生产管理,以适应改革开放的需要,决定召开2020年全省电业管理工作会议,现将有关事项通知如下。

  一、会议内容

1. 传达贯彻全国电业管理工作会议精神;
2. 安排、落实我省电业生产和用电计划;
3. 研究电业管理体制改革等问题。

  二、会议时间和地点

时间:2020 年 3 月 2 日至 5 日。3 月 1 日报到。

地点:××市民主路 64 号,电业管理局招待所。

  三、会议代表名额

省直辖市电业管理局负责同志一名,秘书一名,其他市、县负责同志一名。

  四、其他事项

如需预定回程飞机、车船票请在 2 月 26 日前电告。

电话:882××××　联系人:李谨

请各单位代表务必依时参加为荷。

××省电业管理局(公章)
2020 年 2 月 18 日

【评析】 这是一篇会议通知。正文先写依据、开会时间、地点。启承语后是会议主要安排情况,具体写了会议的议题、与会人员及需注意的有关问题。为与会人员赴会考虑得比较周到是该会议通知的一大特点。

(七) 任免通知

关于任免××市建筑公司经理的通知

××市建筑公司:

  你公司上报选举的过程和结果我局已收悉。经局务会议研究决定:

  任李某某为经理,主持全面工作;

  任陈某某为副经理,主持施工工作。

免去蒋某某的经理职务和王某某的副经理职务,由公司安排其他工作。

特此通知。

××市建设局(公章)
2021 年 8 月 21 日

【评析】 任免通知的正文一般分为两部分,第一部分说明任免的依据,如"经××研究决定""根据×××,经××××研究决定",后面加上冒号,引出通知第二部分的任免事项。第二部分的任免事项单独为一个段落,以达到醒目的效果。该文简明扼要,直陈其事,一目了然,符合一般任免通知的写法。

二、必备知识

(一) 通知的适用范围及特点

通知适用于批转下级机关的公文;转发上级机关和不相隶属机关的公文;发布文件;传达要求下级机关办理和需要有关单位周知或者执行的事项;任免人员。

通知是下行文,是各级党政机关、人民团体、企事业单位在公务活动中最常使用的一种公文,使用范围广泛。

通知具有以下三个特点。

(1) 使用范围具有广泛性。通知不受发文机关级别高低限制,所有机关、团体、企事业单位都可根据自身公务、业务活动需要使用;不受内容轻重大小限制,无论是领导机关的重要决策,还是一般单位的日常工作,都可以用通知来传达、部署;使用比较方便,写作较为自由灵活,内容根据实际需要可多可少,行文无须过分拘泥于固定的结构程式;普发性、周知性强的通知可不写主送机关。

(2) 文种功用多具有指导性。上级机关向下级机关用通知行文要求办理或执行某项工作,这样的通知具有明显的指导性。特别是部署工作、批转和转发文件等,都需明确阐述处理某些问题的原则和方法,说明需要做什么、怎样做、达到什么要求等。具有约束力,起指挥、指导作用。

(3) 有明显的时效性。通知事项一般都要求立即办理、执行或知晓,不容拖延。有的通知,如会议通知,只在一定时间内有效。

(二) 通知的分类

(1) 指示性通知。上级机关对下级机关的某项工作有所指示,要求下级机关办理或执行,而根据公文内容又不适于用命令或指示时,则用指示性通知。

(2) 发布性通知。上级机关发布一般行政法规、条例、办法等公文时所用的通知。

(3) 批示性通知。批转下级机关的公文,或者转发上级机关、同级机关和不相隶属机关公文时所用的通知。

(4) 会议通知。上级机关召开比较重要的会议,不宜用电话或其他形式通知,可提前向所属有关单位发会议通知。

(5) 知照性通知。告知某一事项或某些信息的通知。

(6) 任免通知。告知有关单位或个人有关任免事项的通知。

(三) 通知的结构和写法

不同类型的通知有不同的写法,以下介绍各类通知标题、正文及落款的一般写法。

1. 标题

通知的标题一般有以下三种写法。

（1）由发文机关、事由和文种构成，如《国务院关于清理检查"小金库"的通知》。

（2）由事由和文种构成，如某大学教务处发的《关于做好期中教学检查工作的通知》。

（3）直接用"通知"两字作为公文的标题。如果通知的内容紧急，可在标题中"通知"两字前加上"紧急"两字，如《湖北省人民政府关于抗洪救灾的紧急通知》。

发布性通知标题中的"事由"一项，由"关于颁布""关于发布""关于实施""关于印发"等词与原文名称（不省略书名号）组成。

批示性通知的标题一般也要写"发文机关、事由和文种"三个要素（若被转发或批转的公文文种也是通知，为简明起见，也可以省略文种一项），其中，"事由"一项又有两种写法：①由"转发"或"批转"二字与省略书名号的原文名称组成，如《国务院办公厅转发全国妇幼卫生工作会议纪要的通知》；②由于原文标题较长，可由"关于转发"或"关于批转"四字与原文编号"文件"二字组成，如《××省人民政府关于转发国发〔2020〕8号文件的通知》。

2. 正文

1）指示性通知

有关行政法规和规章、办法在不成熟之前，或者未出台前，可用指示性通知行文。这类通知带有较强的强制性、指挥性和决策性。指示性通知必须具体明确、切实可行，使下级机关单位知道要求处理、解决什么问题、为什么要解决这些问题、准备采取什么措施等。

指示性通知正文的构架大体如下。

（1）引言：为什么要做这项工作（用一段或几段来说明）。

（2）主体：工作内容和工作要求（一般结合起来写）。

（3）小结：对受文单位提出总要求。

2）发布性通知

发布性通知大致可以分成颁发、发布、印发三种情况，比较重要的行政法规用颁发、发布的方式，一般规章用印发方式。发布性通知正文较为简短，由制作原因、被发布文件名称和发布机关的要求等三部分组成。

3）批示性通知

"批转"用于上级机关单位认为某一下级机关单位上报的报告或其他文件，具有普遍意义，于是对下级机关单位的文件加上批语，用通知的形式发给所属各下级机关单位，做工作借鉴、参考或执行。如《国务院批转城乡建设生态环境部〈关于扩大城市公有住宅补贴出售试点的报告〉的通知》。

"转发"则是转发上级机关单位、同级机关单位或不相隶属机关单位发来的公文，对本机关所属下级机关单位具有指示、指导或参考作用，加上按语，通知转发给下级机关。如××省商业企业集团公司转发省财办文件的通知。

这类通知的写作，只要简单地写明批转、转发什么文件，请贯彻执行就行了。多数情况下除应写明批转、转发的文件名称外，发文单位还要对文件做出简要评价，说明批转或转发的缘由和目的，提出希望和要求。

4）会议通知

会议通知应写清楚召开会议的有关事项，以便与会人员做好准备并如期赴会，开好会议。内容一般包括会议名称、主持单位、会议内容、起止时间、参加人员的条件和人数、会议地址、报到时间地点、携带材料等。要求写得明确具体。

5) 知照性通知

这类通知告知某一事项或某些信息,一般只有告知性,没有指导性。诸如庆祝节日,撤销机构,人事调整,启用、作废公章,机构名称变更,迁移办公地点,更正电话,更正文件差错,安排假期等都可以用这种通知。

6) 任免通知

任免通知的写法比会议通知更为简单,一般固定的格式是在任免决定依据之后,写上任免人员姓名及职务,有的还写出任期、待遇。

3. 通知的落款和发文日期

通知落款写在文末,与其他公文落款的格式基本相同。如果发文机关的名称在标题中已经写明,正文之后也可以不写落款,但应加盖机关印章。发文日期可写在全文末尾的右下方,有的也可以提前,置于标题之下。

(四)写作通知注意事项

1. 要有针对性

通知的内容要具有很强的针对性,不管何种通知,都要考虑到其适应性,即针对或切合受文机关的实际情况。

2. 要具体明确

通知事项要写得具体明确,一清二楚,使受文机关一看就能具体了解和办理。

3. 行文要及时

通知行文一定要迅速及时,以便下级抓紧安排,必要时可用"紧急通知"。

三、写作实训

1. 根据下面材料,写一则任免通知

××区组织部鉴于宣传科副科长刘强同志的出色工作表现,决定任命刘强为宣传科科长。请写一份任免通知。时间、发文字号自拟。

2. 根据下面材料,请写一份会议通知

××省教育委员会准备召开一个全省教改研讨会,与会代表为职业本科院校的有关专家、学者、院校负责人。会议地点是该省省委培训中心,会期5天,即12月3—7日,每位代表提交一篇相关论文,打印150份交会务组。报到时间为12月2日,报到地点为省委培训中心三楼4号房间。与会人员乘火车、汽车或乘飞机到达后,可与李××先生联系,联系电话:133078×××××。市区火车南站、公共汽车120路总站和机场都有专车接。会务费500元,住宿自理。

标题、发文字号、主送机关自拟。

第四节　通　报

一、通报及特点

(一)通报的适用范围

《党政机关公文处理工作条例》规定,通报适用于表彰先进、批评错误、传达重要精神和告知

重要情况。

（二）通报的特点

1．教育性

通报的内容注重教育性。它通过告知有关单位和人员正、反方面的典型材料，使人们受到教育，提高认识，鼓励大家以正面典型为榜样，以反面典型为警戒，从而知道应该做什么、不应该做什么，或是让人们了解有关问题、事故的情况，教育人们防微杜渐。

2．典型性

通报的内容有很强的典型性，它只选择能对下级机关产生明显告诫作用、能引起较大反响的典型事例作为通报内容。树立典型，弘扬正气；吸取教训，引以为戒。通报正是通过这种典型性，发挥着其对基层群众的引导作用。

二、通报的分类

根据《党政机关公文处理工作条例》对通报的界定，通报分为表扬性通报、批评性通报和情况通报。

（1）表扬性通报。其适用于表彰先进单位的先进经验和典型人物的先进事迹。

（2）批评性通报。其适用于批评犯有错误的典型单位和典型人员。

（3）情况通报。其适用于传达重要精神和告知重要情况。

三、通报的写作

（一）标题

通报标题常见的形式是由发文机关、事由和文种组成，有时可省略发文机关。有的表扬性通报可在标题中标明"表彰"字样。

（二）正文

1．表扬性、批评性通报正文的写作

表扬性通报和批评性通报虽然内容迥异，但其正文结构基本相同，因此将二者一并介绍。表扬性、批评性通报的正文一般由概述通报事实、评价与分析、奖惩决定、号召与要求等部分组成。

（1）概述通报事实。通报事实是构成表扬性、批评性通报的基础。通报事实的叙述应选用最典型、最具有代表性的材料，重点突出，高度概括，简明扼要，使读者读后能把握事件的概貌，为下文对事实进行分析、作出处理决定奠定基础。

（2）评价与分析。这是在概述事实的基础上对事实进行分析，揭示其意义及经验教训，使读者透过现象把握本质。在表扬性通报中，不要因宣传的需要而夸大其词，人为拔高。对批评性通报中的事件，特别是一些比较重大或复杂的事件，可对其性质、产生的原因、造成的严重后果等方面进行分析，深刻、准确地揭示出其实质，引导读者充分认识事件的严重性、处理的必要性，从而警诫相关部门和人员，避免再犯此类错误。这部分内容应实事求是，评价应准确，分析应中肯。

（3）奖惩决定。这是制发表扬性、批评性通报的落脚点。发文机关要对所通报的事件做出肯定或否定的决定；表扬性通报要写出表彰、奖励的具体方式；批评性通报要拿出惩处的具体办法。奖惩决定应明确具体。

（4）号召与要求。在做出奖惩决定后，可根据通报内容的实际需要提出号召与要求。表扬性通报可向有关单位和个人提出向表彰对象学习的号召，批评性通报可向有关单位和个人提出引以为戒的要求。

2. 情况通报正文的写作

这类通报通常承担三方面的功用。

（1）工作情况通报。通报正在进行的某项工作，使下级机关了解全局范围内目前工作的总体情况和基本状态，以便结合自身情况对本部门工作做出及时调整，与上级精神要求保持一致步调。

（2）问题事故通报。通报工作中突发的事件或意外事故，提醒相关单位及时对症检查，查找疏漏，有则改之，无则加勉。

（3）传达精神通报。通报上级的指示精神，指导下级机关学习、领会、贯彻、执行相关要求，保证上级机关的意图得到有效施行。

1）工作情况通报的写作

这类通报的正文通常包括开头、主体和结尾。

（1）开头：概述所通报的工作及总体完成情况。

（2）主体：取得的成绩，即汇总通报的该项工作取得的成绩和做法，突出重点，分条列项加以表述；指出存在的问题，找出工作中的不足和亟待解决的问题，分析原因。

（3）结尾：提出要求，即针对存在的问题，对下级机关提出解决问题的要求、改进工作的意见，使下级机关明确如何去做，从而保证该项工作更有序的进行。

2）问题事故通报的写作

这类通报通常由三部分组成。

（1）开头：概述问题或事故。通报问题的可将问题归纳，逐条表述；如果通报的是突发事故或重要事件，还应将事故、事件发生的时间、地点、过程及结果等交代清楚。通报的特点是必须用事实来体现其教育性，因此，事例的叙述是必不可少的，但应注意详略得当，取舍适度。

（2）主体：分析问题事故的原因。在概述的基础上，还应对所通报的情况进行分析。由事入理，以事明理，就事说理，明确表明作者的观点、态度、主张，使下级机关通过这些问题或事故产生的原因明确应注意的问题、应吸取的教训及应采取的工作态度等，给人以启迪或警醒。

（3）结尾：提出意见或要求。针对通报情况，提出相关的意见或要求。意见或要求过多时可分条开列表述。

3）传达精神通报

这类通报通常包括以下三个部分。

（1）开头：概述精神来源，即所传达文件的出处，可说明签发文件的单位名称、下发文件的会议名称、文件的下发日期等。

（2）主体：概述贯彻的精神内容，即所传达文件的核心内容，内容多的可分条列项表述。

（3）结尾：概述意见要求。针对所传达文件的主旨，结合本单位、本部门的实际情况提出贯彻执行的具体意见、要求，以保证所传达文件的精神得到有效的贯彻与执行。

以上介绍的是常见的通报正文写作。在实际工作中，有的制文机关将通报中的概述通报事实部分以"附件"形式处理。在通报正文中只说明通报缘由、事件分析、处理决定、意见或要求等。这种形式一般对通报事实的说明都比较详细。

四、通报写作注意事项

（一）注意文种区别

在公文中，除命令外，决定也可用于"奖惩"，并且决定与通报均可在各级行政机关中使用，因此应注意区分二者的"奖惩"性质。决定中涉及的事项比通报重要，表彰性决定一般用于授予某种奖励或荣誉称号，表扬性通报一般用于表扬有典型意义的好人好事。处分决定一般用于撤职或留党察看等惩处事宜，批评性通报一般用于警告、记过或以通报方式进行批评的处罚。二者的奖惩性质是不同的。

（二）材料典型，事实准确，通报及时

通报的内容要典型，只有选取具有普遍意义的典型材料予以通报，才能起到推动工作的作用；通报的材料必须准确真实，对材料的分析也要实事求是，不能超越材料做人为的加工处理；发现情况要及时通报，充分发挥通报的教育引导作用。

五、阅读与评析

（一）表扬性通报

国务院办公厅关于对国务院第九次大督查
发现的典型经验做法给予表扬的通报
国办发〔2022〕33号

各省、自治区、直辖市人民政府，国务院各部委、各直属机构：

为进一步推动中央经济工作会议部署和《政府工作报告》确定的重点任务以及稳住经济一揽子政策措施和接续政策措施落地见效，国务院部署开展了第九次大督查。从督查情况看，各有关地区在以习近平同志为核心的党中央坚强领导下，以习近平新时代中国特色社会主义思想为指导，认真贯彻落实党中央、国务院重大决策部署，统筹推进新冠肺炎疫情防控和经济社会发展，扎实做好"六稳"工作、全面落实"六保"任务，有效应对各种困难挑战，保持经济社会发展大局总体稳定。在对19个省（自治区、直辖市）和新疆生产建设兵团开展实地督查时发现，有关地方围绕稳增长、稳市场主体、稳就业保民生、保产业链供应链稳定、深化"放管服"改革优化营商环境等方面，结合实际积极探索、主动作为，创造和形成了一批好的经验做法。

为表扬先进，宣传典型，进一步调动和激发各方面干事创业、改革创新的积极性、主动性和创造性，推动形成克难攻坚、奋勇争先的良好局面，经国务院同意，对山西省强化煤炭增产保供保障能源安全等60项典型经验做法予以通报表扬。希望受到表扬的地方珍惜荣誉，再接再厉，充分发挥模范示范和引领带动作用，不断取得新的更大成绩。

各地区各部门要全面贯彻党的十九大和十九届历次全会精神，坚持稳中求进工作总基调，完整、准确、全面贯彻新发展理念，加快构建新发展格局，着力推动高质量发展，全面落实"疫情要防住、经济要稳住、发展要安全"的要求，尽责担当、扎实工作。要学习借鉴典型经验做法，加大宣传推广力度，结合实际迎难而上、砥砺奋进，为保持经济平稳运行和社会大局稳定作出积极

贡献,以实际行动迎接党的二十大胜利召开。

附件:国务院第九次大督查发现的典型经验做法(共60项)

国务院办公厅
2022年9月27日

(此件公开发布)

(资料来源:国务院.国务院办公厅关于对国务院第九次大督查发现的典型经验做法给予表扬的通报[EB/OL].(2022-09-28)[2023-10-15].https://www.gov.cn/zhengce/content/2022-09-28/content_5713412.htm?trs=1.)

【评析】 这是一份表扬性通报。通报表彰的对象是第九次大督查发现的典型地区与单位,是一个群体。

通报首先讲明了第九次大督查的目的,之后概括介绍大督查的情况和结论。其次阐明发布通报的目的和依据,充分肯定了山西省强化煤炭增产保供保障能源安全等60项典型经验做法,在此基础上作出通报表彰的具体决定,说明表彰的方式,态度鲜明。最后向被表彰对象提出希望,以点带面,向各地区、各部门发出学习表彰对象的号召,促进工作的进一步开展和深入。行文十分规范,体现了通报树立典型、教育性强的特点。

(二)批评性通报

自然资源部关于挂牌督办广西壮族自治区贵港市平南县中国(贵港)平南大成工业园纺织服装新区配套建设项目违法用地问题的调查处理结果的通报

2022年10月,自然资源部公开挂牌督办广西壮族自治区贵港市平南县中国(贵港)平南大成工业园纺织服装新区配套建设项目违法用地问题。按照《自然资源部挂牌督办和公开通报违法违规案件办法》规定,现将调查处理结果通报如下:

中国(贵港)平南大成工业园纺织服装新区配套建设项目,建设单位为平南县城市建设投资有限公司。2021年11月,在未依法办理农用地转用和土地征收、供地等手续的情况下,项目开工建设。至2022年11月停工时,建设了纺织产业会展交易中心、会议中心、餐饮中心、公寓用房等,占地总面积132.91亩,其中耕地79.14亩、林地19.86亩、坑塘水面28.39亩、其他农用地5.52亩。根据2022年"三区三线"划定成果,建设占地在城镇开发边界范围内。

平南县委县政府通过召开县委常委会议、县政府常务会议等方式研究推动中国(贵港)平南大成工业园纺织服装新区配套建设项目,明确项目建设单位、规划设计方案、开工时间,在未依法依规办理农用地转用和土地征收、供地等手续的情况下,责成县政府征地拆迁管理办公室实施征地补偿,责成县城投公司动工建设,构成违法批准征收、使用土地行为。项目推动建设过程中,平南县自然资源局在县委常委会议、县政府常务会议研究推动项目建设过程中,未能履职尽责;发现违法用地后,未全面调查、实事求是认定存在的问题,存在监管不到位问题。

广西壮族自治区自然资源厅明确调查处理意见,确认平南县相关县委常委会议、县政府常务会议中涉及违法违规批准征收、使用土地的内容无效,依法收回非法批准使用的土地;已建的建(构)筑物,按照依法依规、实事求是的原则,待违法问题处置到位后,依法依规完善用地和建设手续。由贵港市自然资源局将平南县委县政府领导、有关单位负责人等8名责任人员,按照干部管理权限移送纪检监察机关追责问责。责成平南县委县政府向贵港市委市政府作出书面检讨。

自然资源部
2023 年 4 月 2 日

（资料来源：自然资源部.自然资源部关于挂牌督办广西壮族自治区贵港市平南县中国（贵港）平南大成工业园纺织服装新区配套建设项目违法用地问题的调查处理结果的通报[EB/OL].（2023-04-05）[2023-10-10]. http://gi.mnr.gov.cn/202304/t20230405_2780112.html.）

【评析】 这是一份批评性通报。开头首先高度概括出通报的基本情况和通报依据，其次具体说明通报事实和经过，并在叙述事实的过程中进行了评析，指出问题的原因和责任方："平南县自然资源局在县委常委会议、县政府常务会议研究推动项目建设过程中，未能履职尽责；发现违法用地后，未全面调查、实事求是认定存在的问题，存在监管不到位问题。"最后明确提出处理意见。全文结构完整，言简意赅。

（三）工作情况通报

2020 年政府网站和政务新媒体检查情况通报

为深入贯彻落实党中央、国务院关于深化政务公开、加强数字政府建设的决策部署，持续推动各地区、各部门政府网站和政务新媒体健康有序发展，助力提升政府治理能力，不断增强人民群众获得感，按照《国务院办公厅秘书局关于印发政府网站与政务新媒体检查指标、监管工作年度考核指标的通知》要求，2020 年 7—10 月，国务院办公厅政府信息与政务公开办公室对各地区、各部门政府网站和政务新媒体及相关监管工作进行了检查。现将有关情况通报如下。

一、总体情况

共检查政府网站 328 个（含 153 个门户网站），占全国正在运行的政府网站总数的 2.3%，总体合格率 91.8%。92 个地方政府门户网站中，广东、北京、湖南、四川、安徽、吉林 6 个省级政府门户网站和茂名、密云、合肥 3 个市（区）政府门户网站得分靠前，江西、重庆、贵州、内蒙古、陕西、浙江、广西 7 个省级政府门户网站和广元、长沙 2 个市级政府门户网站得分较高。北京、天津、上海、江苏、安徽、广东、重庆 7 个地区的省、市、县三级政府门户网站均达到良好。61 个国务院部门中，市场监管总局、国家发展改革委、水利部、交通运输部等单位的政府门户网站得分较高，公安部、中国气象局、国家药监局、税务总局、农业农村部、应急部、海关总署等单位的政府门户网站总体较好。共检查政务新媒体 728 个，其中地方政府及其部门开设的政务新媒体 417 个、国务院部门及其内设机构开设的政务新媒体 311 个，总体合格率 91.9%。北京、天津等 16 个地区和外交部、教育部等 39 个国务院部门的政务新媒体合格率达 100%。本次检查将各地区、各部门政府网站和政务新媒体监管工作纳入考评。总的看，各地区、各部门积极落实监管责任，加强监督考核，基本实现常态化监管。其中，北京、天津、安徽等 11 个地区得分靠前；税务总局、中国气象局、国家民委等 17 个国务院部门得分靠前。31 个省（自治区、直辖市）和外交部等 44 个国务院部门均按季度对本地区、本部门政府网站和政务新媒体开展抽查巡查，并向社会公开抽查结果。北京、吉林、上海等 11 个地区和交通运输部、税务总局、中国气象局等国务院部门每季度网站抽查比例均达 100%。江苏、安徽、江西、湖南等地区进一步规范政务新媒体监管，在加强内容建设的同时，关停整合功能重复或相近、长期不更新、用户关注度低的政务新媒体。

二、政府网站和政务新媒体成为深化政务公开、提升政府治理能力的重要抓手

今年以来,全国政府网站和政务新媒体积极围绕中心工作听民意、惠民生、解民忧,不断深化政务公开、优化政务服务,在抗击新冠肺炎疫情、深化"放管服"改革、提升政府治理能力中发挥更大作用。

(一)积极主动作为,助力疫情防控与纾困惠企。面对突如其来的疫情,各级政府网站和政务新媒体快速响应、协同联动,及时准确传递党和政府权威声音,解疑释惑、回应关切、提振信心,为打赢疫情防控阻击战、服务经济社会发展提供有力支持。31个省(自治区、直辖市)政府门户网站均在显著位置开设疫情防控专题专栏,第一时间集中发布疫情信息。国家卫生健康委"健康中国"新媒体矩阵每日通报全国最新疫情,密集发布防控工作动态,推送通俗易懂的科普知识和政策图解。北京市政府门户网站开设"复工复产"惠企政策兑现专题,为企业设立税费减免、首贷服务、租金减免等专属页面。广东省建设"粤企政策通"平台,企业可精准查找相关政策,"一键申报"扶持资金等惠企项目。

(二)加强内容建设,"掌上看""指尖办"成为常态。各地区、各部门积极运用政府网站和政务新媒体发布政策措施,回应公众关切,提供便捷服务,为企业和群众建设"指尖上的网上政府"。在今年全国"两会"期间,各级政府网站和政务新媒体第一时间转载政府工作报告和"两会"相关报道文章,深入解读关于统筹推进疫情防控和经济社会发展工作的政策举措,半天时间发布相关稿件约36万条。人力资源社会保障部制作推出一系列关于养老金、失业保险金等热点话题的回应解读,人力资源社会保障系统新媒体矩阵联动发布,全网阅读量超2亿次。"国家移民管理局"微信公众号运用图片、视频等形式宣传《中华人民共和国出境入境管理法》,内容鲜活、接地气。吉林省延吉市医疗保障局"延吉医疗保障"微信公众号通过文字、图片等多种形式解读群众关心的医保问题,让政策易知易懂。浙江省"浙里办"移动客户端推进"一证通办",群众只需提交1份材料,就可办理新生儿出生医学证明、户口、社保、医保4个事项。"国家税务总局"微信公众号引入纳税服务平台即时互动功能,智能答复网民政策咨询,支持便捷开票,让税收服务触手可得。

(三)加快集约共享,推进数据汇聚融通、应用百花齐放、平台安全运行

据初步统计,已有39.5%的地方政府网站迁入省(自治区、直辖市)集约化平台运行,基层网站"散小孤弱"、重复建设等问题得到初步解决,技术及安全运维压力得到缓解。11个集约化试点地区通过建设统一信息资源库,深化数据融通、服务融通、应用融通,构建"24小时不打烊网上政府"的数据底座,大力推进政策信息"一网通查"、互动交流"一网通答"、办事服务"一网通办"、数据资源"一网通管"。北京市、湖南省、广东省等对本地区政府网站信息资源进行大数据分析,研究汇总社情民意关注热点,量化评估政府施政效果,为科学决策提供参考。此外,集约化工作有力提升了政府网站内容保障和安全防护能力,网站规范性、可靠性显著增强,本次检查中未发现试点地区有不合格网站。

(四)完善功能渠道,更好保障群众知情权、参与权、监督权。

不少地方和部门把政府网站和政务新媒体作为联系群众、服务群众、接受群众监督的重要渠道。98.0%的政府门户网站开设了政策解读栏目,63.4%做到解读稿与相关政策文件联动发布,45.1%在5个工作日内对简单常见咨询作出答复,20.3%能在1个工作日内答复。安徽省各区县政府门户网站开设部门和乡镇街道政务公开专栏,集中公开基层政策文件及工作动态等信息。广西壮族自治区等政府门户网站搭建功能丰富灵活的应用库,针对企业和群众办事高频

事项推出专题服务。四川省、贵州省、农业农村部、应急部、市场监管总局等政府门户网站把办事服务事项设立依据与政策文件库打通,提供一体化信息服务。江苏省、山东省、湖南省、国家发展改革委等政府门户网站整合各类互动、服务平台用户入口,实现统一身份认证。吉林省、河南省、交通运输部等政府门户网站提供在线智能问答服务,常见问题"秒回"。

三、一些地方和部门运用政府网站和政务新媒体的能力水平有待提高

(一)内容保障机制有待健全。个别政府网站和政务新媒体仍然存在信息不更新、服务不实用、互动不回应等问题。如云南省"昆明市西山区政府"网存在多个空白栏目,浙江省"浙江公路"微博3年未更新,国家粮食和储备局"国储广东"微信公众号自2017年开通以来只发布了6条信息,且与工作职责无关,上海市杨浦区"睦邻延吉"移动客户端各频道内容为空白,湖北省"荆门市人民政府"移动客户端安装后无法打开,"国家煤矿安全监察局"网未提供审批事项办理入口,山西省"灵丘县人民政府"网服务事项内容不准确等。此外,抽查的政府门户网站中52.3%存在办事指南不规范、内容不完整等问题,少数网站仍未建立听民意、汇民智渠道,企业和群众在线办事、咨询政策存在困难。

(二)政策解读水平有待提升。一些地方和部门政策解读针对性不强,没有向群众讲清讲透政策措施的重点要点和公众关心的问题,未能发挥好增进共识、赢得支持和推进落实的作用。如河北省"赞皇县人民政府"网解读稿大篇幅照抄照搬文件,无实质性解读内容;四川省"色达县人民政府"网、青海省"同德县人民政府"网未发布对本级政府文件的解读;湖北省"枝江市人民政府"网,未开设政策解读栏目等。

(三)监督管理责任有待落实。检查发现,62.5%的地方、37.8%的国务院部门未督促本地区、本部门政府网站规范公开有关网站工作年报。部分地方和部门未严格执行政府网站域名管理规定。一些部门未按要求开展常态化监管。除北京市、天津市、安徽省、山东省、贵州省、新疆维吾尔自治区外,其余地区未将部分信用类网站、机构改革后新开设的网站等纳入监管。一些部门政府网站和政务新媒体监管工作仅止步于解决内容不更新等底线问题,未严格对照检查指标提升服务水平。部分单位在政务新媒体摸底普查工作中存在漏报、误报等问题。

四、下一步工作要求

(一)进一步提高政治站位,强化日常监管。要始终坚持把政治建设放在政府网站和政务新媒体工作的首要位置,全面贯彻落实党的十九大和十九届二中、三中、四中、五中全会精神,坚持以人民为中心,增强"四个意识",坚定"四个自信",做到"两个维护"。持续加强政府网站和政务新媒体管理,健全日常监管体系,完善常态化通报机制,不断提升工作实效。

(二)进一步加强内容建设,提升服务水平。全过程推进政务公开,在确保内容及时更新的同时,更加注重信息质量,持续深入推进决策、执行、管理、服务、结果公开,努力实现群众需要的信息触手可得。加强对中央重要决策部署的发布和解读工作,各级政府网站和政务新媒体要整体联动、协同发声。全方位回应社会关切,畅通互动回应渠道,及时了解社会关注热点,做到群众有所呼、政府有所应。全流程优化政务服务,着力提升政府网站和政务新媒体在线办事体验,推进数据同源、服务同根,实现一次认证、一网通办。全链条加强政务信息管理,持续推进集约化建设,加强个人信息保护,以信息资源共享共用推动政府网站和政务新媒体整体服务水平提升。

(三)进一步夯实管理基础,及时发现和解决突出问题。依托全国政府网站和政务新媒体报送系统,建立完善全面准确、动态更新的基本信息库。强化政务新媒体开办、下线、注销等管理机制,针对群众反映强烈的"僵尸""空壳"等"指尖上的形式主义"问题,有序开展清理整合,切实

减轻基层负担。

各地区、各部门要认真学习借鉴本次通报中的典型经验做法,结合实际改进工作,对照发现的问题举一反三,抓好自查整改。整改情况和本地区、本部门第四季度政府网站和政务新媒体检查情况,请于2021年1月31日前报送国务院办公厅政府信息与政务公开办公室。

　　附件:1. 抽查评分较高的政府门户网站名单
　　　　2. 1个工作日内在线答复留言的政府门户网站名单
　　　　3. 政务新媒体抽查合格率达100%的地方和部门名单
　　　　4. 政府网站与政务新媒体监管工作情况

2020年11月26日

(资料来源:国务院应急管理办公室. 2020年政府网站和政务新媒体检查情况通报[EB/OL]. (2020-12-16)[2023-10-10]. https://www.gov.cn/zhengce/content/2020-12/16/content_5569781.htm.)

【评析】 这是一份工作情况通报。国务院办公厅在全国互联网政务服务平台工作进行到一定阶段,对该项工作进行检查汇总,并将情况下发给相关的下级机关,使下级机关了解和把握工作的进程,树立全局观念,放眼整体。

第五节　报　　告

本节通过对报告范例的阅读与析评,介绍报告的必备知识,使学生掌握报告的格式与写法。

一、阅读与评析

(一) 工作报告

关于清理整顿公司工作情况的报告

国务院:

我省自××××年10月清理整顿公司以来,坚持既要坚决又要稳妥的方针,抓紧清理整顿方案的拟订和实施,积极查处了公司违法违纪案件,努力加强公司的建设和管理,基本上完成了党中央、国务院赋予我们的任务,基本达到了预期目的。现将这项工作情况报告如下:

　　一、撤并了一批流通领域的公司,解决了公司过多过滥的问题。(略)
　　二、查处了公司违法违纪案件,整顿了公司的秩序。(略)
　　三、认真做好撤并公司的各项善后工作。(略)
　　四、加强了公司管理和法规、制度建设。(略)

××省人民政府(公章)
××××年×月×日

【评析】 这是一篇工作报告。原文2000多字,正文开头概括介绍了清理整顿公司工作的依据、意义及此次清理整顿公司工作的举措和取得的成效。文中承启语之后,分四个方面全面报告了清理整顿公司工作的情况。

（二）建议报告

关于制止盲目乱建烟叶复烤厂问题的报告

省人民政府：

　　我省现有的陕西、合阳、洛川、旬阳、武功五个烟叶复烤厂，分布在陕南、陕北、关于烟叶产区，布局基本合理，年复烤能力已达××万担，已大大超过去年复烤计划指标。但是今年以来，个别地、县从本地局部利益出发，盲目乱建复烤厂，重复建设，造成了人力、财力、物力的浪费。根据《中华人民共和国烟草专卖法》第三章第十三条关于"烟草制品生产企业为扩大生产能力进行基本建设。或技术改造，必须经国务院烟草专卖行政主管部门批准"的规定，为加强对烟叶复烤加工企业的专卖管理，现就制止乱建复烤厂问题提出以下意见：

　　一、根据我省烟叶现有复烤能力和生产发展的实际情况，今后三五年内不再新建复烤厂。

　　二、凡未按照《烟草专卖法》规定报批而由各地、县擅自批建的复烤厂，一律停建整顿，待后处理。

　　三、今后需要新建烟叶复烤厂，必须按照《烟草专卖法》的有关规定程序报批，否则，专卖部门一律不发生产许可证，造成的经济损失自负。

　　以上报告如无不妥，请批转各地（市）贯彻执行。

陕西省烟草专卖局（印）
××××年×月×日

（资料来源：杨文丰.现代应用文写作[M].2版.北京：中国人民大学出版社，2008.）

　　【评析】　这是一则呈转性建议报告。正文引言部分介绍陕西省烟叶复烤厂的分布情况和现有生产能力情况，着重指出当前乱建烟叶复烤厂的危害，并以《中华人民共和国烟草专卖法》的有关规定作为所提意见和建议的依据，讲明发文的目的，然后用承转语"现就制止乱建复烤厂问题提出以下意见"引出主体。主体部分采用分条列项的方式，具体陈述报告的意见。三条意见具体、确切、明了，排列有序，逐层深入，逻辑性、政策性强，专业术语也用得贴切、得体。结语部分用"以上报告如无不妥，请批转各地（市）贯彻执行。"结束，简洁明快，用语规范。

（三）答复报告

×××系党总支关于毕业生思想工作的回复报告

学院党委：

　　近日，我院党委询问各系党总支部做好毕业生毕业前思想工作的情况。现将我系党总支所做工作汇报如下：

　　我系××专业应届毕业生共26名，系党总支根据不同情况，做了如下三个方面的工作。

　　一、已经找到工作并与接受方签约的毕业生15名，对这些同学，系党总支于6月10日召开座谈会，鼓励这些同学走上工作岗位之后，保持谦虚好学的精神，勤奋工作，立足本职，在未来的工作中"求发展，创新业"。

　　二、尚未找到工作的同学8名，对这些学生，系党总支采取逐个谈心的方式，劝导他们克服急躁心理，正确对待自己，认识到自身的长处和优点，不要悲观懈气。同时系党总支与该专业主任、副主任及时取得联系，多方为这些同学寻找就业岗位。目前有3名同学，工作有了着落（目前正在联系中)。其他 5 名同学我系还在帮助联系中,同时与该 5 名同学沟通,稳定他们的情绪。

三、对于已经推荐报考并达到××大学×××系对口专业本科录取分数线的 3 名同学(一男二女),系党总支一方面表示祝贺,同时也勉励他们好学上进,发扬优良传统,力争在新的学年取得佳绩。

专此报告。

××职业技术学院×××系党总支
2021 年 5 月 20 日

【评析】 这是一则答复报告,是××学院党委向×××系党总支询问关于毕业生思想工作的情况,×××系党总支向××学院党委做出的回答。正文第 1 段写了答复的依据、问题,接下来的几段正文分三种情况回答了学院党委及系党总支为学生就业所做的工作情况。报告主体分条列项,具体明确,言简意赅。结尾用"专此报告"作结。

(四) 报送报告

××地区统计局关于报送××统计学校应届毕业生需要数的报告

××省统计局:

你局省统发〔2019〕52 号文《关于报送今年应届毕业生需要数的通知》收悉,现报告如下:

省编制委员会、省人事局、省财政局、省统计局分配我区县以上政府部门新增人员编制 20 名,另外建立农产量调查队还要增加编制 6 名,全省共新增编制 26 名。各县(市)统计局反映,由于统计工作业务性较强,都需要专门人员,在现有干部中选调困难,经与地区计委、人事部门联系商定,除在现有干部中积极选调外,还需请求省分配××统计学校综合统计专业今年应届毕业生给我区。请查收并审核。

特此报告

(××地区统计局公章)
2019 年 6 月 28 日

【评析】 这是一则报送报告。这类报告的写法较简单,正文写清楚缘由及报送材料的名称、数量,视具体情况结尾部分用"请查收并审核""请查阅"之类习惯用语收束。报送的材料以附件的形式附上。此报告涉及材料只是报送应届毕业生需要数,没有涉及其他文件材料,附件可省略。

二、必备知识

(一) 报告的适用范围及特点

报告是一种适用于向上级机关汇报工作、反映情况、提出意见或建议、答复上级机关询问的公文。

报告有以下 3 个特点。

(1) 内容的实践性。这一特点鲜明地表现在工作报告上。工作报告是对本单位已做工作的回顾和总结,怎样做就怎样写,没做过的就不能用做报告的材料。做得好的总结经验,做得不好的吸取教训,不能弄虚作假,也不能抄几段文件搪塞。

(2) 表述的概括性。报告的叙述和说明是概括性的。要求作粗线条的勾勒,不必详述过程,更不要求铺排大量细节。撰写者只有领会了这个特点,才能写出篇幅短小而又有分量的报告来。

(3) 选材的灵活性。报告选材的自由度很大,可以根据实践挑选最有特色、最有价值、最有新意的题材和材料来写。答复报告必须按上级的要求实事求是地写。

(二) 报告的主要类型

(1) 工作报告:向上级机关汇报工作进程、总结工作经验、反映工作中存在问题的公务文书。工作报告细分为综合性工作报告和专项性工作报告。

① 综合性报告是一个机关反映一定时期内全面工作情况或提出今后工作意见的报告。

② 专题报告是一个机关就某一项工作或某一个问题、某一件事情向上级所写的报告。

(2) 情况报告:向上级机关反映工作和社会生活中出现的重大情况、特殊情况、突发情况和新情况的报告。

(3) 建议报告:汇报或提出工作建议、措施的报告。用于下级机关或主管部门向上级领导机关提出工作意见,或上级机关就下级机关或主管部门贯彻某文件、指示的意见,或解决问题的措施、工作方案等。

建议报告包含两种形式:呈报性建议报告——只要求上级机关认可的报告;呈转性建议报告——要求上级机关批准转发给下级机关执行的报告。呈转性建议报告一般具有较强的政策性,所提出的工作意见或解决问题的办法措施一旦经上级批准转发,就变成了上级机关的意志,体现了上级机关的意图。

(4) 答复报告:用以回答上级机关征询、查问事项,以及汇报上级机关布置的需要汇报会结果的工作情况的公务文书。

(5) 报送报告:向上级机关或业务主管部门报送文件、报表、物品的公务文书。

(三) 报告的结构及写法

报告的结构包括标题、主送机关、正文、结尾、落款和日期五部分。报告的正文一般包括引言、主体和结尾三部分。

1. 标题

标题有两种形式,一是三要素齐全的规范化标题,如《××市爱国卫生运动委员会关于创建国家级卫生城市的报告》;二是省略发文机关名称的半简化标题形式,如《关于进一步开展学习宣传张海迪的报告》,后一种较为多见。

报告的内容若有特殊要求,应在文种名称前冠以相应的定语,如"紧急报告""补充报告"等。不可用"报告"二字作为报告的标题。

2. 主送机关

在标题下正文前顶格书写受文对象,一般是上级机关或业务主管部门。

3. 正文

1) 工作报告

工作报告正文一般分为引言、主体、结尾三个部分。引言部分主要交代报告缘由,一般是极为简要地介绍工作的有关背景及目前的进展情况,然后用"现将有关情况报告如下"之类的承转语导入主体。

主体内容一般包括工作的基本情况和主要成绩、经验体会、存在问题、基本教训、今后意见等几部分。应恰当安排其层次结构,可用序数标出,分条分项陈述;也可列小标题分部分或分问题写。

工作报告的结尾按行文意图的不同而有不同的写法。一般而言,只要求上级了解工作情况而不要求上级批转的工作报告用"特此报告"收结全文;有批转要求的工作报告可依其内容的具体情况,在文末使用"如无不妥,建议批转各地""以上报告如无不妥,请批转各地贯彻执行"之类具有批转要求的结语收结全文。

2)情况报告

情况报告的正文比较简单,一般只需抓住本质,突出重点,如实反映情况,把情况和问题讲清楚,把事情的原委、经过、结果及性质交代明白。其正文大致可分为引言、主体、结尾三个部分。

引言着重于对报告缘由进行简要说明;主体部分则需要对所反映的情况作点面结合的介绍、深入具体的分析,并提出本机关、本部门的意见和建议;结尾根据主体的具体情况,提出相应的批转要求。

情况报告写法的注意事项如下。

(1)内容集中、单一,突出重点,抓住事物本质,实事求是地反映情况。

(2)把情况和问题讲清楚,把事情的经过、原委、结果、性质写明白。

(3)提出处理意见和建议。

(4)理顺文章的思路和结构,无论是纵式结构还是横式结构,都要脉络清楚,层次分明。

(5)写作要及时。

3)建议报告

建议报告的内容一般比较集中,正文可分为情况分析和意见措施两个部分。情况分析部分或者介绍情况,分析问题;或者肯定成绩,指出不足,总结经验教训;或者说明提出意见、建议的目的、原因和依据。这部分一般写得比较简明扼要。其后常以"特提出如下意见(或建议)""拟采取如下措施"等语句领起下文。意见措施部分是在情况分析部分的基础之上切合实际地提出做好某项工作的意见、措施、建议,这是这类报告的重点部分,也是建议报告在写法上有别于情况报告、工作报告的地方。意见措施部分往往采取条文式写法。

有些建议报告需上级机关批转,有些则只对上级机关的某项工作、某一征求意见的文稿等提出看法、建议,不需要上级表态或批转。

4)答复报告

答复报告的特点在于针对性和专题性,即只回答上级询问的事项,不涉及询问以外的情况;只汇报上级要求汇报结果的工作,不涉及其他方面的情况。答复报告的正文包括引言、主体、结尾三个部分。引言部分简要写明所要回答的问题,包括上级询问时来文的时间、字号、文件标题及主要问题,提示答复内容要点或主要结果。主体部分包括答复的依据和答复事项两方面的内容。答复报告的结尾较前几种报告简单,一般使用"特此报告"之类的简单结语结尾。

答复事项指针对所提问题答复的意见或处理结果,既要写得周全,又要注意不要节外生枝,答非所问。

5)报送报告

这类报告的写法最为简单,正文只需将报送对象的名称、件数写清,提出审阅或查收愿望即可。正文后根据报送对象情况列出附件栏。

4. 结尾

呈转性建议报告通常用"如无不妥,请批转有关单位执行"作结语。其他各类报告通常用

"特此报告""专此报告""请审阅""请批示"等作结语。

5．落款和日期

在正文之后右下角写明制发机关的名称和成文日期,并加盖公章。如果在标题中已写明制发机关名称,正文之后右下角可以省略不写,但成文日期年、月、日要写齐全。

(四)报告的写作要求

(1)立意要新。归纳出新颖的观点,提炼出能反映本质的、具有规律性的主题。

(2)内容要真实、具体。既要有概括性的材料,也要有典型的具体事例。

(3)重点突出。重点的、主要方面的内容安排在前面详写;非重点的、次要方面的内容略写;可写可不写的内容就不写;同时处理好点和面的关系——既有典型事例,也有综合情况。

(4)报告中不能夹带请示事项。请示与报告是两种文体,各有所宜,报告不应夹带请示事项。

(5)注意情况报告与工作报告的区别。工作报告写经常性的工作情况,情况报告写偶发性的特殊情况;工作报告的内容相对确定,写法基本稳定,有的工作报告有不同程度的说理;情况报告的内容大多不确定,写法灵活多样,重在叙述、说明有关情况。

三、写作实训

根据下面提供的材料,请以××市商务局的名义向××省商务厅起草一份报告。

(1)××××年2月20日上午9点20分,××市××百货大楼发生重大火灾事故。

(2)事故后果:未造成人员伤亡,但烧毁一幢三层楼及大部分商品,造成直接经济损失792万元。

(3)施救情况:事故发生后,市消防队出动15辆消防车,经过4个小时的扑救火才扑灭。

(4)事故原因:直接原因是电焊工××违章作业,在对一楼铁窗架进行电焊时火花溅到易燃货品上引起火灾,但也与××百货公司管理方及员工安全思想模糊、公司安全制度落实不到位、许多安全隐患长期得不到解决有关。

(5)善后处理:市商务局副局长带领有关人员赶到现场调查处理;市人民政府召开紧急防火电话会议;市委、市政府对有关人员视情节轻重作了相应处理。

第六节 请 示

本节通过对请示范例的阅读与析评,介绍请示的必备知识,掌握请示的格式与写法。

一、阅读与评析

(一)请求指示的请示

关于交通肇事是否给予被害者家属抚恤问题的请示

最高人民法院:

据我省××县人民法院报告,他们对交通肇事致被害人死亡,是否给予被害者家属抚恤的问题,有不同意见。一种意见认为,被害者是有劳动能力的人,并遗有家属要抚养的,就给予抚恤。另一种意见认为,只要不是由被害者自己的过失所引起的死亡事故,不管被害者有无劳动能力,都应酌情给予抚恤,我们同意后一种意见。几年来的实践经验证明,这样做有利于安抚死者家属。

是否妥当,请批复。

××省高级人民法(公章)
××××年×月×日

【评析】 这是一则请求指示的请示,这类请示多涉及政策、认识上的问题,请求上级机关明示。正文开门见山,提出对交通肇事是否给予被害者家属抚恤有不同意见,继而申明同意的意见及同意的理由,最后提出要求,请求上级机关明确批复。全文观点鲜明,语言简洁。

(二) 请求批准的请示

××中学关于增拨房屋维修经费的请示

××市教委:

我校教学楼、图书馆等主要建筑建于××××年,经历了××多年的风雨侵蚀,已十分陈旧。部分建筑外墙瓷砖脱落,门窗老化变形,已存在严重安全隐患。今年9月,市建委已下达限期整改通知。经有关专业机构现场勘察估算,全面维修需维修经费80万元。但是,我校可用资金仅有30万元,学校其他经费也十分紧张,确实无力投入更多资金进行房屋维修。为此,特恳请市教委增拨房屋维修费50万元,以应维修工程之需,为广大师生营造安全、整洁的教学和学习环境。

以上请示妥否,请批复。

附:维修项目和经费预算明细表(略)

××中学(公章)
××年×月×日

联系人:张×× 电话:××××××

【评析】 这是一则请求批准的请示。正文开门见山,直接写明请求的原因;接着写明请示的具体事项及意见,这是全文的重点;最后提出请示要求,如"以上当否,请批示""特此请示,请批复"等结束语。请求批准的请示涉及审批、批准人、财、物数量的需附上预算表,在请示完结之后留下联系人及联系电话,方便领导询问具体情况,及时作出批复。

二、必备知识

(一) 请示的适用范围及特点

请示是下级机关向上级机关请求指示、批准事项时使用的报请性、呈批性公文。

请示的适用范围主要有六个方面。

(1) 对上级有关方针、政策、指示或法规、规章不够明确或有不同理解,需要上级机关做出明确解释和答复。

(2) 从本地区本单位的实际情况出发,需要对上级的某项政策、规定作变通处理,有待上级重新审定明确作答。

(3) 在工作中出现新情况、新问题需要处理但无章可循、无法可依,需要上级机关做出明确指示。

(4) 需要请求上级解决本地区、本单位的某一具体问题和实际困难。

(5) 按上级机关或主管部门有关政策规定,不经请示无权自行处理的问题。

(6) 工作中出现了一些涉及面广但本部门无法独立解决的困难和问题,必须请示上级领导或综合部门,以取得他们的协调和帮助。

值得注意的是,凡自己职权范围内的工作,经过努力能处理和解决的问题,都应自己尽力解决,不要动辄请示,把矛盾上交。

与报告相比,请示具有如下特点。

(1) 行文内容的请求性:请示是向上级机关请求指示和批准的公文,具有请求的性质。

(2) 行文目的的求复性:请示的目的是请求上级批准,解决具体问题,要求做出明确答复。

(3) 行文时机的超前性:请示必须在事前行文,等上级机关做了批复之后才能付诸实施。

(4) 请求事项的单一性:请示要求一文一事;报告可以一文一事,也可以一文数事。

(二) 请示的主要类型

请示的类型有多种分法。根据请示的内容和写作意图不同,将其分为两类。

(1) 请求指示的请示。下级机关在遇到涉及方针、政策界限的重大问题,无章可循的特殊问题,难以把握的疑难问题时,请求上级机关给予明确指示或做出解释的请示。

(2) 请求批准的请示。下级机关需要办理、解决自己无权、无力办理、解决的事项和问题时,请求上级批准办理或授权解决所使用的请示。

(三) 请示的结构及写法

请示包括标题、主送机关、正文和落款与日期四个部分。

1. 标题

(1) 发文机关+事由+文种,如《××市高教局关于自费生收费标准的请示》。

(2) 事由+文种,如《关于开办乡镇企业大专班的请示》。

无论何种形式,标题都要能够鲜明地反映出请示的主要内容,同时又需注意标题中使用的动词不要与文种名称的词语表意重复,如《关于请求批准购买种子的请示》这个标题中的"请求批准"应删除。标题中尽可能避免"申请""请求"类词语。

写标题要注意,不能将"请示"写成"报告"或"请示报告"。

2. 主送机关

请示的主送机关只能写一个上级机关名称,若还要报给另外一个上级机关,可用"抄报"的形式在文后注明。

3. 正文

请示的正文由请示缘由、请示的具体事项及意见、要求三部分组成。

(1) 请示缘由。这一部分是请示的导语,应开门见山,直接写明请示什么问题,为什么要请示。

(2) 请示的具体事项及意见。这部分是全文的重点。向上级说明缘由后要提出请示事项,向上级提出自己对解决问题的态度或意见。

(3) 要求。这是请示的结语部分。另起一行,提出请示要求,如"以上当否,请批示""特此请示,请批复"等结束语。

4. 落款与日期

如果标题中已有发文机关,落款可省略。

(四)请示的写作要求

(1) 一文一事。请示必须是一文一事,不能一文数事。即一个请示只能请示一个事项,不能请示多个事项。如果一文数事,很可能导致受文机关无法批复。

(2) 单头请示。一份请示,只主送一个上级领导机关,不能同时主送两个或两个以上机关。如有需要,可用抄送的形式报送有关单位。这样可以避免出现推诿现象。受双重领导的机关向上级机关请示工作时,要根据请示内容的性质,主送一个上级领导机关,抄送另一个领导机关。

(3) 不越级请示。请示与其他公文一样,一般不越级请示,如果有情况特殊或事项紧急必须越级请示时,要同时抄送越过的机关。除非是领导直接交办的事项,否则请示一般不直接送领导个人。

(4) 不得抄送下级机关。请示是上行公文,不得同时抄送下级机关,更不能要求下级机关执行上级机关未批准的事项。

三、写作实训

根据下述材料,拟写一份请示。

××省外资局拟于××××年12月10日派组(局长××等5人)到美国纽约市××设备公司检验引进设备,此事需向省政府请示。该局曾与对方签订引进设备的合同,最近对方又来电邀请前去考察。在美考察需20天,所需外汇由该局自行解决。各项费用预算,可列详表。

第七节　函

一、函及特点

《党政机关公文处理工作条例》规定,函适用于不相隶属机关之间商洽工作、询问和答复问题、请求批准和答复审批事项。

函的适用范围是"不相隶属机关",其功用可以是"商洽工作""询问和答复问题",还可以是"请求批准和答复审批事项"。

从我国的党政机关关系看,"不相隶属机关"有两种情况:一是隶属于共同上级机关的平级机关之间的关系。这种关系主要表现在隶属于同一级人民政府的各下级政府之间及同一级机关的各部门之间。例如,隶属中央人民政府的各省、自治区及直辖市之间,以及省政府下属的公安厅、财政厅、科技厅、民政厅之间就是这种平级关系。这是在同一系统内的平级关系,在这一系统中,函是向平级机关行文。二是没有隶属关系的机关与机关之间。在这种关系中,机关与机关之间各自有自己的隶属关系,不在同一系统内,级别也有差别,彼此之间不存在领导与被领导的关系。在这种情况下,函既可以向级别高于自己一方的机关行文,也可以向级别相同或低于自己一方的机关行文,如国务院办公厅可以用函向各省级办公厅行文。

综上所述,函的"不相隶属机关之间"是指没有法定的领导与被领导关系的党政机关之间。在这种关系下行文,为什么函还有"请求审批和答复审批事项"这一功用呢?

这是因为制函的机关虽然只服从于各自的上级领导机关或按照各自的专管职能办事。但是在实际工作中,在有关的业务工作方面,有时仍需要得到虽没有行政管理权,但有业务管理权的机关的批准,也就是说,在业务工作方面,函的行文机关之间存在着一种"领导与被领导"的关系。例如,某市中级人民法院经市政府同意重建机关办公大楼,但办公大楼的土地划拨权却归市规划局所有。因此,某市中级人民法院就需以《关于重建机关办公大楼需划拨土地的函》向某市规划局行文,得到批准后才可以进行下一步工作。该市规划局对该市中级人民法院《关于重建机关办公大楼需划拨土地的函》进行答复,也应用"函"这一文种。

在实际工作中,以上这种情况,许多机关多用"请示"行文。究其原因,主要是担心所请求审批的事项如果没有相关的业务主管机关批准,事情将无法办成。于是,不管有无法定隶属关系,为表示尊重,许多机关还是用请示。虽然请示有请求批准这一功用,但那是向直接上级机关即有法定管理权的机关发出的。因此,在写作中应充分重视《党政机关公文处理工作条例》对"函"的适用范围的界定,避免文种的不恰当使用。

函的内容单一,一事一函,开门见山,落笔入题,言简意赅;行文灵活便捷,结构简单,随事而立,不拘一格。这就使"函"成为一种使用频率高、适用范围广的文种。

在公文中,函采用的是"信函式公文格式",发文机关标识需用全称,但不加"文件"二字,如"黑龙江省政府""国务院办公厅"。函的发文字号与一般公文相同,但需要在发文机关代字后加"函"字,去掉"发"字,如"国办函〔2018〕58号",发文字号需标注在红色间隔线下右侧,顶格标识。秘密等级和紧急程度则标注在红线下左侧,顶格标识。其他各格式组成部分的标识方法均与文件式公文格式标识相同,可参阅公文概述部分。

二、函的分类与写作

(一)函的分类

按发文的方向,函可分为发函和复函。发函是一方为商洽工作、询问事项、提出要求等主动发给其他的不相隶属机关的函;复函是被动答复相应事项的函。

按内容和发文目的,函可分为以下五种。

(1)商洽函:多用于商调人员联系参观、邀请讲学等。

(2)询问函:多用于询问问题或征询意见。

(3)请批函:一般是在某一业务方面向没有行政隶属关系的主管单位所行之文,内容仅限于业务问题。

(4)告知函:将需要对方知晓的情况予以说明,一般不需要回复。

(5)答复函:答复相关的商洽、询问和请批的事项。

(二)函的写作

1. 标题

函的标题由发文事由和文种组成,表现形式为"关于××××函",如《关于请求解释×建筑使用×路面是否符合城建规定的函》《关于申请向运动队队歌征集大奖赛获奖者颁发奖金免税的函》等。

如果是复函,可在文种前加"复"字,形成"复函"字样,如《关于青海西宁经济技术开发区的复函》《关于纸厂小学场地与校舍等归属问题的复函》等。

2. 正文

函的正文写法比较灵活,大多随事而立,不同内容的函写法也有一定的差别,但一般来说,可以从三部分把握函的正文的写作。

1) 开头

开头主要说明制函的原因、目的或依据。

如果是主动与对方商洽工作的函,应在函的开头说明发函原因或目的。这部分的说明不用过多,简明扼要交代清楚即可。

如果是向有关主管部门请求答复、审核批准的函,应将函的理由讲得充分些,以引起受函单位的重视,但也应以合情合理、清楚明白为原则,切忌长篇大论。

如果是复函,首先要引用对方来函的标题、发文字号(用括号括起),或者概括来函提出的主要问题,作为复函的依据。复函常用的开头形式有"你单位《关于××××函》(×复函〔2018〕16号)收悉"或"你单位关于××问题的函收悉"等,并用"现复函如下"之类的过渡句开启主体内容。

2) 主体

主体部分对有关事项进行陈述说明,主要交代所商洽、询问、请批的事项或答复商洽、询问、请批的事项。

如果是主动去函,就要陈述清楚自己的要求,说得具体、实在,让对方明确你方所需对方协办的事项或知晓的信息,以便得到对方积极的配合或答复。

如果是答复对方的来函,就要针对来函中提出的问题表明自己的态度、意见、要求等。不同意对方意见或无法满足对方要求的还应写清理由,做必要的解释。

3) 结尾惯用语

函的结尾一般使用惯用的结束用语,如主动发函,可用"特此函达""特此函达,即希函复",如果是复函,可用"特此函复""专此函复"等。

(三) 函写作注意事项

1. 目的明确,表述专一

函要把商洽的工作、询问的情况、请批的事项、答复的问题写得具体清楚。一事一函,不旁及其他。

2. 态度谦和,用语得当,措辞得体

函在行文时应注意以礼待人、谦和真诚,切忌居高临下、盛气凌人。语言庄重,措辞得当,切忌使用私人信件中的寒暄客套话,使函的表达符合公务活动严肃性的要求。

三、阅读与评析

(一) 商洽函

辽宁省环境保护厅关于商请向黑龙江丰迪环保科技有限公司转移危险废物的函

黑龙江省环境保护厅:

我省华润电力(盘锦)有限公司拟将产生的485吨(约468立方米)废烟气脱硝催化剂(HW50,772-007-50),转移至黑龙江丰迪环保科技有限公司进行综合利用,转移期限至2018年12月31日。

根据《中华人民共和国固体废物污染环境防治法》,现征求贵厅意见,是否同意请函复。

联系人：武伟男

联系电话：024-6278××××

地址：沈阳市东陵区双园路30号甲

辽宁省环境保护厅（印章）
2018年8月20日

（资料来源：辽宁省环境保护厅.辽宁省环境保护厅关于商请向黑龙江丰迪环保科技有限公司转移危险废物的函[EB/OL].(2018-08-20)[2023-10-10]. https://sthj.ln.gov.cn/sthj/hjgl/gtfwyhxpgl/337D2D8F451642329689902927BDD0E8/.）

【评析】 这是一份商洽函。开篇直陈商洽事项，一句话就将危险废物的数量、名称、转移地点、用途和期限表述清楚，用语准确精简，结尾用语规范得体。

（二）商洽函复函

关于华能国际电力股份有限公司固体废物跨省转移事宜的复函

辽宁省环境保护厅：

贵厅《关于商请向黑龙江丰迪环保科技有限公司转移危险废物的函》（辽固转移函〔2018〕91号）收悉。哈尔滨市环境保护局根据贵厅来函，对黑龙江丰迪环保科技有限公司的经营许可范围和接收能力进行了审核，经研究，函复如下：

一、同意黑龙江丰迪环保科技有限公司接收华能国际电力股份有限公司产生的废烟气脱硝催化剂（HW50,772-007-50）100吨进行处置利用，转移时限至2018年12月31日。

二、请贵厅督促华能国际电力股份有限公司按照《中华人民共和国固体废物污染环境防治法》和《危险废物转移联单管理办法》的有关规定，落实危险废物在转移过程中的有关污染防治措施，运输路线必须避开水源保护区等特殊敏感区域，严格执行危险废物转移联单制度。同时要求废物产生单位在危险废物转移前三日内将预期到达时间报告哈尔滨市环境保护局。哈尔滨市环境保护局对黑龙江丰迪环保科技有限公司接收、转移、处置危险废物的各个环节进行日常监督管理。

联系人及联系方式：

黑龙江省环境保护厅

张佳慧　0451-87113044

哈尔滨市环境保护局

黄海洋　15776997995

黑龙江省环境保护厅（印章）
2018年8月6日

（资料来源：黑龙江省环境保护厅.关于华能国际电力股份有限公司固体废物跨省转移事宜的复函[EB/OL].(2018-08-06)[2023-01-10]. http://sthj.hlj.gov.cn/sthj/c112123/201808/c00_30830638.shtml.）

【评析】 这是一份对商洽函的复函。因是复函，开头引叙对方来函的标题与发文字号，引叙方式十分规范。主体部分对来函提出的问题给予明确具体的答复，表述清晰而富有条理，因此项工作的特殊性，依据相关文件的规定，对华能国际电力股份有限公司固体废物跨省转移的事宜提出了相关具体要求，便于该公司执行操作。

第十章　法律合同与事务文书写作

第一节　法律合同概述

一、法律合同的概念

合同,也被称作"契约",其英文为 contract。在法学理论中,对合同的概念也存在多种理解。

《中华人民共和国民法典》(以下简称《民法典》)中所称的合同是指:"民事主体之间设立、变更、终止民事权利义务关系的协议。婚姻、收养、监护等有关身份关系的协议,适用有关该身份关系的法律规定,没有规定的,可以根据其性质参照适用合同编的规定。"

二、法律合同的种类

我国《民法典》并未对合同分类做出明确规定,但按照比较通行的说法,法律合同主要可以分为以下几类。

(1) 双务合同与单务合同。根据当事人双方权利义务的分担方式,可把合同分为双务合同与单务合同。双务合同是指当事人双方相互享有权利、承担义务的合同,如买卖、互易、租赁、承揽、运送、保险合同等为双务合同。单务合同是指当事人一方只享有权利,另一方只承担义务的合同。赠与、借用合同就是单务合同。

(2) 有偿合同与无偿合同。根据当事人取得权利是否以偿付为代价,可以将合同分为有偿合同与无偿合同。有偿合同是指当事人一方只享有合同权利而不偿付任何代价的合同。有些合同只能是有偿的,如买卖、互易、租赁合同等;有些合同只能是无偿的,如赠与合同等;有些合同既可以是有偿的也可以是无偿的,有偿与否由当事人协商确定,如委托、保管合同等。双务合同都是有偿合同,单务合同原则上为无偿合同,但有的单务合同也可为有偿合同,如有息贷款合同。

(3) 诺成合同与实践合同。根据合同的成立是否以交付标的物为要件,可将合同分为诺成合同与实践合同。诺成合同又称不要物合同,是指当事人意思表示一致即可成立的合同。实践合同又称要物合同,是指除当事人意思表示一致外,还须交付标的物方能成立的合同。

(4) 要式合同与不要式合同。根据合同的成立是否需要特定的形式,可将合同分为要式合同与不要式合同。要式合同是指法律要求必须具备一定形式和手续的合同。不要式合同是指法律不要求必须具备一定形式和手续的合同。

(5) 为订约当事人利益的合同与为第三人利益的合同。根据订立合同所代表利益的主体,可将合同分为为订约当事人利益的合同与为第三人利益的合同。为订约当事人利益的合同是指仅订约当事人享有合同权利和直接取得利益的合同。为第三人利益的合同是指订约的当事人不是为了自己,而是为第三人设定权利,使其获得利益的合同。在这种合同中,第三人既不是缔约人,也不通过代理人方式参加订立合同,但可以直接享有合同的某些权利,可直接基于合同取得利益。如为第三人利益订立的保险合同。

（6）主合同与从合同。根据合同间是否有主从关系,可将合同分为主合同与从合同。主合同是指不依赖其他合同而独立存在的合同。从合同是指须以其他合同的存在为前提而存在的合同。

（7）本合同与预约合同。根据订立合同是否有事先约定的关系,可将合同分为本合同与预约合同。预约合同是当事人约定未来订立一定合同的合同,简称预约；本合同则是为了履行预约合同而订立的合同,简称本约。

三、法律合同写作特点

（一）合法性

法律合同的写作首先应具备合法性,其合法性体现在订立合同的主体、内容、程序、表达形式等各个方面。

（二）合意性

订立合同时,在内容上要反映当事人各方的利益,以及当事人各方的权利和义务,体现出当事人意愿的真实表达。

（三）平等性

由于当事人的法律地位是平等的,订立合同时应体现出双方的平等协商、自主自愿。

（四）诚信性

签订合同时,当事人均应做到真诚坦白、实事求是,以便在履行合同时做到讲求信誉、恪守信用。

（五）规范性

法律合同的规范性主要表现在形式的规范和语言的规范两个方面。

四、法律合同写作要点

（一）标题的切题性

法律合同的标题要具备能准确反映其商业目标和法律关系的功能。通过对法律合同标题的阅读,可以使当事人初步了解文书的整体框架及重点并迅速界定当事人各方的法律关系及交易重点。一份好的法律合同,通过准确的标题就可以清晰界定当事人之间的法律关系,从而充分保障交易的成功和交易双方的合法权益。

（二）章节划分的合理性

对法律合同做适当的章节划分是写作中的重要内容,目的在于帮助当事人双方迅速锁定其需要的内容,也能帮助减少合同歧义。具体的注意事项包括：第一,遵循合同内在的逻辑关系,将与同一事项有关的条款集中在同一处；第二,在划分章节时,要注意各个章节之间必须保持互相并列关系,不能互相交叉或包容；第三,合同文本章节划分最多不超过15章。在具体划分方面可以参照《民法典》合同编有关规定和各类合同的示范文本进行划分。

(三) 法律文句的准确性

一个完整法律文句的结构可基本总结为四个基本要素：主体、条件、行为、对象。主体包括行为的实施主体和接受主体，如法律合同当事人双方；条件包括无条件、除外条件和假设性条件等，如某些特定事实、特定行为、特定范围、期限、时间等；行为包括主动行动、被动行为和无行为，如移交、支付、声明、通知、宣布等；对象则指行为所指向的对象，如双方签订的合同、移交的货物、支付的货款、发出的通知等。因行文需要四个要素的排列顺序可能会不一致，而且因上下行文简洁可能会被省略其中一两个要素。

(四) 合同句式的结构性

法律合同文本中，常用的句式结构有典型结构，即"主谓宾结构"，以单一主语开头，连接一个或多个动词的复合形式；省略主语结构，即在某些场合下，如出于行文简洁的考虑，省略主语的结构；主动句结构，即主动语态的句式结构；第三方叙事结构，即在合同中陈述和确认某些基础事实时采用客观叙事方法的结构。

(五) 具体表达的清晰性

法律合同会涉及当事人一方行使权利的前提条件或者假设条件，此时可能附带期限性条件或者出现导致合同无法继续履行的原因及情况，面对此类问题要注意具体表达的清晰性，可以将其按顺序陈述或者并列陈述。

五、阅读与评析

法律合同

专项法律顾问协议

承办律师：××××团队
工作单位：××××律师事务所
执业证号：××××××××××
联系方式：××××××××××
联系地址：××××××××××
专项法律服务协议
(2022) 刑专第　号
甲方（聘用方）：×××××有限公司
乙方（受聘方）：×××××律师事务所，统一社会信用代码：××××××××××××××××××。

鉴于甲方因××市ZZ有限公司诉讼的返还租金、赔偿损失一案及甲方向YYY有限公司、周×、俞×、陆×诉讼要求支付租金一案，决定聘请乙方提供一系列相关法律服务。经双方协商一致，订立本合同，以资信守。

经协商甲乙双方达成合同如下。

1　服务期限

根据甲方的要求，乙方指派本所YYY律师团队为甲方提供专项法律服务。期限自本合同签订后乙方为甲方提供该专项法律服务之日起，至系列案件一审办结之日止。

2 委托事项

作为专项法律顾问协助 W 律师事务所张×律师开展××市 ZZ 有限公司诉讼的返还租金、赔偿损失一案的应诉工作及帮助向××市 ZZ 有限公司、周×、俞×、陆×诉讼要求支付租金一案的诉讼工作,乙方全面负责两起诉讼的相关材料、证据的收集、整理、举证、质证工作,全案事实认定、法律适用意见的撰写、细化、优化工作与承办法院、法官的沟通、陈述、协调工作。办理甲方委托的有关两案的其他事项,维护甲方的合法权益。

3 工作内容

3.1 就该事项法律问题提供咨询意见,指引甲方收集证据和证据线索。

3.2 应甲方要求与该案件的有关办案机关、办案人员沟通。

3.3 应甲方要求制作相应的各类法律文书。

3.4 应甲方要求制作民事诉状并协助甲方提起诉讼。

3.5 协助查阅、复制、摘抄相关案件的证据材料,参与相关的协商和谈判;代为签字、代为办理相关手续,调查取证、提出代理意见、收取法律文书等。

4 双方的权利与义务

4.1 甲方有权要求乙方向其报告工作进展情况。

4.2 甲方应向乙方提供真实资料,不得虚假陈述;乙方亦有权要求甲方对其委托办理的法律事务提供真实、全面的情况及材料。

4.3 甲方不得要求乙方律师进行违反国家现行法律、法规以及职业道德和执业纪律的活动。

4.4 甲方不得提前中止本合同,但乙方有重大过错除外。

4.5 甲方应当积极、主动地配合乙方律师为甲方的利益所从事的各项工作,根据实际需要为乙方提供办公、交通、住宿等工作便利。

4.6 甲方有责任对委托事务做出独立的判断和决策,乙方尊重甲方对委托事务做出的独立判断和决策。甲方非根据乙方律师提供的法律意见、建议、方案所做出的决定而造成的损失,由甲方承担。

4.7 乙方律师应当诚实信用,恪守职业道德、执业纪律,严密审慎,尽职尽责地为甲方提供法律服务。乙方应选派具备相应业务能力的律师为甲方提供法律服务。

4.8 乙方不得泄露在甲方受聘期间所接触到的甲方的隐私和秘密。

4.9 乙方不得向甲方作无事实根据及法律依据的虚假承诺。

4.10 乙方必须在甲方授权范围内进行服务活动,不得超越代理权限。

5 相关责任

5.1 甲方无合法理由单方解除本协议,乙方已收取的律师费不予退还。

5.2 乙方无合法理由单方解除本协议,无条件退还乙方已收取的全部律师费。

5.3 甲方有重大违法行为,严重损害中国国家利益、社会公共利益经乙方律师提出书面异议拒不纠正,乙方有权中止履行本协议,此项中止行为,不视为违约,由此产生的后果概由甲方承担。

5.4 甲乙双方之任何一方如解除合同,应以书面形式阐明理由并通知对方。

6 律师费

该项目的专项律师服务费为:

甲方先行支付乙方服务费人民币×万元整;

后续案件的律师费用据情双方协商确定。

账户名：×××××律师事务所

开户行：招商银行××××支行

账　号：×××××××××××××

如逾期不支付约定律师费，视为实际违约，双方同意乙方可就追讨该律师费向××市仲裁委员会申请仲裁，乙方由此而产生的诉讼费、律师费、保全费等一切主张债权的费用由甲方承担。乙方为甲方提供法律服务的过程中所发生的诉讼费、仲裁费、鉴定费、检验费、评估费、公证费、查档费等由甲方另行支付。乙方代甲方支付上述费用的，应当凭有效票证与甲方结算；乙方可以先行代收，事后依据有效票据与甲方进行结算。

乙方为甲方办理法律事务，所需要的差旅费用应当先行向甲方预收。具体金额根据差旅情况另行商议。乙方办理法律事务完毕后，应及时凭有效票据与甲方结算办案差旅费，多退少补。

7　附则

7.1　根据《中华人民共和国律师法》及有关规定，乙方律师依法尽职尽责提供法律服务，努力维护甲方的合法权益，但对案件实际结果不作任何承诺。

7.2　乙方在签订本合同之前已经向甲方解释了收费规定及标准。在本合同签署之前甲、乙双方已就本合同涉及事项进行了详细的研究，本合同系双方友好协商，自愿一致达成。

7.3　甲方签订本合同前已对乙方律师进行了充分了解，对案情进行了充分的沟通，对可能产生的结果有了充分的预料，双方对此予以理解和谅解。本合同经双方签字或者盖章后生效，一式两份，双方各执一份，具有同等法律效力。

甲方：　　　　　　　　　　　　　　　　　　　　　　　　　　　乙方：

　年　月　日　　　　　　　　　　　　　　　　　　　　　　　　　年　月　日

【评析】　这是一份法律合同，是当事人与律师事务所之间的双务合同，也是委托合同。该合同涵盖了甲乙双方的基本情况、委托事由及双方达成的合意内容。当事人与律师事务所间签订的法律合同，重点事项包括：代理费的数额；给付时间(若签订合同时给付，可以不再另外约定时间)；案件代理期限，是一审终结还是包括二审的代理，是否包括执行阶段(本合同的代理期限是到一审终结)；代理的权限范围；合同双方当事人的明确责任(是当事人和律师事务所而非当事人和律师本人)；其他费用的承担；等等。这些重点事项在该合同中均有体现。

第二节　事务文书概述

一、事务文书的概念

事务文书是机关、团体、企事业单位处理日常事务时用来沟通信息、安排工作、总结得失、研究问题的实用文体，是应用写作的重要组成部分。它虽不是"法定"公文，但却是各机关单位使用范围最广、使用次数最多的一类公文。

由于这类管理类文体处理的日常事务亦为公务，所以事务文书属于广义的公文范畴。它与狭义公文(行政机关12类13种，党内机关14种)的区别在于：一是无统一规定的文本格式；二是不能单独作为文件发文，需要时只能作为公文的附件发文；三是必要时它可公开面向社会，或提供新闻线索（如简报），或通过传媒宣传（如经验性总结、调查报告等）。

二、事务文书的种类

依事务文书性质与作用的不同，可将其分为如下几类。

（1）计划类：包括计划、规划、方案、设想、安排等。此类文书是对未来工作的内容、步骤、措施与方案等进行的设想。

（2）报告类：包括总结、调查报告、述职报告等。此类文书是归纳某种工作的主要内容、成绩与经验、问题与不足等，并写成文字，向社会、上级或本单位所做的报告。

（3）规章类：包括规则、章程、制度、条例、守则等。此类文书是为了更好地开展工作而订立的某些制约性措施。

（4）信息类：包括演说稿、简报、大事记、照会、启事、声明等。此类文书是向他人传递的或长或短的各类信息。

（5）会议类：包括开幕词、闭幕词、会议报告、会议记录等。此类文书是为会议的召开而准备的有关文件及对会议内容进行的记录。

三、事务文书的写作特点

（一）对象比较具体

一份事务文书对为何撰写、要求哪些人了解并使用等问题的回答都很具体。撰写事务文书要有针对性，要切合读者对象的特点和需求。

（二）格式比较固定

各种事务文书大都有比较固定的惯用格式，其构成要素及各构成要素的写法通常都有一定的规则。

（三）写法比较实际

撰写事务文书时要以满足实际需要为原则，材料的使用要切合实际、具体扎实，写作形式的运用要讲求实效。

第三节　计划与总结

一、计划

（一）计划的概念

社会团体、企事业单位或个人对未来一定时期的工作、事项、活动等作出预先打算和安排，为确定目标、任务、措施所形成的一种事务性文书。

计划是一个统称，规划、纲要、安排、设想、方案、要点、打算等都属于计划的范畴。一般来说，规划、纲要是长远计划，而纲要比规划更概括；安排是短期计划；设想、打算是非正式的计划；方案的可操作性较强；要点是粗线条式计划。

计划四要素：目标和任务（做什么）、工作措施和方法（怎么做）、步骤和时间（什么时候做）、检查与督促（怎么保证）。

(二) 计划的写作格式

文字式计划是计划主要的写作方式,主要由标题、正文和落款构成。

1. 标题

由单位名称、时限、事由、文种组成,如《××市××局2009年工作计划》;也可省略其中的一项或者两项,如《××厂职工教育计划》等。但无论怎样省略,都必须保留事由、文种两项。有的计划则采用公文式标题,如《××学院关于留学生入学教育工作安排》。

2. 正文

(1) 开头。即引言、前言。这部分可写制订计划的依据或背景材料(如面临的基本形势、前段工作经验教训等)。这部分要写得简明扼要,力戒套话、空话、大话。不同计划对上述内容有不同的取舍和侧重,有些大家熟悉的例行工作的计划也可不写这部分内容,可直接写明工作的总目标、总任务。

(2) 主体。主体是计划的主要部分,通常包含计划的四要素,只是不同的计划对这些要素有不同的侧重和取舍,例如,领导机关制发的工作要点就可不写具体实施步骤和时间,而基层单位的计划则要写清这些内容。

主体部分可采取以下几种结构方式。

① 条文式。把下阶段工作分成若干项目,逐项逐条地写明具体任务要求、措施办法、执行人员、完成时间等。要注意条文的逻辑顺序,可按各项工作的顺序或者工作的主从轻重安排先后顺序。

② 分部式。按四要素规定的内容分成若干部分,每部分可用小标题概括重点或提示内容范围。这种结构常用于较复杂的计划。

③ 贯通式。依自然段落分层次写,开头常用提示句,如"这项工作的目标是"之类。这种写法常用于短期、单一、具体工作的计划、安排。

无论采用何种形式,主体部分都要写得周到详尽,具体明白。

(3) 结尾。结尾部分可以提出号召和希望,激励大家为实现计划而努力;可以简要强调任务的重点和工作的主要环节;可以说明注意事项。有的计划还把督促检查的要求写在结尾部分。结尾部分应根据需要,灵活掌握写法及内容,有的计划甚至可以不写结尾。

3. 落款

写明制订计划的单位(标题中已标明单位的可省略)和制订日期。

(三) 示例

个人新学期工作计划

××中学　办公室干事×××

又一学期转眼而过,带着已经进入暑期的兴奋心情,带着对下学期开学迎新生的喜悦心情,根据学校的要求我制订了下学期的工作计划书。

一、上传下达,协调各部门,完成好各项工作

根据上级文件精神,协调学校各部门工作,处理好日常事务、教职工思想工作,了解意见,与领导沟通。对于学校重大会议、活动的组织和协调,办公室都必须做到超前的工作原则,尤其要注意活动的细致性、周到性和实效性,根据学校规定和工作需要,协助校长组织安排行政会、教师会和其他会议,做好统筹协调工作。

二、配合各部门，完成好学校的中心工作

本学期学校将开展科艺节、校园艺术节"班班有歌声""班班有美展"、安全讲座、演练等，办公室的主要任务是为每一项活动做好他们的组织、协调、后勤服务等工作。

负责全校教职工考勤工作。为学校的绩效考评工作提供公平、公正的依据。

根据老师当月工作情况和各部门考核结果，将各办公室教师的考勤、请假、外出、迟到、早午晚辅导等情况一一统计汇总，及时公示。严格按照学校考勤制度执行。

三、认真进行文件的管理、分发工作

及时收接学校邮件信息，将文件通知、信息向校长汇报，并将信息传递到相关人员处。督促相关人员完成文件要求，并及时上交材料。

四、做好全校师生获奖情况的登记、汇总工作

及时通知各项比赛任务，督促完成。将学校的活动进行推广，向媒体推荐学校的优秀活动，并进行报道。

（一）本学期台江区将迎来"三赛三比"，办公室所有人员积极协调各部门做好办公室工作总结，并汇总，顺利通过检验。

（二）本学期我校举行各项活动，办公室要认真负责分配任务，积极协调各部门做好准备，取得良好的成绩。

五、认真做好教师的继续教育审核工作和人事档案工作，督促教师认真参加进修学校组织的继续教育、岗位培训活动，不断丰富教学积淀，拓宽视野。营造浓郁的学习氛围，让老师们在不断的学习中进步，帮助老师进行学历学习的申报。

×××
××年×月×日

二、总　结

（一）总结的概念

总结是党政机关、企事业单位、社会团体及个人对前一阶段工作的回顾、反思和分析研究，找出成绩与问题、经验与教训，用来指导今后工作的一种应用文体。

总结是对自身实践活动的回顾，又是人们的思想认识从感性阶段向理性层次不断提高的过程。人们可以通过总结更深刻、更全面地认识过去，以便顺利地开展今后的工作。

（二）总结的写作格式

1. 标题

总结的标题有以下几种形式。

（1）四项式标题，即由单位机关名称、时间、事由、文种组成标题，如《××市人事局2009年补充国家机关工作人员考试工作总结》。这四项可根据需要进行省略。

（2）文章式标题，如《更新观念培养开拓型人才》。常用于专题总结，可写单行标题，也可写双行标题。

2. 正文

1）开头

总结的开头要简明扼要、紧扣中心、有吸引力，常采用以下几种方式。

（1）概述式。概括介绍基本情况，即交代工作的背景、时间、地点、条件等。

（2）结论式。先明确提出总结出的结论，使读者了解经验教训的核心所在，然后再引出下文。

（3）提示式。对工作的主要内容作提示性、概括性的介绍，它不概括经验，只提示总结的工作内容和范围。

（4）提问式。先设问提出问题，点明总结的重点，引起人们的关注。

（5）对比式。开头对有关情况进行比较，以说明成绩，表明优势，引出下文。

总结也可综合运用几种方式开头，以增强表达效果。

2）主体

总结的主体主要包括以下三个方面。

（1）做法、成绩与经验。这是总结的主要内容。要写明做了哪些工作，采取了怎样的措施、方法和步骤，有什么效果，取得了哪些成绩，取得成绩的主要原因是什么。哪些做法是成功的、行之有效的，有什么经验和体会。在这些内容中，做法、成绩是基础材料；经验、体会是总结的重点，在全文中占有主导地位。这部分内容一般比较丰富，写作中要处理好主次详略的关系。

（2）问题与教训。要写出工作中存在的问题与不足，以及它们给工作带来的影响、造成的损失；分析出现问题、失误的主客观原因及由此得到的教训。不同的总结对这部分内容的处置轻重不同，例如，着重反映问题的总结就要把这部分作为重点。

（3）今后的工作设想和努力方向。这是在总结经验教训的基础上，针对工作的实际问题，提出改进措施；或者说明今后打算、工作发展趋势，展望工作前景，提出新的目标。也有的总结把这一部分列为结尾部分。

3. 落款

署上单位名称、标明时间。

(三) 总结的结构形式

总结常用的结构形式有以下五种。

（1）分部式。这是按"情况—成绩—经验—问题—意见"或者"主旨—做法—效果—体会"的顺序，分成几个大部分，依次来写。

（2）阶段式。这是把要总结的工作的整个过程，按时间顺序划分成几个阶段来写。每个部分把其中一个阶段的工作情况、经验教训结合在一起来写。运用这种结构形式时要避免记流水账，要突出各个阶段的重点和特点，注意各阶段之间的连贯性。

（3）条文并列式。这是把总结的内容按性质分类，逐条逐项排列，可以把经验体会有序分条，也可以以工作项目为序分条。

（4）总分式。这种结构形式常用于全面总结。先总述工作情况，如形势、背景、成绩，然后再分成若干项主要工作，逐项总结。

（5）贯通式。这是一种围绕中心，按时间顺序或者事物发展顺序，抓住主要线索，层层分析说明，总结工作的结构。这种结构适合内容较为单一的专题总结。

(四) 示例

网格员个人工作总结

为进一步加强和创新社会管理，解决服务群众"最后一公里"问题，我镇以网格化管理、社会化服务为方向,健全基层综合服务管理平台,积极落实部署网格化服务管理工作,进一步提升对基层社会管理的能力水平,全面推进社会管理创新。根据《××县网格化服务管理考核办法》等相关文件要求,现将工作总结如下:

一、做法、成绩与经验

(一)完善组织机构建设,为网格化服务管理提供保障

首先,加强组织领导。今年四月初,我县网格化服务管理工作启动之后,我镇党委、政府高度重视,成立了以党委书记潘华科、镇长王勇为组长的领导小组。同时成立网格化服务管理办公室,由副镇长黄凯分管,并指派赵琼、黄祥等工作人员具体落实网格化工作日常事务。为我镇网格化服务管理工作奠定了基础。其次,组建网格化工作队伍。网格化服务管理工作于今年4月初在我镇西街社区和漱玉社区开始试点,到目前为止,我镇共分了67个网格,有67名网格员和13名系统操作员。××镇成立了网格化服务管理办公室,各村社区为1个网格工作站,各配备1名系统操作员。组建起一支素质高、业务能力强的网格化服务管理队伍。最后,严格考核。根据犍网格发(201×)2号《××县网格化服务管理考核办法》《××县网格员考核办法》和玉委发(201×)18号《××镇网格化服务管理考核细则》的规定,按照网格化工作评分标准,严格考核,落实奖惩。有效调动网格员工作积极性,推动我镇网格化服务管理工作的更好开展。

(二)做好宣传,为网格化服务管理构建良好工作氛围

为了让每一位群众有效了解并参与网格化服务管理工作,进一步畅通社情民意渠道,引导群众理性地表达诉求,让群众实现"有话跟我说,有事找我办,有难找我帮"的工作局面,我镇将63个网格员的网格划分范围,联系方式,办理事项等制成公示牌,安装在网格醒目位置,真正做到了集中管理,网格结合,延伸服务,一员多能的服务模式。此外,每名网格员还统一印制了200张网格服务名片,1张工作牌和工作包。同时,发放了2000余份《致广大群众的一封信》,详细介绍网格化服务管理工作的意义和服务范围,使网格化管理服务工作家喻户晓。

(三)注重实效,用"小网格"服务"大民生"

网格化管理工作开展以来,我镇67名网格员全部下沉入网格内,每天排查发现、掌握、解决各个领域存在的问题。工作人员实现了由以前的专人单项、一岗一责向一专多能、一岗多责的转变,网格员包揽了网格内的信息动态采集、登记,问题排查、解决、上报等各项工作和所有民情事务。对网格内发生的各类问题,网格员能处理的当场处理,不能办理的则逐级上报,做到了日排查,日处理,日上报,并及时与相关领域职能部门对接协调。同时,我们充分利用网中有格,按格定岗,人在格上,事在网中的精细化管理优势,细化了网格员的工作职责,真正实现了"排查全覆盖,管理无缝隙,服务全方位,有问题及时发现,有矛盾及时化解,有需求及时服务"和"小事不出网格,大事不出乡镇"的精细化管理目标。到目前为止,我镇已经录入并完善的基础数据如下:71个党组织,25个政府部门,8个群团组织,14个基层自治组织,69个群防群治组织,15个社会志愿者队伍,共计207个组织,成员库人员874人。网格员累计办理民生服务9757起,调解矛盾169起,治安防控47起。特殊人群服务管理45起,社情民意收集301起,政策法规宣传1026起,突发事件报告12起,其他事件处理293起,累计发现问题11891起,已办结11891起,办结率为100%。超额完成各项指标任务,为全镇乃至全县的网格化服务管理工作作出了一定贡献。

二、存在问题

一是联动解决问题力度有待进一步加强。

二是网格化服务管理系统不稳定,数据、图片等的导入操作不便。

三是大多数群众对网格化工作开展的意义、工作开展的方式了解不深入,有事不愿主动找网格员,网格化工作宣传力度需进一步加大。

三、下一步打算

一是继续做好网格化服务管理民生服务、矛盾排查化解等日常工作。调动网格工作人员下沉网格,排查问题、化解矛盾,充分发挥网格化管理的基本作用,解决服务群众"最后一公里"问题,密切干群关系,维护基层和谐稳定。

二是继续围绕镇党委、政府中心工作开展网格化服务管理。要充分发挥网格员政策宣传、贯彻作用,加强各项工作的全面落实。

三是继续完善工作方法,创新工作思路。强化督查和考核,强化网格员培训,强化工作对接,强化经验总结,在实践中不断健全网格化运行和管理机制。

第四节　简报与会议记录

一、简报

(一) 简报的概念

简报是机关、团体、企事业单位内部,或者是某项中心工作、某次重要会议中用的沟通信息、交流经验、反映情况、汇报工作的期刊式文字载体。简报是信息类公文中最重要、最常用的一种,常见的"工作动态""情况反映""简讯""内部参考""快报"等都属简报。

(二) 简报的格式

简报通常由报头、报核、报尾三个部分组成。

1. 报头

简报首页上端 1/3 处由分割线将报头与文稿部分分开,报头由以下四个必备要素构成。

(1) 简报名称,一般套红、居中、字体稍大印刷。

(2) 期数,印于简报名称正下方。

(3) 编印机关,一般为制发简报单位的办公部门或中心工作领导小组及会议的秘书处(组),要求用全称或规范化简称印于分割线左上方。

(4) 编印日期,印于分割线右上方,要求年、月、日齐全。

除以上四个要素外,视简报内容、保密要求,还可以增加简报编号、密级(或使用范围和要求)等要素。

2. 报核

根据文体性质和文稿来源,简报的体式可分为以下四种。

(1) 报道体,它及时、简明、准确地叙述、报告部门、行业、系统、领域内最新发生的新情况、新动态。其文体类似动态消息、动态信息。

(2) 汇篇体,这是在众多稿源的基础上剪辑而成的类似综合消息的简报文体,其信息量大而广,能点面结合反映全局性情况。

(3) 总结体,这类文章即一般意义的总结,但内容具有典型性、有推广价值,编入简报能发挥其指导作用。

(4) 转引体,即将其他单位有参考借鉴意义的材料完整或片段地摘编转引。

1) 按语

按语是代简报编制机关立言,是对文稿及使用作出说明、评价的部分,如说明材料来源、转引目的、转发范围,表明对简报内容的倾向性意见及表示对所提问题希望引起讨论研究等。按语的位置在报头下、标题前。它视需要使用,并非每篇必有。一般在转引体、总结体及重要的报道体、汇篇体简报文章前才会用按语。

按语可分为以下三种类型。

(1) 题解性按语,它类似前言,主要对文稿的产生过程、作者情况、主体内容作简要介绍。

(2) 提示性按语,它侧重于对简报内容的理解揭示或是针对当前实践应注意事项的提醒。

(3) 批示性按语,它往往援引领导人原话或上级机关指示,结合简报内容对实际工作提出批示性意见。

2) 标题

根据简报的体式,简报标题也有不同写法。动态性较强的内容多采用单行式新闻标题,简短明快地交代事实、揭示中心,在总结体简报和其他体式简报中,一般使用文章化标题。

3) 目录

简报文稿通常是一期一篇,根据需要也可以是一期为一组性质接近的文章。如果是一组文章,则须在报头下设计"目录"一栏,将各篇文章标题先印于此,然后依次刊出每篇文章的内容。

4) 正文

因体式各异,简报正文格式相去甚远。报道体、汇篇体类消息结构往往前有导语,后有主体、背景等;总结体可完整地将"总结"刊于简报;转引体则因所引文章不同,正文可能是片断章节,也可能是整篇文稿。

3. 报尾

在简报末页下 1/3 处用分割线与文稿部分分开,分割线下与之平行的另一横线间内标本期简报的"报""送""发"单位名称,右侧注明本期印数。

(三) 示例

中国共产党××职业技术学院第一次代表大会
简　报

第 18 期

党委组宣处　　　　　　　　　　　　　　　　　　　　　　　　2008 年 5 月 28 日

食品系召开党员大会讨论党代会两委报告征求见稿

5月27日下午,食品系党总支全体党员在406会议室集中学习讨论学院即将召开的第一次党代会党委和纪委工作报告的征求意见稿。本次会议由系党总支副书记××同志主持。

全体党员同志在会前已经认真学习了党委与纪委工作报告的征求意见稿,同志们对学院即将召开的第一次党代会十分关注,并投入了高度的热情。党员同志在会上积极讨论,分别对两委报告的征求意见稿发表了自己的看法与建议。

学院即将召开的第一次党代会是在我院进入新百年、谋求跨越式发展的关键时期召开的一次具有十分重要意义的会议,回顾总结我院五年来的发展历程,进一步明确今后五年发展的目标,并将在本次党代会中选举出中共苏州农业职业技术学院第一届委员会委员和第一届纪律检查委员会委员。食品系党总支全体党员对第一次党代会顺利召开既殷切期盼又充满信心。

最后××副书记对参加第一次党代会的各位党员代表提出了殷切希望,希望他们在思想上要高度重视,并以高度的责任感和使命感认真参加会议,加强纪律性,坚持党的组织原则,为第一次党代会的顺利召开发挥应有的作用。

食品系党总支预祝学院第一次党代会圆满成功!

报:中共××省委组织部　省委教育工委　××省××厅党组　中共××市委
送:各党总支、直属党支部、党委各部门

（共印:50份）

二、会议记录

（一）会议记录的概念

会议记录是在召开会议过程中,由专门的记录人员如实地记录会议的基本情况、与会代表发言内容和会议决定事项的一种应用文体。会议记录是帮助我们今后了解情况、进一步研究工作、总结经验的重要材料。

（二）会议记录的格式

一般会议记录的格式包括两部分:一部分是会议的组织情况,要求写明会议名称、时间、地点、出席人数、缺席人数、列席人数、主持人、记录人等;另一部分是会议的内容,要求写明发言、决议、问题等,这是会议记录的核心部分。

对于发言的内容,一是要详细、具体地记录,尽量记录原话,主要用于比较重要的会议和重要的发言。二是摘要性记录,只记录会议要点和中心内容,多用于一般性会议。

会议结束即告记录完毕,要另起一行写"散会"二字,如中途休会,要写明"休会"字样。

会议记录格式如下。

会议名称:
会议时间:　　　　　　　　会议地点:
记录人:
出席与列席会议人员:
缺席人员:
会议主持人:　　　　审阅:　　　　签字:
主要议题:
发言记录:

（三）示例

××公司项目会议记录

会议时间:2009年9月1日
会议地点:公司会议室
记录人:祁××（办公室主任）

出席人员：公司各部门主任

会议主持人：马××（公司副总经理）　审阅：×××一（公司总经理）　签字：

主要议题：《中国办公室》软件是否投入开发以及如何开展前期工作的问题。

一、发言记录：

技术部朱总：类似的办公软件已经有不少，如微软公司的 Word、金山公司的 WPS 系列，以及众多的财务、税务、管理方面的软件。我认为首要的问题是确定选题方向，如果没有特点，千万不能动手。

资料部祁主任：应该看到的是，办公软件虽然很多，但从专业角度而言，大都不很规范。我指的是编辑方面的问题。如 Word 中对于行政公文这一块就干脆忽略掉，而书信这一部分也大多是英文习惯，中国人使用起来很不方便。WPS 是中国人开发的软件，在技术上很有特点，但中国运用文方面的编辑十分简陋，离专业水准很远。我认为我们定位在这一方面是很有市场的。

市场部唐主任：这是在众多航空母舰中间寻求突破，我认为有成功的希望，关键的问题就是必须小巧，并且速度极快。因为我们建造的不是航空母舰，这就必须考虑到兼容问题。

二、各部门都同意立项，初步的技术方案将在十天内完成，资料部预计需要三个月完成资料编辑工作，系统集成大约需要二十天，该软件预定于元旦投放市场。

散会。

主持人：（签名）

记录人：（签名）

第十一章 申论作文写作

第一节 申论作文写作概述

一、申论写作概念

申论是中国大陆国家公务员进行资格考试的其中一个科目。申论考试是指在公务员考试中,通过对指定资料的阅读,回答有关问题,考察应试者七种能力(阅读理解能力、分析判断能力、提出和解决问题的能力、语言表达能力、文体写作能力、时事政治运用能力、行政管理能力)的一种考试形式。

申论作文一直以来都是公务员考试考生备考时的一大难关,"不会写""没素材""写不好"等是考生关于申论作文的第一印象,那站在阅卷人角度,一篇文章写成什么样才叫好文章呢?

二、申论写作的组成

(一)卷面

在申论阅卷中,首先映入眼帘的就是卷面。卷面不整洁,文章写得再好也难拿高分,相反,如果卷面整洁美观,给阅卷人的第一印象便是清爽的,分值上也会相应拔高。因此,广大考生在平时训练中要注重卷面的工整美观,字迹潦草的考生可以考虑买本字帖练字,毕竟磨刀不误砍柴工;同时,考试时合理分配时间,勿因时间紧张导致卷面潦草。

(二)立意

"千古文章意为高",立意是文章的中心思想,是文章的灵魂。不同于普通作文,申论文章通常立意较为统一,考生若脱离题干与材料随意发挥,则容易"跑题",导致分数不高。因此,好的文章立意需满足两个条件:①符合题干限定;②符合材料主旨。考生需在准确把握题干关键词和材料主旨后方可确定文章的总(分)论点,从而做到立意准确。

(三)标题

俗话说"文好题一半"。标题好比文章的"眼睛",要想文章得高分,一个好的标题至关重要。在各类申论考试中,有命题作文、半命题作文、话题作文、主题作文等,除了命题作文,其余的作文类型都需要考生自拟标题,拟定标题需满足三大条件。

(1)语言简洁。标题力求简洁精练,字数不应超过20字。

(2)观点明确。标题需准确鲜明地亮出观点,不能单以一个名词出现,例如,"诚信"就不适合作为一个标题,至少应改为"做人需讲诚信"。此外,问句、反问句亦不适合直接作为标题。

(3)语言新颖。在满足上述两个条件的基础上,考生可追求新颖的表述,令阅卷人眼前一亮,比喻式和主副式标题都是不错的选择。如"以敬畏之光烛照文化传承""用改革之火点燃创新引擎""以梦为马,不负韶华——争做时代的弄潮儿"等。

(四) 论点

论点包括总论点和分论点,关于论点的要求有三个:总论点包含分论点;分论点支撑总论点;分论点与分论点之间不存在包含或者交叉。例如,总论点为"志气对人生很重要",若分论点写成"自信对人生很重要"则不符合要求。

(五) 结构

结构即文章的段落。一篇好的文章,首先,在整体架构上需保证结构的完整性,文章结构包括开头、主体、结语三个部分;其次,在字数配比上应做到开头结尾短小精悍,主体论证翔实,有所倚重,不出现明显悬殊;最后,在段落逻辑上需整体为总分总逻辑,主体段落间为递进或并列结构。

申论的结构主要有纵贯式结构方式、并列式结构方式、递进式结构方式、对比式结构方式。

1. 纵贯式结构方式

按照引论(导论、绪论)、本论(正文)、结论三部分组织材料的方式称为纵贯式结构方式。这种方式大体上是按照"提出问题—分析问题—解决问题"的逻辑顺序来安排的,又称"三段式结构方式"。

2. 并列式结构方式

围绕中心论点从不同角度进行论证,形成若干分论点,几个分论点构成并列关系,共同论证中心论点,这就是议论文的并列式结构方式。

3. 递进式结构方式

在阐述中心论点时,各层次、段落之间是环环相扣、逐层深入的关系,前一部分论述是后一部分论述的基础,最后推导出文章的结论。

4. 对比式结构方式

这是把正反两方面的观点、事例对比地组合在一起的结构方式,形成强烈的反差,使两种不同的事理在对比中更清晰,从而有力地突出正面的论点和主张。

在议论文中,上述结构方式常常交错使用,一般是以某一种结构方式为主,以其他方式为辅,这样既可使行文富于变化,又不会使文章杂乱无章。

(六) 内容

内容是文章得高分的关键。一篇好的文章在内容上需做到两点:论据充实和论证充分。论据充实即用以论证文章的案例、数据等材料,这类材料既可来源于材料,也可来源于考生的日常积累、社会热点案例、古今中外人物事迹等。论证充分即论证的方式应多元,例证法、理证法、喻证法、类比法、对比法等皆可灵活使用。

(七) 语言

一篇好的文章在语言上一定是流畅通顺、朗朗上口的,同时在遣词造句上也一定是规范生动、合理准确的。因此,考生在书写文章时可边写边在心里默读,检查是否通顺,同时要注意避免口语化表达。

三、申论写作万能模板

第一段,写问题现状,抛出论点。问题现状从材料里总结。

第二段,分析问题产生的原因,一般可根据材料提出三到四个原因。

第三段,承上启下,从分析原因转到提出对策。

第四段至第六段,提出对策,对策要切实可行。每段第一句话提出大对策,内容就以具体实施办法来填充。

最后一段升华主题。

第二节　申论写作演示

申论写作属于议论文写作,本节以先秦散文《劝学》为例,演示申论这种特殊议论文体中的纲目要领。

一、《劝学》的论证过程

(一)学习的重要性

君子曰:学不可以已(本文的中心论点)。青,取之于蓝,而青于蓝;冰,水为之,而寒于水。木直中绳,𫐓以为轮,其曲中规。虽有槁暴,不复挺者,𫐓使之然也。故木受绳则直,金就砺则利,君子博学而日参省乎己,则知明而行无过矣。

故不登高山,不知天之高也;不临深溪,不知地之厚也;不闻先王之遗言,不知学问之大也。干、越、夷、貉之子,生而同声,长而异俗,教使之然也。诗曰:"嗟尔君子,无恒安息。靖共尔位,好是正直。神之听之,介尔景福。"神莫大于化道,福莫长于无祸。

吾尝终日而思矣,不如须臾之所学也;吾尝跂而望矣,不如登高之博见也。登高而招,臂非加长也,而见者远;顺风而呼,声非加疾也,而闻者彰。假舆马者,非利足也,而致千里;假舟楫者,非能水也,而绝江河。君子生非异也,善假于物也。

南方有鸟焉,名曰蒙鸠,以羽为巢,而编之以发,系之苇苕,风至苕折,卵破子死。巢非不完也,所系者然也。西方有木焉,名曰射干,茎长四寸,生于高山之上,而临百仞之渊,木茎非能长也,所立者然也。蓬生麻中,不扶而直;白沙在涅,与之俱黑。兰槐之根是为芷,其渐之滫,君子不近,庶人不服。其质非不美也,所渐者然也。故君子居必择乡,游必就士,所以防邪辟而近中正也。

物类之起,必有所始。荣辱之来,必象其德。肉腐出虫,鱼枯生蠹。怠慢忘身,祸灾乃作。强自取柱,柔自取束。邪秽在身,怨之所构。施薪若一,火就燥也,平地若一,水就湿也。草木畴生,禽兽群焉,物各从其类也。是故质的张,而弓矢至焉;林木茂,而斧斤至焉;树成荫,而众鸟息焉。醯酸,而蚋聚焉。故言有招祸也,行有招辱也,君子慎其所立乎!

(二)正确的学习态度

积土成山,风雨兴焉;积水成渊,蛟龙生焉;积善成德,而神明自得,圣心备焉。故不积跬步,无以至千里;不积小流,无以成江海(一作江河)。骐骥一跃,不能十步;驽马十驾,功在不舍。锲而舍之,朽木不折;锲而不舍,金石可镂。蚓无爪牙之利,筋骨之强,上食埃土,下饮黄泉,用心一也。蟹六跪而二螯,非蛇鳝之穴无可寄托者,用心躁也。

本段在阐述学习的方法态度,在讲积累时用了四个比喻,使用了正反论证;在讲坚持时也用了四个比喻,使用了对比论证;在讲专一时使用了两个比喻,使用了对比论证。

是故无冥冥之志者,无昭昭之明;无惛惛之事者,无赫赫之功。行衢道者不至,事两君者不容。目不能两视而明，耳不能两听而聪。螣蛇无足而飞，鼫鼠五技而穷。《诗》曰："尸鸠在桑，其子七兮。淑人君子，其仪一兮。其仪一兮，心如结兮！"故君子结于一也。

昔者瓠巴鼓瑟，而流鱼出听；伯牙鼓琴，而六马仰秣。故声无小而不闻，行无隐而不形。玉在山而草木润，渊生珠而崖不枯。为善不积邪？安有不闻者乎？

（三）学习的内容

学恶乎始？恶乎终？曰：其数则始乎诵经，终乎读礼；其义则始乎为士，终乎为圣人，真积力久则入，学至乎没而后止也。故学数有终，若其义则不可须臾舍也。为之，人也；舍之，禽兽也。故书者，政事之纪也；诗者，中声之所止也；礼者，法之大分，类之纲纪也。故学至乎礼而止矣。夫是之谓道德之极。礼之敬文也，乐之中和也，诗书之博也，春秋之微也，在天地之间者毕矣。

君子之学也，入乎耳，箸乎心，布乎四体，形乎动静。端而言，蠕而动，一可以为法则。小人之学也，入乎耳，出乎口；口耳之间，则四寸耳，曷足以美七尺之躯哉！古之学者为己，今之学者为人。君子之学也，以美其身；小人之学也，以为禽犊。故不问而告谓之傲，问一而告二谓之囋。傲、非也，囋、非也；君子如向矣。

学莫便乎近其人。礼乐法而不说，诗书故而不切，春秋约而不速。方其人之习君子之说，则尊以遍矣，周于世矣。故曰：学莫便乎近其人。

学之经莫速乎好其人，隆礼次之。上不能好其人，下不能隆礼，安特将学杂识志，顺诗书而已耳。则末世穷年，不免为陋儒而已。将原先王，本仁义，则礼正其经纬蹊径也。若挈裘领，诎五指而顿之，顺者不可胜数也。不道礼宪，以诗书为之，譬之犹以指测河也，以戈舂黍也，以锥餐壶也，不可以得之矣。故隆礼，虽未明，法士也；不隆礼，虽察辩，散儒也。

问楛者，勿告也；告楛者，勿问也；说楛者，勿听也。有争气者，勿与辩也。故必由其道至，然后接之；非其道则避之。故礼恭，而后可与言道之方；辞顺，而后可与言道之理；色从而后可与言道之致。故未可与言而言，谓之傲；可与言而不言，谓之隐；不观气色而言，谓瞽。故君子不傲、不隐、不瞽，谨顺其身。诗曰："匪交匪舒，天子所予。"此之谓也。

（四）学习的目的

百发失一，不足谓善射；千里跬步不至，不足谓善御；伦类不通，仁义不一，不足谓善学。学也者，固学一之也。一出焉，一入焉，涂巷之人也；其善者少，不善者多，桀纣盗跖也；全之尽之，然后学者也。

君子知夫不全不粹之不足以为美也，故诵数以贯之，思索以通之，为其人以处之，除其害者以持养之。使目非是无欲见也，使耳非是无欲闻也，使口非是无欲言也，使心非是无欲虑也。及至其致好之也，目好之五色，耳好之五声，口好之五味，心利之有天下。是故权利不能倾也，群众不能移也，天下不能荡也。生乎由是，死乎由是，夫是之谓德操。德操然后能定，能定然后能应。能定能应，夫是之谓成人。天见其明，地见其光，君子贵其全也。

二、《劝学》写作分析

《劝学》是荀子的代表作品，也是《荀子》一书开宗明义的第一篇。《劝学》各段条理十分清楚，基本上是每段阐述一个具体问题，而且总在文字的开头、结尾部分做出明确的交代。例如，文章的第一句写道："君子曰：学不可以已。"而在段的结尾部分总结道："君子博学而日参省乎己，则知明而行无过矣。"

在说理文中巧妙运用大量比喻进行论述是《劝学》另一个十分突出的特点。有时作品集中了好些并列的比喻,从同一角度反复地说明问题。这种手法在修辞上叫作"博喻",不过一般是用来辅助景物描写的。而荀子作品中的博喻都是用来说明事理的。

有时作者又采用对比的手法,将两种相反的情况组织在一起,形成鲜明对照,以增强文字的说服力。例如,在强调学习必须持之以恒、用心专一时,他不但用了一些并列的比喻,也用了好些相反相成的比喻,他列举了"骐骥一跃,不能十步"和"驽马十驾,功在不舍";"锲而舍之,朽木不折"和"锲而不舍,金石可镂";"无爪牙之利,筋骨之强"的蚯蚓,竟能在地下来去自如,而"六跪而二螯"的螃蟹,却连一个容身的小洞也掘不好。这就表明,"积"与"不积"所产生的效果是截然相反的。最值得注意的是,作者还善于通过比喻,将议论逐步引向深入。忽视了这一特点,就会被众多的比喻弄得眼花缭乱,而无法厘清文字的脉络。

荀子这种用比喻说理的写法在其他先秦诸子散文中也是罕见的,应当说这是他的一种独创。

《劝学》的第三个重要特点是句式整齐,读时朗朗上口。但作者又注意在排偶中适当夹进散句,使文气流畅而不呆滞,这对于申论写作也是非常重要的。

第三节　申论作文案例与评析

让政府成为服务群众的"店小二"

当前,政府正在从管理型积极转变为服务型,切实履行为人民服务的职责,人民群众对于政府的服务质量要求也越来越高。然而,当前依然存在办事过程中脸难看、门难进、事难办问题:服务态度不好,办事效率低,办事吃拿卡要、蹲式窗口、奇葩证明等问题依然出现。这会侵害群众的切身利益,影响党群关系,降低政府公信力,损害政府形象。因此,要打造服务型政府,提升群众满意度。

打造服务型政府,转变理念是基础。"思想是行动的指南",这句话用在政府服务中在适合不过了。可是当下政府职能无限膨胀,政府管了许多"不该管""管不好""管不了"的事,"官本位、政府本位、权力本位"的思想依然盛行。这导致公众和社会的主导性弱,甚至群众就会认为自己要以政府为尊。服务型政府以服务为宗旨,这意味着政府与公众的关系将转化为服务供给者与消费者的关系。政府行使权力的目的,不再主要是为了管制,而是为公众提供更好的服务。如果观念不转变,长此以往群众对政府的信任定荡然无存。因此,政府要转变服务理念,将以公众需求为导向,才能提供满足人们合理、合法需求的公共服务。

打造服务型政府,完善管理方式是保障。党的十六大报告指出:"在政治体制改革中要深化行政管理体制改革。"也就是说,管理体制改革对于政府自身建设是尤为重要的。过去,我国政府主要是管理型政府,在过去以管制为前提下,政府不仅机构臃肿、职责不清,而且各种审批环节繁杂,效率低下。公众甚至于对个别侵害自身权益的行为也不能得到法律和事实上对政府的追究。因此,构建方便、快捷、高效、亲切的服务政府是当下的必然选择。一方面要以人民的需求为中心,简政放权,简化办事流程,另一方面还要做好事中事后的监督管理,做好全程的服务者。

打造服务型政府,制度支持是关键。行政体制改革是推动上层建筑适应经济基础的必然要求,建设职能科学、结构优化、廉洁高效、人民满意的服务型政府。要想建设人民满意的服务型政府,体制改革是核心。当下极少数工作人员依然存在"高高在上""居高临下"的错误思想,甚至利用公权力谋取私利,这背后不仅体现了观念的错位,更说明了我们缺乏相关的制度约束其行为,让公务人员认为权力大过天。因此,打造服务型政府一方面需要完善考核制度,将政府服务以及群众满意度纳入考核中,倒逼基层干部树立正确的服务观念。同时,也应该完善政府的管理制度,在工作中加强监督管理,提升领导干部的政治素养,使其主动参与到为民服务的过程中。

政府只有真正为民服务才能赢得民心。因此需要我们公开透明,建设阳光政府。同时还要做好服务的优化,为百姓提供完善的公共服务。在当下这个共建共治共享的社会治理格局中,更应鼓励群众这位"顾客"积极参与进来,监督政府,让其成为负有责任的"服务员""企业家",多方共同构建服务型政府。

【评析】 题目醒目、形象。申论题目要吸引眼球,"店小二"一词既新鲜又形象,让人耳目一新的同时也领会了其中的思想。第二、第三、第四自然段,分别以"打造服务型政府,转变理念是基础""打造服务型政府,完善管理方式是保障""打造服务型政府,制度支持是关键"开头,开宗明义,并且形成了完整的句式结构,与标题中的服务暗合,紧扣题意。最后一个自然段提出"政府只有真正为民服务才能赢得民心",总结和升华了题旨。

具体行文过程中逻辑严明,适当运用关联词,形成环环相扣的论证。第一自然段的逻辑词用得很恰当,"当前"后面阐述政府的职能,"然而"后面紧接着就阐释当前现状,"这会"后面说明影响,"因此"后面提出解决办法。第二自然段的"可是……这导致……甚至……这意味着……如果……因此……"同样是将论证过程通过逻辑关键词串联起来。后面的三个自然段都有这种特点,如果说论据如珍珠,那么这些逻辑关键词就是串起这些珍珠的丝线。

第四节 申论作文写作训练

分析下列示例写作细节,并模仿写一篇申论范文。

【示例1】

打造城乡文明协奏曲

事物的发展不是非黑即白的简单划分,不是囫囵吞枣的不求甚解,更不是简单潦草的一刀切……城市和乡村的发展自古以来就备受关注,城市的发展为乡村提供物质安全保障,乡村的文明则进一步滋养城市的文化内涵。而今,城市在扩张的同时带来的是乡土资源的丧失、文化遗存的破坏、生态环境的恶化……如何在发展城市文明的同时使我们的乡村能够"看得见山,望得见水,留得住乡愁"?事实上,坚持城乡文明"两条腿"并行,互补发展,协同共进,才是打造城乡文明协奏曲的应有之义。

以城市文明的发展为乡村文明提供动力。城市化的发展带来了城市人口的集聚,城市文明的发展。城市有高精尖的科技人才,有高效的社会生产,有明确的社会分工,有完善的基础设施及教育医疗资源……城市发展的每一天既是城市文明高歌猛进的每一天,也是城市帮助乡村成长、开拓、发展的每一天。城市文明的发展为乡村带来先进的电商物流平台建设,带来完善的基础设施建设,带来优质的知识教育体系,以及自由平等的政治参与意识。使得乡村生活更加富裕、产业多元兴旺、生态环境优化、治理规范高效、乡风淳朴和谐。我们可以看到,城乡文明协奏曲正在演绎中。

以乡村文明的塑造为城市文明提供灵魂归依。乡村有优美的自然生态景观,有宝贵的乡土旅游资源,有淳朴的乡土文化气息。乡村以其特有的美,吸引了无数的文人骚客对它的吟咏,无论是"绿遍山原白满川,子规声里雨如烟";无论是"春色满园关不住,一枝红杏出墙来";也无论是"山重水复疑无路,柳暗花明又一村",无不透露着人们对乡村的喜爱。身处钢筋混凝土之间的我们需要去感受大自然的熏陶;需要脚踏实地,仰望星空,欣赏乡村的美;也需要在城市的喧嚣与嘈杂过后收获心灵的平静与宁静。而乡村文明恰以其温馨和柔情,向我们传达出欢迎和包容。选择投奔乡村,让我们无处安放的心有了灵魂的归依,让我们不再浸染于城市的物欲与灯红酒绿之间,我们需要去保护乡村,塑造乡村文明,让城乡文明协调互补。

坚持城市文明的发展与乡村文明的塑造的协调。理想生活是城乡之间自由游走。今天在城市文明发展的同时,我们要避免将城乡一体化等同于城乡"一样化"的思维误区,严防乡村产业的凋敝,人才流失以及生态恶化。更不能将城市文明凌驾于乡村文明之上。我们要坚持宜城则城,宜乡则乡的理念。统筹城乡的发展,体现地方特色,做好产业支撑,保证公共服务,守住心底深处最美的家园,让乡村文化去弥补我们在城市生活中过分重视物质资源而失去的精神资源。让农村和城市一样美丽,奏响城乡文明协奏曲。

【示例2】

小人物也是支撑中国的脊梁

历史由人民书写,未来由人民创造。人民是小人物,更是最重要的人物。人民群众最有智慧,中华民族传承千年的精神文化潜移默化地影响着每一个人;人民群众最有力量,平平凡凡的人们所做的普普通通的事情,聚沙成塔共同铸造了辉煌的中国。小人物身上闪耀着人性最耀眼的光芒,他们是支撑中国的最坚实的脊梁!

刻苦奋斗。习近平总书记在新年讲话时说:新征程上,不管乱云飞渡、风吹浪打,我们都要紧紧依靠人民,坚持自力更生、艰苦奋斗,以坚如磐石的信心、只争朝夕的劲头、坚韧不拔的毅力,一步一个脚印把前无古人的伟大事业推向前进。中国有句老话:困难像弹簧,看你强不强。无论是地震中灾区村民挂出的"有手有脚有条命,天大的困难能战胜"的标语,还是炎炎夏日之下面朝黄土背朝天的农民呵护的庄稼,抑或半夜十二点办公室里陪伴创业者持续作战的计算机……它们都默默地见证着小人物的努力。每一次的努力,带来每一点的进步,终会从量变到质量,收获应有的成绩。

互助奉献。身为社会人,我们身处社会,就与他人相互联系。没有人的生活会一帆风顺,没有人能凭借一己之力解决所有问题。这就需要我们携手并肩互帮互助。明明自己的资产在震后几乎荡然无存,但杂货店老板却送其他灾民食物。明明自己的物资存量也非常有限,但疫情防控期间却有人送别人口罩消毒液。明明山区地处偏远条件恶劣,但大城市的大学生却常常选择去义务支教。困难之中的人不仅得到了帮助,也收获了感动,未来他们也会将这份情谊传递下去。今天我受惠于你,明天我将慷慨解囊。只要人人都献出一点爱,世界将变成美好的人间。和谐社会是你我共同努力的结果。

敬业精神。每个小人物都有自己的社会职责,立足岗位发挥价值,是应有之义。敬业精神让我们不仅要完成工作,更要精益求精胜任工作。越是在困难时刻,我们越能清楚地感受到敬业的伟大。汶川雅安地震后冲进废墟,不畏惧余震风险寻找生命的武警官兵。凉山木里森林火灾中顶在一线,壮烈牺牲的31名扑火勇士。武汉新冠疫情后主动请缨,深入最危险地带与病魔抗争的医护人员。"我是军人我要上,我是医生我要去。"脱下工作服,他们也是普通人,甚至是稚气未脱的大孩子。但身披戎装,这些逆行者们不辱使命,令人钦佩!

刻苦奋斗就是踏平坎坷成大道,越是艰险越向前;互助奉献就是赠人玫瑰手有余香;敬业精神就是精益求精忘我投入恪尽职守。每个人都是小人物,小人物组成了中国,也代表着中国。如果说中国是一幅画卷,人民就是它的底色;如果说中国是一段乐章,人民就是它的音符;如果说中国是一个巨人,人民就是他的脊梁!

【示例3】

奋斗"十四五" 一起向未来

回首2021年,我们开启第二个百年奋斗目标,沉着应对新冠疫情,开展党史学习教育,隆重庆祝建党百年,准确把握新发展阶段,深入贯彻新发展理念,加快构建新发展格局,推动高质量发展。向历史致敬,追梦再出发。中华民族伟大复兴不是轻轻松松就能实现的。因此我们要常怀远虑、居安思危,保持战略定力和耐心,"致广大而尽精微"。

常怀远虑、居安思危,成就伟大事业。党的十九届六中全会公报强调:全党必须铭记生于忧患、死于安乐,常怀远虑、居安思危。这一论断,充分彰显了我们党深沉的忧患意识和底线思维。无论是碧波荡漾的青海湖,还是逶迤磅礴的雅鲁藏布江;无论是南水北调的世纪工程,还是塞罕坝林场的"绿色地图";无论是"祝融"探火,还是"羲和"逐日,这些都是我们取得的非凡成绩,但我们更应该看到还有许多"雪山""草地"需要跨越,还有许多"娄山关""腊子口"需要征服。我们仍面临着内忧外患,发展举步维艰,肩负着繁重的使命任务,在此背景下尤其需要强化忧患意识,明者防祸于未萌,智者图患于将来,我们要正确看待形势,思虑周全,谋定而动!

保持战略定力和耐心,成就伟大事业。保持历史耐心和战略定力,就是一张蓝图绘到底,一茬接着一茬干。宏伟的大厦是一砖一瓦建起来的,广阔的海洋是涓涓细流汇起来的。我们党从1953年的第一个"五年规划"到如今的"十四五"规划,党带领人民以五年一个时间节点,创造了一个又一个的丰功伟绩,正是保持战略定力和耐心的结果。"骐骥一跃,不能十步;驽马十驾,功在不舍。"保持耐心是一步一个脚印前进,是一个问题一个问题解决,以跬步至千里,积小流成江海。无论是"请党放心、强国有我"的青春誓言,还是"清澈的爱、只为中国"的深情告白,抑或运动健儿激情飞扬、奋勇争先,都是保持耐心的生动体现。因此,我们要以"功成不必在我"的境界和"功成必定有我"的担当,将蓝图变为现实。

百年成就使人振奋,百年经验给人启迪。把握历史发展大势,坚定理想信念,不忘初心,方得始终。明者因时而变,知者随事而制。我们要常怀远虑、居安思危,保持战略定力和耐心,不畏各种风险考验,不为任何利益所诱,方能不负历史、不负时代、不负人民。

【示例4】

忠厚传家久 诗书继世长

"非淡泊无以明志,非宁静无以致远",这是诸葛亮对子女的谆谆教导;"莫等闲白了头",这是颜之推对后辈的殷切希望;"一粥一饭,当思来之不易;半丝半缕,恒念物力维艰"这是朱伯庐对后人的深情寄语……时至今日,先贤哲人的家风家训依然有着深刻的现实意义,真可谓是"家风无限好,传承正当时"。曾有学者慨叹,我们遭遇了一个"问题的时代"。翻开报纸,关于啃老族的相关讨论不绝于耳;打开网络,子女虐待老人的案例迎面而来;环顾周遭,自私自利,贪污渎职现象时有发生。以上种种问题,与家风家训缺失不无关系。问题倒逼改革,面对以上挑战正需要我们大力弘扬家风家训。

　　优良的家风,有助于培育个人高尚品格。"家之兴替,在于礼义,不在于富贵贫贱"。知礼仪、重家风是优秀传统。因家风清廉质朴、善良守信、进取有为而赢得赞誉的名人圣贤不胜枚举。包拯严厉要求其后代不犯脏滥,不违其志,否则就不是包家子孙,死了也不得葬在包家祖坟；岳母姚氏在岳飞背上刺下"精忠报国"四个大字,岳飞又严格教育参战的儿子,一心报国；清代名臣林则徐留给后辈的家训说："子孙若如我,留钱做什么？贤而多财,则损其志；子孙不如我,留钱做什么？愚而多财,益增其过。"由此可见,好的家风如同无声教诲,助人立德立言、成人成才。

　　优良的家风,有助于促进社会和谐美好。每个人都不是孤立的个体,都是紧密地融入社会生活中。当父母教导勤勤恳恳；我们就能在工作中兢兢业业；当父母教导相亲相爱,我们就能在学校里团结互助；当父母教导礼让谦让,我们就能在日常人际交往中保持谦卑。有了好的家风,进入网络,便懂得辨别是非美丑,积极弘扬社会主义核心价值观；回归线下生活,便明白路见不平拔刀相助,不以善小而不为。由此可见,优良的家风对民风、社风至关重要。

　　优良的家风,有助于构建党风政风风清气正。普通家庭家风不正,子女行为不端；干部家庭家风堕坏,祸及的不仅是全家,更会影响党和政府。现实中常有"贪腐父子兵""受贿夫妻档""一人当官全家涉腐",最终下场只能是"一人落马牵出全家"。细究起来,领导干部之所以贪污腐化,与其家规不严、家风不正有很大关系,正可谓是"不在颛臾,而在萧墙之内也"。相反,家风清明,则政治必清廉。杨善洲就是典型。由此可见,家风清,政风才能清,家风堕,政风必将败。

　　古人云："只要功夫深,铁杵磨成针。"美国诗人摩尔说："胜利不会向我走来,我必须自己走向胜利。"弘扬家风是一种使命和责任。"合抱之木,生于毫末；九层之台,起于累土。"让我们用积土成山的精神,一步一个脚印,携手推进家风建设,努力开创家风工作更加美好的明天！

第十二章　毕业论文写作

第一节　毕业论文概述

一、毕业论文的性质

毕业论文是大学生在大学毕业前,按照教学计划的要求,在有经验教师的指导下,独立撰写的学术论文。它是高等院校毕业生提交的一份有一定学术价值的文章,是大学生完成学业的标志性研究成果,是对学习成果的综合性总结和检阅,是大学生从事科学研究的最初尝试,也是体现大学生掌握知识、运用知识的程度,分析问题和解决问题的基本能力的一份综合答卷。

二、毕业论文的特点

大学毕业论文是学术论文中的一种,但和学术论文相比,其又有自身的特点。

(一) 理论性

理论性是毕业论文的主要特点,是毕业论文的灵魂所在。在形式上,毕业论文是由概念、判断、推理组成的一个体系。作者往往运用抽象思维的方法,在对丰富、复杂的材料进行分析、综合的基础上,找出具有普遍意义的规律加以论述。毕业论文离不开对事实的描述和说明,一般的事实在论文中将被浓缩为抽象或比较抽象的概述,或者转化为数据与图表。如果只停留在对事实的描述和说明上,没有必要的理论分析和论证,文章就上升不到一定的理论高度,因而就算不上一篇合格的毕业论文。

(二) 创造性

创造性要求学生在写论文时不能简单地重复前人的观点,而必须有自己独到的见解。创造性主要表现在三个方面:一是文章能揭露出事实的本质;二是文章的论点能引起人们的普遍关注;三是文章中的发现、创新在实践中能得到广大读者的赞同或能被有效地应用。当然,对于毕业论文的创造性,也可以表现为在前人没有探索过的新领域或前人没有做过的新课题上做出成果;也可以表现为在前人成果的基础上作进一步的研究,有了新的发现或提出了新的看法。

(三) 指导性

毕业论文作为大学生最后一次作业,离不开教师的帮助和指导。教师启发、引导学生独立进行研究,注重发挥学生的主动创造精神,帮助学生最后确定题目,指定参考文献、调查线索,制定调查问卷和访谈提纲,审定论文开题报告,解答疑难问题,指导学生修改论文初稿,等等。

(四) 规范性

和其他学术论文一样,在人们的长期使用过程中,毕业论文已形成特有的规范、要领、要求和基本格式。从目前的情况来看,这些基本格式正趋向于统一化、规范化、标准化。学生在撰写毕业论文时，必须严格遵守规定的标准和规范，这样才能写出符合规范的毕业论文。

三、毕业论文的类型

按内容性质和研究方法的不同，可以把毕业论文分为理论型论文、调查型论文、实验型论文、描述型论文、设计型论文和观测型论文等。

（一）理论型论文

理论型论文是通过严密的理论推导和理论分析，将感性认识上升到理性认识。内容上的概括性和说理性、严密的逻辑、明确的观点是理论型论文的显著特点。在理、工、农、医各学科门类中，理论型毕业论文占了较大比例。理论型论文以抽象的理论问题为研究对象，运用理论推导和假设、模型化、形式化、数学化、公理化等方法，进行分析、综合、抽象、概括、提炼、归纳，提出新的见解和新的理论，重在理论分析和理论认识，强调逻辑效应和以理服人。

（二）调查型论文

调查研究型论文必须具有作者收集的第一手调查资料、访谈内容和统计数据。调查资料应翔实，样本描述应准确、精练、清晰，调查数据资料应可靠。调查研究型论文必须对调研对象有以事实为依据的清晰描述，并在描述中应用所学的专业知识。调查研究型论文以科学描述为基础，分析调查对象存在的问题及成因，并提出建议与对策。调查报告一般采用第三人称的叙述方式。调查型论文的种类可分为基本情况调查、经验性调查、问题性调查、揭露性调查、述评性调查等。

（三）实验型论文

实验型毕业论文是指理、工、农、医各学科各专业的毕业生将科学实验中得到的数据或现象进行观察、分析、综合、判断，得出科学结论，并如实地将实验过程和创新成果加以归纳、总结的论文。实验是实验型论文写作的基础，科学实验作为一种独立的实践形式，其构成要素包括实验者、实验对象和实验手段。检验某种科学理论或假说，深化对某一客观事物的认识是科学实验的目的。实验型论文是科学实验成果的文字体现，需具备创新性、数据结论准确性及实验过程纪实性，不得有任何的加工和虚构。

（四）描述型论文

描述型论文是指运用描述的研究方法，将已有的现象、规律和理论通过自己的理解和验证，给予叙述并加以解释的论文。描述型论文是对各种理论的一般叙述，更多的是解释别人的论证。在科学研究中描述型论文是必不可少的，它能定向地提出问题、揭示弊端、描述现象、介绍经验。描述型论文有利于科学普及工作，有对多种揭示性情况的调查，有对实际问题的说明，也有对某些现状的看法等。描述型论文在写作过程中要求描述精确、细致、科学、客观，善于抓住事物外部特征进行科学比较，证明其内在区别和科学价值。

（五）设计型论文

设计型论文是高等学校本科生教学计划的重要组成部分，是理论与实践相结合，教学与科研、生产相结合的过程，是毕业生独立完成构思、设计和实践环节，按流程进行介绍的毕业设计论文，一般多由工程专业大学生写作，设计型论文在培养高级专业人才过程中有着特殊的地位。在写作设计型论文时表述要严谨简明、重点突出，做到层次分明、数据可靠、理论严谨、立论正确,避免使用文学性质过重或带感情色彩的非学术性语言。在对原理进行说明时,宜采用结构框架图的形式,这样便于让人从整体上把握设计者的基本思路,而当对其设计中的核心问题进行重点说明时,需要采用图纸说明、模型或实验说明等方式。

(六)观测型论文

观测型论文就是将自然界中各种现象、事物观察和测量的结果与数据进行准确、具体的描述,观测型论文有突出的直观性,一般不做大量的逻辑论证和推理。

总之,大学生毕业论文是高等院校检验其教学质量的重要指标之一,旨在检验学生综合运用所学知识和技能、独立分析和解决实际问题的能力,培养学生的基础科研能力、严谨求实、团结协作的工作态度和工作作风,增强学生的创新意识。

第二节 选题与文献综述

一、选题

毕业论文的选题是指在论文写作之前,选择并确定所要研究论证的问题。选题是撰写毕业论文的第一步,实际上它是确定"写什么"的问题。

毕业论文的选题方式一般有从指导老师命题的题目中选和根据自己的专业和兴趣来确定选题。如果选题太大、太空,就会力不从心;如果自己不熟悉选题,就会无从下手,在一定意义上说,选题决定了毕业论文的价值和成败。任何一个学科领域都有千百个问题要解决,但是要从实际出发,明确地提出一个对科学理论和生产实践有重要价值、有深远影响的问题,则是一个复杂而困难的工作。

无论选择什么研究课题,都必须贯彻理论联系实际的原则。

选题要有意义,选题的客观意义包括社会意义和学术意义,要讲求科研的社会效益,选择现实社会需要的课题,无论是解决重大的理论问题,还是解决某一方面的具体问题,都要直接或间接地服务于国家发展和建设的总目标,最大限度地发挥社会研究的实际效用。

选题例文如下。

题目1:不定小量量范畴词语的原型性与中介语研究——以法语背景者为例

题目2:吉尔吉斯语—汉语有关马的词汇对比研究

题目3:新疆阿克苏地区乌什县乌什镇汉语方言调查

题目4:青龙满族自治县木头凳镇方言调查

题目5:青龙满族自治县木头凳镇杨树窝铺村口述史调查

题目6:安义县鼎湖镇莲花村方言俗语调查研究

题目7:安义县石鼻镇京台村古民宅调查

题目8:乡村振兴背景下新型职业农民培训研究

题目9:跨界电商直播的场景传播策略研究

题目10:我国农村电商发展的扶贫效应研究

……

上述列举的选题有一些是从指导老师所从事的科研项目中衍生出来的,这些选题不仅有一定的研究经费做支撑,而且有一套科学的、行之有效的研究方法和研究程序。指导老师指导起来比较轻松,学生做起研究来比较顺利,研究成果还可以纳入指导老师的课题之列。所以选题很重要,题目选得好可以起到事半功倍的效果。

(一) 选题意义

选题意义一般可分为理论意义、实践意义和现实意义。

理论可以指导实践,通过对理论知识的学习可以更好地完成实际工作,实践也可以对理论进行检验,所以二者是相辅相成的。论文选题研究的理论意义就是对本学科理论建设的意义,例如,文章对原有的学科理论进行了补充与完善,或者证实了某个原有的理论,发现了原有理论的支持证据或者反对证据,等等,都是对学科理论发展的意义。

实践意义是指作者通过选题的研究,解决了实际工作中的某个专业难题,克服了某个专业上的困难,或者改进了某个专业的应用技术等。

现实意义指研究的某些事物在现实中具有一定的可操作性,并且有一定的价值。

我们强调论文选题的实用价值,并不等同于急功近利的实用主义,也绝非提倡选题必须有直接的效益作用。关于理论意义、实践意义、现实意义的撰写,可以借助"中国知网"搜索相关题目的学位论文、研究课题、研究报告进行阅读、学习与参考。

【示例1】

1. 安义县鼎湖镇莲花村村志编写研究

理论意义:习近平总书记(2019)在党的十九大报告中强调,文化是一个国家、一个民族的灵魂。中华民族五千年文明历史所孕育的中华优秀传统文化,是中华儿女向前的不竭动力。乡村文化作为中华文化的始祖,演绎着中华民族发展的历史。在中华民族走进新时代和纪念改革开放40周年的今天,留住乡愁,延续中华文化历史文脉,至关重要。乡村文化是传统文化的生命家园,有着深厚的文化底蕴。村志作为地方志的重要组成部分,同样具有存史、资政、育人的作用。编纂村志是一项十分重要的乡村文化建设工程,也是乡村社会主义精神文明的重要组成部分。

现实意义:高校助力乡村文化资源的挖掘,村志在传承弘扬优秀传统文化、推进乡村振兴、建设美丽家乡、保留乡愁记忆、培育社会主义核心价值观方面起着重要的作用。做好地方志工作对于继承和弘扬优秀传统文化、光大地方特色文化、服务当地经济社会发展有着重要意义。一方面唤醒民众的文化自觉和文化自信,促进乡村文化的发展,另一方面协助地方政府挖掘乡村文化背后的经济价值。

2. 乡村振兴背景下新型职业农民培训研究

理论意义:乡村振兴背景下培育新型职业农民是为了适应农业、农村、农民现代化的需要,是对马克思、恩格斯农民思想及历届党和国家领导人"三农"思想的丰富和发展。对乡村振兴战略背景下新型职业农民培育进行理论研究,对于实现农业产业兴旺、农村安居乐业、农民生活富裕具有重要的理论意义。

实践意义:实施乡村振兴战略,推动乡村全面振兴,离不开农民的发展。未来农业发展不断向现代化、科技化、智能化方向前进,必然要求农民向有文化、懂技术、善经营、会管理的新型职业农民方向发展。培育新型职业农民对推动农业现代化、推动农村经济社会全面发展、推进乡村全面振兴具有重要的实践意义。

(二) 研究方法

根据所选的毕业论文题目,选择适合的研究方法,是撰写毕业论文首先解决的重要问题,现重点介绍几种常用的研究方法。

1. 田野调查法

田野调查法可以采取普遍调查和非普遍调查的方法及观察法、访谈法、问卷法等具体方式，从而获得第一手资料。田野调查法不仅有助于提高毕业论文的写作质量，也利于培养复合型人才。更为重要的是，掌握田野调查法对大学生来说可以说是终身受益的。第一，掌握田野调查法有利于毕业论文的撰写，以及对所学知识的理解和掌握。第二，理论与实践结合有利于培养学生的创新意识，激发学生深入学习的潜力，有利于复合型人才的培养。第三，田野调查法看似简单，实则逻辑严密。毛泽东主席说过，"没有调查就没有发言权"，因此无论学生是毕业后继续深造、做公务员、进企业，还是自己创业，掌握田野调查法有利于锻炼学生理性分析的逻辑与处事的严谨态度。第四，如果是在政府部门工作，田野调查也是十分必要的，要"沉"到生活中，学习人民群众的语言，包括顺口溜、民谚、歇后语等。客观真实地反映百姓的疾苦，有利于做人民的好官，有助于成为国家栋梁。第五，田野调查的职业道德准则也利于培养和提升学生的道德素养。综上，田野调查方法非常有必要列入大学生实践课程的内容，这与党的二十大报告培育创新文化、弘扬科学家精神、涵养优良学风、营造创新氛围的要求相符与扩大国际科技交流合作、加强国际化科研环境建设、形成具有全球竞争力的开放创新生态的宏大背景也是相符的，也符合高校对大学生的培养目标，尤其是知识目标、能力目标，以及素质目标培养的要求。

2. 文献分析法

文献分析法是指通过对收集到的某方面的文献资料进行鉴别、整理和研究，以探明研究对象的性质和状况，并通过对文献的研究形成对事实进行科学认识的方法。文献法是一种古老而又富有生命力的科学研究方法。文献研究法是指通过阅读、分析文献得出对主、客观事物认识的研究方法。这种研究方法通常不与研究对象进行直接的接触，而是通过文献来间接地对研究对象的本质和规律进行研究，包括文献计量学法、引文分析法等。随着现代技术的飞速发展，文献的数量和质量都在不断提高，这为人们利用这种方法展开研究活动提供了一个很好的基础。这种研究方法多用于理论研究论文的写作。毕业论文的文献综述部分也会用到文献分析法。

3. 对比分析法

对比法又称对比分析法或比较分析法，是把客观事物加以比较，以达到认识事物的本质和规律并作出正确的评价的方法。通常是把两个相互联系的指标数据进行比较，从数量上展示和说明研究对象规模的大小、水平的高低、速度的快慢等。在科学探究活动中，常常用到对比分析。用通俗的话来说，就是运用两件或两件以上性质比较相近的事物来做比较，通过比较得出两个或两个以上的事物的相同点和不同点，这样的对照比较就是对比分析。

4. 实证研究法

实证研究法是指依据现有的科学理论和实践的需要，设计实验证实确定条件因素与现象之间的因果关系，阐明自变量与某一因变量本质关系的研究方法。

5. 定量分析法

定量分析法以实际数据"量"化研究解析某一现象规律及其差异，使人们对研究对象的认识精确化，有利于科学地揭示规律、把握本质并厘清关系，结合数理模型可以预测事物未来的发展趋势。

6. 定性分析法

对研究对象进行"质"的分析。运用归纳与演绎、分析与综合及抽象与概括等具体的研究方法，进一步进行思维加工，以去粗取精、去伪存真、由此及彼、由表及里，最终认识事物的本质、揭示纷繁复杂表象下的内在规律。定性分析法一般需结合定量分析法运用。

7. 实验法

实验法需要主动设计控制实验的条件,人为地改变实验对象存在方式和变化过程,以发现、确认事物之间的因果联系。

二、文献检索与综述

毕业论文的写作离不开文献资料。选题和文献的搜集是密切相关的,文献可以帮助作者选择和确定选题,文献的作用是使作者了解相关领域的研究成果和动态、历史与现状及发展趋向。文献可以为论文的写作提供依据,因为文献资料是前人的研究成果,其中大多是科学的、正确的观点,这些观点是可以作为论证的依据。文献资料作为科学理论依据不但体现在论文的引文里,而且体现在论文注释里。这些往往是衡量一篇论文理论水平高低和学术价值大小的一个重要标志。

（一）文献检索

文献检索工具是指收集、报道、存储和查找文献的工具。现代图书馆都建立了自己的局域网,有的图书馆还建立了自己的网站,在主页上实现了书目检索。实体的途径包括学校及社会的图书馆与书店等,虚拟的网络途径主要有中国知网（CNKI、期刊、学位论文）、维普资讯中文科技期刊数据库（期刊论文）、万方数字资源系统（学位论文、会议论文、外文文献）、读秀学术搜索、超星数字图书馆（电子图书、讲座、读秀学术搜索）、瀚堂典藏数据库、中国科技论文网、中国经济信息网、中国人民大学书报资料中心等。根据学生的研究主题,指导教师可给予个性化推荐。

要善于综合运用顺查法（按照所研究课题的时间和发展顺序由远及近、由旧到新的查找方法）、逆查法（按照所研究课题的时间和发展顺序由近及远、由新到旧的查找方法）、引文查找法（以已获得文献中所包含的参考文献和注释为线索查找资料的方法）等,并且要因情况和研究主题的不同而有所侧重,这样一来,收集到的文献就会比较全面,能有效避免遗漏重要的信息。

（二）文献综述

对所搜集到的文献资料要采用通读、选读、精读等的阅读方法来全面浏览,尽快完成对搜集资料的大致掌握,并进行分析、归类、筛选和整理。要以选定的题目为中心,认真思考,研究有关资料,审核主次,科学组织,逐渐形成论文的观点,确立论文主题。文献综述要求介绍与主题有关的详细资料、动态、进展、展望及对前述方面的评述。因此,文献综述的格式相对多样,但总的来说,一般都包含四个部分：前言、主题、总结和参考文献。撰写文献综述时可按这四个部分拟写提纲,再根据提纲进行撰写工作。

前言部分主要是说明写作的目的,介绍有关的概念、定义及综述的范围,扼要说明有关主题的现状或争论焦点,使读者对全文要叙述的问题形成一个初步的轮廓。

主题部分是综述的主体,其写法多样,没有固定的格式。可按年代顺序综述,也可按不同的问题进行综述,还可按不同的观点进行比较综述,无论采用哪一种格式综述,都要将搜集到的文献资料进行归纳、整理及分析比较,阐明有关主题的历史背景、现状和发展方向,以及对这些问题的评述,主题部分应特别注意对代表性强、具有科学性和创造性文献的引用和评述。

总结部分与研究性论文的小结有些类似,此部分将全文主题进行扼要总结,对于综述的主题,最好能提出自己的见解或提出发展趋势。

参考文献虽然放在文末,但却是文献综述的重要组成部分。因为它不仅表示对被引用文献作者的尊重及引用文献的依据,而且为深入探讨有关问题提供了文献查找线索。因此,应认真对待参考文献部分。参考文献的编排应条目清楚、查找方便、内容准确无误。

【示例2】

1.《安义县鼎湖镇鼎湖村方言俗语调查研究》研究现状综述

俗语是人民在长期社会生活和生产实践中对自然现象、社会发展和人生哲理的经验性总结。方言俗语则是方言区历史文化、风土人情最生动精短的记录,是当地人民群众独特的心理、思维认识模式的外在表现形式,更是透视当地文化内涵的窗口之一。笔者搜集了一些有关方言俗语研究的成果,学者们从不同方面对方言俗语进行了探讨,现综述如下。

有的文章从修辞和语义角度对方言俗语进行探讨,例如,王茜(2021)《山西方言俗语的修辞特点和语义研究》论述了方言俗语是汉语修辞中一种极为重要的语言形式,尤其是遍布于各地区凝结和汇聚了人民群众生活智慧的俗语,体现着当地人民群众的基本人生态度、道德走向和价值取向,是传统文化的一种反映。

有的文章对某一地区的方言俗语进行专门全面的研究,例如,张明池(2018)《义乌方言俗语研究》首先论述了义乌方言俗语的定义及分类,简要阐述了相关的俗语形态结构演化现象。接着分析了义乌方言俗语的修辞表现形式,运用描写解释的方法分析义乌俗语修辞特点。最后阐述了义乌方言俗语的文化民俗特点,从义乌人的土质土产和金钱观、宿命观、劳动观、文化观及风俗观,分析了义乌俗语所记录、体现的文化及民俗,以期深入了解义乌的文化底色。贾雁浩(2019)《临汾尧都区方言俗语研究》论述了随着时代的发展,临汾方言俗语将逐渐消失。临汾方言俗语十分丰富,特点鲜明,该论文对临汾方言俗语进行了调查与分析。程江莲(2021)《江西赣方言民俗语汇研究》论述了在方言和方言文化面临濒危处境的大环境下,对方言民俗语汇的研究具有重要意义,一方面唤醒民众的文化自觉自信,促进方言文化的发展,另一方面协助地方政府挖掘方言文化背后的经济价值,同时,对国家文化的发展和繁荣也有重要意义。

有的文章从文化角度对方言俗语进行探讨,例如,刘艳平、闫利利(2020)《山西交城方言俗语文化信息解读》阐述了山西交城方言俗语直接反映着交城人的生活方式、思维习惯、文化传统,蕴含丰富的当地生产文化、饮食文化、居住地理文化、民俗风情和当地人民的生活智慧等五个方面的信息。孙学虎、武振宇、王晓黎(2022)《民俗文化视域下山西忻州方言俗语解读》阐述了方言俗语是广泛流传在群众口头上且结构相对固定的通俗语句,具有浓厚的地域文化色彩,在民众日常交际生活中不断传承、发展与创新。山西忻州方言俗语富有特色,语汇极其丰富,这些方言俗语与地方民俗文化融为一体。忻州地区传统的农业生产民俗、物质生活民俗、人生仪礼民俗中存在着丰富的方言俗语,直接反映着忻州人的生活经验、生活方式、价值观念,蕴含丰富的乡土气息,发挥着传递地方知识与化育世风的功能。民众借助方言俗语表达价值观念,方言俗语亦不愧是民众智慧结晶的最佳体现。

有的文章从某一历史阶段的文献入手探索其中的方言俗语,例如,聂志(2021)《百年前贵阳方言俗语及其地方文化内涵》论述了童保禄编写的汉语学习系列文献,详尽记录了百年前的贵阳方言,其中大多数俗语由劳动群众口头创造,口耳相传传下来的,大致可以分为俗成语、惯用语、歇后语、谚语和狭义俗语。这些俗语有的是当地人民群众创造的,有的来源于古代史书典籍,还有的来源于古代民间俗文学,具有丰富的地方文化内涵。

有的文章从某一生产劳动的角度,对方言俗语进行讨论,例如,肖九根、黎清(2019)《赣鄱陶瓷民俗事象及其方言俗语之管见》阐述了在民族文化瑰宝中,赣鄱陶瓷是一颗具有璀璨光芒的明珠,反映赣鄱陶瓷生产工序、生产工种、生产建筑、生产行规及崇奉"窑神"等民俗事象方面的方言俗语既是赣鄱文化中的重要组成部分,更是民族文化艺术中的奇葩。

以上论著对方言俗语的重要性和现实意义做了明确的阐述,根据习近平总书记党的十九大有关振兴乡村经济,挖掘乡村文化资源的报告,国务院 2021 年出台的"中国地方志""十四五规划纲要"对方言俗语进行调查与研究。留存记忆,留住乡音,成为现阶段人文社科研究领域的发展趋势,是历史发展的必然选择。

2.《安义县鼎湖镇鼎湖村方言俗语调查研究》参考文献

[1] 习近平.深入学习贯彻习近平总书记关于"三农"工作的重要论述推动乡村振兴促进法贯彻实施和宣传普及[N].人民日报,2021-05-28.

[2] 肖九根,黎清.赣鄱陶瓷民俗事象及其方言俗语之管见[J].江西师范大学学报,2019,52(6):85-90.

[3] 聂志.百年前贵阳方言俗语及其地方文化内涵[J].连云港师范高等专科学校学报,2021,38(2):61-67.

[4] 刘艳平,闫利利.山西交城方言俗语文化信息解读[J].吕梁学院学报,2020,10(5):14-17.

[5] 袁圣敏.山西祁县方言俗语的文化信息解读[J].晋中学院学报,2009,26(2):33-37.

[6] 卢青.湖南安乡南边话词汇研究[D].长沙:湖南师范大学,2013.

[7] 韩春.彭泽方言民俗词研究[D].南昌:南昌大学,2007.

[8] 王燕.邱县方言民俗词研究[D].济南:山东师范大学,2011.

[9] 曹慧萍.陕西石泉方言词汇研究[D].宜昌:三峡大学,2013.

[10] 张明池.义乌方言俗语研究[D].杭州:浙江师范大学,2015.

[11] 贾雁浩.临汾尧都区方言俗语研究[D].西安:陕西师范大学,2019.

[11] 汪小珉.甘肃陇西方言俗语词考释二词[J].文教资料,2020(34).

[12] 孙学虎,武振宇,王晓黎.民俗文化视域下山西忻州方言俗语解读[J].吉林:长春大学学报,2022,32(7):53-56.

[13] 周小兵.汉语国际教育研究设计与论文写作[M].北京:外语教学与研究出版社,2021.

第三节 开题报告

一、开题报告的意义

在毕业论文的写作过程中,指导老师会要求学生撰写开题报告,从写作程序上讲,开题报告是作者动笔行文前的必要准备;从开题报告本身来讲,开题报告也称写作提纲,它是作者构思谋篇的具体体现。一个好的开题报告就能纲举目张,提纲挈领,写好开题报告能使作者分清层次,明确重点,周密地谋篇布局,使总论点和分论点有机地统一起来,使作者能够按照各部分的要求安排、组织、利用资料,决定取舍,最大限度地发挥资料的作用。

总之,在写作开题报告时,如果还没有把全文的写作步骤想好,那么对于全文的论点、论据和论证步骤就可能是混乱的。开题报告可以体现作者的整体思路,是帮助作者考虑全篇逻辑构成的写作设计提纲,使作者易于掌握论文结构的全局;使文章层次清楚,重点明确。

二、撰写开题报告的方法

编写开题报告一般要经过构思、编写和修改、调整提纲几个步骤。

首先,构思提纲。构思的过程实际上是作者论文写作前进行研究思考的过程。作者根据所搜集的文献资料,对选题进行研究,对选题的历史和现状、理论和实践进行深入的了解。这样才能做到心中有数,提纲也会逐渐形成。

其次,编写提纲。论文提纲可分为简单提纲和详细提纲两种,简单提纲是高度概括性的,只提示论文的要点,如何展开研究则不涉及。详细提纲是把论文的主要论点和展开部分较为详细地列出来,如果在写作之前准备了详细的提纲,执笔时就能更顺利。

最后,修改、调整提纲。一要看立论是否正确,是否符合客观实际,是否符合党和国家的政策方针,是否具有科学研究的价值;二要看框架是否合理,需不需要调整;三要看各个部分的论证是否站得住脚,有没有新的论点、论据需要补充;四要看逻辑体系有无问题。①

在写作毕业论文的过程中,作者按照开题报告中的条理和层次一步步写下去,可以有效地避免跑题或偏题。开题报告包括选题背景、研究意义、研究对象、研究方法、文献综述、研究进度、参考文献、附录等几个部分。

第四节 毕业论文结构

毕业论文包括论文封面、申明、目录、题目、摘要、关键词、引言、正文、结论、参考文献、附录、致谢等部分。具体要求如下。

一、论文封面

论文封面一律采用教务处统一印制的专用封面。封面内容均须打印,各个学校教务处都有统一的格式和模板。例如,论文题目为 3 号宋体加粗,院(系)、专业、学号、姓名、指导教师等为 4 号宋体加粗,日期为小 4 号宋体。

二、申明

版权声明就是指权利人对自己创作或获得许可作品权利的一种口头或书面申明,一般包括权利归属、作品使用许可方式、责任追究等方面的内容。版权声明在毕业论文设计中比较普遍,一般在毕业论文的文首就有论文版权的"声明"。

三、目录

目录页每行均由标题名称和页码组成,包括引言、章、节、参考文献、附录、致谢词等部分的序号与页码。

四、题目

题目是反映论文内容的最恰当、最简明的词语组合。题目语意未尽可用副标题补充说明论

---

① 徐融,张韩正.毕业论文写作[M].北京:中国商业出版社,2004:68-81.

文中的特定内容。题目要求如下。

（1）题目准确得体并能准确表达论文的主要内容，恰当反映研究的范围和深度，不能使用笼统的、泛指性很强的词语和华丽不实的辞藻。

（2）题目应简明，使读者印象鲜明，便于记忆和引用。题目一般不宜超过20字。

（3）题目所用词语必须有助于选定关键词和编制题录、索引等二次文献，以便为检索提供特定的实用信息。

（4）题目应避免使用非共知共用的缩略词、字符、代号等。

五、摘要

摘要(abstract)是对论文内容不加注释和评论的简明归纳，应包括研究工作的目的、方法、主要结果结论，重点是结果和结论。摘要中的用语要规范，一般不用公式和非规范符号术语，不出现图、表、化学结构式等。采用第三人称撰写，一般在300字左右。论文应附有英文题目和英文摘要以便进行国际交流。英文题目和英文摘要应明确、简练，其内容包括研究目的、方法、主要结果和结论。

六、关键词

关键词(key words)是为了满足文献标引或检索工作的需要而从论文中选取出的，用以表示全文主题内容信息的词或词组，关键词包括主题词和自由词。主题词是专门为文献的标引或检索而从论文中挑选出来并加以规范化了的词或词组；自由词则是未规范化的、未收入主题词表中的词或词组。每篇论文中应列出3~8个关键词，它们应能反映论文的主题。关键词作为论文的一个组成部分，列于摘要段之后，关键词间空格1个字符。

七、引言（或前言）

引言又叫引论、前言、绪论等，其目的是使读者对论文先有一个总体的了解。引言要写得自然、概括、简洁、确切。引言主要包括研究目的及意义、理论依据、实验基础、研究方法、预期结果与价值等。

八、正文

正文是论文的核心部分，占主要篇幅，论文的论点、论据和论证都要在这里进行阐述。由于论文作者的研究工作涉及的学科、研究对象和研究方法和结果表达方式等差异很大，所以对正文的撰写内容不作统一规定。但总的思路和结构安排应当符合"提出论点，通过论据或数据对论点加以论证"这一共同的要求。正文应达到观点正确，结构完整、合乎逻辑、符合学术规范，无重大疏漏或明显片面性的要求。

九、结论

结论是毕业论文的收尾部分，是经过严格的逻辑推理和论证得出的最后结论。作者对全篇文章所论证的内容做一个归纳，提出自己对问题的总体看法和意见。在论文结论部分，作者常常不仅概括自己的研究成果，而且会指出论文研究中存在的不足，为他人继续研究指明方向、提供线索。

十、参考文献

参考文献是指作者在写作过程中参考过的文献,一般放在论文末尾。参考文献的种类很多,要用英文字母作为统一的代码加以标注,如专著[M]、论文集[C]、报纸[N]、期刊[J]、学位论文[D]、报告[R]、其他[Z]等。参考文献一般按音序排列。

十一、附录

附录在正文之后,是对正文起到补充说明作用的信息材料,有文字、表格、图形等形式。具体而言,附录一般有调查问卷、访谈提纲、词表、图表等。

十二、致谢

论文致谢一般位于毕业论文的结尾处,主要作用是表达对导师或者某些对自己写作毕业论文过程中提供过帮助的老师或亲友的感谢,致谢提供的信息对读者判断论文的写作过程和价值也有一定的参考作用。

参考文献

[1] 田英章.毛笔行书笔法标准教程[M].北京：军事科学出版社,2000.
[2] 杨再春.行草章法[M].北京：北京体育学院出版社,1992.
[3] 李建中.中国文化概论[M].武汉：武汉大学出版社,2014.
[4] 张岱年,方克立.中国文化概论[M].北京：北京师范大学出版社,2010.
[5] 陈师曾.中国绘画史[M].北京：民主与建设出版社,2018.
[6] 何晓明,曹流.中国文化概论[M].3版.北京：首都经济贸易大学出版社,2019.
[7] 姜丽娟,王会三,晋慧斌.设计色彩[M].合肥：安徽美术出版社,2021.
[8] 李宽松.中国传统文化概论[M].广州：中山大学出版社,2020.
[9] 北京市政协文史资料委员会.京剧谈往录[M].北京：北京出版社,1985.
[10] 周晓孟,沈智.国人必知的2300个京剧常识[M].北京：万卷出版公司,2009.
[11] 湖北省劳动就业管理局.茶叶加工工[M].武汉：湖北科学技术出版社,2010.
[12] 刘晓光,刘舰海.茶艺的美学鉴赏研究[M].14卷.沈阳：辽宁科技学院学报,2012.
[13] 黄木生,屠连芳,李晓梅.简明中国茶艺[M].武汉：湖北科学技术出版社,2014.
[14] 赵英立.中国茶艺全程学习指南[M].北京：化学工业出版社,2008.
[15] 江用文.茶艺师培训教材[M].北京：金盾出版社,2008.
[16] 徐馨雅.零起点茶艺全书[M].北京：中国华侨出版社,2016.
[17] 张景,张松辉.道德经[M].北京：中华书局,2021.
[18] 方勇.庄子[M].北京：中华书局,2021.
[19] 杨伯峻.论语译注[M].北京：中华书局,2017.
[20] 方勇.墨子[M].北京：中华书局,2015.
[21] 傅佩荣.解读易经[M].上海：上海三联书店,2007.
[22] 中国易学文化研究院.易经导读[M].北京：九州出版社,2009.
[23] 金兆梓.尚书诠释[M].北京：中华书局,2010.
[24] 曹础基.庄子浅注[M].北京：中华书局,2014.
[25] 黄伯荣,廖序东.现代汉语[M].增订6版.北京：高等教育出版社,2017.
[26] 邵敬敏.现代汉语通论[M].3版.上海：上海教育出版社,2016.
[27] 邢福义,汪国胜.现代汉语[M].2版.武汉：华中师范大学出版社,2011.
[28] 王淑一,周秀英.普通话实用训练教程[M].北京：北京出版社,2014.
[29] 黄健.普通话水平测试攻略[M].2版.广州：暨南大学出版社,2015.
[30] 许慎.说文解字[M].北京：中华书局,1963.
[31] 裘锡圭.文字学概要[M].修订本.北京：商务印书馆,2013.
[32] 王宁.汉字与中华文化十讲[M].北京：三联书店,2018.
[33] 王宁.汉字六论[M].北京：中国大百科全书出版社,2017.
[34] 王立军.汉字的文化解读[M].北京：商务印书馆,2012.
[35] 王宁,谢栋元,刘方.《说文解字》与中国古代文化[M].沈阳：辽宁人民出版社,2000.
[36] 王宁.汉字构形学导论[M].北京：商务印书馆,2015.
[37] 何九盈.汉字文化学[M].2版.北京：商务印书馆,2016.
[38] 李学勤.字源[M].天津：天津古籍出版社,2012.
[39] 杨剑桥.汉语音韵学讲义[M].上海：复旦大学出版社,2005.

[40] 董同龢.汉语音韵学[M].北京:中华书局,2011.
[41] 丁声树,李荣.汉语音韵讲义[M].上海:上海教育出版社,2010.
[42] 麦耘.音韵学概论[M].南京:江苏教育出版社,2009.
[43] 丁邦新.音韵学讲义[M].北京:北京大学出版社,2015.
[44] 陈彭年.宋本广韵·永禄本韵镜[M].南京:江苏教育出版社,2005.
[45] 中国社会科学院语言研究所.方言调查字表[M].北京:商务印书馆,1981.
[46] 唐作藩.音韵学教程[M].3版.北京:北京大学出版社,2002.
[47] 万献初.音韵学要略[M].3版.武汉:武汉大学出版社,2018.
[48] 徐志刚.诗词韵律[M].济南:济南出版社,1992.
[49] 王力.诗词格律[M].北京:中华书局,1977.
[50] 吴丈蜀.读诗常识[M].上海:上海古籍出版社,1981.
[51] 陈振寰.读词常识[M].上海:上海古籍出版社,1982.
[52] 王永义.格律诗写作技巧[M].青岛:青岛出版社,1995.
[53] 龙榆生.唐宋词格律[M].上海:上海古籍出版社,1978.
[54] 叶嘉莹.迦陵论词丛稿[M].上海:上海古籍出版社,1980.
[55] 缪钺.诗词散论[M].上海:上海古籍出版社,1982.
[56] 王力.汉语诗律学[M].6版.上海:上海教育出版社,1979.
[57] 裘新江.古诗词创作鉴赏基础[M].石家庄:河北人民出版社,2008.

后　　记

　　优秀传统文化的传承与发展离不开相关的学校教育工作。然而，当前教育对我国优秀传统文化传承存在缺失的现象。学校教育对学生约束太多，教师受传统应试教育理念的影响，更关注学生的学业成绩，而在一定程度上忽视了学生对学科课程以外优秀传统文化的学习。教师在课堂上讲解的知识通常只以教材内容为主，缺乏对优秀传统文化的引导与融入，这使部分学生毕业进入社会之后虽然具备良好的学科专业基础，但是由于价值观偏差等问题使就业受到了影响，造成这种问题的主要原因是学校不够重视学生对优秀传统文化的学习与传承。

　　本书除"大学语文"包含的中国古代文学、中国现代文学、外国文学三个部分外，还包含中国书法与绘画、戏曲与茶艺、古典哲学、古代汉语、现代汉语、应用文写作等。首先，通过对古代汉语与现代汉语重点知识的学习与训练，筑牢学生扎实的语言文字基础；其次，通过对中国书法与绘画、戏曲与茶艺、古典哲学的学习与训练，加强大学生对优秀传统文化的认知与实操训练；最后，通过对应用文写作的学习与训练，提高大学生公文写作、事务文书、法律合同、毕业论文等应用文写作的能力。本书以职业教育人文性与应用性"五位一体"的融合创新与实践为培养目标，以职业教育应当具备的赏、写、诵、演、用为研究对象。其中，"赏"包含文学欣赏与美学鉴赏；"写"包含诗词格律写作、书法、应用文写作；"诵"包含朗诵、普通话吟诵；"演"即表演；"用"包含生活使用、教学使用与学术应用。通过赏写结合、赏诵结合、写诵结合、诵演结合、学用结合，打破文学与音乐、表演、书法、绘画学科之间的壁垒，达到中华优秀传统文化赏、写、诵、演、用"五位一体"的交互融通，提高学生的跨学科学习能力，培养学生对中华优秀传统文化的学习兴趣，增强学生对中华优秀传统文化的自信心，使学生对中华优秀传统文化产生一种内趋的学习动力。

　　习近平总书记指出："中华文化既是历史的、也是当代的，既是民族的、也是世界的。"培育和弘扬社会主义核心价值观须立足中华优秀传统文化，使其成为涵养社会主义核心价值观的重要源泉。深入挖掘中华优秀传统文化特质，对其进行创造性转化、创新性发展，更好地同中国当代文化相融通，是新时代文化繁荣发展的内在要求。

　　教育部高教司《大学语文教学大纲》指出："在全日制高校设置大学语文课程的根本目的在于充分发挥语文学科的人文性和基础性特点，适应当代人文科学与自然科学日益交叉渗透的发展趋势，为我国的社会主义现代化建设培养具有全面素质的高质量人才。"语文出版社原社长王旭明认为："语文实际上也是人的一种技能，更应该把语文当成一种技能进行学习和传授，而不仅仅是基础。""大学语文"的教学与改革，作为大学语文教师不仅责无旁贷，而且需要付出更大的努力。改革一方面需要学校领导的支持和激励，另一方面也需要教师的敬业和奉献精神。应用型本科院校的大学语文课程内容庞杂丰富，仅仅依赖课堂学习提升学生的语文水平是远远不够的，必须积极开辟第二课堂，课内和课外相结合，学以致用，互为补充，引导学生积极参与演讲比赛、诗词大赛、征文比赛等活动，激发学生对"大学语文"的学习兴趣，不断提高学生的语言表达能力和文字运用水平。

在《大学语文（职业版）》付梓之际，在此对《大学语文（职业版）》始终予以支持的南昌职业大学校领导、人文学院领导表示诚挚的感谢，对《大学语文（职业版）》各位编者的辛劳付出致以深深的谢意！